dtv

Wer ist dieser Peer Steinbrück, den Altkanzler Helmut Schmidt früh als Kanzlerkandidat vorgeschlagen hat? Daniel Friedrich Sturm zeichnet das aufschlussreiche Bild eines Mannes, der womöglich gerade dabei ist, in die Fußstapfen Helmut Schmidts als Kanzler zu treten. Die SPD rief Steinbrück 2012 zum Kanzlerkandidaten aus. Aber kann er Kanzler?
Sturm begleitet und beobachtet Steinbrück seit vielen Jahren, hat für seine Biografie mit über hundert Weggefährten und Widersachern des Sozialdemokraten gesprochen, und er liefert ein fundiertes, kritisches Porträt: Wie wuchs er auf, was hat ihn geprägt? Was hat er politisch bewirkt?
»Daniel Friedrich Sturm stellt uns einen Mann vor, der gerne zündelt, und dabei doch immer mit sich selbst im Reinen ist.«
Frank Capellan, Deutschlandfunk

Daniel Friedrich Sturm, Dr. phil., geboren 1973, beschreibt seit vielen Jahren als Parlamentskorrespondent von ›Welt‹ und ›Welt am Sonntag‹ das (Innen-)Leben der SPD. Schon in seiner Dissertation befasste er sich mit der Sozialdemokratie. Seine Arbeit wurde mit dem Willy-Brandt-Preis ausgezeichnet. Weitere Buchveröffentlichung: ›Wohin geht die SPD?‹ (2009).

Daniel Friedrich Sturm

PEER STEINBRÜCK

Der Kandidat

Mit Karikaturen
von Heiko Sakurai

Deutscher Taschenbuch Verlag

Ausführliche Informationen über unsere Autoren und Bücher finden Sie auf unserer Website
www.dtv.de

MIX
Papier aus verantwortungsvollen Quellen
FSC® C019821

Erweiterte Neuausgabe 2013

Dieses Werk wurde vermittelt durch die Literarische Agentur Thomas Schlück GmbH, 30827 Garbsen

Umschlagkonzept: Balk & Brumshagen
Umschlagbild: Daniel Biskup
Satz: Greiner & Reichel, Köln
Druck und Bindung: Druckerei C. H. Beck, Nördlingen
Gedruckt auf säurefreiem, chlorfrei gebleichtem Papier
Printed in Germany · ISBN 978-3-423-34787-7

INHALT

VORWORT ZUR TASCHENBUCHAUSGABE

»Ich bitte das Missverständnis nicht weiter zu kolportieren, ich sei bereit, irgendwelche Ämter, Funktionen oder Kandidaturen zu übernehmen«, sagt Peer Steinbrück am 2. Oktober 2010.

Keine zwei Jahre später ruft die SPD ihn zu ihrem Kanzlerkandidaten aus. Peer Steinbrück soll Angela Merkel ablösen. Niemals hat eine Oppositionspartei in Deutschland einen älteren Kanzlerkandidaten aufgestellt. Angela Merkel war 51 Jahre alt, als sie das höchste Regierungsamt übernahm, um das sich Steinbrück jetzt, mit 66 Jahren, bewirbt. Die letzten SPD-Kanzlerkandidaten traten aus einer hervorgehobenen, starken Position an. Sie wussten, wie Hans-Jochen Vogel, eine Bundestagsfraktion hinter sich, eine Staatskanzlei (Johannes Rau, Oskar Lafontaine, Rudolf Scharping und Gerhard Schröder), ein Kanzleramt (Schröder) oder das Auswärtige Amt (Frank-Walter Steinmeier). Steinbrück bereitet seine Kandidatur in einem etwa 15 Quadratmeter großen Bundestagsbüro vor. Als Kandidat bringt er nur wenige Mitarbeiter mit in die SPD-Zentrale.

Während des ersten halben Jahres als Kanzlerkandidat fällt Peer Steinbrück vor allem mit Ungeschick auf. Aus dem populären und hoch geachteten Finanzminister von einst wird ein Politiker, der vor allem mit Pannen und Peinlichkeiten von sich reden macht. Der Mann, der in den dramatischen Tagen der Finanzkrise im Oktober 2008 den »Sparerinnen und Sparern in Deutschland« garantierte, dass sie »nicht befürchten müssen, einen Euro ihrer Einlagen zu verlieren«, verspielt binnen weniger Wochen fast seine komplette Glaubwürdigkeit. Die hohen Nebeneinkünfte als Vortragsredner, seine tölpelhafte Klage über ein zu geringes Kanzler-Gehalt und vieles mehr bringen Steinbrück in Misskredit – und machen ihn nebenbei zur gefragten Figur in Kabarett und Comedy. Dabei ist Steinbrück der geblieben, der er stets war: ein Mann, der redet, wie es ihm gefällt, zuweilen an sich selbst berauscht; ein Politiker, der Konflikte schürt statt sie zu entschärfen; ein begnadeter Rhetoriker, der sich als klar und kantig inszeniert; ein hoch intelligenter Mensch, der es an Gefühl, Einfühlungsvermögen und Wärme mangeln lässt.

Peer Steinbrück versteckt sich nicht, er hat das nie getan. Und doch ist das Leben dieses Mannes keineswegs erzählt. Es ist ein Leben mit steilem Aufstieg und mit Rückschlägen. Aus einem Beamten im Bundesbauministerium wurde der Ministerpräsident des größten Bundeslandes. Dann scheiterte Steinbrück in Nordrhein-Westfalen. Ein halbes Jahr später war er als Bundesfinanzminister ein verlässlicher Partner von Kanzlerin Merkel, landete 2009 erneut in der Opposition. Als einfacher Abgeordneter, Redner und Buchautor brachte es Steinbrück dann zu seinen höchsten Popularitätswerten.

Derjenige werde Kanzlerkandidat, der die größten Chancen besitze, die Bundestagswahl zu gewinnen, befand der SPD-Vorsitzende Sigmar Gabriel. Frank-Walter Steinmeier, in der eigenen Partei hoch geachtet, verzichtete auf eine erneute Kandidatur. Beide machten Peer Steinbrück den Weg frei. Am 22. September 2013 geht es für ihn um alles oder nichts: Er wird Kanzler. Oder er verlässt die politische Bühne, vermutlich endgültig. Peer Steinbrück: Wer ist dieser Mann, der Kanzler der Bundesrepublik Deutschland werden will?

I. HAMBURG, OLDENBURG UND KIEL

Der Mann, der in den dramatischen Tagen der Finanzkrise im Oktober 2008 den »Sparerinnen und Sparern in Deutschland« garantiert, dass sie »nicht befürchten müssen, einen Euro ihrer Einlagen zu verlieren«, wird gehört, wenn er sich zu Wort meldet. Zwei Bücher hat Peer Steinbrück verfasst, viele Wochen lang standen sie ganz oben auf den Bestsellerlisten. Die Menschen interessiert, was er zu sagen hat.

Peer Steinbrück ist weder zurückhaltend noch diplomatisch. Er redet gerne, direkt und unverstellt. Er tritt vor der Bausparkasse Schwäbisch Hall auf, bei der Friedrich-Ebert-Stiftung in Peine oder der SPD in Mettmann. Neuerdings hält er Vorlesungen an der Universität Leipzig. Regelmäßig reist er ins Ausland. Steinbrück spricht im Deutschen Bundestag und lässt sich in Talkshows befragen. In seinem Büro türmen sich Einladungen und Interviewanfragen.

Peer Steinbrück versteckt sich nicht. Und doch ist das Leben dieses 65-jährigen Mannes keineswegs erzählt. Es ist ein Leben mit einem steilen Aufstieg und einigen Rückschlägen. Aus einem Beamten im Bundesbauministerium wurde der Ministerpräsident des größten Bundeslandes. Dann scheiterte Steinbrück in Nordrhein-Westfalen. Ein halbes Jahr später stieg er zum Bundesfinanzminister auf, wurde verlässlicher Partner der Kanzlerin und landete im Jahre 2009 erneut in der Opposition. Doch selbst als einfacher Abgeordneter brachte und bringt Steinbrück es zu höchsten Popularitätswerten.

Derjenige solle Kanzlerkandidat werden, der die größten Chancen besitzt, die Bundestagswahl zu gewinnen, befindet der SPD-Vorsitzende Sigmar Gabriel am 1. Mai 2010. Dieser Tag ist ein wichtiges Datum im Leben von Peer Steinbrück. Lange schloss Steinbrück aus, als Spitzenkandidat der SPD in eine Bundestagswahl zu ziehen. »Wollen Sie mich umbringen?«, parierte er einst entsprechende Fragen. »Das stand nie zur Debatte. Ich bin es nicht, und ich habe auch nicht die Qualitäten dafür«, befindet er vor der letzten Bundestagswahl im Sommer 2009. Es dauert auch nach Gabriels Statement eine Weile, bis sich Steinbrück mit dem Gedanken anfreundet. »Ich bin aus dem Spiel« und »Mit einer Kanzlerkandidatur kokettiert man nicht«, sagt er im Herbst 2010. Doch weder Parteifreunde noch Journalisten nehmen ihm diese Bescheidenheit ab. Brüsk aber weist er Nachfragen zurück. »Ich bitte das Missverständnis nicht weiter zu kolportieren, ich sei bereit irgendwelche Ämter, Funktionen oder Kandidaturen zu übernehmen«, sagt Peer Steinbrück noch im Oktober 2010. Wenig später klingt das ganz anders. »Der Zeitpunkt wird kommen, wo ich mich in Absprache jedenfalls mit zwei oder drei Führungspersönlichkeiten der SPD darüber zusammensetze«, verkündet er im Mai 2011. In seinem gemeinsamen Gesprächsband mit Helmut Schmidt spricht sich dieser Altbundeskanzler für eine Spitzenkandidatur Steinbrücks aus.

Wer ist dieser Mann, dem mancher zutraut, Kanzler der Bundesrepublik Deutschland zu werden?

FAMILIE

Peer Steinbrück kommt als erster von zwei Söhnen der Eheleute Ernst und Ilse Steinbrück zur Welt. Er wird am 10. Januar 1947 in Hamburg geboren.

Zu seinen Vorfahren zählen Seefahrer, aber auch ein paar Leute von Rang und Besitz. Peer Steinbrücks Urgroßvater Hugo Delbrück und dessen Bruder Adelbert bauten das Seebad Heringsdorf auf Usedom, wo deutsche Unternehmer und Politiker im 19. Jahrhundert oft Urlaub machten. Sein Urgroßonkel Adelbert Delbrück gründete 1870 in Berlin die Deutsche Bank. Doch Ernst und Ilse Steinbrück, seine Eltern, zählen nicht zum Hamburger Großbürgertum. Sie wohnen neben anderen Familien in einem Mietshaus aus der Jahrhundertwende am Schrötteringksweg, Stadtteil Uhlenhorst, einen halben Kilometer von der Außenalster entfernt. Weiße Stadthäuser mit majestätischen Eingängen säumen diese kurze Straße, ebenso rote Backsteinhäuser aus den 1920er-Jahren und Zweckbauten aus der Nachkriegszeit. In Barmbek sei er aufgewachsen, wird Steinbrück später einmal in einem Interview sagen, »in einem Stadtteil, wo man sich auf der Straße durchsetzen musste«. Proletarisch klingt das, proletarischer, als es das durchaus feine Uhlenhorst heute vermuten lässt. Seine Eltern erziehen ihr Kind eher liberal als autoritär, auch wenn der Vater dem kleinen Peer manchmal den Hintern versohlt. Die Steinbrücks haben ›Die Welt‹ abonniert, sie gelten als liberal.

Der Vater ist 1914 in Pommern geboren und in Hamburg Architekt geworden. Er entwirft das Gebäude der Gothaer Versicherung an der Alster, hält sich letztlich aber für einen nicht außergewöhnlich guten Architekten und verdient sein Geld deshalb später mit Schadensgutachten für Gebäude. Ernst Steinbrück schätzt Konrad Adenauer, den ersten Bundeskanzler und CDU-Vorsitzenden. Bis 1965 wählt er, so vermutet sein Sohn heute, die Christdemokraten. 1969 stimmt er dann, wohl vor allem auf Drängen seiner Frau, für Willy Brandt. Ernst Steinbrück stirbt im Jahre 1998.

Peer Steinbrücks Mutter, 1919 als Ilse Schaper geboren, entstammt einer Hamburger Kaufmannsfamilie mit dänischen Wurzeln. Mitte der 1930er-Jahre verbrachte sie eine längere Zeit bei Verwandten in Dänemark und Schweden, wo sie sich dem »Bund Deutscher Mädel« entziehen konnte. Ilse Schaper hörte Jazz, ging tanzen und erlebte ein ungezwungenes Zusammenleben von Frau und Mann. Sie ließ sich zur Hutmacherin und Schneiderin ausbilden und empfand es als völlig normal, dass eine Frau einen Beruf ergriff. Anfang 1939 kam sie nach Hamburg zurück – in ein anderes, ihr fremdes Land. Niemand durfte hier sagen, was er denkt, und Jazz zu hören war politisch gefährlich. Unter dem Datum ihrer Rückkehr von Kopenhagen nach Hamburg vermerkte sie in ihrem kleinen Kalender: »Jetzt kehre ich in diese Diktatur zurück.« Als Peer Steinbrück mehr als 70 Jahre später die Hinterlassenschaften seiner Mutter sortiert, liest er diese Worte.

Ilse Schaper hatte jüdische Freunde, denen es gelungen war, Deutschland früh zu verlassen. Zu ihrer dänischen Verwandtschaft zählte ein Arzt, den die Nazis nachts per Telefon aus dem Haus riefen. Sie unterstellten ihm, dem Widerstand anzugehören. Am nächsten Morgen wurde der Arzt erschossen aufgefunden. »Meine Mutter«, sagt Peer Steinbrück, »hat in ihrem Freundeskreis sehr früh die Judenverfolgung mitbekommen und nach dem Krieg darunter gelitten, dass Hamburger

Bürger, die wie sie die Transporte am Hamburger Hauptbahnhof gesehen hatten, noch in den 1960er-Jahren so taten, als ob das alles nicht stattgefunden habe. Diese Verleugnung wollte sie nicht akzeptieren. Diese Haltung hat die Erziehung von mir und meinem Bruder geprägt.«

Ernst Steinbrück und Ilse Schaper lernten sich während des Krieges kennen, 1942 in einem Café in Bansin auf Usedom. Über seine Kindheit und Jugend sagt Peer Steinbrück, dass »die Familienstrukturen intakt« gewesen seien. Anders als etwa Gerhard Schröder, Sigmar Gabriel oder Klaus Wowereit wächst er in behüteten Verhältnissen auf. Beide Elternteile leben, ihre Ehe hält.

Dass seine Mutter immer wieder auf den Nationalsozialismus zu sprechen kommt, ist in den 1950er-Jahren nicht selbstverständlich, und schon dem zehnjährigen Peer Steinbrück fällt auf, dass in anderen Familien dazu geschwiegen wird. Seine Großmutter und Mutter erzählen viel von früher. Wenn Besuch da ist, kommt es manchmal zu heftigen und lautstarken Diskussionen. Der Sohn hat die Mutter als eine Frau in Erinnerung, die sich engagiert dagegen wehrt, die Naziherrschaft zu verharmlosen und zu verdrängen. Wie sein Vater zum NS-Regime gestanden hat, sagt er nicht.

Ilse Steinbrück schätzt Brandt und wählt Jahre früher als ihr Mann die SPD. Sie ist eine selbstbewusste, resolute Frau, der historische Aufrichtigkeit und Gerechtigkeit wichtiger zu sein scheinen als die im Bürgertum weit verbreitete Ansicht, die Vergangenheit nun erst einmal ruhen zu lassen und nach vorne zu schauen. Einer Erwerbsarbeit geht sie, so ist es für Ehefrauen und Mütter im Westen Deutschlands durchaus üblich, nicht nach. Später betreut sie ehrenamtlich Alte und Kranke. Ilse Steinbrück stirbt im September 2011.

Der Hamburger Jung, der da inmitten der Trümmerlandschaften der Nachkriegszeit heranwächst, hat den Kopf mit Dingen voll, die Kinder seines Alters beschäftigen. Er träumt davon, eines Tages Pirat oder Lokführer zu werden. Er ist, wann immer es geht, draußen unterwegs, spielt in zerbombten Gebäuden und in den Hinterhöfen der Nachbarschaft. Zerrissene Hosen und kaputte Knie gehören zu Peer Steinbrücks Kindheit. Mit seinen Freunden bildet er eine Bande, die sich mit anderen Kindern immer wieder prügelt. Während des Bandenspiels ist Steinbrück kein Anführer, er steht eher in der zweiten Reihe. An Ehrgeiz aber mangelt es ihm nicht. »Peer wollte immer gewinnen«, sagt sein jüngerer Bruder Birger, der im Mai 1951 geboren wird.

Daheim pflegen die beiden Brüder und ihre Mutter Humor und Ironie. Dem Vater indes fehlt dieser ausgeprägte Sinn, er erträgt jene Veranlagung seiner Familie aber mit einer »großen Toleranz und Souveränität«, wie sein Sohn Peer Jahrzehnte später schildert. Vielleicht ist Ernst Steinbrück zu sehr Pommer, als dass er das ausgiebige Spiel mit Worten genießen könnte. Gelegentlich fühlt er sich durch die ironische Ader von Frau und Kindern ausgegrenzt. Birger Steinbrück wiederum beherrscht verbale Boshaftigkeiten, und der ältere Bruder fällt diesem »großartigen Spott«, wie er sagt, bis heute zum Opfer. Einen »Meister des Wortbildes« nennt Peer Steinbrück seinen Bruder.

Peer Steinbrück besucht ab 1953 die Volksschule Humboldtstraße, die nur wenige hundert Meter vom Elternhaus entfernt ist. Für den Weg zur Schule muss er manchmal Umwege machen, denn in bestimmten Straßen lauern Kinder- und Jugendbanden. Dort drohen Prügel. Steinbrück und seine Kumpel halten es in ihrem Hoheitsgebiet ebenso. Er kauft gern im Krämerladen bei »Tante Reimers« ein, Bonbons und Gewürzgurken etwa. Zuweilen lässt er anschreiben und sammelt so erste Erfahrungen mit dem Kreditwesen.

Sechs Jahre alt ist Peer Steinbrück, als ihm seine aus Dänemark stammende Großmutter das Schachspiel beibringt. Die geliebte Oma aber schenkt ihm in den Partien nichts. »Sie war der Auffassung, dass es echt sein muss, wenn ich mal gegen sie gewinne. Deshalb hat sie nie absichtlich einen Fehler gemacht«, erzählt Peer Steinbrück im Rückblick. Im Alter von 13 Jahren setzt er seine Großmutter erstmals schachmatt. Dieser Triumph ist hart erarbeitet und stärkt das Selbstbewusstsein des jungen Mannes. Ein in Hamburg lebender Onkel, der Bruder der Mutter, zählt ebenso zu Peer Steinbrücks Schachpartnern, später auch sein Bruder Birger, zu dem er bis heute ein enges Verhältnis hat. Die beiden sehen sich oft. Sie segeln gemeinsam, manchmal mit weiteren Freunden. Birger Steinbrück ist ein Regatta- und Hochseesegler, sein Bruder bezeichnet sich als Amateur.

Peer Steinbrück mag schon in jungen Jahren Bücher, Comics und Zeitungen, eine Zuneigung, die bis heute anhält. Er liest, was er kriegen kann, den Abenteuer-Comic ›Cisco‹ ebenso wie ›Mecki‹ und ›Nick Knatterton‹. Die Eltern haben, das ist in den 1950er-Jahren ungewöhnlich, nichts gegen derlei Lektüre einzuwenden. Cartoons von ›Prinz Eisenherz‹ finden sich in einer Zeitschrift, die Steinbrücks Großmutter abonniert hat – er reißt ihr die Hefte regelrecht aus der Hand. »Bei Cisco und Prinz Eisenherz waren die Guten und die Schlechten noch klar zu erkennen«, erinnert sich Steinbrück. »Das hat sich in meinem späteren Leben geändert.« Während der Olympischen Spiele 1956 in Melbourne wird er zum Zeitungsleser.

Seine bis heute währende Liebe zum Kino erblüht noch früher. Er ist fünf Jahre alt, als Freunde ihn an einem Sonntag um 13 Uhr in die Jugendvorstellung der Ufa Schauburg mitnehmen. Der Junge ist extrem aufgeregt. »Doch bevor der Film losging, kam meine Großmutter wie eine Furie ins Kino gerast und hat mich rausgeholt. Sie wusste nichts von meinem Ausflug.« Mit sechs Jahren sieht Steinbrück seinen ersten Kinofilm, ›Pinocchio‹. Er habe »Rotz und Wasser geheult«, sagt er heute.

Tränen fließen auch, als Peer Steinbrück bei der Fußball-Weltmeisterschaft 1958 das Halbfinale am Radio verfolgt. Deutschland spielt gegen Schweden, geht mit einem Treffer von Hans Schäfer in Führung – und verliert schließlich 1:3. Im Jahr zuvor schon hat er ein Fußballspiel am Fernsehen gesehen, der Hamburger SV gegen Borussia Dortmund, das Finale der Deutschen Meisterschaft. Der HSV geht unter, der Endstand lautet 1:4. Im Alter von zehn bis etwa 15 Jahren spielt Peer Steinbrück selbst Fußball, meistens auf der Straße. Später spielt er Basketball und Tennis.

Rhetorisch ist Steinbrück seinen Generations-Genossen schon in jungen Jahren überlegen. Er liest und liest und liest, flieht in die Welt der Bücher. Mit Sprache weiß er schon früh umzugehen, weshalb ihm seine Mutter rät: »Junge, du musst später etwas machen, wobei du quatschen kannst.«

JOHANNEUM

Nach der Volksschule besucht Peer Steinbrück die Gelehrtenschule des Johanneums im benachbarten Stadtteil Winterhude. Er hat dafür eine mehrtägige Aufnahmeprüfung zu absolvieren. Am 27. April 1957 – damals beginnt das Schuljahr nach den Osterferien – wird Steinbrück hier eingeschult.

Das Johanneum ist etwa vier Kilometer von der Wohnung der Steinbrücks entfernt. Auf dem Schulweg sind mehrere Alsterkanäle zu überqueren. Winterhude grenzt an die Außenalster und den Stadtpark, ein gut situiertes Viertel, dessen Straßen Fährhausstraße oder Schöne Aussicht heißen. Die Landzunge an der Schönen Aussicht nennt Steinbrück bis heute seinen Lieblingsplatz in Hamburg: »Wenn Sie die Auguststraße runtergehen, laufen Sie genau drauf zu.«

Das Johanneum ist eine altehrwürdige Anstalt, die älteste und traditionsreichste Schule der Stadt. Keine Schule pflegt die Alten Sprachen so wie das Johanneum. Es wurde anno 1529 von Johannes Bugenhagen gegründet, dem Reformator Hamburgs und Freund Martin Luthers. Über Jahrhunderte ist das Johanneum das geistige Zentrum der Stadt. Das Schulgebäude wurde von 1912 bis 1914 errichtet nach den Plänen des Hamburger Baudirektors Fritz Schumacher, der für seine dunkelroten Klinkerbauten über die Stadt hinaus bekannt ist. Das Johanneum strahlt eine große, stolze Tradition aus. Der Eingang besteht aus sechs Arkaden, im Gebäude finden sich antike Skulpturen und in Öl gemalte Humanisten. »Zukunft braucht Herkunft«, lautet das Motto der Schule, nicht eben ein sozialdemokratisches Leitbild.

Heute versteht sich das Johanneum als einziges »echtes« altsprachliches Gymnasium Hamburgs: Wie schon zu Steinbrücks Zeit beginnen alle Schüler in der Klasse 5 mit dem Lateinunterricht. In Klasse 8 kommt Griechisch hinzu. Eine der beiden Sprachen muss noch heute bis zum Abitur belegt werden. Das Gymnasium erlebt nach wie vor einen hohen Zulauf an Schülern. Männer, die Geschichte schrieben, lernten hier, Walter Jens, Harry Graf Kessler, Johann Georg Mönckeberg, Gottfried Semper und Johann Hinrich Wichern. Ralph Giordano musste die Schule aufgrund der Nürnberger Rassegesetze verlassen; er verarbeitete diese Erlebnisse in seinem Roman ›Die Bertinis‹. Zur Zeit des Schülers

Steinbrück ist das Johanneum noch eine reine Jungenschule, an der nur Männer unterrichten, die stets Schlips und Kragen tragen.

Das Johanneum vermittelt eine klassische Bildung, weit über den Unterricht hinaus. Der Lehrer Quandt etwa hält zu Peer Steinbrücks Schulzeiten einen Vortrag über »Griechische Vasen des rotfigurigen Stils«. Zuweilen suchen Schulklassen das »Jalousie«-Lichtspielhaus auf. Der Winterball des Johanneums wird im noblen Hotel Atlantic gefeiert. Im Jahre 1958 würdigt die Schule ihren Gründer Bugenhagen anlässlich seines 400. Todestages. Nach bestandener Reifeprüfung verbrennen die Abiturienten in dunklem Anzug und mit Zylinder ihre Schulhefte auf dem Scheiterhaufen. Die Schüler müssen zum Abitur angeben, welchen Beruf sie eines Tages ergreifen wollen. Als ein Abiturient mitteilt, er wolle Bauer werden, zitiert ihn der Direktor zu sich und lässt ihn wissen, dieser Berufswunsch sei nicht standesgemäß neben all den Notaren, Ärzten und Theologen. Als Sohn einer alleinerziehenden Sekretärin passt Steinbrücks Mitschüler Joachim Brandt, der direkt neben der Schule wohnt, nicht in dieses gesellschaftliche Milieu. Die Lehrer lassen ihn dies spüren. Das Motto »Zukunft braucht Herkunft« wird gelebt. »Wir Johanniter fühlten uns als etwas Besonderes«, erinnert sich ein Mitschüler Peer Steinbrücks, »die anderen Gymnasien haben wir nicht für voll genommen.«

Der Unterricht beginnt um 8 Uhr, von Montag bis Freitag werden jeweils fünf Stunden unterrichtet, sonnabends vier Stunden. Zum Beginn der Schulwoche am Montagmorgen findet eine etwa 20-minütige Andacht in der Aula statt. Der Musiklehrer spielt die Orgel, es wird gesungen, ein Lehrer verliest eine Bibelstelle. Als fromm indes gilt die Schule nicht; dafür werden Chor und Orchester geachtet. »Die Klassen 5 bis 9 sitzen auf den Bänken, die Klassen 10 bis 12 stehen auf den Treppen«, lautet die Anweisung des Schulleiters Hans Oppermann für die Andacht. Oppermann galt als überzeugter Nationalsozialist. Er war im Jahre 1934 – als Nachfolger des von Martin Heidegger seines Amtes enthobenen und emigrierten Eduard Fraenkel – Professor für Klassische Philologie an der Universität Freiburg geworden, ab 1941 lehrte er in Straßburg. Nach dem Zweiten Weltkrieg darf er »nur« noch als Lehrer tätig sein, von 1954 bis 1961 ist er Schulleiter am Johanneum. Diese Vergangenheit wird während Steinbrücks Schulzeit nicht thematisiert. Noch in der Festschrift zum 450-jährigen Bestehen des Johanneums 1979 ist Oppermann, längst pensioniert, mit einem umfänglichen Aufsatz vertreten.

Peer Steinbrück kommt in die Klasse 5 a. Anfangs gehören der Klasse 36 Schüler an, zwei Jahre später nur noch 25. Vor allem Schüler, die mit den Alten Sprachen nicht zurechtkommen, wechseln immer wieder an andere, neusprachliche Gymnasien. Das Abitur nach neun Gymnasialjahren wird nicht einmal ein Drittel der anfangs 36 Schüler machen. Ab der fünften Klasse (»Sexta«) bis zum Abitur wird Latein gelehrt, neun Jahre lang. Ab der siebten Klasse (»Quarta«) kommt Englisch hinzu, ab der achten Klasse (»Untertertia«) Griechisch.

Viele Lehrer sind von Krieg und Nationalsozialismus geprägt und gezeichnet. Klassenlehrer Jes Axel Juhl unterrichtet die Schüler in Deutsch und Latein. Er veröffentlicht während der 1950er-Jahre zwei Bücher: ›Der altsprachliche Unterricht an den wissenschaftlichen Oberschulen‹ und ›Sprachen und Kulturen im Klassischen Altertum‹. Servus, der Sklave, lautet die erste Vokabel, die Steinbrück und seine Mitschüler lernen. Juhl gilt als klassischer Lateinpauker. Ein Schüler nennt ihn heute einen wenig liebevollen Pädagogen und »eher sadistisch«, ein anderer Klassenkamerad Steinbrücks erinnert sich positiv an ihn. Juhl legt im Deutschunterricht auf Sprecherziehung wert. Im Lateinischen unterrichtet er das Rezitieren. Bei der Abfrage von Vokabeln lässt er die Schüler Mannschaften bilden. So werden die Vokabelleistungen spielerisch und sportlich abgefragt. Einige Schüler suchen ihren Klassenlehrer Juhl nachmittags daheim in Hamburg-Altona auf, wo er ihnen Nachhilfe in Latein erteilt.

Den Mathelehrer Christian Trumpf bringen die Schüler immer wieder dazu, Geschichten aus dem Krieg zu erzählen. Trumpf hat nur noch einen Arm. Mehrfach berichtet er, wie es während des Frankreich-Feldzuges im Ersten Weltkrieg dazu kam. Öfter erzählt er von jenem nebligen Tag, an dem er und seine Kameraden meinten, auf feindliche Soldaten geschossen zu haben, und sich diese »Feinde« später als gestutzte Weidenbäume erwiesen. Trumpf paukt mit seinen Schülern Kopfrechnen. Dazu stehen alle auf. Dann reiht er mündlich eine lange Aufgabe aneinander, deren Lösung oft null ergibt. Wer sie errechnet hat, darf sich setzen. Trumpf pflegt einen scharfen Umgang. »Unter euch ist kein Gauß«, ruft er der Klasse mehrfach zu. Er habe, sagt Steinbrück rückblickend, in den 1950er-Jahren »Lehrer kennengelernt ... mit Kriegsverletzungen aus dem Ersten Weltkrieg, Traumata aus dem Zweiten Weltkrieg, Lehrer, die in meinen Augen alle unfähig waren, als Pädagogen zu wirken«.

Als wenig beliebt gilt auch der Englischlehrer Günther von Allwörden. Er gibt sich besonders autoritär und schikaniert regelmäßig einzelne Schüler. Einen Jungen ruft er ein halbes Jahr lang Stunde für Stunde als Ersten auf. Wer im Englischunterricht nicht spurt, wird dazu verdonnert, am außerordentlichen Französischunterricht in der Frühstunde teilzunehmen; dieser beginnt morgens um 7.10 Uhr. Am Johanneum geht es streng zu, der Rohrstock aber ist inzwischen tabu. Das Prügeln erledigen die Schüler zuweilen selbst. Schlägereien auf dem Schulhof oder im Klassenzimmer sind üblich. »Haut se, haut se, immer auf die Schnauze«, lautet ein Schlachtruf. Zu Steinbrücks Klasse zählen zwei Schlägertypen, ein kräftig gebauter ruppiger Fußballer, allseits anerkannt als jemand, der Tore schießt. Der Zweite, ein drahtiger Typ, gilt als fies. Er schlägt seinen Klassenkameraden zuweilen ins Gesicht, stößt sie auf den Boden und zieht sie sodann durch den ganzen Klassenraum. Einmal widerfährt diese Demütigung auch dem ruhigen, nicht besonders sportlichen Peer Steinbrück. Doch der lässt sich das nicht gefallen, wehrt und befreit sich rasch aus der Klemme. Nicht nur bei dem Brutalo verschafft er sich damit Respekt.

EHRENRUNDEN

In der Schule sei er »ein Kasper« gewesen, sagt Steinbrück heute: »Ich bin den Lehrern da deutlich auf den Senkel gegangen und habe saumäßige Zeugnisse gehabt.« Doch an den »Kasper« oder Klassenclown Steinbrück können sich seine Mitschüler nicht erinnern. Wer auch immer sich heute äußert, hat von Peer Steinbrück in seinen Jahren am Johanneum allenfalls ein sehr verschwommenes Bild. Mehrere Klassenkameraden sagen, er habe damals weder zu den besonders guten noch zu den besonders vorlauten Schülern gezählt. Etliche aus ihrem Kreis sind gar irritiert, als sie auf Steinbrück angesprochen werden. Ihnen wird erst jetzt bewusst, dass Steinbrück einst das Johanneum besuchte – und dass sie zusammen mit ihm unterrichtet wurden. Auch die heutige Schulleiterin erfährt erst im Herbst 2011, dass der Bundesfinanzminister a.D. im Johanneum ein- und ausging.

In der Klasse 8 (»Untertertia«), also im Frühling 1960, wird Walther Rhine Steinbrücks Klassenlehrer. Er unterrichtet Griechisch, die nach Latein und Englisch dritte Fremdsprache. Rhine gilt als inkompetent und verknöchert. Er löst bei seinen Schülern mit der neuen Sprache Griechisch keine Begeisterung aus. Auch Steinbrück findet keinen Bezug zu den Vokabeln, die er lernen muss, und zu der Grammatik, die gepaukt wird. Er leidet.

Am 16. März 1961 kehrt Peer Steinbrück dem Johanneum den Rücken. Sein Abgangszeugnis fällt miserabel aus: In Latein, Griechisch und Mathematik hat er ein »Mangelhaft«. Die beste Note, ein Befriedigend, erhält Peer Steinbrück in seinem Lieblingsfach Geschichte. Alle anderen Fächer, also Englisch, Biologie, Handschrift, Kunsterziehung und Leibesübungen, werden mit Ausreichend bewertet. Für Deutsch gilt die Note »ausreichend, zuletzt befriedigend«. Ein gutes Zeugnis ist etwas anderes. »Peers Verhalten war gut«, heißt es auf dem Zeugnis, »er gab sich im Unterricht Mühe und war fleißig. Erfreulich war sein wachsendes Verständnis im Deutschen.« Unter der Rubrik »Bemerkungen über den Schulbesuch« ist »regelmäßig« vermerkt. »Er verlässt die Schule, um ein anderes Gymnasium zu besuchen«, heißt es auf dem Zeugnis. Sein Klassenlehrer fügt handschriftlich hinzu: »Die Schule entlässt ihn mit den besten Wünschen für die Zukunft.« In seinem Gesprächsband mit Helmut Schmidt äußert sich Steinbrück über diese Phase eindeutig, wenngleich recht schmallippig: »Ich habe eine katastrophale Schulgeschichte in der Mittelstufe gehabt, aber die lassen wir hier mal weg.«

Es ist eine schreckliche Zeit, die Peer Steinbrück in den folgenden Jahren durchlebt. Sie geht ihm offenbar bis heute nahe, Steinbrück spricht über diese Phase seines Lebens kaum und nur ungern. Viele Politiker neigen dazu, ihre Jugendjahre als besonders schwierige Zeit zu beschreiben, aus der sie gestärkt hervorgegangen seien – Steinbrück nicht. Die Jahre zwischen 1961 und 1966 müssen für ihn wie für seine Eltern eine Tortur gewesen sein. Mehrfach wechselt Peer Steinbrück während der Mittelstufe die Schule. Wieder und wieder kommt er nicht zurecht. Nachdem er schon am Johanneum nicht in Klasse 9 versetzt wurde, folgt nun eine weitere Ehrenrunde. Für die Klassen 8, 9 und 10 benötigt Steinbrück fünf Jahre.

Steinbrück leidet an einigen Lehrern. Gerade die Lehrer mit ihren physischen und psychischen Schäden aus den beiden Weltkriegen kann er schwer ertragen. Die Heldengeschichten von den Feldzügen gegen Russland und Frankreich bereiten ihm Abscheu und Ekel. Er sieht in diesen alten Männern gestörte Charaktere. Und es sind in der Tat verschrobene Gestalten, die Steinbrück unterrichten. Ein Studienrat etwa, der erst nach 1955 aus Russland heimgekehrt ist, verbrachte zwölf Jahre lang in russischer Gefangenschaft. In dieser Zeit wurde er sehr religiös und seine extreme Fixierung auf den Glauben beeinflusst nun seine Notenvergabe.

Während eines Wandertages bestellt sich Steinbrücks Clique ein Alsterwasser. Der Studienrat ereifert sich und beschwert sich später bei den Eltern. Aktivitäten außerhalb des regulären Unterrichts langweilen Steinbrück. Eine Klassenfahrt hat als Thema die Weser-Renaissance. Lehrer und Schüler besichtigen Schlösser, Rat- und Bürgerhäuser. Daneben suchen sie etliche Kirchen auf und das Kloster Corvey bei Höxter. Auf einem Ausflugsschiff fahren sie nach Bodenwerder, Hameln und zu anderen hübschen Orten des Weserberglandes. Der Schüler Steinbrück allerdings liest während dieser Fahrten Romane von Edgar Wallace, ›Der Zinker‹ oder ›Das Gasthaus an der Themse‹. Als der Lehrer ihn mit einem dieser roten Bändchen aus dem Goldmann Verlag entdeckt, kassiert er es ein und gibt dem Schüler zwei Mark – so viel kosten die Goldmann-Bücher. Edgar Wallace ist keine Literatur, die er duldet. Seine Schüler sollen Eichendorff lesen oder Goethe. Doch Steinbrück hat mehrere Wallace-Bücher dabei. Am nächsten Tag, wiederum auf dem Boot, vertieft er sich in den nächsten Band. Wieder schreitet der Studienrat ein, wieder gibt es zwei Mark. Was er nicht weiß: Mit jedem Entzug eines Wallace-Romans verdient Steinbrück 1,50 DM; er hat diese Bücher für 50 Pfennig im Antiquariat gekauft.

PARKWÄCHTER

Sein Taschengeld ist nicht üppig. Doch Peer Steinbrück interessiert sich durchaus für Geld. Als 14-Jähriger übernimmt er bereits allerlei Neben- und Ferienjobs. Als er 15 oder 16 Jahre alt ist, will er sich ein Tonbandgerät kaufen. Steinbrück sieht darin einen »Grundstein für eine Karriere als Journalist«. Er jobbt auf dem Bau und in einem Gartenbaubetrieb, er paginiert in einem Laden Lotto- und Totoscheine, er sortiert sogar Karteikarten in einer Partnervermittlungsagentur. Die Großstadt bietet viele Jobs für Schüler. Mit 15 Jahren hält er seine erste Lohnsteuerkarte in der Hand und wundert sich über die hohen Abzüge.

Als Parkplatzwächter ist er gleich an drei Orten tätig: auf dem Fischmarkt in St. Pauli, auf der Reeperbahn (»von den Mädchen gab es immer das beste Trinkgeld«) und am Volksparkstadion. »Er konnte die Leute gut einweisen«, spottet sein Bruder Birger Steinbrück. Dort habe er als 16-jähriger Schüler, sagt Peer Steinbrück, »die steilste Karriere meines Lebens gemacht, weil ich als Parkwächter rasch von den Fahrrädern über die Motorräder zu den Autos aufgestiegen bin«. Jener Aufstieg rechnet sich – bei Fahrrädern bekommt er 20 Pfennig, bei den Motorrädern 50 Pfennig und bei den Autos eine Mark. »Vor allem durften wir zehn Minuten nach Spielbeginn umsonst ins Stadion, mussten zwar auch zehn Minuten früher wieder raus, aber das habe ich nie gemacht. Dann hätte ich ja den Schlusspfiff nicht mitbekommen. Auf diese Weise habe ich viele Spiele gesehen.«

Mit seinem Onkel geht Steinbrück schon zum HSV, als der Klub noch am Rothenbaum antritt. Das erste Spiel dort verfolgt er 1959, mit zwölf Jahren, die Bundesliga ist noch nicht gegründet. »Ich fand das Stadion am Rothenbaum faszinierend; es gab keine Aschenbahn, die ersten Bänke standen vielleicht anderthalb Meter hinter der Außenlinie, Zäune gab es auch nicht«, erinnert sich Steinbrück. Er besucht fast jedes Heimspiel. »Ich kriege auch die Mannschaft noch ganz gut zusammen, mit der Hamburg 1960 erstmals nach 32 Jahren wieder Deutscher Meister wurde«, sagt Steinbrück heute und bietet an: »Soll ich mal die Fußballnationalmannschaft der 50er-Jahre aufsagen?« Die aktuelle Elf des Bundestrainers Joachim Löw hat er nicht präsent, auch nicht die des Weltmeisters von 1990. Doch mit Dramatik in der Stimme kann Steinbrück schildern, wie Günter Netzer 1973 im DFB-Pokalfinale, Sekunden nach seiner Einwechslung, den 2:1-Siegtreffer für Borussia Mönchengladbach gegen den 1. FC Köln erzielte.

Steinbrück ist 18 Jahre alt, als er 1965 aus der evangelischen Kirche austritt. Seine Begründung: Die Kirchen seien zu oft auf der Seite der Mächtigen gewesen und hätten versucht die Aufklärung zu verhindern. Außerdem fühlt er sich nicht gläubig. Zuvor hat er Karlheinz Deschners Philippika gegen die Kirchen gelesen: »Warum ich aus der Kirche ausgetreten bin«. Er ist der Auffassung, dass beide großen Kirchen geschichtlich immer auf der falschen Seite standen, auch schon vor dem Nationalsozialismus.

Im Jahre 1966 reist Steinbrück für drei Monate nach Paris. Seine Eltern haben den Aufenthalt finanziert, doch für die Sprachschule bleibt wenig Zeit. Steinbrück verbringt die Monate vor allem mit amerikanischen und skandinavischen Studentinnen. Am Ende kann er problemlos von einem amerikanischen Slang in den nächsten wechseln. Als Höhepunkt seines Besuches in Paris nennt er einen Anschlag auf zwei Springbrunnen am Palais Challiot. Angefeuert von seinen amerikanischen Freundinnen, habe er das Brunnenwasser mit Hilfe von fünf Kilo Waschpulver dermaßen aktiviert, dass es zu einer erheblichen Störung der öffentlichen Ordnung gekommen sei, berichtet Steinbrück stolz.

Als im selben Jahr in Bonn CDU/CSU und SPD eine große Koalition bilden, empfindet Steinbrück dies als »Zeitenwechsel«. Viele junge Leute sind entsetzt, dass die Sozialdemokraten ein Bündnis mit der Union und Kurt Georg Kiesinger (CDU) an der Spitze eingehen. Herbert Wehner, der nun Minister für gesamtdeutsche Fragen wird, erhält in dieser Phase auch aus dem Sauerland einen wütenden Protestbrief, abgeschickt vom Genossen Franz Müntefering. Steinbrück aber verfasst keine Protestschreiben. Für ihn zählt das, was ihm heute noch wichtig ist: die Übernahme von Verantwortung.

ZWEITE CHANCE

Die Klassen 11 bis 13 absolviert Steinbrück von 1966 bis 1968 an der Staatlichen Handelsschule »Am Lämmermarkt« in Hamburg-Hohenfelde. Diese Schule ist vier Jahrhunderte jünger als das Johanneum und weit weniger elitär. Steinbrück findet nach den schwierigen Schuljahren endlich eine Heimat. Er zeigt fachliches Interesse und trifft Leute, mit denen er bis heute in Kontakt steht. Die Lehrer erscheinen ihm qualifizierter, kundiger und pädagogisch geschickter als am Johanneum. Die Zeit der Ehrenrunden ist vorbei.

Am »Lämmermarkt«, wie die Schule in der Umgangssprache unter Bezug auf einen früheren Straßennamen heißt, werden Nachwuchskräfte für den seit jeher wichtigen Hamburger Außenhandel ausgebildet. Wirtschaftsenglisch hat Vorrang gegenüber Shakespeare. Die Absolventen erhalten mit erfolgreichem Abschluss der Wirtschaftsoberschule das Prädikat einer »Fachgebundenen Hochschulreife«. Dieses »sogenannte Wirtschaftsabitur« ermöglicht es, »die Fächer Soziologie und vor allem Betriebs- bzw. Volkswirtschaft zu studieren«, heißt es in einer Schul-Festschrift. Außerdem ist damit die Ausbildung zum Grund- und Hauptschullehrer möglich. Ab 1971 darf der »Lämmermarkt« die allgemeine Hochschulreife bescheinigen. Fortan nennt sich die Schule Wirtschaftsgymnasium.

Steinbrück ist nicht der Einzige, der hier eine neue Chance bekommt. »Natürlich waren wir keine Eliteschule«, sagt ein Mitschüler Peer Steinbrücks, »hier ging es darum, wenigstens ein Abitur zweiter Klasse zu schaffen.« Die Schüler wohnen über die gesamte Stadt verstreut. Einige haben zuvor eine Lehre absolviert. Sie sind älter und haben mehr Lebenserfahrung. Steinbrück schätzt das ebenso wie die Tatsache, dass die Schulklasse ungefähr je zur Hälfte aus Frauen und Männern besteht. Die Sitzordnung im Klassenzimmer ist gemischt.

Auch Peer Steinbrücks Mitschüler aus der Oberstufe haben ihn nicht als »Kasper« in Erinnerung. »Peer wusste sein Wort zu machen. Er ließ sich nicht einschüchtern«, sagt Ilka Wörbel: »Ironisch aber war er schon.« Eine andere Mitschülerin, Inga Maurin, sagt, sie erkenne ihn wieder, wenn er heute in der Tagesschau oder Talkshows auftrete. »Seine Art und Weise zu sprechen hat sich kaum verändert. Nur seine Stimme ist einen kleinen Tick tiefer geworden.« Hans-Erich Johannsmann, der Älteste in der Klasse, erinnert sich daran, dass nicht etwa die Wirtschaftsfächer Steinbrücks Steckenpferde gewesen seien: »Deutsch und Geschichte interessierten ihn, hier brillierte er.« Steinbrück habe gegenüber Lehrern selbstbewusst seine Position vertreten, etwa wenn eine Zensur in seinen Augen ungerecht ausfiel. »Außerdem hatte er oft einen Spruch drauf.« Rhetorisch sei Steinbrück stets aufgefallen, sagt sein Mitschüler Gilbert Modrok. »Er hatte meist eine dezidierte Meinung.« Einen »Hang zur Arroganz« habe er damals ebenso gezeigt wie »elitäre Überheblichkeit«. Peer Steinbrück, da sind sich die befragten Klassenkameraden einig, habe mit seinen Leistungen zum oberen Drittel gezählt. Ein großes Interesse an Politik stellten seine Mitschüler bei ihm nicht fest.

Peer Steinbrück schätzt am »Lämmermarkt« besonders Christel Braun, seine »sehr emanzipierte« Lehrerin für Englisch, Französisch und Geschichte/Gemeinschaftskunde. Sie ist zwar streng, diszipliniert und konsequent, dabei aber freundlich, couragiert und bei ihren Schülern angesehen. Sie bereitet den Unterricht gut vor und versteht es, ihre Fächer zu vermitteln, Nachlässigkeiten erlauben sich die Schüler bei ihr nicht. Christel Braun rollt das Thema Nationalsozialismus im Unterricht auf, das ist noch am Vorabend von 1968 alles andere als selbstverständlich. Sie ist linksliberal, gilt als Anhängerin Willy Brandts. Die Schüler hängen an ihren Lippen und Peer Steinbrück spürt: Hier wird offen gesprochen und debattiert, auch über Themen, die anderswo ausgeblendet werden.

Gemeinsam mit den beiden Parallelklassen initiiert Gemeinschaftskundelehrerin Braun im Jahre 1967 eine politische Diskussion, an der der Hamburger CDU-Bundestagsabgeordnete Gerhard Orgaß teilnimmt. »Da hat Peer heiß diskutiert, da kam er ganz groß heraus«, erinnert sich seine Mitschülerin Ilka Wörbel: »Was der alles wusste! An diesem Tag hat er mich tief beeindruckt.« Es ist die Zeit, in der Willy Brandt als Außenminister seine neue Ostpolitik verficht. Sein Konzept »Wandel durch Annäherung« stößt auf begeisterte Anhänger – und überzeugte Gegner. Steinbrück ist von Brandt angetan.

Für die Schülerzeitung ›Agni‹, die Steinbrück herausgibt, besucht er mit einem Freund in Hamburg-Altona zwei alte Kommunisten, die schon in der Weimarer Republik der KPD angehört haben. Steinbrück hat sein Tonbandgerät mit, er will jene Menschen kennenlernen, die auch nach der Ära Adenauer als politische Außenseiter gelten. Steinbrück fragt die beiden Männer, ob sie noch ein Maschinengewehr im Keller hätten. Quatsch, antworten die Kommunisten. Als das Interview erscheint, schreibt der Hamburger Innensenator Heinz Ruhnau Steinbrück sogleich einen Brief. Der Sozialdemokrat empört sich und fragt, wie Steinbrück auf die Idee komme, Kommunisten zu interviewen. Steinbrück agiert forsch, er bittet den Senator um ein Interview. Es wird geführt und erscheint in der folgenden Ausgabe. Jahrzehnte später spricht Steinbrück Ruhnau, der inzwischen Vorstandschef der Lufthansa ist, auf ihren früheren Kontakt an. Der aber kann sich daran nicht mehr erinnern.

Die Abschlussprüfung besteht aus schriftlichen Klausuren in den Hauptfächern, die innerhalb von vier Tagen zu schreiben sind. Für Schüler, die ihre Vornote verbessern wollen oder müssen, folgen mündliche Prüfungen. Danach feiern die Schüler das erfolgreiche Ende ihrer Schulzeit in der »Lohmühle«, einem Lokal in der Nähe der Schule. Der Abschlussball findet einige Tage später in einem Hotel statt. »Abschlusszeugnis« steht auf dem vierseitigen Dokument, ausgestellt am 8. März 1968. Hier sind die einzelnen Fächer und Noten aufgeführt. »Das Zeugnis berechtigt zum Studium der Wirtschaftswissenschaften an deutschen Hochschulen«, heißt es. Zweimal ist Peer Steinbrück sitzen geblieben – nun hat er es geschafft. Auf dem Abiturball hält er die offizielle Rede. Von seinem Vater bekommt Peer Steinbrück einen VW Käfer geschenkt. »Der war acht Jahre alt und fiel dann bald auseinander«, erinnert er sich: »Wenn es regnete, kam das Wasser durch die Heizlüfter. Für den Beifahrer hatte ich immer einen Mauerstein dabei, auf den er die Füße stellen konnte, damit sie nicht nass wurden.«

Die meisten Mitschüler Peer Steinbrücks wollen Lehrer werden, viele von ihnen arbeiten später als Beamte. Andere werden Bankangestellte oder Steuerberater. Eine Klassenkameradin geht in den diplomatischen Dienst. Seit den 1980er-Jahren finden regelmäßig Klassentreffen statt. Anfang 2005 lädt Steinbrück seine Mitschüler in die Staatskanzlei nach Düsseldorf ein. Einige Jahre später, inmitten der Finanz- und Wirtschaftskrise, kommt man in Berlin zusammen. Der Bundesfinanzminister nimmt sich für das lange geplante Treffen einen ganzen Abend frei.

SOLDAT

Nur eine kleine Minderheit jedes Jahrgangs verweigert in den 1960er-Jahren den Wehrdienst. Während die Studenten 1968 nicht mehr nur in Berlin und Frankfurt rebellieren, verdoppelt sich die Zahl jener jungen Männer, die sich für den Zivildienst entscheiden. Peer Steinbrück liest die Bücher und Essays von Sebastian Haffner, er verfolgt am Fernsehen ›Panorama‹ und ›Zur Person‹ mit Günter Gaus, die für ihn bis heute beste Dialogsendung. Steinbrück liest Eugen Kogons ›Der SS-Staat‹, Hannah Arendts ›Elemente und Ursprünge totaler Herrschaft‹ und Rolf Hochhuths ›Stellvertreter‹. Er demonstriert gegen den Vietnamkrieg, für Israel im Sechs-Tage-Krieg 1967 und gegen die schleswig-holsteinische Hochschulgesetzgebung.

Steinbrück versteht sich jedoch nicht als Pazifist, er hält es für richtig, dass die Bundesrepublik Deutschland sich militärisch zu verteidigen weiß. So geht er aus Überzeugung zur Bundeswehr – und bleibt gar sechs Monate länger als verlangt. In den insgesamt zwei Jahren bei der Bundeswehr entscheidet Steinbrück sich für einen Schritt, der sein Leben prägen wird.

Der Rekrut wird in der Fernmeldeeinheit des 314. Panzerbataillons in Oldenburg-Bümmerstede eingesetzt. Er ist 1,86 Meter groß, »im Panzer fiel mir die Luke auf den Kopf«. Ein Witz über die Panzertruppe lautet damals: »Breit fahren, schmal denken«, und Steinbrück kann sich darüber noch heute amüsieren. Langweilig aber sei es nie gewesen. Er lernt, im Stehen zu schlafen, fährt einmal mit einem Leopard 2 Kampfpanzer unerlaubt durch die Landschaft und absolviert seine erste Nassrasur.

Bald wird Steinbrück Fahnenjunker und Fähnrich, was seinen Alltag angenehmer macht. Er erhält eine eigene Stube und darf ins Offizierskasino. Als Fahnenjunker ist Steinbrück für acht bis zehn Leute verantwortlich, als Fähnrich für einen Zug von ungefähr 25 Soldaten und fünf Leopard-Panzer. Steinbrück hat das Kommando, das macht ihm Spaß. Später, als Zugführer, hat er rund 30 Mann unter sich. »Hacken zusammen«, befiehlt er, »Augen rechts!« und »Augen links!« Nur wenige sozialdemokratische Politiker haben derlei Erfahrungen gemacht. Wege zu weisen habe er bei der Bundeswehr gelernt, sagt Steinbrück heute.

In der Armee trifft Steinbrück auch auf Soldaten, die schon in der

Wehrmacht dienten. Ein Oberfeldwebel schildert ihm mit martialischen Worten, wie er dreimal im Panzer in Russland abgeschossen worden sei. Diese Facette der Bundeswehr widert Steinbrück an. Seinen Vorgesetzten, den gerade einmal sechs Jahre älteren Oberleutnant Albert Hittmeyer, mag er. Der Ton ist zuweilen fast freundschaftlich. Ist der Panzer eben erst gesäubert, pfeift Steinbrück Hittmeyer schon einmal wegen dreckiger Stiefel an. »Wir waren eine Crew«, sagt Albert Hittmeyer fast ein halbes Jahrhundert später. »Auf den einen Stern mehr oder weniger kam es uns nicht an.«

SOZIALDEMOKRAT

Hittmeyer zählt zu jenen jungen Offizieren, die den Mief und die Traditionen der kaiserlichen Armee, der Reichswehr und der Wehrmacht ablehnen. Sie setzen sich für die konsequente Umsetzung des Konzepts vom »Bürger in Uniform« und des Prinzips der Inneren Führung ein. Hittmeyer will die Bundeswehr gerade in dieser politisch bewegten Zeit stärker in die demokratische Gesellschaft integrieren. Er gehört seit einigen Jahren der SPD an. Hittmeyer und Steinbrück reden 1968/69 über Politik. Gemeinsam besuchen sie eine Veranstaltung der CDU, auf der sich ein General darüber auslässt, wie Verteidigungsminister Helmut Schmidt die Bundeswehr zugrunde richte. Hittmeyer widerspricht.

Gemeinsam besuchen Hittmeyer und Steinbrück die studentisch geprägten und dezidiert linken Jungsozialisten in Oldenburg. Vertreter der Bundeswehr sind hier nicht gern gesehen, Hittmeyer aber lässt sich davon nicht abhalten und tritt als Mann des Militärs vor Dutzenden von Studenten auf. Er ist Sohn eines Busfahrers und ein Kind sozialdemokratischer Bildungspolitik. »Das Wort hat der Genosse Oberleutnant«, spottet ein Juso auf der Veranstaltung. Doch Hittmeyer und Steinbrück erscheinen alle 14 Tage bei Jusos und SPD. Steinbrück behauptet, Hittmeyer habe »lange auf mich eingeredet, in die SPD einzutreten«. Der wiederum sagt, ganz so groß sei sein Anteil daran nicht gewesen.

Steinbrück jedenfalls entscheidet sich in einer spannenden Phase für die älteste deutsche Partei. Wenige Monate nach Steinbrücks Beitritt im

Frühling 1969 endet die Große Koalition unter Kanzler Kiesinger. SPD und FDP bilden eine Koalition, Willy Brandt wird Kanzler. Steinbrück nennt heute drei Beweggründe für seine Mitgliedschaft: »Erstens eine gewisse Bigotterie des bürgerlichen Lagers in der späten Adenauer-Zeit. Zweitens die Realitätsferne der Konservativen in der Deutschlandpolitik. Drittens eine so charismatische Figur wie Willy Brandt.«

Der SPD-Slogan »Wir schaffen das moderne Deutschland« bringt die Aufbruchsstimmung auf den Punkt. Brandt und sein Außenminister Walter Scheel (FDP) beginnen, Verträge mit der DDR und den Staaten des Warschauer Pakts vorzubereiten. »Wir wollen mehr Demokratie wagen«, verspricht Brandt in seiner ersten Regierungserklärung. Es ist ein innenpolitisches Reformversprechen.

Manchmal fährt Hittmeyer am Wochenende mit seinem alten VW Käfer nach Hamburg, er nimmt Steinbrück dann mit, holt ihn wieder ab und lernt dessen Mutter kennen, »eine eindrucksvolle, große, bildschöne, blonde Frau«. Als Steinbrück selbst Zugführer wird, verlieren sie sich aus den Augen. Heute erinnert sich Albert Hittmeyer gern an Steinbrück: »Er hat auf dem Panzer eine tolle Arbeit gemacht. Binnen kürzester Zeit war immer alles erledigt. Steinbrück war selbstbewusst, mutig, aber ohne arrogant zu sein.« Auch die Fahrer und Ladeschützen, allesamt Hauptschüler, hätten Steinbrück anerkannt.

Hittmeyer hat den Kontakt längst aufgefrischt. Im Jahre 1993, Steinbrück ist da gerade Minister in Schleswig-Holstein geworden, treffen sie sich im Restaurant »Kieler Kaufmann«. Sie verstehen sich, sie sind sich nahe. »Steinbrück war da, wie ich ihn kennengelernt hatte«, sagt Hittmeyer im Rückblick, »klar, präzise, einfach, geradeheraus.« Zehn Jahre später trat der pensionierte Soldat nach 40 Jahren aus der SPD aus. Er war keine Karteileiche, hatte an seinem neuen Wohnort Bremerhaven noch die Seniorenorganisation »AG 60 plus« geleitet. »Basta« sei der Grund für seinen Ärger gewesen, sagt Albert Hittmeyer. Das klingt lapidar. »Basta« aber steht für Gerhard Schröders Festhalten an seiner Reformpolitik. Hittmeyer hält von der Agenda 2010 nichts. »Diese Hartz-Geschichte«, sagt er, »ging nur auf Kosten der kleinen Leute. Das nehme ich dem Schröder übel.« Und Steinbrück? War der nicht der treueste Vasall des Kanzlers? »Ja«, sagt Hittmeyer, »der hätte ja auch mal die Vermögensteuer einführen können. Oder die Finanztransaktionssteuer.

Oder beides.« Aufmerksam hat Hittmeyer den in der ›Zeit‹ vorab gedruckten Auszug aus dem Gesprächsband von ›Zug um Zug‹ von Helmut Schmidt und Peer Steinbrück gelesen. »Peinlich« fand er, welchen Wirbel sein ehemaliger Kamerad um dieses Buch machte, »das hat Steinbrück doch gar nicht nötig.« Dennoch würde er sich freuen, riefe die SPD Steinbrück zum Kanzlerkandidaten aus. »Steinmeier wäre auch in Ordnung. Gabriel fände ich nicht so gut«, sagt Hittmeyer, ein Sozialdemokrat ohne Parteibuch, der als Pensionär in Bremerhaven jungen Türken Deutsch beibringt, sich in der evangelischen Kirchengemeinde engagiert und der von sich behaupten kann, Peer Steinbrück in die SPD geholt zu haben.

STUDENT

Nach zwei Jahren bei der Bundeswehr will Steinbrück studieren. Es drängt ihn, geistig gefordert zu werden. Vom Studienort hat er genaue Vorstellungen: Die Stadt soll ihm neu sein, die Universität renommiert und gut erreichbar. Dass er leicht zum Segeln kommt, ist Steinbrück ebenfalls wichtig. Anfang 1970 schreibt er sich in Kiel für die Fächer Volkswirtschaftslehre und Sozialwissenschaften ein.

Im Laufe der 1970er-Jahre bricht die starre, konservative Gesellschaft in Schleswig-Holstein auf. Lange saßen alte Nazis in der Landesregierung, und bei öffentlichen Veranstaltungen traten Professoren an der Universität Kiel nach 1969 noch in Talaren auf. Der revolutionäre Geist von 1968 ist kaum nach Kiel vorgedrungen. Vorlesungen werden hier nicht »gesprengt«. Immerhin aber wird das Audimax schon einmal besetzt.

Die Volkswirtschaftslehre an der Christian-Albrechts-Universität wird geprägt von einer engen Zusammenarbeit mit dem Institut für Weltwirtschaft, das zumindest bis 1933 als internationales Zentrum der Wirtschaftswissenschaften galt. Das IWW, wie es genannt wird, war die Keimzelle des Keynesianismus in Deutschland: Kieler Ökonomen hatten ihren britischen Kollegen schon im Nationalsozialismus rezipiert, in den 1950er-Jahren dann dessen Lehren von der nachfrageorientierten Wirtschaftspolitik. Anders als die Ordoliberalen, zu denen Ludwig Erhard und sein wichtigster Berater Alfred Müller-Armack zählten, ist man in Kiel also nicht der Auffassung, der Staat habe lediglich den Wettbewerb zu sichern und sich ansonsten aus der Wirtschaft herauszuhalten. Die Kieler Schule spricht dem Staat vielmehr über Jahre eine lenkende Funktion zu. Als Peer Steinbrück zu studieren beginnt, setzt sich der Keynesianismus in der Wirtschaftspolitik der Bundesrepublik durch – vor allem in der SPD. Bundeswirtschaftsminister Karl Schiller, ebenfalls in Kiel ausgebildet, bekam mit keynesianischen Methoden die erste kleine Rezession der Nachkriegszeit zügig in den Griff. Damit machte Schiller die Sozialdemokratie zu einer Partei mit Wirtschaftskompetenz.

Durch den Nationalsozialismus hat Deutschland einen Exodus an Wissenschaftlern verkraften müssen. Die Wirtschaftswissenschaften werden seither vom angelsächsischen Raum dominiert. Zu den letzten international renommierten Figuren zählt der Wirtschaftstheoretiker Erich Schneider. Er prägt die Kieler Volkswirtschaftslehre über Jahrzehnte. Schneider gilt als große Persönlichkeit, als Mann, der herausragend formuliert und damit beeindruckt. Er ist aber bereits emeritiert, als Steinbrück sein Studium aufnimmt, und verstirbt in jenem Jahr 1970. Schneider lehrte das keynesianische Modell als mechanistische, mathematische Wahrheit. Der Staat soll, so Schneiders Mantra, über den Konjunkturzyklus die Fiskalpolitik im Griff haben. Die von Schneider geprägten Studentenjahrgänge pauken dessen Lehren wie einen Katechismus beim Repetitor. Auch Student Steinbrück liest während seines ersten Semesters in Schneiders vierbändiger ›Einführung in die Wirtschaftstheorie‹.

Steinbrücks Studienjahre gelten in der Geschichte der Kieler Volkswirtschaftslehre als Übergangszeit. Um einiges früher als in der Politik verliert der Keynesianismus an den wirtschaftswissenschaftlichen Fakultäten an Einfluss. Schneiders Nachfolger als Ordinarius und als Direktor des Instituts für Weltwirtschaft, Herbert Giersch, wurde zwar von Keynes' Lehren geprägt, entwickelt sich aber zum überzeugten Vertreter einer strikt marktwirtschaftlich ausgerichteten Wirtschaftstheorie. Die politische und wirtschaftliche Entwicklung scheint ihm Recht zu geben: Mit Beginn des Krisenjahres 1973 funktionieren die meisten der keynesianisch inspirierten Konjunkturprogramme nicht mehr. Sie werden in Deutschland und Frankreich noch bis in die 1980er-Jahre aufgelegt, können aber die Massenarbeitslosigkeit nicht beseitigen.

Giersch ist unter den Professoren eine dominante, einflussreiche Figur. Er plädiert für einen Übergang zu flexiblen Wechselkursen und damit für eine Aufwertung der Deutschen Mark. Er ist der Auffassung, der Wechselkurs regele alles. Giersch ist wie sein Vorgänger ein Meister des Wortes, selbst Gegner empfinden ihn als beeindruckend. Seine Vorlesungen »Konjunktur und Wachstum« und »Außen- und Weltwirtschaft« finden im Audimax statt. Auch Steinbrück sitzt in dem neuen Hörsaalgebäude und besucht Gierschs Seminare. Giersch verweist gern auf seine hochkarätigen Kontakte. Er lässt Bemerkungen fallen wie »als ich gestern mit Helmut Schmidt sprach …«. Seine Studenten verpassen ihm daher den Spitznamen Peter Stuyvesant – wegen des Werbeslogans dieser Zigarettenmarke: »Der Duft der großen weiten Welt«. Steinbrück sieht in dem Professor eine Koryphäe. Im Examen wird er von Giersch geprüft. Die Wirtschaftswissenschaften sind noch nicht so stark mathematisiert wie heute und stärker mit den Geistes- und Sozialwissenschaften verknüpft. »Die weltwirtschaftlichen Zusammenhänge haben mich am meisten fasziniert«, sagt Steinbrück im Rückblick auf sein Studium.

Wichtiger als Giersch ist für Steinbrück der Sozialdemokrat Reimut Jochimsen. Der ist seit Mitte der 1960er-Jahre Ordinarius an der Kieler Universität und leitet das Institut für Regionalforschung. Im Jahre 1970 übernimmt Jochimsen zudem die Planungsabteilung des Bundeskanzleramts. Jochimsen verkörpert die bundesrepublikanische Planungseuphorie, die am Ende eher eine Geschichte großer Enttäuschungen ist, da die meisten Planungsvorhaben sich als viel zu komplex erweisen und schnell zu den Akten gelegt werden. Jochimsen pendelt zwischen Bonn und Kiel, wo seine Familie lebt. Das Institut für Regionalforschung ist zunächst ganz auf den Sozialdemokraten Jochimsen zugeschnitten. Jochimsen hat früh über Infrastrukturfragen geforscht und sich hierzu habilitiert. Im Institut lässt er erforschen, wie der Staat durch eine professionell geplante Infrastruktur und Bildung und mit modernem Management effizienter wird. Steinbrück arbeitet als wissenschaftliche Hilfskraft von 1971 bis 1974 am Institut. Der Student Steinbrück befasst sich also mehr mit angewandter Forschung als mit der Theorie der Werte, Preise oder des ökonomischen Gleichgewichts. Er beschafft Jochimsen Bücher, Aufsätze und Artikel. Vor allem aber wird er in diesen Jahren politisch geprägt.

Inmitten alter Bücherregale und unter Assistenten, die in Steinbrücks Augen chaotisch arbeiten, herrscht eine angenehme und antiautoritäre Atmosphäre. Steinbrück hat keinerlei Präsenzpflicht und verdient monatlich 320 Mark. Manchmal muss er für empirische Arbeiten Daten eingeben – eine ziemlich monotone Arbeit, vor der sich die rund zwölf Hilfskräfte nach Möglichkeit drücken. Es geht in diesen Studien etwa um die Frage, warum die skandinavischen Staaten so sehr zögern, der Europäischen Wirtschaftsgemeinschaft (EWG) beizutreten. Das Institut will ergründen, welche Wirtschaftszweige und Regionen von einem solchen EWG-Beitritt profitieren würden und welche nicht.

Im Nebenfach studiert Steinbrück Sozialwissenschaften. Damit entscheidet er sich bewusst gegen die Kieler Politikwissenschaft, die geprägt wird von dem Christdemokraten Werner Kaltefleiter, den Steinbrück für parteipolitisch einseitig hält. Steinbrück besucht Vorlesungen und Seminare von Lars Clausen, der über drei Jahrzehnte das Gesicht der Kieler Soziologie ist. Clausen hat bei Helmut Schelsky in Münster promoviert und nach vielen Auslandsstationen 1970 den Soziologie-Lehrstuhl in Kiel übernommen. Clausen, ein großer, schwergewichtiger Mann, ist ein bunter Vogel, ein Hansdampf, der der Deutschen Afrika-Gesellschaft ebenso vorsitzt wie der Gesellschaft für Soziologie. Clausens Seminare beginnen oft am frühen Abend. Anschließend zieht er mit den Studenten noch in die Kneipen.

Zunächst wohnt Steinbrück im Studentenwohnheim. Nach einem Jahr gründet er mit einigen Mitbewohnern eine Wohngemeinschaft. Sie mieten dafür zu acht eine rund 250 Quadratmeter große Altbauwohnung unweit der Kieler Innenstadt an. Jeder Bewohner hat ein eigenes Zimmer. Politisiert oder gar radikalisiert kann man diese WG nicht nennen. Hier spendet niemand Geld für den bewaffneten Freiheitskampf in Lateinamerika, hier spart man gemeinsam für eine Spülmaschine der Firma Bauknecht. Das Poster in Peer Steinbrücks Zimmer zeigt weder Mao noch Che Guevara, sondern ein Segelschiff. Die meisten Mitbewohner sind nicht politisiert. Sie sympathisieren mit der SPD, führen aber keine großen Debatten. Da ist Steinbrück anders. Gebannt verfolgt er vor dem Fernseher das vom Unionsvorsitzenden Rainer Barzel angestoßene Misstrauensvotum gegen Willy Brandt. Als Brandt einige Monate später, nach der Bundestagswahl 1972, das Wirtschaftsministerium der FDP überlässt, hält er dies, wie er Jahrzehnte später sagt, »schon als naseweiser Student für falsch«.

Hochschulpolitisch engagiert sich Steinbrück jedoch nicht. Wolfgang Kubicki, in den Jahren 1975/76 Vorsitzender der schleswig-holsteinischen Jungdemokraten und für den Liberalen Hochschulverband tätig, studiert wie Steinbrück Volkswirtschaftslehre. Ob sich die beiden Männer während des Studiums kennenlernten, ist strittig. Steinbrück sagt, er erinnere sich an Kubicki, dieser sei 1974 sein Stellvertreter als Examenssprecher gewesen. Kubicki indes kann sich an den Kommilitonen Steinbrück nicht erinnern.

Immer wieder spielt Steinbrück mit seinen Mitbewohnern Schach. Einmal lotst ein Mitbewohner einen Schachprofi ins Haus, der dem selbstbewussten Peer »mit einem Sieg das Maul stopfen sollte«. Doch Steinbrück gewinnt auch diese Partie, obwohl sein Gegenüber besser spielt. »Das Gesicht meines Mitbewohners, als er das Ergebnis erfuhr, werde ich nie vergessen«, sagt er heute. Gern setzen sich die WG-Bewohner zu einer Partie »Stratego« zusammen. Bei dem Spiel treten Armeen gegeneinander an, es geht darum, mit verdeckten Karten Schwachstellen des Gegners zu ergründen und diesen bewegungsunfähig zu machen. Steinbrück liebt dieses Spiel. Ohnehin folgt bei ihm alles, was er tut, einem geordneten Muster. Mit dem Staubsauger fährt er den Teppich zunächst in parallelen Längslinien ab, anschließend in Querlinien. Über sein »methodisches Saugen« spottet die ganze Wohngemeinschaft.

Steinbrück unterhält die gemütlichen Runden am Abend mit Geschichten, die er zuweilen auf Englisch vorträgt. Immer wieder stößt er Diskussionen an, dann redet er pointiert und überzeugend. Und lässt die anderen kaum zu Wort kommen. Aus dem Jungen, an den sich heute längst nicht mehr jeder Mitschüler erinnern kann, ist ein selbstbewusster Zeitgenosse geworden, der große Präsenz ausstrahlt. Noch immer bewundert Steinbrück Willy Brandt, ausführlich liest er jeden Tag Zeitung, meistens die ›Süddeutsche Zeitung‹, die ›Frankfurter Rundschau‹ und die ›Kieler Nachrichten‹. Er schneidet Artikel aus und legt ein umfangreiches Zeitungsarchiv an. In einem Zettelkasten sammelt er Erläuterungen zu politischen Begriffen. Als Berufsziel gibt er wie zu Schulzeiten den Journalismus an.

Eine ausgeprägte Antipathie besitzt Steinbrück gegenüber Tieren. Er kann mit Hunden, Katzen, Vögeln und Fischen nichts anfangen, ekelt sich sogar vor ihnen. Seine Freunde in der WG wissen das – und schenken ihm einen Nymphensittich. Steinbrück muss nun jeden Tag den Käfig säubern. Ein anderes Mal legen ihm die WG-Genossen ein rohes Hühnerei ins Zimmer. Alsbald werde daraus ein Küken schlüpfen, sagen sie ihm voraus, er müsse daher leise sein und sich ruhig bewegen. Frische Luft sei zu vermeiden. Steinbrück hält sich mehrere Tage an die Vorgaben – bis er den Gestank nicht mehr aushält.

Weniger fröhlich geht es am frühen Morgen des 31. Mai 1972 zu, als ein Dutzend Polizisten und Vertreter der Staatsanwaltschaft die Wohngemeinschaft stürmen. Die Beamten inspizieren jedes Zimmer und durchforsten Peer Steinbrücks Bibliothek. »15 Polizisten um sechs Uhr morgens, einer weckt dich, hält dir die Heckler-Koch an den Kopf, das vergisst du nie«, sagt Steinbrück im Rückblick. Als die Ermittler das Haus verlassen, vergisst ein Staatsanwalt seine Aktentasche. »Ich bin für Reingucken«, sagt Steinbrück. Aus den Akten geht hervor, dass Nachbarn die Studenten angezeigt haben. Einige Tage zuvor war in der Nähe eine Sparkasse überfallen worden, in der WG wurde am selben Abend eine Party gefeiert. Die Nachbarn wähnten darin eine »Beutefeier«. Außerdem, berichtet Steinbrück, »wohnten vor uns offenbar mal sehr radikale Vertreter des Sozialistischen Deutschen Studentenbundes dort«. Der Verfassungsschutz vermutet, in Steinbrücks WG sei eine Frau untergekommen, die Mitglied der RAF gewesen sein soll. Peer Steinbrück gerät auf diese Weise in den Polizeicomputer.

RENDEZVOUS

Auf einer Skihütte in der Eifel begegnen sich 1973 der angehende Volkswirt Peer Steinbrück und die Biologiestudentin Gertrud Isbary zum ersten Mal. Ein gemeinsamer Freund aus Bonn, der in Kiel studiert, hat zu einer Party in den Schnee geladen. »Mein erster Eindruck war: Endlich mal eine Frau, die quatschen kann«, berichtet Peer Steinbrück drei Jahrzehnte später über dieses Kennenlernen. Seine Frau verbindet andere Erinnerungen an das erste Gespräch mit dem 26-jährigen Peer Steinbrück: »Ich fand dich unmöglich, weil du so schlechte Laune hattest. Angeblich Migräne …« Am Abend zuvor hatte man gefeiert, »und Alkohol war da auch im Spiel«. Während Peer Steinbrück Jahrzehnte später kühl konstatiert, zwischen ihnen beiden sei »nicht gleich der Blitz« eingeschlagen, widerspricht seine Frau Gertrud: »Natürlich. Und zwar direkt am ersten Abend!«

Gertrud Isbary, geboren 1949, hat ihre ersten drei Lebensjahre in der 700-Seelen-Gemeinde Hohenberg-Krusemark in Sachsen-Anhalt verbracht und ist dann mit ihren Eltern ins Rheinland gezogen. Ihr Vater, ein Professor für Geografie, ist 1968 gestorben. Als Schülerin träumte Gertrud Isbary davon, Ärztin zu werden, scheiterte aber am hohen Numerus clausus für das Medizinstudium. Stattdessen schrieb sie sich in Biologie ein.

Ein Jahr lang bereitet sich Steinbrück mit drei Kommilitonen in einer privat organisierten Lerngruppe auf das Diplom vor. In der Bibliothek der Wirtschafts- und Sozialwissenschaftlichen Fakultät, damals an der Ohlshausenstraße, sind eigene Tische für solche Examensgruppen reserviert. Es wird im Kollektiv gelernt, man prüft sich gegenseitig und es herrscht Disziplin. Die Vorlesungen besucht meist nur jeweils ein Mitglied der Lerngruppe. Steinbrück hat nach der langen Schulzeit schnell studiert. Seine Diplomarbeit schreibt er bei den Sozialwissenschaftlern über ein ökonomisches Thema. »Die Kosten-Nutzen-Analyse bei Stadtentwicklungsprojekten« lautet der Titel der Arbeit. Die Diplomprüfung im Dezember 1974 besteht aus fünf Klausuren in fünf Fächern: Theoretische Volkswirtschaftslehre, Wirtschaftspolitik, Finanzwissenschaft, Betriebswirtschaftslehre und als nicht-volkswirtschaftliches Wahlpflichtfach Sozialwissenschaften. Aus diesen schriftlichen Leistungen ergibt sich die Vorzensur. Dann folgt eine mündliche Prüfung in einem zu wählenden Spezialgebiet, mit der man seine Note verbessern kann. Während dieses »Verhörs« rauchen die Professoren Pfeife oder Zigarre. Die Diplomurkunde wird an der Kieler Universität – eine Folge der 1968er-Bewegung – nicht feierlich verliehen, sondern mit der Post verschickt oder im Prüfungsamt bereitgehalten. Ein Einser-Examen ist bei den Kieler Volkswirten absolute Ausnahme, und so zählt Steinbrück mit seiner »Zwei« zu den besten Absolventen seines Faches.

Das Studium der Volkswirtschaftslehre hat Steinbrück mit einem Grundgerüst an Ideen ausgestattet, er kann nun wirtschaftspolitische Fragen beantworten. Als ihm das Institut für Weltwirtschaft eine Promotionsstelle anbietet, lehnt Steinbrück ab. Der junge Diplom-Volkswirt versteht sich nicht als Wissenschaftler. Steinbrück verlässt Kiel und kehrt – erstmals in seinem Leben – Norddeutschland den Rücken.

II. BONN UND DÜSSELDORF

SICHERHEITSRISIKO

Die Liebe führt Peer Steinbrück im Januar 1975 in die Bundeshauptstadt Bonn. Er und seine Freundin Gertrud Isbary beziehen eine gemeinsame Wohnung in Bad Godesberg. Die 25-Jährige promoviert in Biologie an der Rheinischen Friedrich-Wilhelms-Universität und hat dort eine Assistentenstelle inne. Sie befasst sich mit einem Thema aus der Genetik. Der Titel ihrer Dissertation lautet: »Der Einfluss mutierter Gene auf die Speicherung von Zuckern und Stärke und die Kohlenhydratentwicklung während der ersten Keimwoche bei Pisum sativum«. Peer Steinbrück hat sein Studium samt Diplom soeben abgeschlossen, kurz nach seiner Ankunft feiert er in Bonn seinen 28. Geburtstag. Jetzt geht er doch eine Dissertation an, zur Infrastrukturpolitik will er forschen. Der Ökonom Udo Ernst Simonis, der Direktor des Instituts für Wohnungsbau und Stadtteilplanung an der Technischen Universität Berlin, betreut das Promotionsvorhaben; er ist der Ehemann der späteren schleswig-holsteinischen Ministerpräsidentin Heide Simonis.

Während Peer Steinbrück mit seiner Doktorarbeit beginnt, wird ihm ein Werkvertrag im Bundesministerium für Raumordnung, Bauwesen und Städtebau, kurz: Bauministerium, angeboten. Innerhalb von 14 Monaten soll er ein Gutachten zu Raumordnungsfragen erarbeiten – für insgesamt 20 000 DM. Steinbrück unterschreibt. Er erhält zwar keinen eigenen Schreibtisch im Bauministerium, darf dort jedoch recherchieren. Meist arbeitet er zuhause. Steinbrück sammelt Material, etwa zu Infrastruktureinrichtungen in der Bundesrepublik Deutschland. Er wertet es in Zwischenberichten und einem Abschlussbericht aus. Dieser wiederum fließt ein in den Bundesraumordnungsplan, der im Ministerium nur »BROP« genannt wird. Bauminister ist Karl Ravens, und der Sozialdemokrat führt ein wichtiges Haus: Der Wohnungsbau besitzt in den 1970er-Jahren politische Priorität, er gilt als Teil der von Willy Brandt versprochenen inneren Reformen.

Im Sommer 1975 heiraten Peer und Gertrud Steinbrück, geborene

Isbary. In Bonn steigt eine große Party. Als Steinbrücks Werkvertrag ausläuft, bemüht er sich um eine Festanstellung. Ihm wird ein zunächst befristeter Vertrag als Angestellter angeboten. Dafür ist, eine Folge des Terrors der Roten Armee Fraktion (RAF), eine Sicherheitsüberprüfung notwendig. Als Steinbrück im März 1976 seine Stelle im Bauministerium antreten will, wird er dort von zwei »in ziemlich grauen C & A-Anzügen« gekleideten Herren in Empfang genommen, die ihm etwas merkwürdig erscheinen. Sie teilen ihm mit, er sei »ein Sicherheitsrisiko für die Bundesrepublik Deutschland« und könne hier nicht arbeiten. Eine Begründung liefern sie nicht. Steinbrück allerdings begreift schnell: Das Verbot ist eine Spätfolge der einstigen Durchsuchung seiner Wohngemeinschaft in Kiel. Seither steht er offenbar in den Akten des Verfassungsschutzes. Peer Steinbrück wird also Opfer des sogenannten Radikalenerlasses, jener scharfen Reaktion des Staates auf den RAF-Terror. Der Öffentliche Dienst ist damit für ihn verschlossen.

Steinbrück bleibt vorerst ohne Job, versucht aber sich gegen die Einstufung als Radikaler zu wehren. Er müht sich mit den zuständigen Behörden ab, mit dem Ministerium, mit der Staatsanwaltschaft. Er telefoniert, er spricht persönlich vor. Doch die Staatsanwaltschaft will ihre Ermittlungen nicht einstellen. Er fühlt sich »in eine kafkaeske Geschichte hineingeraten, leider als Hauptperson«. Spricht Steinbrück heute über diesen Fall von vor bald 40 Jahren, so hält er das damalige Vorgehen des Staates nach wie vor für unglaublich: »Nicht zu fassen!«

Die sechs Monate der Arbeitslosigkeit setzen dem selbstgewissen jungen Mann zu. Zum ersten und letzten Mal in seinem Leben steht Steinbrück ohne Arbeit da. Seine Frau ist schwanger, Katharina, das erste Kind des Paares, wird im Jahre 1976 geboren. Gertrud Steinbrücks Gehalt auf der Assistentenstelle an der Universität Bonn reicht für Miete, Essen und die Parteibeiträge ihres Mannes. Peer Steinbrück will nun erst einmal weiter an seiner Doktorarbeit schreiben. Doch er scheitert. Derangiert, wie er ist, bringt er kaum eine Zeile zu Papier. Er fühlt sich gefangen genommen und spürt, wie ihm das Leben durch die Finger rinnt. Es ist die schwierigste Zeit seines Lebens. »Das Gefühl der Verunsicherung habe ich nicht vergessen«, sagt er im Rückblick auf das Jahr 1976. Heute will er sein kaltes sozialpolitisches Image relativieren, wenn er sagt, seit jener Zeit könne er sich in die Lage von Arbeitslosen hineinversetzen. Seht her, ruft er den misstrauischen Parteifreunden damit zu: Ich bin ein kühler Rechner, aber ich weiß, wie das Leben spielen kann.

Als in jener Zeit ein Vertreter der Bundeswehr Steinbrück in dessen Bonner Wohnung aufsucht, um ihn für eine Reserveübung zu rekrutieren, weist dieser ihn ab: »Wie stellen Sie sich das vor?! Ich bin ein potenzieller Staatsfeind.« Steinbrück bezweifelt den Sinn des umstrittenen Radikalenerlasses. Zu Willy Brandt geht er später aus anderen Gründen auf Distanz: Dessen Stimmungsschwankungen, die in Wirklichkeit Depressionen sind, und seine zwischenzeitliche Dienstunfähigkeit sind Steinbrück unverständlich. Tagelang habe sich der »Mufti«, so Steinbrücks Begriff für die Ikone der SPD, »hinter zugezogenen Vorhängen manchmal eingeschlossen«. Brandt war zudem nie ein Aktenfresser, niemand, der Dinge durchzieht. Brandt war kein Macher. Brandt entwickelte Gesellschaftsentwürfe, eine neue Politik und Debatten. Steinbrücks Welt ist das nicht.

Freunde Steinbrücks wenden sich wegen seiner Probleme mit dem Verfassungsschutz an den ihnen bekannten Klaus Matthiesen. Matthiesen ist SPD-Fraktionsvorsitzender im Kieler Landtag und damit Gegenspieler von Ministerpräsident Gerhard Stoltenberg (CDU). Er gilt als knochiger Typ und überzeugter Linker. Vor allem aber ist Matthiesen Mitglied der Parlamentarischen Kommission zur Kontrolle des Verfassungsschutzes. Er besitzt das Recht, dessen Unterlagen einzusehen. Zwei andere Sozialdemokraten machen sich ebenso für Steinbrück stark: Reimut Jochimsen, inzwischen Staatssekretär im Bundesbildungsministerium, und der Kieler SPD-Bundestagsabgeordnete Norbert Gansel. Nach vielen Monaten stellt die Kieler Staatsanwaltschaft die Ermittlungen gegen Steinbrück ein. Sie bescheinigt ihm, lediglich Zeuge in einem eingestellten Verfahren wegen der Bildung einer kriminellen Vereinigung gewesen zu sein. Dieses Papier legt Steinbrück dem Bauministerium vor. Doch das Ministerium bleibt stur – und Steinbrück arbeitslos.

Er bewirbt sich im Bundesministerium für Forschung und Technologie, dem einstigen Atomministerium. Ekkehard Wienholtz, Leiter der dortigen Planungsgruppe, sucht einen Volkswirt mit gutem Examen. Er führt mit Steinbrück ein Einstellungsgespräch. Das Forschungsministerium agiert unkomplizierter als das benachbarte Bauministerium. Nach dem Gespräch mit Wienholtz redet Steinbrück mit dem Parlamentarischen Staatssekretär Volker Hauff. Der weiß bereits von Steinbrücks Problemen mit dem Radikalenerlass. »Ich stelle Ihnen jetzt eine Frage, die müssen Sie ehrlich beantworten«, sagt Hauff mit Blick auf die Verdachtsmomente der Behörden: »Wenn Sie das nicht tun, haben wir beide, vor allem aber Sie, ein Problem: Ist da etwas dran oder nicht?« Steinbrück antwortet wahrheitsgemäß, an der Sache sei nichts dran, woraufhin Hauff nur antwortet: »Damit haben Sie den Job.«

HILFSREFERENT

Steinbrück beginnt in der zehnköpfigen Planungsgruppe als »Hilfsreferent«. So lautet die offizielle Bezeichnung für wissenschaftliche Mitarbeiter des höheren Dienstes. Die Planungsgruppe hat die Forschungs- und Entwicklungsprogramme des eigenen Hauses zu bewerten. Steinbrück evaluiert die wirtschaftsstrukturelle Wirkung von Projekten, etwa in der Medizin- und Nukleartechnik, der Verkehrstechnologie und der Mikroelektronik. Er prüft, welchen Stellenwert Technologieförderung für die wirtschaftliche Wettbewerbsfähigkeit besitzt. Zudem berät er die Leitung des Hauses in volkswirtschaftlichen Fragen. In der Planungsgruppe, die auch Reden für Minister Hans Matthöfer schreibt, lernt Steinbrück das politische Handwerkzeug. Wirkt er zuvor für das Bauministerium von daheim aus, so ist er nun regulärer Teil der Ministerialverwaltung und lernt, was ein Aktenplan ist und dass der »Herr Minister« mit grüner Tinte schreibt. Steinbrück sei »ein sehr scharfer Denker, analytisch klug, weit über seinen ökonomischen Sachverstand hinaus. Also ein großer Gewinn«, sagt sein damaliger Abteilungsleiter Wienholtz: »Ihn eingestellt zu haben zählt zu meinen besten Personalentscheidungen.«

Ekkehard Wienholtz hat dem Ministerium und der aktiven Politik, in die er später wechselte, inzwischen den Rücken gekehrt. Der passionierte Segler ist nun Präsident des Landessportverbandes Schleswig Holstein. Er ist ein freundlicher, zurückhaltender, bedächtiger Mann. Es ist 35 Jahre her, dass er Steinbrück einstellte. Die beiden Männer und ihre Familien sind bis heute befreundet. Oft sind Wienholtz, Peer Steinbrück, dessen Bruder Birger und weitere Freunde in der süddänischen See gesegelt. Wienholtz ist der Patenonkel von Johannes Steinbrück, dem jüngsten der drei Steinbrück-Kinder.

Stets muss sich das Forschungsressort gegen das von Hans Friderichs (FDP) klassisch liberal geführte Bundeswirtschaftsministerium behaupten. Wenn der Jahreswirtschaftsbericht geschrieben wird, hat das Forschungsressort ein Wort mitzureden. Steinbrück kämpft in den Verhandlungen mit dem Wirtschaftsministerium darum, die sozialdemokratische Forschungs- und Technologiepolitik hervorzuheben. Mehrfach begleitet er Wienholtz und andere Kollegen, um Streitigkeiten auszufechten, etwa mit Hans Tietmeyer, damals Wirtschafts-Staatssekretär und später Präsident der Bundesbank. »Ich habe Steinbrück zu solchen Gesprächen immer gern mitgenommen«, sagt Wienholtz heute. »Er war ein erfolgreicher Fighter für unsere Sache.«

Die Redeentwürfe des jungen Mitarbeiters Steinbrück fallen dem Minister und seinem Umfeld auf. Es ist üblich, dass die besten Leute aus der Verwaltung in das Ministerbüro berufen werden, und so ergeht es auch Steinbrück. Im Jahre 1977 wird er Persönlicher Referent des Ministers. Matthöfer wird für ihn zu einem väterlichen Mentor. Der Sozialdemokrat hat das Forschungsministerium 1974 übernommen, nach dem Wechsel von Kanzler Brandt zu Kanzler Schmidt. Matthöfer ist ein Kind des Ruhrgebietes, er kam über die Gewerkschaften und den zweiten Bildungsweg in die Politik. Die anschwellenden Proteste gegen die Atomkraft prägen Matthöfers Amtszeit. Als Folge eines Hungerstreikes von Kernkraftgegnern richtet der Minister 1976 den »Bürgerdialog Kernenergie« ein, ohne sich jedoch inhaltlich von dieser Art der Energiegewinnung zu distanzieren. Die Atomkraftgegner misstrauen dieser Form der Auseinandersetzung, und so scheitert jener Bürgerdialog. Die SPD, die die Atomkraft in ihrem Godesberger Programm von 1959 als gesellschaftlichen Fortschritt euphorisch begrüßt hat, hält nach wie vor an ihr fest.

Für Matthöfer schreibt Steinbrück jetzt regelmäßig. Einmal erhält der Minister für eine Rede aus Steinbrücks Feder ein Honorar, wohl 10 000 Mark, wie Steinbrück vermutet – heute wäre das ein undenkbarer Vorgang. Der noch nicht einmal 30-jährige Steinbrück schlägt dem Minister vor, jene Summe aufzuteilen. Eigentlich hätte Matthöfer ihn für diesen

Vorschlag rausschmeißen müssen, sagt Steinbrück heute. Doch der Minister bittet seinen jungen Referenten, Platz zu nehmen. »Was glauben Sie denn, was ich mit dem Geld mache?«, fragt Matthöfer. Steinbrück gibt sich ahnungslos, der Minister verweist auf seine Mitgliedschaft in der SPD. Er wisse vielleicht, sagt Matthöfer nach Darstellung Steinbrücks, dass der SPD-Vorstand ihn beauftragt habe, die sozialdemokratischen Bewegungen in Spanien und Portugal zu unterstützen und politisch Verfolgte aus Chile herauszuholen, zuweilen mit gefälschten Papieren. »Das schilderte er mir alles sehr genau«, sagt Steinbrück: »Dann machte er eine lange Pause, guckte mich an und sagte: ›So, Herr Steinbrück, wollen Sie jetzt immer noch halbe-halbe machen?‹«

Steinbrück bleibt Persönlicher Referent des Forschungsministers, als Volker Hauff im Februar 1978 Matthöfer in diesem Amt beerbt. Matthöfer wird Finanzminister. Der Sozialdemokrat Hauff ist der jüngste Minister im Kabinett Schmidt. Er kommt aus dem schwäbischen Esslingen, sitzt seit 1969 im Bundestag und ist in Steinbrücks Augen ein brillanter Minister, intellektuell, rhetorisch und politisch. Steinbrück sieht in Hauff einen Mann, der es ganz weit bringen kann, etwa an die Spitze der SPD. Hauff gilt in der Tat in seiner Politiker-Generation als außergewöhnlich kompetent. Seine Karriere knickt 1982 ab, als die sozial-liberale Koalition endet und die SPD fortan 16 Jahre in der Opposition verharrt.

Auch Volker Hauff ist Volkswirt, und der Minister umgibt sich im Leitungsbereich seines Hauses mit markanten Persönlichkeiten. Hauff erträgt Widerspruch, er ermuntert sogar dazu. Der Minister lernt seinen Referenten nun als ausgesprochen hilfreichen Mitarbeiter schätzen. »Steinbrück war schon damals ein hervorragender Organisator«, sagt Hauff heute. »Er besaß analytische Klarheit und große Grundsatztreue. Er war unbestechlich und völlig unempfindlich gegenüber Kungelei, faulen Kompromissen und Hinterzimmerabsprachen.« Steinbrück gilt im Ministerium als beweglicher junger Mann, als stark belastbar, als einer, der seine Aufgaben zuverlässig erledigt. Geradezu genossen habe er die Zusammenarbeit, sagt Hauff. Bei aller Nüchternheit könne Steinbrück sehr wohl einen warmherzigen Umgang pflegen. Der Minister und seine engsten Mitarbeiter sinnieren damals über die Schaffung eines Zukunftsministeriums für Forschung, Energie und Infrastruktur. Doch zu diesem Kraftakt ist die sozial-liberale Regierung nicht mehr in der Lage. Seine Kenntnisse und seine einmal als richtig erkannten Überzeugungen lassen den Referenten Steinbrück pointiert, manchmal zu pointiert formulieren. »Steinbrück hat Freude an Sprache und Provokation«, sagt Hauff. »In den Redemanuskripten, die er für mich schrieb, musste ich zuweilen zugespitzte, flapsige Formulierungen herausstreichen.«

Schon jetzt, Ende der 1970er-Jahre, zeigt sich eine Eigenschaft, die später Steinbrücks politische Laufbahn prägen wird: Wenn er von einer Position überzeugt ist, vertritt er diese mit Nachdruck. Er wirbt dann mit Argumenten. Allerdings ist er nicht bereit, die anderen zu gewinnen, indem er ihnen Brücken baut, ihnen entgegenkommt, eine scharfe Position abmildert, etwas umschreibt oder zu bedenken gibt. Nein, Steinbrück rauscht mit der Dampflokomotive – dem gekonnt vorgetragenen Argument – direkt ins Wohnzimmer. Sein Vorgesetzter prognostiziert ihm eine ordentliche Karriere. Er habe 1978, sagt Hauff heute, Steinbrück »in der Perspektive klar als Staatssekretär in einem großen Ministerium« gesehen. Unter Hauff wird Steinbrück, er ist da 31 Jahre alt, verbeamtet.

Weiterhin dominiert die Atomenergie die Arbeit des Forschungsministers und seiner Mitarbeiter. Mehrfach reist Hauff in Begleitung Steinbrücks nach Gorleben, nimmt an Versammlungen und Gesprächen teil. Die Stimmung ist zumeist aggressiv. »Einmal war eine Turnhalle ausgebaut wie zu einer Festung, mehrere Hundertschaften von Polizisten waren im Einsatz«, berichtet Hauff. Das Forschungsministerium gründet und beschickt in Gorleben ein Büro, die sogenannte »Clearingstelle Gorleben«, an die sich besorgte Anwohner wenden können.

Der Protest gegen die Atomkraft wächst, 1979 kommt es im Bonner Hofgarten zu einer großen Demonstration. Der Widerstand gegen die Kernkraft in der Bundesrepublik kommt nicht aus den Parteien und Parlamenten, aber er entwickelt sich zu einer kraftvollen Bewegung. Bald stoßen Wissenschaftler und Vertreter der Kirchen dazu. Innerhalb der Sozialdemokratie sind Gegner der Kernkraft kaum zu finden. Die Partei löst sich nur langsam von den euphorischen Erwartungen, die sich in den 1950er- und 1960er-Jahren mit dieser Art der Energiegewinnung verbanden. Doch diskutiert wird jetzt, auch in der SPD. Die Landesverbände Schleswig-Holstein und Baden-Württemberg mit ihren linken

Vorsitzenden Jochen Steffen und Erhard Eppler sind dabei die Vorreiter. Der Ausbau der Kernkraft ist noch Beschlusslage der Programmpartei SPD, doch bald verlangt die Partei Energieeffizienz und will regenerative Energien fördern. Dann ist von einer gleichrangigen Behandlung die Rede und schließlich sieht die SPD in der Atomkraft eine »Übergangstechnologie«. Nach der Reaktorkatastrophe von Tschernobyl 1986 wird die Sozialdemokratie für einen Ausstieg aus der Kernenergie innerhalb von zehn Jahren plädieren.

KANZLERAMT

Minister Hauff bittet seinen Mitarbeiter Steinbrück, ins Bundeskanzleramt zu wechseln, um dort als Brückenkopf des Forschungsministeriums zu fungieren. Steinbrück ist begeistert und arbeitet von 1978 bis 1981 als Hilfsreferent im Kanzleramt. Unterhalb der Ministerialratsebene sind viele junge Leute tätig, zupackende und gut ausgebildete. Manche von ihnen werden später Staatssekretäre und Minister, vor allem in den Bundesländern. Helmut Schmidt ist die parteipolitische Verortung weniger wichtig als anderen Kanzlern. Er habe darauf »überhaupt nicht geguckt«, sagt Schmidt heute, und Steinbrück stützt diese Behauptung.

Die Spitze der Regierungszentrale besteht aus beeindruckenden Persönlichkeiten. Kanzleramtsminister ist Hans-Jürgen Wischnewski, ein umtriebiger Sozialdemokrat, der sich nicht nur während der dramatischen Tage der Flugzeugentführung durch RAF-Terroristen im Herbst 1977 hervorgetan hat. Klaus Bölling ist Regierungssprecher. Leiter des Kanzleramtes ist Manfred Schüler – ein exzellenter Organisator. Schüler, sagt Steinbrück, habe vermittelt, bei Mitarbeitern zähle »allein die Qualität«. Sie sollen Position beziehen zu den Dingen, mit denen sie betraut sind. »Der Chef will wissen, welche Meinung Sie haben«, sagt Schüler. Vorlagen für Schmidt, verlangt Schüler, sollen »gabelfertig maximal drei Seiten« lang sein. Sie sind zu gliedern nach den Punkten: Sachstand, Problematik, Votum. Oft kommen Steinbrücks Vorlagen nach wenigen Stunden aus dem Kanzlerbüro zurück, versehen mit etlichen Anmerkungen Schmidts in grüner Farbe. »Das war die größte Bestätigung und

Motivation«, sagt Steinbrück im Rückblick. So nämlich ist er sicher, dass Schmidt den Vermerk gelesen hat. Fragezeichen in grüner Handschrift, lernt Steinbrück schnell, bedeuten: »Stimmt nicht.« Haken gelten als Bestätigung.

In der Regierungszentrale existieren für alle Ministerien sogenannte Spiegelreferate, die sich den Themen des entsprechenden Ressorts widmen. Steinbrück ist in der Abteilung III (Innenpolitik, Umwelt etc.) tätig, im Referat für Forschung und Technologie. Für Hauff ist er also Mittler und Anlaufstelle im Kanzleramt. Doch Steinbrück steht nicht nur in ständigem Kontakt mit Hauff, sondern auch mit dem Auswärtigen Amt und dem Innenministerium. Sein Hauptthema ist die Kernenergie, ausführlich befasst er sich mit der Joint European Torus, einem europaweiten Projekt zur kontrollierten Kernfusion, Entsorgung und Technologieentwicklung. Steinbrück hat im Kanzleramt ein Entsorgungskonzept zu entwerfen. Am 27./28./29. September 1979, Steinbrück hat das Datum bis heute nicht vergessen, beraten Kanzler und Ministerpräsidenten das Papier. Sie beschließen, den Müll der Atomkraftwerke zu entsorgen. Der alte Salzstock Gorleben wird zum Zwischenlager.

Mit seiner Arbeit im Kanzleramt ist Steinbrück im Zentrum der Entscheidungen angekommen. Abteilungsleiter ist Schmidts enger Vertrauter Gerhard Konow, der Steinbrück maßgeblich fördert. In jener Position, im Kanzleramt mit seiner Aura der Macht, habe Steinbrück sich erkennbar wohlgefühlt, berichten Weggefährten. Steinbrück schwärmt bis heute von einer exzellent geführten Administration: »Es gibt das Gebot der Effizienz von politischen Entscheidungen.« Abteilungsleiter Konow sorgt stets dafür, dass Steinbrück mit interessanten Aufgaben betraut wird. Steinbrück und seine jungen Kollegen arbeiten extrem viel. Vor mancher Regierungserklärung und manchem Gipfel schuften sie die ganze Nacht. Dabei verstehen sie sich als Elitetruppe und Gestalter und keineswegs nur als Verwalter. Mit Schmidts Regierungspolitik sind sie einverstanden, für den Kanzler empfinden sie Respekt und Faszination. Steinbrück sieht in ihm einen Mann mit Gravitas und Tiefgang. »Wir waren stolz und froh, im Kanzleramt arbeiten zu dürfen, und wir haben Schmidt unkritisch vergöttert«, sagt ein Kollege Steinbrücks. Das selbstbewusste Auftreten Schmidts etwa gegenüber dem amerikanischen Präsidenten Jimmy Carter gefällt den jungen, forschen Beamten. Sie bewundern, wie sehr Schmidt das Heft in der Hand hält, wie er Dinge anpackt und durchzieht.

»Schmidt selbst hat, glaube ich, zu diesem Zeitpunkt noch nicht wirklich von mir Notiz genommen«, sagt Steinbrück ein Vierteljahrhundert später, um sogleich hinzuzufügen: »Das sollte sich ändern.« Es ist wohl im September 1979, als Steinbrück erstmals Schmidt begegnet. Der Kanzler fliegt nach Süddeutschland, um ein Institut der Max-Planck-Gesellschaft zu besuchen und um hier eine Rede zu halten. Steinbrück reist mit, um mit Schmidt auf dem Rückflug die Bund-Länder-Konferenz zum Thema Gorleben vorzubereiten. Anlässlich jenes Treffens ist ein Gespräch Schmidts mit dem niedersächsischen Ministerpräsidenten Ernst Albrecht (CDU) angesetzt. Als Steinbrück im Flugzeug zum Kanzler gerufen wird, liest dieser zunächst. Dann stellt er zwei Fragen. Dann schweigt er abermals. »Ich wollte aufstehen und wieder gehen, weil ich dachte, die Audienz ist beendet«, erinnert sich Steinbrück. Dann aber habe Schmidt gefragt: »Wer hat Ihnen denn gesagt, dass Sie aufstehen sollen?« Mit einer Handbewegung fordert Schmidt ihn auf, wieder Platz zu nehmen. Der Kanzler hat Steinbrücks Hamburger Tonfall erkannt und erkundigt sich nach seiner Herkunft. Danach wenden sie sich dem Thema Entsorgung zu.

Vier- oder fünfmal, sagt Steinbrück, sei er in diesen Wochen zum Kanzler bestellt worden. Zuweilen führt er während Kabinettssitzungen Protokoll. Er erlebt also unmittelbar, wie Schmidt führt und wie seine Minister agieren. In jener Phase kann sich Steinbrück wohl kaum ausmalen, eines Tages Politiker zu werden. Das Parteileben ist ihm fremd. Eher liebäugelt er mit einer Position als Spitzenbeamter. So könnte er den Politikern erklären, was sachlich richtig ist, anstatt den Beamten politische Vorgaben zu machen.

Gemeinsam mit anderen Kollegen bildet Steinbrück die »Kaffeerunde der Obergefreiten«. Vier oder fünf Männer treffen sich einmal morgens und einmal am Nachmittag in der Cafeteria des Kanzleramtes. Der Kaffee schmeckt scheußlich, doch die jungen Männer kommen hier ohnehin vor allem zusammen, um zu lästern, zu spotten und zu lachen. Einige von ihnen besuchen schon vor Dienstbeginn das Schwimmbad im Keller des Kanzleramtes. Als aber in Folge einer Energiekrise die Wassertemperatur erheblich abgesenkt wird, meiden die meisten Mitarbeiter des

Kanzleramts das eigene Bad. Unverdrossen zieht hier zuletzt nur noch Klaus Bölling seine Bahnen. Auch in der Freizeit treffen sich die Männer von der Kaffeerunde, ihre Partnerinnen kommen dann dazu, manchmal die kleinen Kinder. So entrümpeln und streichen sie gemeinsam den Keller in dem neu bezogenen Haus der Steinbrücks im Bonner Johanniterviertel, im Schatten des Abgeordnetenhochhauses Langer Eugen. Von hier aus geht Steinbrück zu Fuß ins Regierungsviertel. Zuweilen begegnet er in der Nachbarschaft Otto Graf Lambsdorff. Im Johanniter-Krankenhaus wenige Meter von Steinbrücks Haus entfernt kommt im Jahre 1978 die zweite Tochter Anne zur Welt.

Gertrud Steinbrück reicht in diesem Jahr ihre Doktorarbeit ein. Zu dieser Zeit unterrichtet sie bereits Biologie und Politik am Amos-Comenius-Gymnasium in Bonn-Bad Godesberg, einer Schule in Trägerschaft der Evangelischen Kirche im Rheinland. Sie gilt als eine konsequente, strenge und engagierte Lehrerin. Die Geschäftsbedingungen im Lehrer-Schüler-Verhältnis sind für Gertrud Steinbrück klar definiert. Eine Regel lautet: »Ich komme nie unvorbereitet in den Unterricht und erwarte dasselbe von den Schülern.«

Thomas Matussek hat 37 Jahre lang im Auswärtigen Amt gearbeitet, er war Botschafter in Neu-Delhi, bei den Vereinten Nationen in New York und in London, er war der engste Berater von Hans-Dietrich Genscher und Klaus Kinkel. Vor sechs Wochen hat Matussek seinen Dienst quittiert, nun ist er für die Deutsche Bank tätig. Er empfängt Anfang 2012 in seinem großzügig geschnittenen Büro Unter den Linden in Berlin, das noch recht karg eingerichtet ist. Matussek gehörte von 1980 bis 1983 zur kleinen Europa-Abteilung des Bundeskanzleramtes. Er arbeitete Tür an Tür mit Peer Steinbrück. Matussek erinnert sich an eine gemeinsame Ressortbesprechung. Es ging um das französische Atomkraftwerk Cattenom. Matussek hatte auf Bitten seines Vorgesetzten die Federführung zu diesem Thema beansprucht, obwohl Steinbrück damit inhaltlich vertrauter war. »Wenn du das drauf hast, mach das doch«, bot Steinbrück Matussek an. Die beiden vereinbaren: Steinbrück betreut das Thema weiterhin, nach außen aber tritt Matussek damit auf. »Peer ist sehr anständig, sehr direkt, sehr, sehr fair und witzig«, sagt Matussek heute. »Schon damals fiel mir seine Kodderschnauze auf. Peer nimmt einfach keine falschen Rücksichten.« Viele Jahre lang, im Ausland, hat

Matussek seinen alten Kollegen und Kumpel nur über die Medien wahrgenommen. »Peer hat sich überhaupt nicht verändert«, sagt er, »er tritt bis heute genau so auf, wie ich ihn als Oberregierungsrat kennengelernt habe.« Kurz vor Weihnachten 2011 isst er mit Steinbrück gemeinsam zu Mittag. »Dieses Treffen hätte auch vor 35 Jahren stattfinden können. Steinbrück ist wie damals: authentisch, sehr offen und politisch angreifbar. Er will mit seinen Auffassungen nicht hinter dem Berg halten. Täte er das, gäbe er einen Teil seiner Identität auf.«

Als Mitarbeiter des Kanzleramtes erhält Steinbrück stets eine Einladung zum Sommerfest im Park des Palais Schaumburg. Bei einem dieser Feste steht Steinbrück mit seiner Frau, seinem Kollegen Thomas Matussek und dessen Frau zusammen. Kurz zuvor musste er für Schmidt die Antwort auf einen Brief des Schriftstellers Rolf Italiaander entwerfen. Italiaanders Schreiben war offenbar recht schwülstig, jedenfalls mokiert sich Steinbrück während dieses Kanzlerfestes laut über dessen selbstgefälligen Versuch, sich bei Schmidt anzubiedern. Während Steinbrück sich so unflätig über Italiaander verbreitet, tippt ihm jemand auf die Schulter und verkündet: »Über den Sie gerade herziehen, das bin ich.« Während Steinbrücks Begleiter in ein Lachen ausbrechen, ist dieser – wenigstens kurz – über diese komische Situation beschämt.

Einmal, erzählt Steinbrück in dem Gesprächsband ›Zug um Zug‹, haben Helmut und Loki Schmidt bei einem Kanzlerfest auf dem Balkon des Palais gestanden. Es gibt eine Zaubervorführung. Nach Schmidts kurzer Ansprache wird das Kanzler-Ehepaar »in einen Käfig gesperrt, dann wurde ein riesiges Tuch drübergespannt« – und anschließend »waren beide weg«. Jahrzehnte später werden Steinbrück und Schmidt immer wieder auch über diese Zeit sprechen. Steinbrück fragt seinen alten Lehrmeister, ob er nicht die Emanzipationsbewegung der Frauen und die Umweltbewegung ab Ende der 1970er-Jahre unterschätzt habe. Diese Frage aber ist mit Schmidt nur schwer aufzuarbeiten. Vielleicht erwähnt Steinbrück auch deshalb immer wieder, dass Schmidt mit Blick auf den Nato-Doppelbeschluss auf der historisch richtigen Seite gestanden habe. Steinbrück nimmt an den entsprechenden Demonstrationen gegen den Nato-Doppelbeschluss nicht teil.

Das Verhältnis zwischen dem Kanzleramt und der SPD ist nicht nur wegen der Nachrüstungsfrage angespannt. Schmidt hält stets Distanz zur Partei, dem Vorsitzenden Willy Brandt gegenüber hegt er Misstrauen. Im Kanzleramt wirken die Mitarbeiter mit Überzeugung für Schmidt. In der Parteizentrale, dem Erich-Ollenhauer-Haus, ein paar Hundert Meter weiter, dominieren die Anhänger Brandts. Manche Abteilungsleiter von Kanzleramt und SPD-Zentrale, wiewohl thematisch miteinander verbunden, reden nicht miteinander. Steinbrück indes, der hierarchisch unterhalb dieser Ebene angesiedelt ist, zählt zu den Kanzleramtsmitarbeitern, die Kontakt zum Ollenhauer-Haus und zur SPD-Bundestagsfraktion pflegen. Immer wieder erörtert er mit Kollegen in Partei und Fraktion, wann diese die Regierung bei den Energie-Themen drängen und wann sie besser abwarten sollen. Steinbrück versucht also, die Partei als Anschubkraft zu nutzen, und verhindert zudem, dass sie zu viel Druck aufbaut. Auf keinen Fall soll die SPD, das macht er in den Gesprächen klar, die Arbeit der Regierung behindern. Diesen Appell wird Steinbrück in den folgenden Jahren und Jahrzehnten immer wieder an die Sozialdemokratie richten.

OST-BERLIN

Steinbrück ist zwar Mitglied der SPD, besucht aber keinen Ortsverein und klebt auch keine Plakate. Er ist kein aktives, sondern ein förderndes Mitglied. Durch das Unterholz der Partei schlägt er sich nicht. Er hält dies auch jetzt nicht für nötig, während die neuen sozialen Bewegungen und mit ihnen die Grünen entstehen. Peer Steinbrück verbringt nicht lange Abende bei Grundsatzdiskussionen in verrauchten Hinterzimmern. Er wird im Jahre 1981 Diplomat.

Diese Versetzung an eine nachgeordnete Behörde ist durchaus üblich und eine Folge von Steinbrücks Verbeamtung. Steinbrück entscheidet sich für die Ständige Vertretung (StäV) der Bundesrepublik Deutschland in der DDR. Seine Familie wohnt weiter in Bonn, er kommt am Wochenende aus Ost-Berlin zurück. Das eine oder andere Mal reist Gertrud Steinbrück mit den beiden Kindern Katharina und Anne nach Berlin. Die StäV ist keine Botschaft, denn für die Bundesrepublik Deutschland ist die DDR kein Ausland. Diese Behörde ist dem Kanzleramt und nicht etwa dem Auswärtigen Amt zugeordnet. Die Mitarbeiter haben dennoch den Status von Diplomaten, sie besitzen einen Diplomatenausweis und führen das Kennzeichen des Diplomatischen Corps an ihrem Auto. Steinbrück wohnt zeitweise im Zentrum Ost-Berlins im »Hotel Berlin« an der Ecke Unter den Linden/Friedrichstraße. Mit Schaudern erinnert er sich an die Aufenthalte in jenem Hotel, wo auf jeder Etage eine Mamsell sitzt, die prüft, wann die Gäste kommen und gehen. Die Hotelzimmer sind verwanzt. Im Sommer, während ihres Urlaubs, überlassen Kollegen Steinbrück ihre Wohnungen oder Häuser in der Umgebung von Berlin. Hier wohnt er dann in einem Gästezimmer, weitaus weniger beobachtet von den Mitarbeitern der Stasi.

Mit einem alten »Baedeker«-Reiseführer erkundet Steinbrück Berlin. Vom Zustand der Häuser und Straßen im Ostteil der Stadt ist er entsetzt. Die »Hauptstadt der DDR« wirkt auf ihn, als sei der Zweite Weltkrieg gerade erst vorüber. Steinbrück entdeckt Einschusslöcher aus dem Häuserkampf im April und Mai 1945. Er riecht das typische DDR-Schmiermittel, den Rauch der Braunkohleöfen und die Abgase der Trabis. Mehrfach bekommt Steinbrück von der verpesteten Luft Halsschmerzen. Er erlebt Ost-Berlin als grau, trist und verfallend – und kann schon deshalb die nach 1990 einsetzende DDR-Nostalgie nicht nachvollziehen. Die Stasi ist allgegenwärtig, sie beobachtet und verfolgt die Mitarbeiter der Ständigen Vertretung. Die DDR ist nach Steinbrücks Überzeugung ein spießiger, muffiger Polizeistaat. Doch die Zeit in Ost-Berlin ist spannend, und außerdem genießt Steinbrück seine Privilegien. Er fährt mit seinem alten Golf und dem »CD«-Kennzeichen für Diplomaten unbehelligt über den Grenzübergang Invalidenstraße. Das hatte er schon anders erlebt. Mitte der 1960er-Jahre reiste er als Tourist nach Berlin und musste die Schikanen während der Grenzkontrollen über sich ergehen lassen, in den 1970er-Jahren besuchte er gelegentlich eine Cousine im Thüringer Wald.

In der Ständigen Vertretung bearbeitet Steinbrück ein brisantes Thema: die Energiepolitik der DDR. Ihn interessieren vor allem die Nutzung der Kernenergie und die Abhängigkeit der DDR von Stromlieferungen aus der Sowjetunion. Steinbrück reist dienstlich durch das ganze Land. In Lubmin erlebt er eine Jugendweihefeier. Bei klirrend kalten Temperaturen betrinken sich die Jugendlichen bis zur Bewegungsunfähigkeit. »Filmreif« nennt er dieses Ereignis heute. Steinbrück taucht ein in das Kulturleben in Ost-Berlin und Leipzig. Am Deutschen Theater wird 1981 erstmals nach Jahrzehnten Georg Büchners Stück ›Dantons Tod‹ aufgeführt, inszeniert von Alexander Lang. Das Publikum überträgt die Auseinandersetzung zwischen Danton und Robespierre auf den Streit zwischen Stalin und Trotzki. Es assoziiert das Revolutionstribunal, das Danton auf die Guillotine hetzt, mit den Moskauer Säuberungsprozessen. Steinbrück erlebt, wie sensibel und aufgeschlossen die Theaterbesucher das Stück interpretieren und ihre Analogien ziehen. Im Neuen Museum besucht Steinbrück die Schinkel-Ausstellung. In Leipzig befasst er sich mit der Kunst der zeitgenössischen Maler Bernhard Heisig und Werner Tübke. Steinbrück erlebt außergewöhnliche Monate abseits des Bonner Regierungsviertels. Anders als für viele Westdeutsche ist die DDR für Steinbrück keine Terra incognita. Der Neigung im Westen, angebliche soziale Errungenschaften der DDR zu verklären und die Menschenrechtslage auszuklammern, unterliegt er also nicht. Für die Hinterlassenschaften der Staatssicherheit interessiert er sich indes nicht. Die Einsicht in seine Stasi-Akte hat er bis heute nicht beantragt.

In Bonn geht die sozial-liberale Koalition in ihre letzte Phase. Steinbrück kehrt in das Bundesforschungsministerium zurück. Er wird Persönlicher Referent von Andreas von Bülow, dem neuen Forschungsminister. Von Bülow ist ein erfahrener Parlamentarier und mit allen Finessen des politischen Betriebes vertraut. Zudem ist er ein eigenständiger Kopf, der gute Kontakte zur FDP hält und die Koalition gern fortsetzen will. Von Bülow, sein Büroleiter Gert von der Groeben und Steinbrück arbeiten eng zusammen. Locker und wenig hierarchisch geht es zu, kollegial, fast freundschaftlich. »Wir drei verstanden das Forschungsministerium als Interessenvertreter und Koordinator einer politischen Industriepolitik«, sagt Gert von der Groeben heute. »Unsere Themen waren der Schnelle Brüter, der Hochtemperaturreaktor, der Transrapid, das Auto mit weniger Sprit, die Mikroelektronik.« Von Bülow und sein Umfeld hätten davon geträumt, das Perpetuum mobile für die Stromerzeugung zu schaffen. »Den Schnellen Brüter betrachteten wir mit großer Euphorie.«

Der Minister erlebt seinen Referenten als intelligenten Kopf und fixen Arbeiter, als ökonomisch kundig und politisch pragmatisch. Das entspricht von Bülows Vorstellungen; Ideologien und linke Theoriedebatten sind dem Minister fremd. Steinbrück verfasst für ihn etliche Reden, mal für den Bundestag, mal für Besuche in Forschungszentren, auch für Auftritte im Wahlkreis. Dabei gelingen Steinbrück prägnante und plakative Formulierungen. Die Gespräche im Ministerbüro drehen sich nicht nur um Politik, es geht ebenso um philosophische und historische Themen. Da kann Steinbrück brillieren. Von der Groeben sagt, sie hätten sich als »gestaltende Beamte« gesehen: »Wir wollten Politik machen jenseits des parlamentarischen Betriebes.« Das entspricht Steinbrücks Selbstverständnis. Noch Jahrzehnte später wird er sagen, er sei »kein Mann der Legislative«.

Innerhalb der Koalition will die FDP sparen, die Minister sollen Vorschläge machen. Andreas von Bülow versucht, die Energiewirtschaft stärker an der Forschungsförderung zu beteiligen. Die Kosten dafür steigen stetig und die freie Wirtschaft überlässt die Finanzierung bisher dem Staat. Hier ist also allerhand Überzeugungsarbeit nötig, auch für den Referenten Steinbrück. Der ist der Auffassung, der Staat müsse den Aufbau von Industriestrukturen mitgestalten. Eine Wirtschaft, die nur auf sich gestellt ist, lehnt Steinbrück ebenso ab wie eine Vergesellschaftung.

Dass die Regierung auseinanderzubrechen droht, bedauern Steinbrück und viele andere junge Leute, die an Schlüsselstellen der Ministerien tätig sind. Sie bewundern Schmidt weiterhin. Vor allem aber sind nun ihre eigenen Karrieren in Gefahr. Schließlich haben sie sich gerade erst im Leitungsbereich etabliert. Schon im Sommer und Herbst 1981 ist zu erleben, dass die FDP sich absetzen will. Und in der SPD-Fraktion stellen immer mehr Abgeordnete Schmidts Haushaltspolitik infrage.

»Steinbrück und ich setzten aber nicht nur aus Karrieregründen auf diese Koalition«, sagt Gert von der Groeben. »Für die überzogenen Ansprüche der SPD-Sozialpolitiker hatten wir keinerlei Verständnis. Wir haben alles getan, um die erforderliche Kürzung des eigenen Etats zu ermöglichen.« Von Bülow und seine Mitarbeiter verstehen sich als hundertprozentige Sozial-Liberale, nicht als Linke. Marxisten sind ihnen fremd. Je mehr sich die SPD von ihrem eigenen Kanzler distanziert, desto stärker sehen sich Steinbrück und seine Kollegen als verschworene Unterstützertruppe Helmut Schmidts. Den Oppositionsführer Helmut Kohl halten sie für einen unfähigen Provinzpolitiker, der überfordert wäre, die Bundesrepublik Deutschland zu regieren. Schon damals beruft sich Steinbrück auf den – von Helmut Schmidt verehrten und stets zitierten – Karl Popper, den von ihm begründeten kritischen Rationalismus und sein Konzept der »Offenen Gesellschaft«. In seinem Buch ›Die offene Gesellschaft und ihre Feinde‹ hatte sich Popper gegen jede Form einer totalitären »geschlossenen Gesellschaft« gewandt. Seine Alternative war eine offene, pluralistische Gesellschaft, die sich in einem ständigen Prozess von Korrekturen und Reformen evolutionär fortentwickelt. Poppers Konzept wurde darum oft als neoliberal diffamiert. Steinbrück verehrt Popper.

Die Regierung Schmidt bekommt den Haushalt nicht konsolidiert, obgleich der Kanzler aufs Sparen drängt. Im Juni 1982 kehrt von Bülow aus einer Kabinettssitzung zurück und lässt seine Mitarbeiter wissen, die Koalition werde wohl bald zu Ende gehen. Schmidt sehe einem Regierungswechsel klar entgegen. Der Kanzler weiß aus seinen Oppositionsjahren im Bundestag, in welche Lage die SPD nun geraten wird. Einem Vertrauten beschreibt er die Aussichten so: »Opposition ist, wenn 15 Mann zusammen auf dem Donnerbalken sitzen. Und wenn es stinkt, weißt du noch nicht einmal, wer geschissen hat.«

Das sogenannte »Lambsdorff-Papier«, verfasst vom Wirtschaftsminister und seinem Staatssekretär Hans Tietmeyer, löst das Ende der Koalition aus. Im September 1982 legen die Minister der FDP ihre Ämter nieder. Am 1. Oktober 1982 wählen CDU/CSU und weite Teile der FDP Helmut Kohl zum sechsten deutschen Bundeskanzler. Steinbrück verfolgt die Bundestagssitzung im Ministerbüro. Neuer Forschungsminister wird der Christdemokrat Heinz Riesenhuber.

OPPOSITION

Der Regierungswechsel bedeutet für Steinbrück politisch wie persönlich eine Zäsur. Die Sozialdemokratie ist ausgezehrt, ihr nun scheidender Fraktionsvorsitzender Herbert Wehner prognostiziert ihr »15 Jahre Opposition«. Tatsächlich werden Bundeskanzler Kohl und seine Koalition aus Union und FDP 16 Jahre lang regieren. Die SPD braucht fünf Anläufe und verschleißt vier Kanzlerkandidaten, bis sie im Jahre 1998 gemeinsam mit den Grünen die Regierung Kohl ablöst.

Die neue Führung des Forschungsministeriums versetzt den Mitarbeiter Steinbrück in ein Büro im Untergeschoss. Dort hat er nichts zu tun. Der Posteingang besteht im Wesentlichen aus dem Bundesgesetzblatt. Steinbrück zufolge tritt die Union stets machtbewusster auf als die SPD. Die Christdemokraten sähen sich nicht nur als geborene Regierungspartei, sondern auch als Schutz- und Trutzburg für ihre eigenen Leute. Nach Regierungswechseln agiere die CDU in den Ministerien brutaler als die SPD. Doch was Steinbrück passiert, ist nicht ungewöhnlich: Mancher Beamte muss, sobald sein Ministerium von einer anderen Partei geführt wird, politisch irrelevante Themen bearbeiten.

Steinbrück wird also kaltgestellt, doch er behauptet, dies berühre ihn nicht. Er hat nun Zeit für andere Dinge – und baut im Haus seiner Familie das Dach aus. Nach einigen Monaten wird er in das Grundsatzreferat für Energie versetzt. Sein neuer Chef geht anständig mit ihm um. Doch Steinbrück und seine befreundeten Kollegen, unter ihnen Ekkehard Wienholtz, fühlen sich unterfordert. Sie schreiben nun Strategiepapiere und leiten sie der SPD-Bundestagsfraktion zu. Sie bilden einen privaten Gesprächskreis und diskutieren abends über Bücher und Themen wie Stadtentwicklung oder Biotechnologie. Daran nimmt auch Steinbrücks Ehefrau Gertrud teil. Im Jahre 1983 wird Johannes Steinbrück geboren, das dritte und jüngste Kind der Familie.

Bei der Bundestagswahl 1983 kandidiert Hans-Jochen Vogel als Spitzenkandidat der SPD. Die Partei verliert, die Grünen ziehen erstmals in das Parlament ein. Die neue Koalition aus Union und FDP wird vom Wähler bestätigt. Vogel wird Fraktionsvorsitzender. Der frühere Bau- und Justizminister gilt als Garant dafür, dass die SPD in der Opposition keine Luftschlösser baut. Er führt die Abgeordneten mit harter Hand und trägt den Spitznamen »Oberlehrer«. Der Jurist Vogel gilt auf fast allen politischen Gebieten als kundig, als überaus pedantisch und ausgesprochen fleißig. Schon früh am Morgen liest er in seinem Büro Akten und Briefe. Mancher versäumt einen Gesprächstermin bei Vogel, wähnt er doch in dem für »halb sieben« vergebenen Termin eine Begegnung um 18.30 Uhr.

Nach einem weiteren halben Jahr macht Steinbrück von der Möglichkeit Gebrauch, sich als Beamter beurlauben und in die SPD-Bundestagsfraktion abordnen zu lassen. Er ist die Arbeit im christdemokratisch geführten Forschungsministerium leid. Allerdings ist der Wechsel in die Verwaltung einer Oppositionsfraktion ein Ausflug ins machtpolitische Niemandsland. Steinbrück ist für einen stellvertretenden Fraktionsvorsitzenden tätig und der heißt – Volker Hauff. In der Fraktion ist Hauff nun für die Themen Umwelt und Energie zuständig. Die Kombination von Umwelt und Energie ist bewusst gewählt: Fraktionschef Vogel will verhindern, dass die SPD grüner auftritt als die Grünen. Diese Strategie wird dadurch ergänzt, dass mit Hauff ein pragmatischer Forschungspolitiker für Umwelt zuständig wird. Das Thema Umweltschutz ist mit dem Einzug der Grünen in den Bundestag 1983 schließlich im parlamentarischen Diskurs omnipräsent. Der Protest gegen die Wiederaufbereitungsanlage in Wackersdorf und das Thema Waldsterben dominieren die öffentliche Auseinandersetzung.

Steinbrück unterstehen zwar fünf oder sechs Referenten. Doch das kann nicht verdecken, dass der Apparat der SPD-Bundestagsfraktion überschaubar und eine fachliche Zuarbeit gerade beim Thema Umwelt kaum möglich ist. Vorbei sind die Zeiten, in der eine gut begründete Vorlage rasch die Zustimmung des Ministers findet und schon bald zur Regierungspolitik wird. Die aus der Exekutive kommenden Mitarbeiter erfahren, dass sie fortan wenig beeinflussen können. Steinbrück erkennt früh: Opposition ist Mist.

Auf der anderen Seite ist sein neuer Job frei von in einem Ministerium üblichen Alltagsdruck. Er muss nicht mehr unmittelbar, juristisch sauber und politisch angemessen auf Ereignisse reagieren. Hauff und Steinbrück verstehen die Opposition wie der langjährige Regierungspolitiker Vogel: Es gilt, die Grundlagen zu schaffen für eine Rückkehr an die Macht. Statt kurzfristiger Effekthascherei, zu der die Arbeit in der Opposition lockt, wollen sie sich ernsthaft anstrengen, lange Linien ziehen und die Schubladen mit durchdachten Konzepten füllen. Das setzt die Bereitschaft voraus, strategisch zu denken, wichtige Themen zu erkennen und inhaltliche Schwerpunkte zu setzen. Außerdem muss die Opposition Debatten anzetteln, Veranstaltungen organisieren, Große und Kleine Anfragen an die Bundesregierung richten. Sie muss mit Wissenschaft, Gewerkschaften und Stiftungen gemeinsame Aktionen planen und ihre Anliegen in die Medien bringen.

Steinbrück erfährt in dieser Phase zwar Achtung und Anerkennung.

Doch diese Wertschätzung äußert sich nicht in Karrieresprüngen oder öffentlichem Lob. Steinbrück empfindet die Arbeit in der Opposition als ernüchternd. Er befasst sich nun mit den ökonomischen Aspekten des Themas Umwelt. Das Konzept »Arbeit und Umwelt«, an dem Steinbrück mitwirkt, sieht einen steuerlichen Zuschlag auf den Verbrauch von Strom, Mineralölprodukten und Erdgas vor. Jener »Umweltpfennig« soll rund fünf Milliarden Mark im Jahr erbringen. Nichts anderes als eine Öko-Steuer fordert die SPD, und Steinbrück ist einer der Väter dieser Abgabe, die erst viel später Realität wird.

Mit ihrer unklaren Haltung zur Atomkraft fällt es den Sozialdemokraten indes schwer, den überzeugt und glaubwürdig auftretenden Grünen etwas entgegenzusetzen. Nach und nach ziehen die Grünen in mehrere Landtage ein. In Hessen kommt es 1985 unter Ministerpräsident Holger Börner gar zu einer rot-grünen Koalition, mit dem Grünen Joschka Fischer als Umweltminister im Kabinett. In zwei Bundesländern vermag es die SPD, die Grünen länger als anderswo aus den Parlamenten zu halten: im Saarland und in Nordrhein-Westfalen. Dies liegt an der industriellen Basis jener Länder, in denen der Bergbau beheimatet ist. Zudem gelingt es der SPD an der Saar und in Nordrhein-Westfalen, mit glaubwürdigen, ökologisch versierten Persönlichkeiten aufzutreten. Das sind vor allem die Sozialdemokraten Jo Leinen und Klaus Matthiesen, die nach den Landtagswahlen 1985 Umweltminister werden, der eine in Saarbrücken, der andere in Düsseldorf.

HOFHUND

»Peer? Peer? Peer? Ich dachte, das ist 'ne Zigarettenmarke.« Mit diesen Worten wird Steinbrück 1985 im nordrhein-westfälischen Landtag vom SPD-Fraktionsvorsitzenden Friedhelm Farthmann begrüßt. An den schnoddrigen Tonfall, der in der bodenständigen, strukturell konservativen Sozialdemokratie üblich ist, wird sich Steinbrück schnell gewöhnen. Seit dem 1. Oktober 1985 ist er Beamter des Landes Nordrhein-Westfalen. Steinbrück leitet das Grundsatzreferat für volkswirtschaftliche Fragen im Umweltministerium unter Klaus Matthiesen. Die beiden haben sich bei Verhandlungen zwischen der SPD-Bundestagsfraktion und den sozialdemokratisch geführten Ländern kennengelernt. Steinbrück kehrt nach zwei Jahren zurück in die Ministerialverwaltung. Er ist darüber sehr beglückt und pendelt nun täglich von Bonn nach Düsseldorf. Im Düsseldorfer Alten Ständehaus, wo der Landtag bis Ende der 1980er-Jahre beheimatet ist, nimmt er an der Fraktionssitzung der SPD teil, ebenso an den Runden der Büroleiter und Persönlichen Referenten aller Ministerien. In Nordrhein-Westfalen, merkt Steinbrück, kann die Sozialdemokratie mit ihrer Macht etwas bewegen.

Klaus Matthiesen ist ein durch und durch politischer Mensch. Die CDU nennt ihn »den Pyromanen«, weil er sich vehement für Müllverbrennungsanlagen einsetzt. Mit manchem Christdemokraten ist er per Du. Matthiesen spottet gern über die Grünen, die für ihn Idealisten sind. Der Umweltminister und spätere SPD-Fraktionsvorsitzende versteht es wie wenige Sozialdemokraten, der Opposition schlagfertig und originell Paroli zu bieten. Aber Matthiesen ist zuweilen wankelmütig und oft hoch emotional. Mit manchen Menschen verbindet ihn mal tiefste Zuneigung, mal echte Feindschaft. Steinbrück erlebt Matthiesen als einen begnadeten Redner, als Volkstribun und als Vulkan. Matthiesen fasziniert seine Mitarbeiter, besitzt in deren Augen aber ausgesprochen anstrengende Seiten.

Der Umweltminister ist ein Charismatiker, Ministerpräsident Rau vertraut ihm fast grenzenlos. Rau, der es versteht, mit nur einem Satz eine bestimmte, oftmals bösartige Botschaft über einen Menschen auszusenden, verliert über Matthiesen nie ein schlechtes Wort. Der wiederum denkt ausgesprochen strategisch, hat stets einen »Plan B« zur Hand. Das gefällt Rau. Beide Männer mögen es zudem, in gemütlicher Runde, bei Pils und Schnaps, Geschichten und Witze zu erzählen. Rau steht seit 1978 an der Spitze des Landes und könnte, so hoffen er und seine Leute, eines Tages Bundeskanzler werden. Deshalb braucht er einen starken potenziellen Nachfolger und das ist über eine lange Phase hinweg in Raus Augen Matthiesen. Der fühlt sich auch als Kronprinz und tritt entsprechend auf. Als Rau 1987 Kanzlerkandidat der SPD wird, bittet er Matthiesen darum, die Arbeit am Wahlprogramm zu koordinieren. Matthiesen wiederum gibt diese Aufgabe an Steinbrück weiter. So verfasst Peer Steinbrück mit einem Kreis von sechs bis sieben Leuten das Programm der SPD zur Bundestagswahl.

Der große Düsseldorfer Regierungsapparat bietet viele interessante Posten, und es dauert nicht lange, bis Steinbrück in das Zentrum der Macht vordringt. Der Büroleiter von Ministerpräsident Johannes Rau, Fritz Behrens, schlägt Steinbrück als seinen Nachfolger vor. Rau stimmt zu. Ab Dezember 1986 führt Steinbrück das Büro des Ministerpräsidenten in der Staatskanzlei, in der gemütlichen und doch repräsentativen Villa Horion am Düsseldorfer Rheinufer. Er übernimmt jene Funktion just wenige Wochen vor der Bundestagswahl, die am 25. Januar 1987 stattfindet. Steinbrücks Schreibtisch steht in einem dunklen Zimmer, jedoch nur wenige Meter vom Büro des Ministerpräsidenten. Von Rau trennt ihn nur ein Vorzimmer.

Johannes Rau befindet sich in dieser Zeit auf dem Höhepunkt seiner Macht. In Nordrhein-Westfalen, mit seinen 17 Millionen Einwohnern das bevölkerungsreichste Bundesland, ist er weitgehend geschätzt. Im Jahre 1985 hat er die absolute Mehrheit der SPD mit 52 Prozent der Stimmen verteidigt. Rau ist ein Mann der leisen Töne, taktisch klug und ausgestattet mit einem feinen Sinn für Stimmungen. Er besitzt in Steinbrücks Augen die Eigenschaft, seine Minister und seine Mitarbeiter zu neutralisieren. Rau gibt niemandem die Gewissheit seiner Gunst. So verhindert er es, dass mächtige Minister an seinem Stuhl sägen.

Das Kabinett ist exzellent besetzt. Innenminister Herbert Schnoor und Finanzminister Diether Posser besitzen Ansehen und Einfluss über das Land hinaus. Matthiesen, Justizminister Rolf Krumsiek, Arbeitsminister Hermann Heinemann und Wirtschaftsminister Jochimsen gelten als politische Schwergewichte. Steinbrück hat bei Rau eine Schlüsselstellung inne: Jeder Vorgang, der den Ministerpräsidenten betrifft, geht über seinen Schreibtisch. Als Büroleiter entscheidet er maßgeblich, wer bei Rau einen Termin bekommt und wer nicht, wenngleich es dessen Stil entspricht, immer wieder selbst zum Telefonhörer zu greifen und Tag für Tag mit seiner akkuraten Handschrift Briefe zu verfassen. Steinbrück führt unter anderem Raus Terminkalender und koordiniert den Kontakt zur SPD-Landtagsfraktion. »Steinbrück war einer der besten Büroleiter, die ich je erlebt habe«, sagt der damalige Fraktionschef Farthmann, kein Freund Johannes Raus: »Oft habe ich Kontakt zu Steinbrück aufgenommen, wenn ich etwas mit Rau regeln wollte.« Steinbrück pflegt weiterhin »seine hanseatische Art und den damit verbundenen Sprachduktus«, wie sein Vorgänger Behrens beobachtet. Seine Vorliebe für britischen Humor, Ironie und Wortspiele wird aber in Düsseldorf längst nicht von jedem verstanden und goutiert. »Mit seiner unterkühlten Art tat sich mancher schwer«, sagt Behrens. Auf diese Art des Umgangs müsse jeder »eine eigene Antwort finden«.

Staatskanzleien betreiben Politik-Management, ihre Mitarbeiter müssen Politik ermöglichen und steuern. Sie mischen mit, sie sind überall dabei – und müssen doch keine politischen Entscheidungen verantworten. Sie besitzen, anders als die Fachleute, einen Überblick. Sie müssen sich nicht im Klein-Klein verlieren. Staatskanzleien sind geschaffen für Generalisten. All dies entspricht Steinbrücks Naturell. Und es prägt sein politisches Grundverständnis.

Der neue Job ist ein Aufstieg, allerdings einer in einem wenig günstigen Moment. Denn die Wahrscheinlichkeit, dass Rau die Bundestagswahl gegen Helmut Kohl nicht gewinnen wird, ist groß. Steinbrück selbst wird damit auch nicht an Raus Seite ins Kanzleramt zurückkehren. In den letzten Monaten des Wahlkampfs ist deutlich geworden, dass Rau nicht mehr der große Hoffnungsträger seiner Partei ist. Mit Willy Brandt, dem großen Vorsitzenden, ist er sogar verkracht. Brandt hat aus seinem Ferienort in der Provence verkündet, 43 Prozent für die SPD seien »auch ein schönes Ergebnis«. Steinbrück hält diesen Zwischenruf bis heute für den Blattschuss – Rau wirbt ja noch um eine absolute Mehrheit. Eine Koalition mit den Grünen, die ihm suspekt sind, hat er ausgeschlossen.

Die letzten Wochen vor der Wahl werden für Rau und seine Mitarbeiter zur Tortur. Im November 1986, keine drei Monate vor dem Wahltermin, kündigt der Sprecher der SPD seinen Job, ohne eine Alternative zu haben. Er gilt als cholerisch, unduldsam und burschikos, aber auch als Profi. Seine Name lautet: Wolfgang Clement. Rau ist erkennbar angeschlagen, in seinem Wahlkampf-Sonderzug begleitet ihn ein Hals-Nasen-Ohren-Arzt. Vor jeder Kundgebung werden Rau die Stimmbänder gepinselt, damit er überhaupt reden kann. Zusammen mit Steinbrück und weiteren Mitarbeitern zieht sich Rau Mitte Januar in das Steigenberger Hotel in Bad Neuenahr zurück, um sich auf einen Fernsehauftritt mit Kanzler Kohl vorzubereiten. Doch an dem Coaching ist er nicht mehr interessiert. Rau geht an dem dafür vorgesehenen Abend lieber früh zu Bett. Die Niederlage bei der Wahl – die SPD holt unter Raus Führung

37 Prozent und damit einen Punkt weniger als vier Jahre zuvor – aber verkraftet er schnell und stürzt sich wieder voll in die Landespolitik.

Rau und Steinbrück bilden ein ungewöhnliches Duo. Der Landesvater, aus dem Bergischen Land stammend, protestantisch bis auf die Knochen und verbindlich im Ton, pflegt einen ausgeprägten Konsens-Stil. Er will »versöhnen statt spalten« und ist stets auf Harmonie und Ausgleich bedacht. Rau musste das Gymnasium auf Druck seines Vaters vor dem Abitur verlassen. Er wurde Buchhändler und arbeitete für einen pietistisch geprägten Verlag. Rau ist ein Autodidakt ohne Abitur und akademischen Abschluss, er neigt immer wieder dazu zu zeigen, was er alles gelesen hat. Rau analysiert weniger in Strukturen oder Prozessen, Politik denkt und versteht er über Personen.

Der bildungsbürgerlich geprägte Hanseat Steinbrück hingegen ist ein ökonomisch orientierter Analytiker, dem das Innenleben der SPD mit ihren Unterbezirkskonferenzen und ihrer Ortsvereinskassiererkultur fremd ist. Es spricht für Rau, dass er Menschen zu seinen engsten Mitarbeitern macht, die eine geradezu konträre Persönlichkeit haben. Souveräne Vorgesetzte entscheiden sich für eine solche Komplementärstrategie, in der Schwächen wechselseitig kompensiert werden. Sie verzichten auf Jasager, ermuntern zu einer eigenen Haltung und zu Kritik. Dieses Spannungsfeld kommt ihm letztlich zugute, weiß der Ministerpräsident. Rau profitiert von dem mentalen Gegensatz zwischen sich und Steinbrück.

Bei aller Verbindlichkeit nach außen ist Rau jedoch ein strenger und machtbewusster, ein durch und durch misstrauischer Mann. Als Vorgesetzter verlangt er viel, nicht zuletzt Loyalität. Wer aus seiner Umgebung einen Konflikt nach außen trägt, ist für Rau erledigt. Er scheint Harmonie vorzuleben, agiert aber nach innen sehr dezidiert. In seinem Umfeld in der Staatskanzlei, unter den Beamten, ist das sozialdemokratische Du tabu. Im Kabinett siezen sich die Minister der SPD. Zu seinen Beamten hält der Ministerpräsident freundliche Distanz. Der neue Büroleiter kann damit im Gegensatz zu anderen gut umgehen. Ihm gefällt diese Art, er empfindet sie als verbindlich, verlässlich und korrekt. Schnell verlässt sich Rau auf die administrativen Fähigkeiten und die wirtschafts- und finanzpolitische Kompetenz Steinbrücks. Er nimmt ihn mit auf viele seiner Reisen durch das Land, aber auch zu »Staatsbesuchen« nach China und Indien. Steinbrück gewinnt so den Kontakt zu Journalisten. Er sieht und lernt viel.

Rau ist protokollbewusst und zuweilen ehrpusselig, in manchen Punkten penibel. Er scheut die direkte Auseinandersetzung. Rau ist nicht dazu in der Lage, lästigen Gesprächspartnern unverblümt die Meinung zu sagen. Die vordergründige Menschlichkeit bringt manchmal allerdings unmenschliche Folgen mit sich. Oft weicht Rau der Wahrheit aus. Statt Ausrufezeichen setzt Rau Fragezeichen. Ideen und Entschlüsse kleidet er in Konjunktiv-Fragen wie: »Müssten wir nicht …?« Rau laviert und bittet dann seine Mitarbeiter: »Erklären Sie doch mal, dass es so nicht geht.« Steinbrück gibt daher für Rau den Hofhund und Beißer. Weil Rau Konflikten lieber aus dem Weg geht, schiebt er manche unverblümten Äußerungen auf Steinbrück ab. So steht er selbst stets als der gute Mensch aus Wuppertal da. Immer wieder sagt Rau etwa mit einem Lächeln: »Herr Steinbrück, Sie können doch nicht so hart sein«, um dann hinzuzufügen: »Aber bitte komplimentieren Sie doch mal diese Frau heraus, ich kann die nicht mehr in meiner Umgebung ertragen.« Steinbrück übernimmt diese Aufgabe gern.

Er versucht auch, seinen Meister Rau gegen den bayerischen Ministerpräsidenten Franz Josef Strauß in Stellung zu bringen, etwa vor Aufsichtsratssitzungen der Lufthansa, in denen die beiden aufeinandertreffen. Doch Rau wehrt sich dagegen. »Versuchen Sie nicht, mich gegen den Strauß zu agitieren«, lässt er Steinbrück einmal wissen, »ich kann das nicht mehr ab.« Raus Hang zu gemütlichen, nicht enden wollenden Skatrunden, seine Witze und die immer wieder erzählten Anekdoten – all das ist Steinbrücks Sache nicht. Manche Anekdote Raus beherrsche er Wort für Wort, sagt Steinbrück. Doch er wolle sich nicht darüber erheben, schließlich hielten ihm seine eigenen Kinder inzwischen auch vor: »Du bist jetzt in dem Alter, in dem man sich ständig wiederholt.«

Düsseldorf ist nicht irgendeine Stadt im Kosmos der deutschen Sozialdemokratie. Hier soll der Wiederaufstieg der Partei organisiert werden. Von hier aus soll Kohl gestürzt werden. Dies gilt auch noch, als Raus Spitzenkandidatur bei der Bundestagswahl gescheitert ist. Damals stellte die SPD gerade einmal vier der elf Ministerpräsidenten. Erst in den folgenden Jahren gelingt es ihr, mit Wahlerfolgen in den Ländern weitere Staatskanzleien zu erobern und ihre Macht im Bundesrat auszubauen.

Im Jahre 1989 beruft Rau einen Mann zum Chef seiner Staatskanzlei, der Steinbrück in manchem sehr ähnlich ist: Wolfgang Clement. Damit beweist Rau abermals seine Vorliebe für die Komplementärstrategie. Der Bochumer Arbeitersohn Clement begann seine Karriere als Politik-Redakteur bei der ›Westfälischen Rundschau‹. Er tritt dynamisch und forsch auf und denkt stets in journalistischen Kategorien. Clement gilt als ungezügelter Heißsporn, politisch indes als äußerst pragmatisch. »Clement suchte stets den Widerspruch«, sagt ein Vertrauter: »Wer ihm nicht hart, cool und selbstbewusst entgegentrat, geriet unter die Räder.«

Die Alphatiere Steinbrück und Clement verstehen sich auf Anhieb, wenngleich sie Positionskämpfe austragen und ihre eigene Bedeutung vermessen. Beide sind selbstbewusst, zielstrebig, fleißig und effizient. Steinbrück leitet die morgendliche Besprechung in der Staatskanzlei. An jedem Montagmorgen wiederum hat Clement in einer internen Runde seinen großen Auftritt. »Clement schiss dann die ganze Welt zusammen«, berichtet ein Vertrauter. Gilt Clements Kritik Steinbrück, widerspricht dieser sogleich. Steinbrück und Clement arbeiten oft bis Mitternacht und nutzen beide die Appartements unter dem Dach der Staatskanzlei als Nachtquartier. Auch Clements Familie lebt in Bonn. Immer wieder ziehen die beiden Männer nach langen Arbeitstagen zu zweit durch die Düsseldorfer Altstadt. Clement benötigt deutlich weniger Schlaf als Steinbrück. Er bearbeitet nach der Rückkehr aus der Altstadt noch Akten, während sich sein Kumpel Steinbrück hinlegt. Steinbrück und Clement freunden sich an. Auch Rau und Clement werden Freunde, ihre beiden Familien verbringen gemeinsame Urlaube auf Spiekeroog, Clement wird Patenonkel von Raus Sohn Philipp. Nach und nach ersetzt Clement den Umweltminister Matthiesen als Kronprinz Raus. Zwischen Rau und Steinbrück entsteht keine Freundschaft. Bei privaten Geburtstagsfeiern Raus ist Steinbrück nicht zugegen.

Mit Rau reist Steinbrück in die DDR, etwa zur Leipziger Messe. Am 9. November 1989 hält sich Rau mit einer großen Entourage, zu der auch Steinbrück zählt, in Ost-Berlin auf. Er besucht Egon Krenz, Honeckers kurzzeitigen Nachfolger. Während Rau bei Krenz weilt, entfernt sich Steinbrück von der Delegation. Er besucht mit Friedrich Nowottny, dem Intendanten des Westdeutschen Rundfunks, den Dorotheenstädtischen Friedhof an der Chausseestraße. Steinbrück, der diesen eindrucksvollen

Friedhof kennt, führt Nowottny zu den Gräbern des deutschen Geistesadels und bedeutender Industrieller. Am Abend des 9. November reist Steinbrück mit der Delegation Raus von Ost-Berlin nach Leipzig. Hier soll Rau eine NRW-Kulturwoche eröffnen. Bei der Ankunft in Leipzig erfahren die Besucher von der Maueröffnung. Rau hält vor einem großen Publikum eine Rede, muss also auf die unerwartete Situation eingehen, ohne aber die durchaus brenzlige Lage zu verschärfen. Steinbrück ist begeistert, wie Rau diese Gratwanderung meistert. In den folgenden Wochen wird er Zeuge, wie sehr sich die SPD über ihre Haltung zu der Revolution in der DDR und vor allem zur Vereinigung Deutschlands streitet. Rau, in den 1950er-Jahren Mitglied der Gesamtdeutschen Volkspartei, steht auf der Seite des einheitsfreundlichen und national argumentierenden Ehrenvorsitzenden Willy Brandt. Er wendet sich gegen die kalte Haltung des Kanzlerkandidaten Lafontaine, der mit populistischer Stimmungsmache gegen Übersiedler aus der DDR im Westen Wahlen gewinnen will. Schon jetzt wird erkennbar, dass sich die Sozialdemokratie uneinig in die Einheit aufmacht.

Während Rau und Steinbrück Anfang 1990 im Dienstzimmer des Ministerpräsidenten sitzen, betritt Raus Sekretärin den Raum mit den Worten: »Herr Engholm will Sie sprechen.« Die beiden Männer wissen zunächst nicht, wer von beiden gemeint sei. Die Sekretärin deutet auf Steinbrück. Der verlässt das Dienstzimmer, nimmt den Telefonhörer und erfährt, dass der schleswig-holsteinische Ministerpräsident Engholm ihn in seiner Landesvertretung in Bonn treffen und ihm ein Angebot unterbreiten will. Steinbrück kehrt zurück zu Rau, der sogleich seine tiefe Neugier zeigt und fragt: »Na, was wollte er denn von Ihnen?« Steinbrück legt die Karten auf den Tisch und berichtet von Engholms Abwerbeversuch. Steinbrücks heutiger Darstellung zufolge wendet Rau gegen einen Wechsel nichts ein. Der Regierungschef bittet ihn aber, bis zur Landtagswahl im Mai 1990 an seiner Seite zu bleiben. Steinbrück folgt dieser Bitte. Inzwischen ist er seit dreieinhalb Jahren Büroleiter Raus. Der normale Weg wäre gewesen, dass der Ministerpräsident ihn zum Abteilungsleiter befördert hätte – mit der Perspektive Staatssekretär zu werden. Das hat Rau nicht getan. Steinbrück wiederum lockt die nächste Karrierestufe.

Im Mai 1990 ziehen die Grünen erstmals in den nordrhein-westfälischen Landtag ein. Rau und die SPD holen bei dieser Wahl mit 50,0 Prozent ein letztes Mal die absolute Mehrheit. In den Wochen und Monaten danach verhandeln Rau und Clement für die SPD-geführten Länder die deutsch-deutschen Staatsverträge mit. An dieser historischen Aufgabe wirkt Steinbrück nicht mehr mit.

III. KIEL

ORGANISATOR

In seinen 15 Jahren in Bonn und Düsseldorf ist aus Peer Steinbrück kein Rheinländer geworden. Er mag diesen liberalen, oft lärmenden und meist fröhlichen Menschenschlag zwar, versteht sich aber weiterhin als Norddeutscher. Regelmäßig reist er mit seiner Familie nach Schleswig-Holstein oder Hamburg. So ist er seinem Freund Ekkehard Wienholtz dankbar, dass der ihn Anfang 1990 für einen Karriereposten im Norden vorschlägt. »Im Jahre 1990 berieten wir im kleinen Freundeskreis über die Besetzung der Staatssekretärsstelle im Umweltministerium«, berichtet Wienholtz heute: »Hier brachte meine Frau Peer als Kandidaten ins Gespräch.« Wienholtz, damals Staatssekretär im schleswig-holsteinischen Innenministerium, und Steinbrück kennen sich aus der gemeinsamen Zeit im Bundesforschungsministerium. Wienholtz schlägt der Regierungsspitze Steinbrück vor. Stefan Pelny, Chef der Kieler Staatskanzlei, trägt den Vorschlag mit. Pelny war einst im Kanzleramt tätig und hatte dort sporadisch mit Steinbrück zu tun. Jetzt macht er sich bei Ministerpräsident Björn Engholm für Steinbrück stark. Den zuständigen Umweltminister konsultiert er nicht.

Für Steinbrück sind die Kieler Perspektiven hoch attraktiv. Er kann auf Anhieb eine Karrierestufe, nämlich die des Abteilungsleiters, überspringen. Als ihm Ministerpräsident Engholm die Funktion des Staatssekretärs offiziell anbietet, sagt er zu. Am 1. Juni 1990 soll er seine Stelle antreten. Engholm bittet Steinbrück, er möge nun mit Umweltminister Berndt Heydemann reden und diesem das Gefühl geben, dass er die Auswahl eigenständig treffe. Der habilitierte Biologe ist ein überzeugter Umweltschützer und gilt als einer der Erfinder der Ökologischen Küstenforschung. Zwei Jahrzehnte lang war er Direktor am Biologiezentrum der Universität Kiel, bevor ihn Engholm 1988 zum Minister ernannte.

Steinbrück trifft seinen künftigen Minister und ist entsetzt. Während des etwa vierstündigen Gespräches redet vor allem Heydemann. Steinbrück beziffert die Gesprächsanteile auf 95 zu 5 Prozent. Er fragt sich, wie er mit einem Minister zusammenarbeiten soll, der kein rechtes Interesse an seinem Staatssekretär aufzubringen scheint. Für Steinbrück ist Heydemann ein ökologischer Visionär und Missionar; solche Menschen sind ihm suspekt. Als Steinbrück seiner Frau von dem »Gespräch« berichtet, drängt sie ihn, das Angebot auszuschlagen. »Da gehst du nicht hin. Der ist doch egomanisch«, sagt Gertrud Steinbrück. Ihr Mann hält dagegen. Die gesamte Umgebung Engholms rechne bereits mit ihm, und außerdem könne er eine Offerte als Staatssekretär nicht einfach ablehnen. Also ziehen die Steinbrücks nach Kiel.

Zunächst bricht Peer Steinbrück alleine in den Norden auf, ein gutes halbes Jahr später folgen ihm seine Frau und die drei Kinder. Die Familie kauft in Kronshagen, einer 12 000-Einwohner-Gemeinde, gelegen am westlichen Stadtrand von Kiel, eine alte Kapitänsvilla. Gertrud Steinbrück lässt sich als Lehrerin beurlauben. Katharina, Anne und Johannes Steinbrück erleben in der Schule eine sehr distanzierte, eben norddeutsche Atmosphäre; Neuankömmlinge werden hier nicht mit offenen Armen empfangen. In Bonn fühlten sie sich wohler. Der politische Immigrant Peer Steinbrück aber verweist fröhlich auf seine norddeutschen Wurzeln. »Wir freuen uns auf das Leben an der Küste«, verkündet er, berichtet von seinem Studium in Kiel und weiteren schleswig-holsteinischen Prägungen: »Ich habe in Travemünde meinen Keuchhusten auskuriert, in der Schlei bei Arnis das Schwimmen gelernt und auf Föhr zum ersten Mal ein Mädchen geküsst.«

Steinbrück gilt in Kiel als einer, der landespolitische Strukturen und Niederungen kennt. Auf solche Profis ist die neue Landesregierung angewiesen. Fast vier Jahrzehnte lang hat die CDU in Schleswig-Holstein regiert. Auf die Barschel-Affäre folgte 1988 für die SPD – mit 54,8 Prozent der Stimmen – ein grandioser Wahlsieg Engholms. Der intellektuelle und kulturell beflissene Engholm, aus Willy Brandts Heimatstadt Lübeck stammend, gilt eher als Schöngeist denn als Arbeiterführer. Er wird rasch zu einem Hoffnungsträger der SPD, auch auf Bundesebene.

Engholm hat ein ungewöhnliches Kabinett gebildet, seine Stellvertreterin und vier der zehn Landesminister sind Frauen. Er hat das erste Frauenministerium in Deutschland geschaffen, einen parteilosen Minister berufen und einen Generaldirektor der Europäischen Kommission nach Kiel geholt. Der neue Ministerpräsident symbolisiert, erst recht im

Vergleich mit dem Machtmenschen Uwe Barschel, eine neue politische Kultur. Ihm ist es gelungen, selbst Landwirte und den wertkonservativen Mittelstand des Bundeslandes für sich und damit die SPD zu gewinnen. Engholm gilt nicht als Parteimann, er hat in der SPD keine Ämter inne. Vor seinem Wechsel in die Landespolitik war er von 1969 bis 1983 Abgeordneter im Bundestag. Für eine kurze Zeit diente er 1981/82 als Bundesbildungsminister unter Helmut Schmidt. Auch das macht ihn zu einem Mann der politischen Mitte.

Steinbrück ist von Engholm angetan, nicht nur, weil der ihm eine ungewöhnliche Karriere ermöglicht. Er sieht in dem Freigeist aus Lübeck einen überdurchschnittlich klugen Regierungschef, der souverän und unabhängig agiert: Engholm verfolgt weiterhin seine künstlerischen und literarischen Interessen, er nimmt sich schon mal einen halben Tag frei, um Ausstellungen zu besichtigen. Steinbrück bewundert das. Es gibt Engholm in seinen Augen eine positive Leichtigkeit, hinter der er ein großes Maß an innerer Unabhängigkeit vermutet.

Es herrscht also Aufbruchsstimmung, als Steinbrück in Schleswig-Holstein ankommt. Nach der jahrzehntelangen autoritären und zuletzt reichlich verkrusteten CDU-Herrschaft scheint eine innovative, kreative und fantasiereiche Regierung ans Werk zu gehen. Die Stimmung in Engholms Kabinett ist freundlich. Während der Kabinettssitzungen, die dienstags um 10 Uhr beginnen und meist etwa vier Stunden dauern, sind abweichende Meinungen erlaubt. Die Staatssekretäre nehmen teil, auch das ist ungewöhnlich und wäre etwa in Nordrhein-Westfalen undenkbar. Ministerpräsident, Minister und Staatssekretäre duzen sich auch in diesem offiziellen Rahmen, zwischendurch wird stets ein Imbiss gereicht. Die Umgangsformen in der Staatskanzlei gelten als zivil, mancher Mitarbeiter empfindet dies nach den aufreibenden Jahren unter Barschel als Befreiung. Engholm initiiert eine »Denkfabrik«, in der Persönlichkeiten aus Politik, Wirtschaft, Kultur und Wissenschaft gemeinsam Ideen jenseits der Tagespolitik entwickeln. Es ist der Versuch, Politik ganz anders zu gestalten, ausgetretene Pfade zu verlassen, Transparenz zu schaffen und durch einen Austausch unter Gleichen neue Ideen zu produzieren. Für eine Weile funktioniert das. Später zeigen sich Friktionen und Schwierigkeiten dieses diskursiven politischen Führungsstils. Erst einmal aber sollen die Minister in jeder Woche einen Termin außerhalb ihres Ressorts wahrnehmen, bittet Engholm. Von Bonn aus blicken viele politische Beobachter mit Spannung auf das Kieler Experiment.

Fast ein Vierteljahrhundert später sitzt Björn Engholm im Wintergarten seiner Lübecker Wohnung. Ihn umgeben allerlei Kunstdrucke und Gemälde. Engholm ist gerade aus dem Urlaub zurückgekehrt, mit seiner Ehefrau Barbara war er auf der griechischen Insel Karpathos. Er wirkt agil, die Jahre haben ihm wenig anhaben können. Er reicht einen Pfälzer Riesling, raucht Zigarillo und erzählt von seiner Laudatio, die er tags darauf auf Armin Müller-Stahl halten wird. Über seine erste Begegnung mit Steinbrück sagt er: »Ich hatte gleich den Eindruck: Der ist handfest und direkt.« Steinbrück sei sich »seiner bewusst« gewesen und habe das Angebot sogleich angenommen. Der damalige Umweltminister Heydemann habe große Visionen gehabt und »stets über den Landeshorizont hinaus gedacht«, sagt Engholm: »Und Steinbrück war der ideale Mann, um das Ministerium zu organisieren und den Minister ab und zu auf dem Boden zu halten.« Johannes Rau, sagt Engholm, habe auf sein Angebot an Steinbrück gereizt reagiert, da er ihn nicht zuvor um Genehmigung gebeten habe. Über diese »leicht royale Art« wundert sich Engholm bis heute.

Das Umweltministerium trägt zum ökologischen Image der ohnehin linken schleswig-holsteinischen Sozialdemokratie erheblich bei. Ihr gelingt es ähnlich wie der SPD in Nordrhein-Westfalen und im Saarland, die Grünen klein zu halten. Diese ziehen erst im Jahre 1996 in den Kieler Landtag ein – anderthalb Jahrzehnte später als in Baden-Württemberg etwa. Für die Grünen ist Umweltminister Heydemann eine Reizfigur. Sie stellen zwar seinen ökologischen Impetus nicht infrage und schätzen die Fachkompetenz dieses Entdeckers, Erfinders und Erforschers. Viele Grüne aber halten den Minister bei den großen Konfliktthemen wie dem Autobahnbau oder der Elbvertiefung für einflusslos. Heydemann konzentriere sich zu sehr auf die fachlich ökologischen Themen, kritisieren sie. Uferrandstreifenprogramme und philosophische Diskurse über die Ökologie, monieren sie, reichten aber für einen Minister nicht aus. Während sich die Naturschutzverbände mit Heydemann stets gut verständigen und er diese so an die SPD bindet, sehen die radikalen Ökologen in Heydemann einen umweltpolitischen Beschwichtigungstherapeuten.

In der SPD wiederum spotten viele über den »etwas idealistischen Umweltminister«. Böse Zungen sprechen von einem »Öko-Terroristen«. So fachkundig Heydemann ist und so wenig es ihm an Überzeugungen mangelt, so schwer fällt es ihm, sein Ministerium und dessen rund 300 Mitarbeiter zu führen. In der Behörde herrscht organisatorisches Chaos. Die Abstimmung mit den anderen Ministerien funktioniert nicht. Engholm ist entschlossen, Heydemann zu halten, weiß jedoch um dessen Defizite. Der Ministerpräsident und sein nicht eben biegsamer Umweltminister tragen daher einige Konflikte aus. In Engholms Augen neigt Heydemann zu Regelungswut und hängt zu vielen nicht umsetzbaren Ideen an. Der bisherige Staatssekretär sah sich nicht mehr in der Lage, dem Minister Paroli zu bieten und das Haus zu ordnen. Deshalb gab er auf. Deshalb musste Engholm einen Nachfolger suchen.

Da kommt ein Mann wie Steinbrück gerade richtig. Der nämlich ist nicht nur nüchtern und pragmatisch, sondern erfahren im Umgang mit Apparaten, er besitzt administrative Fähigkeiten und kann ein Ministerium – notfalls mit harter Hand – managen. Steinbrück kündigt im Jahre 1990 an, er wolle in Kiel seine »administrativen Erfahrungen einbringen«. Den Grund seiner Berufung also mag Steinbrück erst gar nicht verbrämen. So schön und gut Heydemanns Konzepte sind, so sehr will Engholm, dass dessen Mitarbeiter im Umweltministerium gehört und geführt werden. Ohne eine funktionierende und motivierte Verwaltung kann ein Minister wenig umsetzen. Insoweit wird Steinbrück eine Stütze Heydemanns. Der neue Staatssekretär soll die Konflikte zwischen Umwelt- und Wirtschaftspolitik systematisch lösen. Schnell macht in Kiel die Runde, Steinbrück sei im Gegensatz zu seinem Minister ein Anhänger der Müllverbrennung, was er nur halbherzig zurückweist (»Ich bin kein Pyromane«). Er zeigt sich geradezu demütig, indem er ankündigt: »Ich höre erst einmal zu und rede viel mit meinem Minister.« Weite Teile der nach wie vor links gestrickten Landespartei und ihrer Fraktion betrachten Berufung und Start des Technokraten Steinbrück reserviert. Dem Landesvorstand der SPD gehört Steinbrück nicht an. Ist er dort oder im Landesausschuss zu Gast, macht er stets deutlich, dass er wegen eines bestimmten Themas, aufgrund einer speziellen Sache, erschienen ist. »Einige Parteifreunde dachten ihm hier die Rolle des Angeklagten zu. Er selbst schien sich auch nicht sonderlich wohlgefühlt zu haben. Dies hat die SPD ziemlich genau gespürt«, erinnert sich einer, der regelmäßig dabei war.

Den Parteigremien wie der Fraktion gehören etliche Mitglieder an, die nach Steinbrücks Geschmack allzu gern schwafeln. Diese Dauerredner empfinden die Parteigremien als ihre Heimat, sie fühlen sich dort ausgesprochen wohl. Für Steinbrück gilt das Gegenteil. Ihn langweilen die Sitzungen, und schon, um sich abzuheben, redet er betont knapp und präzise nach dem Muster »erstens, zweitens, drittens«. Seine Fachkenntnis wird allgemein anerkannt, doch die eigenen Leute beobachten ihn argwöhnisch.

In der Landesregierung gilt der neue Staatssekretär als einer, der schnell denkt und kraft seiner enormen Auffassungsgabe flott, zuweilen aber auch überstürzt reagiert. Schon früh beteiligt Steinbrück sich an Debatten, die über das eigene Ressort hinausgehen. Mit seinen geistigen und rhetorischen Fähigkeiten ragt er innerhalb der Regierung heraus. Zuweilen pflegt er einen recht burschikosen Umgang. Manche Frau nimmt Steinbrück gar als einen Macho wahr. Vergleichsweise milde fällt da noch das Urteil von Frauenministerin Gisela Böhrk aus, die den norddeutschen Spruch bemüht: »Der Peer ist ein Bengel.« Dies bedeutet: Steinbrück ist fröhlich, muss aber Manieren noch lernen. Und er könnte sich auch einmal zurückhalten.

Als Umwelt-Staatssekretär befasst sich Steinbrück mit dem Landesnaturschutzgesetz, das 1993 verabschiedet wird und an dem sich das entsprechende Bundesgesetz und die Regelwerke anderer Länder orientieren. Das Gesetz ist ein »Kind« Heydemanns. Er verankert die Bionik, eines seiner Lebensthemen, als Abteilung des Ministeriums. Er will, dass die Politik auf allen Gebieten von der Natur lernt. Der Minister ist eben ganz Biologe und argumentiert etwa, es gebe keinen Müll, sondern nur Reststoffe. Jene Reststoffe will Heydemann über Jahrzehnte hinweg sammeln und einlagern, um sie in ferner Zukunft mit einer noch zu entwickelnden Technologie zu verwerten. Derlei Ideen hält Steinbrück für absurd. Er sieht in Heydemann einen merkwürdigen, gleichwohl faszinierenden und zudem begabten Mann mit durchaus charismatischen Zügen, der aber Politik nicht zu organisieren versteht. Ganze Aktenberge stapeln sich im Ministerbüro, daheim oder im Kofferraum von Heydemanns Dienstwagen. Manche Akte kommt erst nach einer Woche zurück, allerlei Termine sind da längst verstrichen. Immer wieder werden Unterlagen vermisst. Funktionsfähigkeit und Arbeit des Ministeriums sind so nur schwer aufrechtzuerhalten. »Heydemann war ein absoluter Chaot, wie ich ihn schlimmer in meiner ganzen Berufslaufbahn nirgendwo mehr erlebt habe«, sagt ein Wegbegleiter. Zuweilen geht Heydemann völlig unorthodox vor, indem er etwa Kabinettsvorlagen zuerst im SPD-Landesvorstand und erst hernach im Kabinett präsentiert. Heydemann will immer wieder, selbst im Winter, an der frischen Luft sitzen. Steinbrück muss sich eine Thermohose zulegen, um im Februar Gespräche mit seinem Minister im Freien führen zu können. Einmal, im Sommer, lässt Steinbrück ihn wissen: »Berndt, da sitzt eine Mücke auf deiner Stirn.« Doch der Naturfreund Heydemann entgegnet nur: »Die muss ja auch von etwas leben.«

Steinbrück leidet unter seinem Minister. Seine Aufgabe ist eine Herausforderung, die ein strukturiert agierender Mensch als Grauen erleben muss. Die zwei Jahre als Umwelt-Staatssekretär sind der wohl schwierigste Teil seines bisherigen beruflichen Lebens. Steinbrück beißt die Zähne zusammen, was jedoch ganz und gar nicht seinem Naturell entspricht. Wie hält er es bloß aus, wenn Heydemann von seinen visionären Plänen schwärmt? »Dann saß er einfach da, still und konzentriert«, sagt ein Vertrauter, »und überlegte sich den nächsten Schachzug.« Steinbrück will sich ein Scheitern an Heydemann nicht erlauben, den eben erklommenen Posten kann er seiner Meinung nach nicht einfach hinschmeißen. Doch Steinbrück fühlt sich durch den Umgang mit dem charakterlichen Antipoden Heydemann psychisch erkennbar beeinträchtigt. Wenn er von Heydemann spricht, bemüht er seinen schwarzen Humor, er redet dann »bissig, böse und verletzend«, wie ein Wegbegleiter sagt. »Diese Aufgabe war für den präzisen Administrator Peer Steinbrück eine ganz schwierige Zeit«, sagt ein anderer Vertrauter.

Heydemann plant ein Gesetz nach dem anderen, eine Verordnung folgt auf die nächste. Der Minister präsentiert fast täglich eine neue Idee. Vor allem aber liefert er ein Exempel für einen reglementierenden, pädagogisch und gesinnungsethisch geprägten Umweltschutz – ein Ansatz, der Steinbrück fremd ist. Wenn Heydemann Bade- und Grillverbote erlassen will, versucht Steinbrück dies zu torpedieren. Er pflegt auch deshalb ein enges Verhältnis zu dem äußerst akkuraten Staatskanzleichef

Pelny. Die beiden Männer schätzen sich, und Pelny berichtet Engholm von mancher Klage Steinbrücks über Heydemann. Von den regelmäßig tagenden Treffen der Staatssekretäre, denen Pelny vorsitzt, profitiert Steinbrück ungemein. Jene Tafelrunde trifft sich Woche für Woche vor dem Kabinett, man ist sich menschlich vertraut und hält, wann immer das möglich ist, zusammen wie Pech und Schwefel. So regelt diese Runde allerhand und lässt dabei manch phantasiereiche Idee eines Ministers versanden. »Wir waren nicht bescheiden, aber wir traten so auf«, charakterisiert einer jener Staatssekretäre das Selbstverständnis des Kreises. Viele von ihnen werden später Minister. Staatskanzleichef Pelny entsendet zudem Mitarbeiter aus den Spiegelreferaten seines Hauses in die Abteilungsleitersitzungen der Ressorts, die von den Ministern geleitet werden. Er gewinnt so Einblicke in deren Apparate und verschafft sich damit ein dezidiertes Urteil über Heydemanns Organisationstalent. Pelny sorgt dafür, dass längst nicht jeder Gesetzentwurf aus dem Umweltministerium im Kabinett landet – und dass die Regierung manch anderes Projekt Heydemanns entschärft oder verwirft.

Staatssekretär Steinbrück erregt sich immer wieder über den Umweltminister, etwa wenn dieser am Kabinettstisch seine eigenwilligen Versionen verbreitet. »Fängt der schon wieder mit dem Schwärmen an«, entfährt es Steinbrück dann. Minister und Staatssekretär begegnen sich jede Woche nur zwei- bis dreimal. Steinbrück arbeitet also vor allem: autonom. Immer wieder gelingt es ihm, den Minister über die Kooperation mit der eigenen Verwaltung behutsam zu korrigieren. Dabei achtet er darauf, dass nicht der Eindruck entsteht, er sei der starke Mann oder gar der heimliche Minister.

Berndt Heydemann hat gerade eine Herzoperation hinter sich gebracht, als er im Herbst 2011 zum Gespräch empfängt. Er bewegt sich langsamer als sonst, doch seinen Missionierungsdrang hat er keineswegs abgelegt. Zukunftszentrum nennt sich der von ihm initiierte Wissenschaftspark im mecklenburgischen Nieklitz. Feuchtwiesen, Moor, Dünen und Fließgewässer finden sich auf dem Areal, viele Pflanzen und Tiere lassen sich beobachten. Natur und Modelle veranschaulichen das Prinzip der Bionik, zeigen also, wie sich natürliche Phänomene in Technik und Medizin anwenden lassen. Heydemann hat seine gesamten Ersparnisse in Nieklitz investiert – nachdem er zeit seines Lebens mit

1000 Mark im Monat ausgekommen ist, wie er sagt. Der 81-Jährige verhehlt nicht, dass er Steinbrück zwiespältig beurteilt. »Steinbrück hat sich als guter und ordentlicher Verwalter der Umweltpolitik gefühlt, und ich sah ihn auch so«, sagt Heydemann und präsentiert eine relativierende Analyse: »Steinbrück hat meist zitiert, was ich denke. Manchmal hat er wohl hinzugefügt, dass er eine andere Absicht hat. Der Unterschied im Denken trat schon zu Tage. Er denkt ökonomisch, ich denke in einem ökologisch, biologisch-physikalischen System.« Steinbrück und er hätten unterschiedliche Werte. Sein Staatssekretär habe »überall andere Schwerpunkte« gesehen, sagt Heydemann: »Ich habe aber von ihm mehr profitiert als unter ihm gelitten. Er war eine Herausforderung für mich.« Ungewöhnlich begabt sei Steinbrück. Er verfüge über die Fähigkeit, unterschiedliche Weltanschauungen zu erfassen. Aber: »Erfolg ist für ihn der höchste Maßstab«, sagt Heydemann, »nach verlorenen Schlachten sucht er die Schuld bei anderen.« Steinbrück bewerte »alles ökonomisch«. Es fällt schwer sich vorzustellen, wie diese beiden Männer miteinander gearbeitet haben. Die Ironie sei für Steinbrück ein »Mittel, andere Menschen zurückzudrängen«, sagt Heydemann, »er kann dabei vernichtend brutal sein. Ihm ist nicht bewusst, dass er Menschen, die er gleich drei-, vier- oder fünfmal verletzt, als Unterstützer verliert.«

ERNÜCHTERUNG

Nicht einmal ein Jahr lang ist Steinbrück in Kiel tätig, als sich die Augen der gesamten deutschen Sozialdemokratie auf den hier tätigen Regierungschef richten. In Bonn hat der Partei- und Fraktionsvorsitzende Hans-Jochen Vogel Anfang 1991 seinen Rückzug von beiden Ämtern angekündigt, unerwartet und allein aus Altersgründen. Hans-Ulrich Klose wird neuer Fraktionschef im Bundestag. Und Björn Engholm, der Hoffnungsträger aus dem Norden, der Pragmatiker aus der linken schleswig-holsteinischen SPD, ist der gesamten Partei als Vorsitzender vermittelbar. Am 29. Mai 1991, drei Jahre nach seiner Wahl zum Ministerpräsidenten, folgt er Vogel an der Spitze der SPD. Steinbrück verfolgt diesen Wechsel sehr genau, er sieht wie viele andere Sozialdemokraten in

Engholm einen Mann mit Zukunft. Schon bald wird Engholm inoffiziell zum Kanzlerkandidaten seiner Partei für die Bundestagswahl 1994. Er lässt dies eher geschehen, als dass er sich darum bemüht, und bringt das typisch norddeutsch auf den Punkt: »Wat mut, dat mut.«

Bei der schleswig-holsteinischen Landtagswahl am 5. April 1992 verteidigt die SPD knapp ihre absolute Mehrheit im Parlament. Sie kommt auf 46,2 Prozent, gut acht Punkte weniger als bei der Ausnahmewahl 1988. Die CDU stagniert auf niedrigem Niveau, und während die rechtsextreme DVU in den Landtag einzieht, scheitern die Grünen mit 4,97 Prozent knapp an der Sperrklausel. 400 Stimmen mehr für die Grünen, und die Zeit der SPD-Alleinregierung wäre vorbei gewesen. Nach der Landtagswahl konstruieren Engholm und Pelny im Gästehaus der Landesregierung das neue Kabinett. Beide wissen um Steinbrücks Leiden unter Heydemann und um sein ökonomisches Interesse. Der scheidende Wirtschaftsminister Franz Froschmaier empfiehlt seinen Staatssekretär Uwe Thomas (SPD) als Nachfolger und Steinbrück als Nachfolger Thomas'. Auch Froschmaier weiß, wie schlecht es Steinbrück im Umweltministerium ergeht. Engholm und Pelny beschließen, den Volkswirt Steinbrück zum Staatssekretär im Ministerium für Wirtschaft, Technik und Verkehr zu machen. Damit gewähren sie Steinbrück den ihm politisch größtmöglichen Gefallen und »erlösen« ihn vom Umweltressort. Engholm ruft ihn an. Es dauert nicht lange, bis Steinbrück zusagt.

Heydemann ist Steinbrück damit los. Dieser wiederum kann nun in einem Metier wirken, das ihn weit mehr interessiert als sein bisheriges Aufgabengebiet. Außerdem besitzt das Wirtschaftsministerium eine größere Reichweite. Den Minister Uwe Thomas kennt er schon seit Mitte der 1970er-Jahre aus dem Bundesforschungsministerium. Thomas gilt als fachlich versierter Technokrat mit einem Hang zur Arroganz. Doch auch die Beziehung zu dem neuen Minister gestaltet sich schwierig. »Das Verhältnis zwischen Peer Steinbrück und Uwe Thomas war nicht gerade freundschaftlich«, sagt Steinbrücks Freund Wienholtz. Er sei sich »nicht sicher, ob Thomas Steinbrück als Staatssekretär haben wollte«.

Mit besonders innovativen oder herausragenden Projekten fällt Steinbrück im Wirtschaftsministerium nicht auf, er versteht sich primär als Vertreter der Wirtschaft. Der Staatssekretär betreibt eine konventionelle

Wirtschaftspolitik, in deren Mittelpunkt die klassische Wirtschaftsförderung steht. Sein Interesse gilt mehr den wenigen großen als den vielen kleinen Firmen. Mit den Gewerkschaften verhandelt er, jedoch nicht auf Augenhöhe. Vor allem knüpft und pflegt Steinbrück Kontakte zu schleswig-holsteinischen Unternehmern. Während Engholm über ein »Öko-Valley« Schleswig-Holstein sinniert, bleibt Steinbrück mit beiden Beinen am Boden.

MINISTER

Es ist ein Tiefschlag für die SPD, der Steinbrück einen großen Karriereschritt ermöglicht. Ministerpräsident Engholm gibt im Frühling 1993 zu, dass er von Details der Barschel-Kampagne gegen ihn eher wusste, als er bislang erkennen ließ. Wieder stürzt ein Hoffnungsträger der SPD, für den Steinbrück tätig ist und an den sich übermenschliche Erwartungen richteten. Engholm räumt den SPD-Vorsitz und gibt das Amt des Ministerpräsidenten ab. Für Steinbrück ist das ein Schock.

Nachfolger an der Spitze der Bundespartei wird auf der Basis einer Mitgliederbefragung der rheinland-pfälzische Ministerpräsident Rudolf Scharping, wie Engholm einer der sogenannten Enkel Willy Brandts. Wer aber darf auf das Amt des Regierungschefs in Kiel hoffen? Ginge es nach der SPD, folgte Engholm der langjährige Landesvorsitzende Günther Jansen. Er ist beliebt und angesehen, mit jedermann auf Du und Du; nicht nur Steinbrück hält ihn bis heute für charakterlich integer. Doch Jansen hat selbst als Sozialminister zurücktreten müssen, weil eben erst bekannt wurde, dass er einst Barschels Medienberater Rainer Pfeiffer 50 000 DM in bar übergeben hatte. Davon profitiert nun Heide Simonis. Die bisherige Finanzministerin wird am 19. Mai 1993 zur Ministerpräsidentin gewählt. Exakt an diesem Tag erhält Steinbrück seine Ernennungsurkunde als Minister für Wirtschaft, Technologie und Verkehr. Nun ist er endgültig Politiker. Die Zeit seiner Verwaltungsarbeit liegt hinter ihm. Er dient nicht mehr. Er handelt. Er entscheidet.

Steinbrück löst Uwe Thomas ab, mit dem Simonis verkracht ist und der deshalb gehen muss, weil die beiden über die Zukunft der eigenen

Landesbank uneins sind. Die Nachricht von der Abberufung von Thomas platzt wie eine Bombe in die SPD-Fraktion. Doch nur einzelne Abgeordnete protestieren gegen die Entlassung des nicht eben populären Thomas. Steinbrück zeigt sich mit dem neuen, so schnell erreichten Posten hoch zufrieden. Er genießt die Ministerehren und versichert dem von ihm nur bedingt geschätzten Thomas, dass dessen Entlassung allein von der Ministerpräsidentin ausgehe. Simonis wiederum muss im Gegenzug darauf verzichten, Umweltminister Heydemann zu ersetzen, dessen chaotische Amtsführung ihr ein Dorn im Auge ist. Er wird das Kabinett erst zum Ende des Jahres 1993 verlassen.

Schleswig-Holstein besitzt Werften, Landwirtschaft und einige Technologiezentren. Außerdem lebt das Land vom Tourismus. Doch eine industrielle Struktur hat es ebenso wenig aufzuweisen wie größere Konzerne. Der Minister kümmert sich um die maritime Wirtschaft und jene Probleme, die der Abbau von Heer und Marine mit sich bringt. Er widmet sich dem Hafenausbau in Kiel und dem des Containerterminals in Lübeck. Seine Wirkungsmöglichkeiten aber sind begrenzt. Umso mehr genießt er deshalb glanzvolle Auftritte bei Auslandsreisen, wo er die wirtschaftliche Kraft und die Möglichkeiten seines Landes preist. Als Steinbrück mit einer Wirtschaftsdelegation in Asien unterwegs ist und sich mit dem Containerschiffbau befasst, tönt er: »Wenn Thailand eine Handelsflotte aufbauen will, sind wir ganz vorne dabei.« Mit solchen Äußerungen offenbart der Minister eines kleinen Landes, was er gern wäre: größer.

Der neue Minister, 46 Jahre alt, kündigt forsch eine »Wirtschaftspolitik ohne Fördermittel« an. Mit »goldenen Mohrrüben« werde er nicht locken. Steinbrück bekennt sich, was in der hiesigen SPD nicht selbstverständlich ist, zu einer Wachstumspolitik, um dann allerdings eine nicht eben ambitionierte, sondern eher traditionelle sozialdemokratische Wirtschaftspolitik nach Düsseldorfer Vorbild zu betreiben. »Wer Gerechtigkeitspartei sein will, muss auch Wertschöpfungspartei sein«, bringt er seine industriefreundliche Haltung auf den Punkt. Steinbrück versteht sich mit den Vertretern der Wirtschaft, er pflegt einen engen Kontakt mit Handels- und Handwerkskammern. Daneben inszeniert er sich als unabhängigen Kopf. »Ideologische Pappkameraden und Politikrituale interessieren mich nicht«, sagt Steinbrück, der weder ein Landtagsmandat besitzt noch jemals Delegierter eines SPD-Parteitags war. Ein wenig klingt das, als betreibe er Politik jenseits der Politik. In seinem Büro steht ein Kunstwerk, das Peer Steinbrück selbst geschaffen hat und das so manchen Parteifreund provoziert. Das Werk besteht aus einem Band von Karl Marx' »Kapital«, der von einem Wiegemesser sauber durchtrennt wird.

Jürgen Fenske hält es da eher mit Wladimir Iljitsch Lenin. Er hat einen Lenin-Band schreddern lassen, nun steht er als Exponat in Fenskes Büro im Vorstand der Kölner Verkehrsbetriebe. Auf dem Sideboard sind einige Straßenbahnmodelle zu bewundern. Vier Jahre lang, von 1994 bis 1998, leitete Fenske das Büro des Kieler Wirtschaftsministers Steinbrück – und er schwärmt bis heute von dieser Zeit. Kennengelernt hatten sich die beiden zwei Jahre zuvor in der Landtagsfraktion; Steinbrück war damals Staatssekretär, Fenske war Referent. Beim THC Kiel spielten die beiden Männer über Jahre samstags morgens ab 8 Uhr Tennis. Im Winter in der Halle, im Sommer draußen. »Willkommen im Club« – mit diesen Worten begrüßte Steinbrück seinen neuen Mitarbeiter einst, erinnert sich Fenske noch heute. »Wir haben immer viel Spaß gehabt«, schwärmt er. Steinbrück arbeite strukturiert, »man spürt, dass er einst selbst Büroleiter war. Ich konnte bei ihm viel lernen.« Bei alldem sei Steinbrück »mehr Sozialdemokrat, als viele glauben«. Er habe einen reflektierten und rationalen Zugang zur SPD, sagt Fenske: »Aber in Steinbrück schlägt ein sozialdemokratisches Herz.« Einmal hat Fenske mit Steinbrück und einem gemeinsamen Freund einen Urlaub in Schottland verbracht. Während Fenske und sein Freund stundenlang auf dem Lough Corrib zwischen Galway und Headford angeln mussten, bis der erste Fisch anbiss, zog Steinbrück gleich nach nur einer Stunde einen umfänglichen Hecht aus dem Wasser. Stolz wie Bolle posierte der Hobbyangler sogleich für Trophäenfotos.

Als Minister widmet sich Steinbrück vor allem der Verkehrspolitik. Er versteht sich als »Weltkind der Mitte« zwischen öffentlichem Personennahverkehr und Individualverkehr. Sein politischer Schwerpunkt ist der Straßenbau, und auch hier handelt er im Interesse der Wirtschaft. Schleswig-Holsteins Wirtschaft hat das Gefühl, abgehängt zu sein. »Hinter Hamburg ist Schluss«, beschreiben Unternehmer das Bild vieler ihrer Geschäftspartner südlich der Elbe. Auf diesem Feld also kann sich Steinbrück profilieren, muss aber auch Rückschläge verkraften. Im Jahre 1994 etwa stoppt das Oberverwaltungsgericht in Schleswig die Elektrifizierung der Bahnstrecke zwischen Hamburg und Kiel. Umweltschützer haben die Klage eingereicht, das größte Bahn-Infrastrukturprojekt im Norden seit dem Ende des Zweiten Weltkriegs ist gescheitert. Bis heute leidet Schleswig-Holstein unter einer rückständigen Infrastruktur.

Anders verhält es sich bei der von der Bundesregierung geplanten Magnetschnellbahn zwischen Hamburg und Berlin (»Transrapid«), die beide Städte in 82 Minuten Fahrzeit verbinden soll. Dieses Großprojekt wird von der Landesregierung in Kiel abgelehnt. Steinbrück argumentiert, das Finanzierungskonzept sei unsolide und die Zahl der avisierten Fahrgäste, nämlich 14,5 Millionen pro Jahr, zweifelhaft. Er plädiert für den Bau einer ICE-Strecke und verweist auf eine nur 22 Minuten längere Fahrtzeit. Im Jahre 1997 beantragt das Land gegen das Transrapid-Projekt ein Normenkontrollverfahren beim Bundesverfassungsgericht. Dieses ist noch anhängig, als Bundesregierung, Bahn und Industrie das Projekt Anfang 2000 scheitern lassen.

Neben derlei großen Themen muss sich Steinbrück auf vielen Nebenkriegsschauplätzen tummeln. Da sind die Hamburger Autonomen und Punks, die mit der Einführung des »Wochenend-Tickets« der Bahn im Jahre 1995 regelmäßig nach Sylt reisen. Zahlt man bislang 120 Mark für die Strecke hin und zurück, können nun fünf Personen für 15 Mark nach Sylt reisen. Die Hamburger »Stadtguerilla« ruft zu »Chaostagen« in Westerland auf. »Sylt für alle, sonst gibt's Krawalle«, lautet ihre Kampfparole. Steinbrück sieht einen »dringenden Handlungsbedarf« gegen diese Art des Billig-Tourismus. Ausgesprochen kleinteilig geht es auch zu, wenn sich der Minister um die Ortsumgehung von Gettorf oder Preetz kümmert. Zuweilen sucht der Minister Konflikte, etwa wenn er die theoretische Führerscheinprüfung kritisiert. Als ein Radiosender ihn daraufhin unvorbereitet mit dem Test konfrontiert, beantwortet Steinbrück 13 der 30 Fragen falsch. Der Verkehrsminister wäre mithin durch die Prüfung gefallen. Steinbrück wurmt so etwas. »Desaströs«, lautet sein eigenes Urteil.

Das Verhältnis zwischen Simonis und Steinbrück ist anfangs freundschaftlich, entwickelt sich dann aber rasch auseinander. »Wir zwei Dickköpfe hätten eigentlich Eintritt verlangen müssen, wenn wir mal aneinandergerieten«, verklärt Steinbrück Jahre später und weit weg von Kiel jenen Dauerkonflikt. Die beiden kennen sich seit 1971, Simonis' Ehemann betreute kurz Steinbrücks unvollendete Doktorarbeit. Steinbrück wie Simonis haben Volkswirtschaftslehre in Kiel studiert, beide verstehen sich als finanzpolitisch kompetent. Beide sind Exekutivpolitiker mit einem Sinn für das Machbare. Doch Simonis betreibt Politik emotional, und das ist in etwa das Letzte, was Steinbrück ertragen kann. Es sind also weniger fachliche Fragen als ihr unterschiedliches politisches Grundverständnis und ihre Mentalitäten, die die beiden zu Kontrahenten machen. Steinbrück empfindet ihre Amtsführung als Ministerpräsidentin nicht angemessen. Die Egozentrik der Ministerpräsidentin verschärft den Konflikt. Außerdem hält Steinbrück Simonis' intellektuelles Niveau für gering. Kurz: Die beiden können nicht miteinander.

Die Kabinettssitzungen unter Simonis muss Steinbrück als Prüfung empfunden habe. Gern eröffnet Simonis die Regierungsrunde mit schnoddrigen Rundumschlägen. Anstatt ihre Minister in Vier-Augen-Gesprächen oder am Telefon zu kritisieren, erledigt sie dies auf lässige Art und Weise coram publico. Im Kabinett werden nicht nur Vorlagen erörtert, es geht um alle möglichen politischen Sachverhalte, auch um Belanglosigkeiten. Außerdem leistet sich Simonis schrille Ausbrüche, brüllt herum, macht persönliche Vorhaltungen. Manchmal blättert die Ministerpräsidentin in Modezeitschriften. Das alles ist Steinbrück zutiefst unsympathisch und suspekt, ebenso wie Simonis' Attitüde, sich als Frau und erste Ministerpräsidentin Deutschlands zu inszenieren, als Pionierin eines grundsätzlich anderen, nämlich weiblichen Politikstils. Simonis wiederum stößt sich an Steinbrücks Widerwillen, sich ihr unterzuordnen. Die Frau, die in Kiel den Hut aufhat, fürchtet nichts mehr als Konkurrenz. Sie unterbindet jeden Versuch ihrer Leute, sich selbst zu profilieren. Außerdem hält sie Steinbrück für unberechenbar. Jede Idee verfolgt sie mit Misstrauen. Stets treibt sie eine Angst um, die unterschiedlichsten Parteifreunde sägten an ihrem Stuhl. Simonis wirft dies etlichen Mitstreitern permanent vor.

Dabei verbindet Steinbrück und Simonis die Tatsache, dass sie beide eine sehr eigenwillige Rhetorik pflegen. Steinbrück legt zuweilen einen intellektuell geprägten Populismus an den Tag. Er präsentiert sich als jemand, der mit rational richtigen Konzepten nur allzu gern die Unvernunft und Ideologiehörigkeit der eigenen Leute kritisiert. Der Wirtschaftsminister spitzt stets rhetorisch brillant zu, greift an und gebärdet sich somit als unabhängiger Kopf inmitten, so insinuiert er, mediokrer Parteipolitiker. Auf diese Weise sichert er sich in Schleswig-Holstein wie später anderswo eine hohe öffentliche Anerkennung, die ihm die SPD im Gegenzug verwehrt. Steinbrück bringt das bei seiner Karriere gut voran.

Simonis, mit dem Amtsbonus der Regierungschefin versehen, ist als Schnellsprecherin bekannt. Sie kultiviert neben allem präsidialen Gehabe eine holzschnittartige Rhetorik und liebt es, über Personen herzuziehen. Ihre Rhetorik ist aggressiv, manchmal verletzend. »Aus Frust und Enttäuschung hat Simonis immer wieder intern Leute heruntergeputzt«, berichtet einer ihrer Mitstreiter. Steinbrück und sein Kabinettskollege, der Bundes- und Europaminister Gerd Walter, gelten derweil als Stars des Kabinetts. Sie verstehen sich selbst so und verhalten sich entsprechend. Beide Männer verhehlen die Abneigung gegenüber der Ministerpräsidentin immer weniger.

Seinen ersten öffentlichen Krach trägt Steinbrück im Jahre 1994 als Aufsichtsratsvorsitzender des renommierten Schleswig-Holstein Musikfestivals aus. Fast ein Jahr lang ist Steinbrück mit diesem Thema voll beschäftigt. Antipode in jenem Streit ist kein Geringerer als Justus Frantz, der Gründer und Intendant des Festivals. Als in der Kasse des Unternehmens ein Finanzloch von 2,5 Millionen DM auftaucht, weisen Steinbrück und Frantz dem jeweils anderen die Schuld zu. Frantz indes hat sich um Finanzen eigentlich nie geschert. Sein Festival ist glanzvoll, aber miserabel organisiert. In seiner selbstherrlich-selbstverliebten Art lässt er Musiker, die ihm wichtig sind, von dem einen auf den anderen Tag aus allen Ecken der Welt einfliegen. Frantz ist eine Primadonna. Sparsamkeit ist seine Sache nicht.

Steinbrück lässt nach einem kaufmännischen Direktor suchen, der den von Frantz aufgetürmten Schuldenberg abtragen soll. Frantz solle sich fortan nur noch um die künstlerischen Belange kümmern, verlangt der Minister. Der Intendant hält entgegen, mit den Finanzen schon lange nicht mehr betraut zu sein. Es kommt zu einem Streit, der im kleinen Schleswig-Holstein hohe Wellen schlägt. Während Steinbrück, dessen Bekanntheitsgrad in dieser Phase deutlich steigt, stets der Behauptung widerspricht, er wolle den Intendanten herausdrängen, klagt Frantz:

»Steinbrück treibt Deutschlands erfolgreichstes Festival in den Ruin und beschädigt das hohe Image des Festivals schwer.« Frantz wird in der SPD kritisch beäugt, pflegte er doch eine enge Beziehung zu Barschel. Das Festival gilt ohnehin als dessen Kind. Frantz und seine Anhänger kolportieren, die SPD »will das Fest nicht«. Obgleich Engholm eine gewisse Normalisierung im wechselseitigen Verhältnis erreicht, heizen diese Vorbehalte den Konflikt an, obgleich sie in dieser Sache nicht zutreffen.

Am Buß- und Bettag 1994 eskaliert der Streit. Frantz kommt einem Rauswurf zuvor, tritt zurück und bezichtigt Steinbrück der Lüge. »Herr Steinbrück will mit allen Mitteln meinen Ruf beschädigen«, erklärt er und hält dem Minister vor, er produziere »nichts als Sprechblasen, Sprechblasen, Sprechblasen«. Steinbrück hält verbal ähnlich schrill dagegen, indem er Frantz vorwirft, er versuche »als drittklassiger Dirigent, sich eine Dirigentenkarriere zu stilisieren«. Frantz wiederum beteuert die eigene Unschuld. Außerdem fordert er seinerseits die Entlassung Steinbrücks. Steinbrück sei »inkompetent, doppelt schwachsinnig« und erliege der »Hybris der Macht«.

Steinbrück mahnt einen »versöhnlichen und konstruktiven Geist« an und zieht sich im März 1995 vom Aufsichtsratsvorsitz des Musikfestivals zurück. »Das kommt leider viel zu spät … es wurde höchste Zeit dafür – es ist schon zu viel Porzellan zerschlagen worden«, kommentiert Frantz diesen Schritt. Tatsächlich hat Steinbrück mit seinem aggressiven Auftreten Vertrauen zerstört. Das stößt auf Missfallen bei einem Mann, den er schätzt, ja verehrt, der aber mit Frantz seit Jahrzehnten befreundet ist und mit diesem einst das Festival erfunden hat: Helmut Schmidt. Der Altbundeskanzler teilt in einem Brief an Heide Simonis, die dem Kuratorium des Festivals vorsitzt, sein Ausscheiden aus diesem Gremium mit. Er zeigt sich enttäuscht über die Undankbarkeit, die Frantz erfahre. »Unter diesen Umständen ist es mir leider nicht mehr möglich, dem Kuratorium anzugehören«, heißt es in dem Schreiben Schmidts. Fast zwei Jahrzehnte später überdeckt Steinbrück die erheblichen Differenzen mit Schmidt in dieser Sache. Im gemeinsamen Gesprächsband ›Zug um Zug‹ konstatiert er beiläufig: »Wir waren ja beide mal engagiert, auf unterschiedliche Art und Weise, beim Schleswig-Holstein Musikfestival.«

Die Opposition im schleswig-holsteinischen Landtag greift den Streit zwischen Steinbrück und Frantz dankbar auf. Sie moniert eine »ungerechtfertigte Kampagne gegen Frantz« und fühlt sich nun von Schmidt bestätigt. Die CDU wirft Steinbrück eine Diskriminierung von Frantz vor, obwohl sie um dessen Hang zur Geldverschwendung weiß. Die Liberalen rufen Steinbrück zum »Master of Desaster« aus. Der »Master« dürfte diesem gefallen haben, und die Formel »Viel Feind, viel Ehr« ist Steinbrück beileibe nicht fremd. Und doch ist sein an sich notwendiges und richtiges Krisenmanagement misslungen. Der Streit mit Frantz fordert ihn extrem, andere Themen bleiben liegen. Es kostet viel Mühe, das Festival mit der Förderung des Landes und Sponsoren auf wirtschaftlich gesunde Füße zu stellen – und nach dem Abgang seines Erfinders erfolgreich am Leben zu halten.

BLACKOUT

Als Steinbrück vor dem Landtag am 27. April 1995 eine Regierungserklärung zur Causa Frantz vorträgt, kommt es für ihn tatsächlich zum Desaster. Der sonst so wortgewandte und wortgewaltige Steinbrück verhaspelt sich immer wieder. Diese Situation offenbart die enorme Anspannung, unter der Steinbrück steht. Dem Festival sei zu wünschen gewesen, die Zuspitzung durch den Rücktritt des Intendanten wäre ihm erspart geblieben, setzt der Minister an. Namens der Landesregierung dankt er »an vorderster Stelle Justus Frantz für große Verdienste um das Festival« und behauptet: »An dieser aufrichtigen Anerkennung hat es nie gefehlt.« Das Plenarprotokoll verzeichnet »Lachen bei CDU und FDP«. Es werde an einer Legende gestrickt, wonach die Landesregierung Frantz »systematisch aus dem Festival gedrängt hätte«, klagt Steinbrück nun, »und mir wird die Rolle des Königsmörders zugeordnet«. FDP-Fraktionschef Wolfgang Kubicki bemerkt an dieser Stelle trocken, aber hörbar: »Das ist doch auch so.«

Es folgt wenig später eine ziemlich denkwürdige Szene. Steinbrück unterbricht seine Ausführungen, das Manuskript sortierend. Heiterkeit im Plenum. Ministerpräsidentin Simonis eilt zum Rednerpult und überreicht Steinbrück einige Blätter Papier. »Es tut mir leid«, sagt Steinbrück, während die Oppositionsabgeordneten in Lachen ausbrechen. Ein

CDU-Parlamentarier überreicht Steinbrück ein anderes Exemplar der Regierungserklärung; diese wurde, so ist es parlamentarischer Brauch, zuvor der Opposition ausgehändigt. Steinbrück aber ist kein Freund ausformulierter Redetexte. Er verwendet für Reden, wenn überhaupt, nur Stichworte. Mit diesen »Spickzetteln« extemporiert er dann. Nun aber, im Landtag, erlebt er eine ungewöhnliche Redesituation. Zwei Wochen lang haben seine Mitarbeiter an der Regierungserklärung gefeilt. Satz für Satz wird sie diskutiert. Nun, im Plenum, gehen dem Minister offenbar mehrere Fassungen durch den Kopf. Als der CDU-Abgeordnete ihm ein Manuskript reicht, ist er erst recht irritiert. »Nein, das ist auch die falsche Regierungserklärung«, grummelt er, beklagt ein »Verwirrspiel um die Texte« und spricht von einer »peinlichen Situation … dies zuzugeben stehe ich nicht lange an«.

Mehrere SPD-Abgeordnete reichen ihm nun Manuskripte, doch der Redner bringt keine Ordnung in sein Chaos: »Es tut mir leid, meine Damen und Herren. Es sind nicht die richtigen Texte. Es tut mir leid.« Allerlei Zwischenrufe sind zu vernehmen. Dann ertönt die Glocke des Präsidenten, der die Sitzung des Landtages für acht Minuten unterbricht. Simonis bietet ihm an, gemeinsam einen Schnaps zu trinken. Steinbrück lehnt ab. Nach der Pause setzt Steinbrück seine Regierungserklärung fort. Es tue ihm leid, wendet er sich erneut an das Plenum, »aber ich muss zugeben, dass ich mich in dem Text orientieren muss.« Es folgt ein neuer Anlauf. Nach vier Absätzen konstatiert er: »Es tut mir sehr leid, meine Damen und Herren. Es bleibt einem in seinem politischen Leben manchmal nichts anderes übrig, als deutlich zu machen, dass man in einer sehr verlegenen Situation ist, und ich scheue mich nicht, dies dem Hohen Hause bekanntzugeben.« Er könne, bekennt Steinbrück, schlicht nicht den Originaltext seiner Regierungserklärung vortragen. Dies sei ein »peinlicher Moment«, und Steinbrück beginnt seine um Entschuldigung bittenden Worte zu wiederholen: »Ich stehe nicht lange an, dies zuzugeben.« Er bittet darum, die Sitzung abermals zu unterbrechen, »damit ich die Gelegenheit bekomme, den Ihnen übermittelten Text vortragen zu können«. Der Landtag widmet sich vorerst einem anderen Thema, bis Steinbrück zum dritten Mal das Wort erhält – und seine Rede unfallfrei beendet. Der Streit mit dem populären Frantz, das wird an diesem Tag im Parlament deutlich, kostet ihn allerhand Kraft. Er ist extrem angespannt.

Am Abend desselben Tages eröffnet Steinbrück eine Ausstellung – und geht hier in seiner Rede auf das rhetorische Malheur wenige Stunden zuvor ein. Er habe sich im Landtag gefühlt wie in der Abiturprüfung im Leistungskurs Geografie, spiegelt Steinbrück seinen Blackout selbstironisch: »Der Abiturient soll die Frage beantworten, ob der Rhein durch Köln fließt oder nicht. Und er kann diese Frage nicht beantworten.«

Die erste Landtagswahl mit der Spitzenkandidatin Heide Simonis am 24. März 1996 fällt für die Sozialdemokratie enttäuschend aus. Die SPD kommt auf nur noch 39,8 Prozent, gut sechs Prozentpunkte weniger als im Jahre 1992. Die Grünen ziehen mit 8,1 Prozent erstmals in den Landtag ein. Die CDU erreicht 37,2 Prozent, gewinnt also hinzu. Die FDP holt 5,7 Prozent, während die DVU an der Sperrklausel scheitert. Obgleich Simonis im Wahlkampf verkündet hat, nicht aus jedem grünen Frosch, den man küsse, werde ein Prinz, willigt sie nun in Koalitionsverhandlungen mit den Grünen ein. Die SPD muss nach fast einem Jahrzehnt die Macht teilen. Dabei lässt sie immer wieder erkennen, wie schwer ihr der Abschied von der Alleinregierung fällt und für wie überflüssig sie die Grünen hält. Die im Norden traditionell linken Grünen, parlamentarisch unerfahren und politisch labil, sprechen sich auf ihrem Parteitag nur mit knapper Mehrheit für Koalitionsverhandlungen aus.

Ein geplanter Coup misslingt Simonis gleich zu Beginn. An der großen Verhandlungsrunde, so hat sie sich das überlegt, soll ausgerechnet Wirtschafts- und Verkehrsminister Steinbrück nicht teilnehmen. In dessen Ressort indes fallen die meisten strittigen Fragen. So drängt die SPD-Landtagsfraktion, die Steinbrück beileibe nicht liebt, auf dessen Teilnahme. In der SPD wie bei den Grünen stößt zudem Simonis' »Küchenkabinett« auf wenig Verständnis. Anders als ihr Vorgänger Engholm berät sich die Ministerpräsidentin vor allem mit Vertrauten. Die wichtigsten sind der ihr eng verbundene Staatskanzleichef Klaus Gärtner, Finanzminister Claus Möller und Regierungssprecher Gerhard Hildenbrand. Simonis und ihr Trio neigen zur Abschottung. Kritische Presseartikel werden der Ministerpräsidentin erst gar nicht mehr vorgelegt. Gärtner trägt bei Steinbrück und dessen Freunden den Spitznamen »der Mann aus der Tapetentür«, tritt er doch zuweilen in der Staatskanzlei durch eine ebensolche Tür zu Gesprächen mit Simonis hinzu. Er gehört pikanterweise der FDP an, er und Simonis saßen einst in Bonn im

Haushaltsausschuss. Nun soll Gärtner nach dem Willen von Simonis an den Koalitionsverhandlungen teilnehmen. Auch dagegen regt sich Protest. Die Grünen und Teile der SPD argumentieren, es handele sich um Gespräche dieser beiden Parteien. Gärtner muss schließlich mit einem Katzentisch vorliebnehmen, am großen Verhandlungstisch nimmt Steinbrück Platz.

Die Koalitionsverhandlungen gestalten sich kompliziert. Die seit acht Jahren regierenden, erfahrenen Sozialdemokraten sitzen mit dem Rücken zum Fenster, die grünen Neulinge blicken ins Gegenlicht. Schnell offenbaren sich politische wie kulturelle Gräben. Mit ihrer eruptiven Art macht sich Heide Simonis bei den Grünen schnell unbeliebt. Steinbrück gilt in ihren Reihen als »harter Gegner, sehr geschickt und kenntnisreich«, wie die damalige grüne Fraktionsvorsitzende Irene Fröhlich heute sagt: »Er besaß eine Kälte und konnte schnell austeilen. Wir mussten auf der Hut sein. Doch zugleich war auf ihn Verlass. Wenn mit ihm etwas ausgehandelt worden war, stand er zu seinem Wort. Das war nicht bei all seinen Parteifreunden der Fall.« Gleichwohl stoßen mit Steinbrück und den Vertretern der Grünen Welten aufeinander. Der Wirtschaftsminister spielt nach seinem Selbstverständnis in der Ersten Liga – und trifft nun auf allerlei Amateure.

Hauptstreitpunkt ist der Weiterbau der A 20, der sogenannten Ostsee-Autobahn, und es geht nur um ein rund 20 Kilometer langes Teilstück auf schleswig-holsteinischem Gebiet. Während die SPD den Anschluss der aus Mecklenburg-Vorpommern kommenden A 20 an die A 1 verlangt, sind die Grünen dagegen. Beide Seiten einigen sich schließlich auf einen Kompromiss: Die Grünen erkennen an, dass der Bund in dieser Frage zuständig ist. Das Planfeststellungsverfahren für das Teilstück soll »ohne Zeitdruck bei maximaler Transparenz« nicht vor 1999 abgeschlossen werden. Etliche nächtliche Debatten führen die Vertreter beider Parteien. Die Verhandlungen verlaufen zäh. Mehrfach bringt Steinbrück seiner Familie auf dem Rückweg nach den Koalitionsgesprächen am frühen Morgen frische Brötchen an den Frühstückstisch. Dann aber, am 10. Mai 1996, steht der erste rot-grüne Koalitionsvertrag Schleswig-Holsteins.

EMANZEN

Der alte und neue Wirtschaftsminister Steinbrück suggeriert in den folgenden Monaten, an seiner Politik werde sich trotz des neuen Koalitionspartners nichts ändern: Die Wirtschaftspolitik bleibe verlässlich, am Ausbau der wirtschaftsnahen Infrastruktur halte er fest. Die A 20 wird trotz des Koalitionsvertrages zum Hauptthema in der Auseinandersetzung von SPD und Grünen. Steinbrücks Gegenspieler ist der neue Umweltminister Rainder Steenblock, der einst der SPD angehörte und diese, »motiviert durch Helmut Schmidt«, 1976 verließ. Steenblock zählt nicht zum fundamentalistischen Flügel der Grünen, plädiert jedoch aus ökologischen Gründen für eine andere Trassenführung als vorgesehen. Er steht unter dem Druck seiner Partei, die ihm de facto verordnet, den Ausbau generell zu hintertreiben. Steinbrück und Steenblock treffen sich zuweilen zu zweit, um sich abzustimmen. Dem Wirtschaftsminister aber fehlt jedes Verständnis, wenn sein Kollege aus dem Umweltressort erkennen lässt, dass er nicht immer Prokura hat und grundsätzlich Rücksicht nehmen muss auf die bisweilen noch spontihaften Grünen. Das kann und will Steinbrück, sozialisiert in Ministerbüros und dem Kanzleramt, nicht nachvollziehen. Beide Männer kämpfen mit harten Bandagen. Steenblock muss sich dabei nicht nur mit Steinbrück, sondern auch mit radikalen Grünen auseinandersetzen, die erbittert polemisieren und ihm Verrat vorwerfen. Von einem freundschaftlichen Verhältnis zu Steinbrück könne keine Rede sein, sagt Steenblock heute, »dennoch verband uns das Interesse, Streitfragen außerhalb des Kabinetts unter uns zu klären. Ich fand ihn bei allen inhaltlichen Differenzen immer interessant und habe gern mit ihm diskutiert.«

Der Streit um den Weiterbau der A 20 bewegt und emotionalisiert das Land, insbesondere die regional stark verankerte Umweltbewegung. Mehrere Regierungspolitiker erhalten Briefbombenattrappen, so auch Steinbrück, der die Grünen stets mit einer Spur Verachtung »Ökos« nennt und ihnen vorhält: »Obwohl sie als Rebellen auftreten, denken sie ganz stark institutionell: Da müssen immer neue Kommissionen, Referate oder Beauftragte her.« Er wirft den Grünen vor, ihnen sei »die Welt der Wertschöpfung, der Anpassungsdruck im wirtschaftlich-technischen Wandel und die betriebliche Praxis des Mittelstandes fremd oder sogar suspekt«. Die Grünen ihrerseits beschimpfen Steinbrück als einen »A 20-Dramatiker«, der die Debatten unnötig eskalieren lasse. Ihre Basis plädiert dafür, die A 20 schlicht an der Landesgrenze, also im Nichts, enden zu lassen. Steenblock hingegen votiert für eine Anbindung an das Autobahnnetz in Lübeck, was ihm in den eigenen Reihen viel Ärger bereitet. Er wendet sich intern gegen die geplante – und nachher durchgesetzte –, ökologisch bedenkliche Querung der Trave und plädiert für eine Trasse nördlich von Lübeck. Mit Rücksicht auf die Partei kann er dies aber nicht öffentlich vertreten.

Steinbrück geht nun aufs Ganze: Er verficht eine Umfahrung Hamburgs auf schleswig-holsteinischem Gebiet und einen Tunnel unter der Elbe. All diese Projekte existieren bis heute nicht. »Im Streit um die A 20 haben Steinbrück und ich hart gerungen. Er unterstellte den Grünen, wir würden tricksen und täuschen«, sagt Steenblock heute. »Mein Eindruck war: Auch er spannte seinen Apparat recht wirkungsvoll ein.« Letztlich glättet ein Urteil des Bundesverwaltungsgerichts die Wogen: Die Richter segnen das strittige Teilstück ab. Das Verkehrsprojekt kann damit vollendet werden. Mecklenburg-Vorpommern wird mit einem Teilabschnitt, der südlich um Lübeck herumführt, an das Autobahnnetz angeschlossen. Eine große politische Leistung Steinbrücks ist dieses Projekt nicht.

Die Grünen sehen weniger in Steinbrück als in Simonis ihre eigentliche Gegenspielerin. Der Grundsatz »Pacta sunt servanda« ist für Steinbrück keine leere Formel, er hält sich an Absprachen. Steinbrück will in den Strukturen der Koalition etwas durchsetzen, doch »selbst harte Debatten liefen mit ihm stets sachlich ab«, sagt Rainder Steenblock. Es greife zu kurz, ihn einen »Grünen-Fresser« zu schelten. So hart sie mit ihm streiten, so sehr schätzen die Grünen Steinbrücks Defensivkraft in der Öffentlichkeit. Immer wieder erkennt nämlich die Opposition inhaltliche Widersprüche zwischen den Regierungsparteien und stellt dazu geschickt Anträge im Landtag. Steinbrück ergreift dann das Wort im Plenum und er schenkt der Opposition nichts. Thematisieren CDU und FDP Differenzen innerhalb der rot-grünen Koalition, so greift er sie »mit seiner coolen und sarkastischen Art« an, wie die grüne Ex-Fraktionschefin Fröhlich sich erinnert. Auch sie sagt, Steinbrück sei »kein Grünen-Fresser«. Er liebe es eben nur, »Sarkasmus und Zynismus an den Tag zu legen«.

Allerdings gibt sich Steinbrück keine besondere Mühe, die Interessen des Koalitionspartners zu erahnen, geschweige denn zu berücksichtigen. Er will den einmal als richtig erkannten Weg fortsetzen und dabei keine Kompromisse eingehen. Wenn er die Argumente auf seiner Seite sieht, dann aber eine grüne Abgeordnete aus Husum das Wort ergreift, über ihre Befindlichkeit sinniert und Beratungen über die anstehende Entscheidung im Parteirat ankündigt, dann kann Steinbrück damit nicht umgehen. Wenn er einen von ihm auserkorenen Weg nicht umgehend geradeaus beschreiten kann, verliert er zuweilen die Beherrschung.

Für grüne Lieblingsprojekte ist Steinbrück erst recht nicht zu gewinnen. Das grüne Engagement für Radwege hält Steinbrück für Firlefanz, das Konzept des »sanften Tourismus« nimmt er nicht ernst. Politische und erst recht emotionale Appelle sind ihm zuwider. Gesinnungsethik ist ihm fremd. Er muss alles mit der größtmöglichen Nüchternheit durchdenken. Überzeugt ist er erst, wenn etwas rational, nicht zuletzt gegenüber dem politischen Gegner, begründbar ist. Wer Politik mit emotionaler Leidenschaft betreibt, löst bei Steinbrück Widerstand aus. Außerdem wahrt Steinbrück stets Distanz. Während die grünen Minister nach einer Weile etliche ihrer sozialdemokratischen Kabinettskollegen duzen, bleiben sie Steinbrück gegenüber stets beim Sie.

Das Verhältnis zu Heide Simonis ist ähnlich kompliziert. Simonis ist als erste Ministerpräsidentin Deutschlands über Schleswig-Holstein hinaus bekannt, nicht nur wegen ihrer Vorliebe für Hüte und Ketten. Sie versteht sich weiterhin als Finanzfachfrau. An der Spitze des Kieler Finanzministeriums führte sie einst die Tarifverhandlungen für den Öffentlichen Dienst auf Arbeitgeberseite, und den in derlei Runden üblichen derben Tonfall pflegt sie noch als Ministerpräsidentin. Sie spricht »geradeheraus«, oft burschikos und redet sich dabei immer wieder um Kopf und Kragen. Hinter verschlossenen Türen kommt es bei Simonis zu unkontrollierten Gefühlsausbrüchen. Während der Kabinettssitzungen, die meist zwei bis drei Stunden lang dauern, verliert sie regelmäßig die Nerven. Die Ministerpräsidentin explodiert, brüllt und kreischt. »Ihr stoßt mich nicht vom meinem Treppchen«, warnt sie Parteifreunde in Anspielung auf ihre gute Position im Popularitätsranking des ›Spiegel‹.

Steinbrücks Gesichtsausdruck lässt erkennen, was er von diesen Ausbrüchen hält. Der Umgang mit der gefühlsbetont handelnden Regierungschefin fällt ihm schwer. »In seinen letzten Jahren als Minister in Kiel fühlte er sich eingeengt, das schwierige Verhältnis zu Heide Simonis war ein offenes Geheimnis«, erinnert sich die damalige SPD-Fraktionschefin Ute Erdsiek-Rave heute. Ähnliche Antipathien entwickelt Steinbrück gegenüber der grünen Frauenministerin Angelika Birk, die umständlich und ineffizient agiert und auch in den eigenen Reihen als ihrem Amt nicht gewachsen gilt. Birk erscheint ihm als »Emanze«, und solche Frauen gehen ihm auf die Nerven. »Für unsere Frauenpolitik besaß er wenig Verständnis«, sagt Irene Fröhlich: »Er war dafür nur zu gewinnen, wenn Projekte einen wirtschaftlichen Vorteil versprachen. Die sozialen Auswirkungen waren ihm gleichgültig.«

Die politischen Freunde Steinbrücks sind Gerd Walter, der seit 1996 als Justizminister fungiert, und natürlich der alte Bekannte aus Bonner Tagen, Ekkehard Wienholtz, inzwischen Innenminister in Kiel. Mit Wienholtz verbindet Steinbrück nicht nur das betont pragmatische Politikverständnis, sondern auch eine Vorliebe für Schach und andere strategische Gesellschaftsspiele. Ein weiterer Politiker scheint auf den ersten Blick nicht recht in Steinbrücks Bekanntenkreis zu passen: Wolfgang Kubicki, umtriebiger Anwalt – und Vorsitzender der FDP-Landtagsfraktion. Kubicki ist ein politischer Spieler, der sich wie Steinbrück am liebsten über die eigenen Leute mokiert. Wenn die SPD und Heide Simonis Steinbrück wieder einmal besonders auf die Nerven gehen, besucht er seinen Kumpel Kubicki in dessen Landtagsbüro, um sich Luft zu verschaffen.

Wolfgang Kubicki hat an einem Novembertag 2011 im Salon des Hotels Regent am Berliner Gendarmenmarkt Platz genommen, einem der teuersten Häuser der Stadt. Die Kellner verbeugen sich. Kubicki hat gerade eine Sitzung der FDP-Spitze hinter sich gebracht. Seine Partei liegt in den Umfragen bei drei Prozent, ihm selbst steht in einem halben Jahr die wohl schwierigste Landtagswahl seiner Karriere bevor. Kubicki aber sagt sich und den Liberalen ein zweistelliges Ergebnis voraus. Bescheidenheit zählt nicht zu den prägenden Charakterzügen; auch das verbindet ihn mit Steinbrück. Gleichwohl siezen sie sich bis heute. Kubicki erklärt das so: »Hätten wir uns geduzt, wäre das für Steinbrück innerhalb der SPD von Nachteil gewesen.« Steinbrück und er, davon ist Kubicki überzeugt, »könnten sicherlich gut gemeinsam regieren«. Beide hängen Kubicki zufolge »der gleichen ökonomischen Ausrichtung« an. Steinbrück und er seien der Auffassung: »Wirtschaft ist nicht alles, aber ohne Wirtschaft ist alles nichts.« Wie Steinbrück versteht sich Kubicki als Sozial-Liberaler; dass er in Kiel mit der CDU koaliert, ist für ihn kein Widerspruch. »Mit FDP und SPD würden eine leistungsfreundliche und eine vor allem auf soziale Gerechtigkeit bedachte Partei zusammen regieren«, sagt Kubicki: »Es wäre doch ideal, wenn diese Grundauffassungen zusammenkämen.« Dass die FDP derzeit wenig politisches Gewicht auf die Waage bringt und die Sozialdemokraten keine andere Partei als die FDP stärker verachten, blendet er in seinem Gedankenspiel aus.

»Steinbrück und ich sind zwei Egomanen«, sagt Wolfgang Kubicki: »Wir beide könnten die Welt verbessern.« Die Männer verbindet ihr Ansinnen, als Persönlichkeit und nicht etwa als Parteipolitiker wahrgenommen zu werden. »Kubicki ist sehr klug, rhetorisch brillant und charakterlos«, sagt ein Gegenspieler. In der Tat offenbart sich in Kubickis Attitüde eine ausgeprägte Selbstbezogenheit. Steinbrück aber schätzt dessen Unterhaltungswert und seinen politischen Zynismus. »Peer Steinbrück und ich haben uns immer gut verstanden«, sagt Kubicki. Genüsslich berichtet er von einem gemeinsamen Auftritt vor dem Unternehmensverband Nord. Steinbrück und er hätten gut 300 Zuhörer »bestens unterhalten, nicht zuletzt mit Sprüchen und Sottisen. Mitunter machen wir uns beide gern lustig über die eigenen Parteien. Das Publikum war begeistert.«

Steinbrück pflegt ohnehin systematisch Kontakte zur FDP. An Wahlabenden sucht er regelmäßig die Party der FDP-Landtagsfraktion auf, zuweilen begleitet von seiner Familie. »Er blieb oft stundenlang und begründete das ironisch mit dem besseren Rotwein, den es bei uns gebe«, sagt Jürgen Koppelin, der ein Vierteljahrhundert lang schleswig-holsteinischer FDP-Vorsitzender war. Auf die Frage, warum er nicht bei der SPD feiere, habe Steinbrück »in selbstverständlichem Tonfall geantwortet: ›Da geh' ich doch nicht hin.‹« Koppelin ist ebenso wie Kubicki kein Kind von Traurigkeit, sein Verhältnis zu Steinbrück nennt er »ausgesprochen herzlich«. Stunde um Stunde verbringen die beiden Liberalen auf Festen, wo sie gemeinsam mit Steinbrück ausgiebig frotzeln. »Eigentlich wurde immer über die eigenen Truppen gespottet. Steinbrück war ein Meister darin, Witze über die SPD und über Parteifreunde zu erzählen«, sagt Koppelin. Manchmal schalten die drei noch ein weiteres Lästermaul dazu, dessen Ego ebenfalls kaum Grenzen kennt. »Während eines Festes in der NRW-Landesvertretung haben wir spät abends mit Steinbrück noch Jürgen Möllemann angerufen und diesen Spott am Telefon fortgesetzt«, erinnert sich Koppelin.

Es ist, bei aller Freundschaft, Wolfgang Kubicki, der als Erster öffentlich feststellt, Steinbrück verliere allmählich die Lust an seinem Amt und schaue sich nach neuen Perspektiven um. »Der ist im Kopf schon auf dem Marsch weg und wird Schleswig-Holstein zügig verlassen«, sagt Kubicki im Januar 1997 voraus. Tatsächlich scheint es, als lasteten die inhaltlichen Herausforderungen den Wirtschaftsminister nicht recht aus. Der Einsatz für den Verkauf von steuerfreiem Alkohol auf Butterschiffen etwa befriedigt ihn weder politisch noch intellektuell.

Während sich die Bundes-SPD mit populistischen Forderungen für den Bundestagswahlkampf 1998 warmzulaufen beginnt, hält Steinbrück dagegen. Es fehlen 150 000 Ausbildungsplätze, und so fordert die SPD auf ihrem Parteitag 1996 auf Betreiben des Vorsitzenden Oskar Lafontaine eine sogenannte Ausbildungsplatzabgabe, die Unternehmen leisten sollen, die zu wenige Lehrlinge einstellen. »Die schleswig-holsteinische Landesregierung betreibt keine Ausbildungsplatzabgabe durch den Staat«, verkündet Steinbrück. Er steht bei diesem Thema an der Seite des niedersächsischen Ministerpräsidenten Gerhard Schröder. Kaum zufällig kommt es zu einem Zusammenspiel mit Steinbrücks Freund, dem nordrhein-westfälischen Wirtschaftsminister Clement. Der droht: »Solange ich im Amt bin, wird es in NRW keine Ausbildungsumlage geben.« Schröder, Clement und Steinbrück also agieren schon früh gemeinsam und brüskieren damit den eben erst gewählten SPD-Chef Lafontaine sowie den linken Parteiflügel. »Wer nicht ausbildet, wird umgelegt«, fordern die SPD-Linken. Steinbrück kontert: »Wer umgelegt werden soll, bildet nicht aus.« Er schießt damit auch einen Giftpfeil auf Lafontaine ab. Wer eine neue Abgabe fordere, erweise dem Standort Deutschland einen Bärendienst und »riskiert darüber hinaus, sich als ernst zu nehmender wirtschaftspolitischer Gesprächspartner zu disqualifizieren«. Eine solche Abgabe sei »vom Regelungsaufwand und von den Auswirkungen her politisch nicht vernünftig«. Es handele sich um »Gift für den Standort Deutschland«. Eine Nummer kleiner hat er es nicht.

PEPITA

Am 1. März 1998 gewinnt Gerhard Schröder die Landtagswahl in Niedersachsen überraschend hoch. Vor allem aber ist jene Wahl eine Art Plebiszit über die Kanzlerkandidatur der SPD. Noch am Wahlabend tritt der Parteivorsitzende Lafontaine vor seine Privatvilla im Saarland und erklärt seinen Verzicht. Der Weg für Schröder ist frei. Lafontaines Entscheidung und nordrhein-westfälische Personalüberlegungen wirken sich auf die Karriere Peer Steinbrücks aus. Schon im April 1998 kommen Gerüchte auf, er werde Wolfgang Clement als Wirtschaftsminister in Düsseldorf beerben. Clement ist der Kronprinz von Ministerpräsident Rau, dessen Rückzug sich andeutet und der mit dem Amt des Bundespräsidenten liebäugelt. Clement dementiert, derlei Spekulationen hätten »nichts mit meinen Überlegungen zu tun«. Simonis verkündet mit entwaffnender Offenheit, Clement habe sich bei ihr nicht gemeldet. Mit Blick auf Steinbrück meint sie betonen zu müssen: »Ich will aus meinem Kabinett niemanden loswerden. Es ist eine interessante Persönlichkeit, um die da spekuliert wird.« Steinbrück aber befindet sich innerlich längst auf dem Absprung. Eine Klausursitzung des Kabinetts auf einem Linienschiff nach Oslo lässt ihn noch immer erschaudern. Es geht hier um Haushaltsfragen, und Heide Simonis brüllt wieder herum und zeigt sich ausgesprochen empfindlich.

Deutlich wird seine Distanz etwa durch ein Konzept mit dem harmlos erscheinenden Titel »Schleswig-Holstein und seine Chancen in der Ostseeregion«. Steinbrück hat das Positionspapier mit seinem Kabinettskollegen Walter verfasst. Die beiden Minister zetteln damit im Sommer 1998 eine Debatte mit weitreichenden Folgen an. Es geht um den »Nordstaat«. Über dieses Thema ist in den Jahren zuvor immer wieder gestritten worden. Der »Nordstaat« ist so etwas wie das schleswig-holsteinische Ungeheuer von Loch Ness. Steinbrück und Walter argumentieren, angesichts der rasanten wirtschaftlichen Entwicklung im Ostseeraum seien Schleswig-Holstein und Hamburg jeweils für sich genommen wirtschaftlich zu schwach, um im Wettbewerb der Regionen zu bestehen. Sie fordern gemeinsame Verwaltungen und eine engere Zusammenarbeit. Schleswig-Holstein, konstatieren sie, sei zu klein, um im Bund unter 16 Ländern den 1988/89 von der SPD und Björn Engholm definierten

Führungsanspruch erfüllen zu können. Sie verlangen eine Kooperation in der Bildungspolitik und wollen dabei Mecklenburg-Vorpommern einbeziehen. Steinbrück zielt vor allem auf Simonis, wenn er schreibt, es sei keine Zeit mehr für »Kirchturmpolitik, politische Empfindlichkeiten und populistischen Föderalismus«. Längst hält er es für eine Zumutung, als Minister unter der in seinen Augen unfähigen Ministerpräsidentin arbeiten zu müssen. Immer wieder lässt er in Gestik, Mimik und Sprache diesem Gefühl freien Lauf. Er attackiert Simonis mehr oder weniger direkt und demonstriert, dass es ihm an einem nicht mangelt: an Mut. Doch Steinbrück agiert nicht als Politiker, der Recht bekommen will, sondern eher als Wissenschaftler, der Recht haben will. Er hat die Kleinstaaterei als Problem erkannt – und rennt frei von politischem Gespür dagegen an.

Simonis fühlt sich zu Recht getroffen und reagiert unwirsch. Die Nordstaat-Diskussion sei »uralt und unsinnig«, befindet Simonis. »Für einige« aber gebe es Nachholbedarf, und aus diesem Grund werde sich das Kabinett »zum wiederholten Male damit befassen«. Simonis bittet Steinbrück zu einem Gespräch, droht und stellt die Machtfrage: »Wer dennoch glaubt, das politische Ziel des Nordstaates weiter verfolgen zu müssen, kann es nicht innerhalb der Landesregierung unter meinem Vorsitz tun.« Die Ministerpräsidentin also versucht Steinbrück zur Räson zu rufen. Vom Verfahren her hat Simonis Recht. Ein Minister kann nicht einen solchen Vorstoß wagen, ohne sich mit dem Regierungschef abzustimmen oder ihn wenigstens zu informieren. In der Sache indes müsste sie Steinbrück und Walter unterstützen. Schleswig-Holstein könnte mit dem Projekt zeigen, wie absurd und überkommen die Kleinstaaterei ist, wenngleich der günstige Zeitpunkt für eine solche Neuordnung, die Vereinigung Deutschlands 1990, längst verstrichen ist. »Wir hätten schon 1990 die Chance zu einer solchen Länderfusion ergreifen sollen«, sagt dazu heute Björn Engholm und verteidigt Steinbrücks Vorgehen: »Die Debatte um den Nordstaat war richtig.«

Simonis aber fürchtet die Debatte und unterbindet sie. Die gescheiterte Fusion von Berlin und Brandenburg hat ihr gezeigt, wie schwer eine solche Länderehe durchzusetzen ist. Hier also agiert Simonis – im Gegensatz zu Steinbrück – als Pragmatikerin. Sie weiß um das besondere regionale Bewusstsein in Schleswig-Holstein, das hier so ausgeprägt ist wie sonst vielleicht nur noch in Bayern. Längst nicht alle aber reagieren derart aufgeschreckt auf den Nordstaat-Vorstoß wie Heide Simonis. Die schleswig-holsteinischen Grünen erörtern das Thema »Nordstaat« gemeinsam mit ihren Hamburger Parteifreunden ohnehin schon länger, der grüne Umweltminister Steenblock stellt sich daher hinter seine Kabinettskollegen. Gleiches gilt für Hamburgs sozialdemokratischen Wirtschaftssenator Thomas Mirow.

Der Widerstand der Landes-SPD gegen Steinbrück ist hingegen groß, weil dieser die ohnehin längst erodierende Autorität der Ministerpräsidentin beschädigt. »Lieber gelte ich als weiblicher Napoleon, als dass ich mir Führungsschwäche vorwerfen lasse«, hatte Simonis einst verkündet. Um die Parteifreundin Simonis zu stützen, nennt Fraktionschefin Erdsiek-Rave das Nordstaat-Papier eine »Provokation«. Simonis droht während einer informellen, weinseligen Runde am Abend mit Rücktritt. Sie erlebt in diesem Sommer eine schwere Zeit. Sie hat einen Exodus von Ministern, Staatssekretären, Abteilungsleitern und Referenten zu verkraften. Und in das Schattenkabinett von Kanzlerkandidat Schröder wird sie auch nicht aufgenommen.

Simonis ruft das Thema Nordstaat im Kabinett noch einmal formal auf. Die Landesregierung habe keinen Korrekturbedarf in der Frage nach einem wie auch immer gearteten Nordstaat. »Darin waren sich alle Kabinettsmitglieder einig«, sagt der Regierungssprecher anschließend. Diese auf den ersten Blick erstaunliche Feststellung entspricht den Tatsachen. Steinbrück nämlich fehlt während der Kabinettssitzung. Er weilt zu dieser Zeit in Sankt Petersburg, wo er mit Vertretern der Wirtschaft die Kooperation im Ostseeraum vorantreiben will. Von hier aus stellt er nicht ohne Unterton fest: »Dieser erstmalige gemeinsame Auftritt von Wirtschaftsvertretern aus Schleswig-Holstein und Hamburg … entspricht voll und ganz der schleswig-holsteinischen Vorstellung, wie sich Norddeutschland zukünftig im Ostseeraum präsentieren muss.«

Es ist nicht die letzte Provokation, die Steinbrück wagt. In einer abendlichen Journalistenrunde wettert er gegen ein »politisches Klein-Klein auf Pepita-Niveau«. Mit dem »Pepita-Niveau« spielt er auf Simonis an, die gern Hüte und dunkle Kostüme jenes Musters trägt. Sein Verhalten Simonis gegenüber ist typisch: Wenn er eine Idee nicht durchzusetzen vermag, wird er sarkastisch. Dann zieht Steinbrück über Leute her, nicht immer gerade vorsichtig. Und dieser Schuss sitzt. Die Zusammenkunft mit den Journalisten ist zwar vertraulich, doch Steinbrücks Worte sickern im ereignisarmen Schleswig-Holstein schnell durch. Simonis bezieht das Pepita-Wort sogleich auf sich. Sie ahnt, von wem diese markante Formulierung stammt, und fragt rhetorisch: »Wen, bitte schön, soll er denn gemeint haben?« Derlei Angriffe, klagt die Ministerpräsidentin, seien »schlimmer als die kleinen Gemeinheiten, denen man in der Politik ausgesetzt ist«. Und sie fügt hinzu: »Mit einem solchen Tritt in den Hintern musste ich nicht rechnen.« Steinbrück entwirft einen Brief, in dem er Simonis um Entschuldigung bittet. Dieses Schreiben aber ist in einem spöttischen Ton verfasst, auf den Rat eines Freundes schickt er es nicht ab.

So groß der Ärger in der SPD ist, Steinbrück und Walter ernten jenseits von der Partei Beifall. Walter gilt als intellektueller Elder Statesman, er gleicht aus, er repräsentiert, er wird im Gegensatz zu Steinbrück nicht als Kampfmaschine wahrgenommen. Beiden aber ist es mit dem Nordstaat-Diskurs gelungen, sich als Modernisierer zu zeigen. Steinbrück will alte Strukturen aufbrechen und neue Perspektiven schaffen. Simonis sind solche Gedanken fremd. Das Verhältnis zwischen ihr und Steinbrück ist nun endgültig zerstört. Steinbrück, Walter und Wienholtz sind der Auffassung, Simonis müsse ihr Amt räumen und einen Wechsel einleiten. Zehn Jahre regiert die SPD inzwischen in Kiel, und eine Perspektive ist nicht mehr erkennbar. Das Kabinett gilt als ermattet, es mangelt an Impulsen. Die SPD schwächelt, während die Grünen an Profil und Zuspruch gewinnen. Die drei Simonis-Kritiker halten die Landtagswahl im Jahr 2000 mit ihr an der Spitze für kaum mehr zu gewinnen, sie bilden hinter ihrem Rücken eine Fronde, machen sich über »die Dame« lustig – und sind doch nicht entschieden genug, Simonis zu stürzen. Die Kritiker üben sich im Trockenschwimmen. Walter wäre sicher ein geeigneter Nachfolger, ebenso die Fraktionsvorsitzende Ute Erdsiek-Rave. Doch Simonis ist im Lande nach wie vor beliebt. Ein Sturz der einzigen Ministerpräsidentin Deutschlands – noch dazu durch Männer – ließe sich öffentlich nicht vermitteln. So bleibt die zusehends an Kraft verlierende Regentin von Schleswig-Holstein ohne Konkurrenz.

FLUCHT

Wie satt Steinbrück die Regierungsarbeit unter Simonis hat und wie groß sein Frust ist, offenbart er wenig später. Im September 1998 liebäugelt Steinbrück mit einer Kandidatur für das Amt des Präsidenten des schleswig-holsteinischen Sparkassen- und Giroverbandes. An der Spitze dieses Dachverbandes der öffentlich-rechtlichen Sparkassen locken Bezüge von 400 000 Mark im Jahr. Das ist doppelt so viel, wie die Ministerpräsidentin, und weit mehr, als der Bundeskanzler verdient. Außerdem könnten Steinbrück und seine Familie mit dieser Perspektive in Schleswig-Holstein bleiben. In Kronshagen bewohnen die Steinbrücks ein schönes Haus, sie haben hier Wurzeln geschlagen. Andererseits ist der Sparkassenpräsident nicht mehr als ein Frühstücksdirektor. Auch wenn er sich als unabhängiger Kopf zu finanz- und wirtschaftspolitischen Fragen äußern könnte, der politische Einfluss auf diesem Posten ist gering, die Gestaltungskraft ohnehin. Aber sucht Steinbrück eine solche Gestaltungsmöglichkeit überhaupt?

Bekannt werden Steinbrücks Überlegungen durch Indiskretionen, und dies ausgerechnet zwei Wochen vor der Bundestagswahl, also zu einem äußerst ungünstigen Zeitpunkt. Denn die Bundestagswahl kann ihm mittelbar neue Perspektiven verschaffen. Doch derlei Überlegungen scheint Steinbrück auszublenden. Groß ist sein Wunsch, das Kieler Kabinett zu verlassen. Fünf Jahre schon ist er zu diesem Zeitpunkt Wirtschaftsminister, noch nie hat er so lange einen Posten besetzt. Seine Unlust, weitere Jahre mit Simonis und den Kabinettskollegen regieren zu müssen, kann er kaum mehr verbergen. »Kein Kommentar«, sagt Steinbrück, als er auf Meldungen seiner Kandidatur beim Sparkassenverband angesprochen wird. Der Regierungssprecher und Simonis-Vertraute Hildenbrand bestätigt diese Meldungen. Die Distanz ist nicht mehr zu kaschieren. Neben Steinbrück interessiert sich Flensburgs sozialdemokratischer Oberbürgermeister für diesen Posten. Kaum zufällig ist er der Wunschkandidat von Simonis. Der OB habe bessere Chancen als »der hemdsärmelige Minister, der mehr mit der FDP als mit den Grünen gemein hat«, kommentiert das ›Hamburger Abendblatt‹ treffend.

Steinbrück überschätzt seinen Einfluss. Er unterliegt der Hybris, seine öffentliche Reputation garantiere einen Erfolg. Sein vergleichsweise blasser Gegenkandidat indes wirbt unter Kommunalpolitikern und Sparkassenfunktionären für sich. So offenbart Steinbrücks Bewerbung ein wenig professionelles Agieren. Wer als langjähriger Wirtschaftsminister eine solche Funktion anstrebt, muss dafür sorgen, dass die Kandidatur gelingt. Eigentlich sollte man eine solche Bewerbung erst vorantreiben, wenn man sich der eigenen Mehrheit sicher ist. Zunächst gilt es, die Lage zu sondieren und Truppen zu sammeln. Über den Sparkassenpräsidenten wird nicht am Tisch der Klugen und Weisen entschieden. In der zuständigen Mitgliederversammlung haben Landräte sowie Vertreter von Kreistagsfraktionen und Sparkassen das Sagen. Mit vergiftetem Lob bäumt sich das Regierungs-Establishment gegen Steinbrück auf. Fraktionschefin Erdsiek-Rave plädiert für einen Verbleib des Wirtschaftsministers in seinem Amt. Simonis, die ihm wenige Wochen zuvor eine Entlassung angeboten hat, bezeichnet ihn nun als unverzichtbar. Sie rühmt seine Kompetenz, sie hebt intern hervor, wie wirkungsvoll Steinbrück als Bollwerk gegen die Grünen in der Wirtschafts- und Verkehrspolitik fungiere. Steinbrück aber vertraut allzu lange sich selbst. Er lässt es in einer Mischung aus Wagemut und Ungeschick zu einer offenen Situation kommen. Um sich dann vom Oberbürgermeister von Flensburg ausbremsen zu lassen. Sein Fluchtversuch erweist sich als geradezu stümperhaft.

Steinbrück zieht seine Kandidatur zurück. Unter dem Druck von Regierungschefin, Partei und Fraktion bleibt er als Wirtschaftsminister im Amt. »Nach Abwägung aller Aspekte bin ich zu dem Ergebnis gekommen, mich nicht für eine Kandidatur zur Verfügung zu stellen«, lautet seine ein wenig verdruckste Sprachregelung. FDP-Fraktionschef Kubicki zielt genau in den Graben, der sich zwischen Steinbrück und der Regierungschefin auftut. »Mit Peer Steinbrück«, sagt Kubicki, »bleibt ein starker Wirtschaftsminister in dem ansonsten schwachen rot-grünen Kabinett von Heide Simonis.«

Die Bundestagswahl am 27. September 1998 bringt eine rot-grüne Mehrheit. Die Sozialdemokraten müssen, anders als ihr Kanzlerkandidat erwartet hat, keine große Koalition bilden. Mit 40,9 Prozent stellt die SPD zum ersten Mal nach 1972 die stärkste Fraktion im Bundestag. Die Grünen kommen nur auf 6,7 Prozent, doch mit ihrer Hilfe und etlichen SPD-Überhangmandaten erreichen beide Parteien die Kanzlermehrheit.

Die Union stürzt auf 35,1 Prozent ab, die Liberalen landen bei 6,2 Prozent. Knapp gelingt der PDS der Einzug in den Bundestag. Noch vor Schröders Wahl zum Kanzler wird bekannt, dass sein Berater, der nordrhein-westfälische Wirtschafts- und Verkehrsminister Bodo Hombach, nach Bonn wechselt. Er soll dort Chef des Bundeskanzleramtes werden. Wolfgang Clement, seit Mai 1998 Ministerpräsident in Düsseldorf, ruft Steinbrück an, um ihm die Nachfolge Hombachs formal anzubieten; Steinbrück weilt zu dieser Zeit auf einem Managerseminar auf Mallorca. Für ihn ist die Offerte ein Befreiungsschlag. Er sagt sogleich zu. Das Telefonat am 2. Oktober 1998 dauert nicht lange, und als ähnlich kurz erweist sich das Gespräch von Regierungschef zu Regierungschefin. Clement muss Heide Simonis nicht lange überzeugen, ihren Wirtschaftsminister ziehen zu lassen. Die Opposition im Kieler Landtag wirkt da enttäuschter. CDU-Fraktionschef Martin Kayenburg sagt, Steinbrücks Abgang sei ein Verlust für Schleswig-Holstein. Kubicki, der die Flucht seines Kumpels früh ahnte, stimmt einen Abgesang auf die Regierung Simonis an. Und die Grünen? Sie schenken dem scheidenden Wirtschafts- und Verkehrsminister zum Abschied eine Holzeisenbahn. Steinbrück zieht mit einem althergebrachten, dezidiert westdeutschen und im Norden völlig unpassenden Bergmannsgruß von dannen. Er ruft: »Glück auf für Schleswig-Holstein!«

IV. AN RHEIN UND WESER

ÜHN
5
RAU
NR. 6
CLEM.
NR.7
NR.8

CLEMENTS ZWILLINGSBRUDER

Die überschwänglichen Worte, die Peer Steinbrück zum Amtsantritt in Kiel über Schleswig-Holstein gefunden hat, vermeidet er bei seiner Rückkehr nach Nordrhein-Westfalen. Er bleibe Norddeutscher von Geburt und aus Überzeugung, sagt er. Der designierte Minister beschränkt sich auf den Hinweis, seine drei Kinder seien in Bonn geboren. Sie und seine Frau ziehe es in die frühere Bundeshauptstadt zurück. Im Oktober 1998 wechselt er nach Bonn, die Familie folgt ihm im Mai 1999. Sie wohnen nun in einer Gründerzeit-Doppelhaushälfte im Bad Godesberger Villenviertel. Die Stromleitungen verlegt Peer Steinbrück selbst. Er und seine Frau leben bis heute in diesem Haus, gut einen Kilometer vom Rhein entfernt. Sie mögen das einst wilhelminisch geprägte Bad Godesberg, auch wenn dies mit dem Umzug von Parlament und Regierung nach Berlin an internationalem Flair verliert. Gertrud Steinbrück nimmt ihre Tätigkeit als Lehrerin am Amos-Comenius-Gymnasium wieder auf, an dem sie vor 1990 bereits unterrichtet hat. Von den drei Kindern besucht nur noch der jüngste, Johannes, die Schule. Er wird in Bonn geradezu aufblühen und hier später am »Amos« sein Abitur ablegen.

Am 27. Oktober 1998 wird Schröder zum Bundeskanzler gewählt, Bodo Hombach wird Kanzleramtsminister in seinem Kabinett. So kann Ministerpräsident Clement Steinbrück zum Minister für Wirtschaft und Mittelstand, Technologie und Verkehr (fortan: Wirtschaftsminister) ernennen. Erst ein halbes Jahr zuvor, im Mai 1998, löste der kühle Clement den Menschenfischer Rau als Regierungschef ab. »Der Fisch stinkt vom Kopfe her«, verkündete Clement bei seinem eigenen Amtsantritt. Er will ein ganz großes Rad drehen und organisiert die Landesregierung völlig um. Dieser Wechsel manifestiert sich auch architektonisch. Rau regierte von der Villa Horion aus, Clement zog einen halben Kilometer weiter in ein kühles, aseptisches Bürohochhaus aus Glas und Stahl, das den Namen »Stadttor« trägt. Hier exekutiert die kalte Pracht am Rhein. Das 20-stöckige Hochhaus mit seiner riesigen Halle gleicht einem Palast, wie geschaffen für einen Dax-Konzern. Das passt zu Clement, der sich nicht als Landesvater, sondern als Vorstandsvorsitzender der NRW AG versteht.

Auch das Wirtschaftsministerium ist im Stadttor untergebracht. Das Gebäude passt freilich nicht zu den Sozialdemokraten. Die nordrhein-westfälische SPD repräsentiert eine Bevölkerung, die sich in den Städten wie auf dem Land wenig großbürgerlich, dafür aber erdverbunden fühlt. Die SPD-Landtagsabgeordneten sind überwiegend konservativ und kleinbürgerlich, daheim in Arbeiterwohlfahrt und Heimatverein. Die Attitüde Clements, des zuweilen schnoddrigen Technokraten aus dem Glaspalast, ist ihnen ziemlich fremd. Johannes Rau ist entsetzt darüber, wie sich sein Freund und Wegbegleiter gibt. Die beiden Männer entfremden sich. Rau weigert sich, das Stadttor zu betreten, er kommentiert den Umzug seines Nachfolgers mit den Worten: »Der nordrhein-westfälische Ministerpräsident wohnt nicht zur Miete.« Steinbrück aber liegt das Manager- und Machergehabe seines Freundes Clement mehr als Johannes Raus Versöhnungsrhetorik. Beide geben sich als unideologisch, auf die Wirtschaft ausgerichtet und unabhängig von ihrer Partei. »Der Zwilling von Clement«, überschreibt der Berliner ›Tagesspiegel‹ ein Porträt Steinbrücks. An seinem ersten Arbeitstag, dem 28. Oktober 1998, tritt Steinbrück gemeinsam mit Clement und Hombach vor die Mitarbeiter des Ministeriums. Von »prickelnder Erregung« spricht er anschließend in der Landespressekonferenz. In der 13. Etage des Stadttores bezieht er sein Ministerbüro, das neben aller Kühle, das es ausstrahlt, immerhin einen weiten Blick über den Rhein bietet. Da unten, auf der Wiese am linken Ufer, treibt und hütet zuweilen ein Schäfer seine Herde.

Zügig verkündet Steinbrück seine politischen Grundüberzeugungen. Er wisse um die koalitionsinternen Konfliktthemen mit den Grünen. An denen mangelt es tatsächlich nicht. Was in Schleswig-Holstein die A 20 war, ist in Nordrhein-Westfalen etwa der Streit um die Magnetschwebebahn »Metrorapid«. Ihm sei »das Konfliktmuster bekannt«, sagt Steinbrück und prognostiziert, halb drohend, halb versprechend: »Es wird nicht langweilig.« Mit den gleichen Worten wie einst in Kiel kündigt er an, mit ihm werde es keine Subventionspolitik der »goldenen Mohrrübe« geben. Dabei wird nicht zuletzt der Bergbau von der SPD seit Jahrzehnten gepäppelt.

Spätestens jetzt, im wirtschaftlich und politisch mächtigen Nordrhein-Westfalen, versteht sich Steinbrück als Akteur von bundesweiter Bedeutung. Seinen Selbstdarstellungsdrang befriedigt das. Im Kabinett habe es für Steinbrück »keinen Konkurrenten« gegeben, sagt der damalige Justizminister Fritz Behrens heute. Der neue Wirtschaftsminister bekräftigt seine ohnehin bekannte Position in der SPD. »Wer die Spielregeln einer globalisierten Wirtschaft ignoriert, der meldet sich aus der wirtschaftspolitischen Debatte ab«, verkündet Steinbrück, den Parteivorsitzenden und Bundesfinanzminister Oskar Lafontaine provozierend. Auf realwirtschaftlichen Druck könne man nicht mit »Tempelweisheiten sozialer Bannerträger« oder »politischen Lebenslügen« reagieren. Eigenverantwortung sei als Begriff wichtiger als Versorgung. Allen, die trotz dieser deutlichen Worte immer noch nicht ahnen, wo Steinbrück politisch steht, ruft er zu, er ertrage es nicht, wenn jemand »Politik auf Wolke sieben« mache. »Ich bin Bodo Hombach politisch deutlich näher als etwa Rudolf Dressler«, beschreibt er sich. Hombach und Dressler sind noch mehr als Schröder und Lafontaine Vertreter der beiden Flügel der Sozialdemokratie. Hombach versteht sich als Modernisierer, der den Sozialstaat umkrempeln will, er fungiert als Schröders Bollwerk gegen Lafontaine. Dressler ist ein traditioneller Sozialpolitiker aus der SPD-Bundestagsfraktion, den Schröder kaum ertragen kann und der daher in der rot-grünen Koalition nicht einmal einen Staatssekretärsposten ergattert hat.

Einen Monat liegt Steinbrücks Ernennung zum Minister zurück, als er seinen ersten öffentlichen Krach mit der neuen rot-grünen Bundesregierung riskiert. Er wendet sich gegen Lafontaine. »Wir müssen kleine und mittlere Unternehmen sehr gezielt entlasten«, fordert Steinbrück. Nach seiner Vorstellung soll die durchschnittliche Belastung der gewerblichen Einkünfte von Einzelunternehmen und Personengesellschaften gleich um zehn Prozentpunkte sinken. Im Gegenzug plädiert Steinbrück dafür, die Mehrwertsteuer zu erhöhen. Deren Satz aber ist erst im April 1998 von 15 auf 16 Prozent gestiegen, um die Beiträge für die Rentenversicherung zu stabilisieren. Steinbrück schert das wenig, auch wenn eine solche Maßnahme vor allem Geringverdiener und Rentner trifft, mithin die Stammwähler der SPD. Diese Bevölkerungsgruppen also sollen eine Entlastung des Mittelstandes finanzieren. Die Mehrwertsteuer dürfe »kein Tabu« sein, verlangt er.

Lafontaine begreift sofort, dass Steinbrücks Forderungen auf ihn gemünzt sind, und hält dagegen. Öffentliche Äußerungen »ohne ein Okay des Finanzministers haben keine Wirkung«, erwidert er, und es sei nicht ratsam, Steuererhöhungen anzukündigen. Auch die SPD-Bundestagsfraktion ist verärgert. Steinbrücks Ideen seien »Gift für die Konjunktur«, sagt ihr stellvertretender Vorsitzender Joachim Poß. Steinbrück aber lässt sich nicht beirren. Den öffentlichen Disput über seine Forderungen genießt er. Als ihm mit der Parteiräson gedroht wird, kontert er: »Dazu kann ich der großen Volkspartei SPD nicht raten.« Im ersten ›Spiegel‹-Interview seines Lebens spitzt er seine Vorschläge zu und erweitert seine Kritik. »Das Steuerkonzept der Bundesregierung hinkt«, sagt er. »Es muss dort verändert werden, wo es diese (mittelständischen) Unternehmen zu wenig entlastet und die Länder zu stark belastet werden. Am realistischsten erscheint mir eine Mehrwertsteuer-Erhöhung in der ersten Hälfte der Legislaturperiode.« Von nun an spielt der nordrhein-westfälische Wirtschaftsminister politisch in der ersten Liga.

Während einer Klausursitzung der Finanzpolitiker der SPD-Bundestagsfraktion in Königswinter tritt Steinbrück ausgesprochen forsch auf. Er suggeriert, er beherrsche das Steuerrecht von A bis Z. Er tut so, als agierten die Bundespolitiker der SPD finanzpolitisch überfordert, gar ahnungslos. »Dieser Auftritt kam nicht gut an«, formuliert es diplomatisch ein Spitzen-Sozialdemokrat, der damals dabei war. »Er kam, sah und ließ uns wissen, wie blöde wir sind«, sagt ein anderer heute. »Wir waren ganz schön geschockt und dachten: Was für ein arroganter Sack!« Sympathien oder Verbündete gewinnt Steinbrück auf diese Weise nicht. Auch Hans Eichel, inzwischen Nachfolger Lafontaines als Bundesfinanzminister, reagiert entsetzt. In größeren Runden und selbst dort, wo der NRW-Wirtschaftsminister keine zentrale Rolle innehat, tritt er ausgesprochen selbstbewusst auf – was ein Vertrauter in die freundlichen Worte kleidet, Steinbrück mache bei Anhörungen »einige kluge und zuweilen etwas vorlaute Bemerkungen«.

Im Laufe des Jahres 1999 bricht Steinbrück einen Streit nach dem anderen vom Zaun. Im Januar stellt er gegenüber den Grünen klar, er sei Sozialdemokrat »und werde deshalb nicht vorauseilend rot-grüne Positionen beziehen«. Im Februar, gerade ein Vierteljahr lang im Amt, legt er sich mit den Gewerkschaften an. »Unser Ladenschlussgesetz aus dem Jahr 1956 ist überholt, wie jeder Blick auf die flexiblen Regelungen im benachbarten Ausland zeigt«, stellt Steinbrück fest und verlangt eine »zeitgemäße Lösung«. Die Gewerkschaften wettern, die rot-grüne Koalition müsse sich genau überlegen, »ob sie diejenigen provozieren will, die sie gewählt haben«.

Die Arbeitslosigkeit liegt in Nordrhein-Westfalen bei elf Prozent, und sie ist seit vielen, vielen Jahren das dringendste Problem des Landes. Steinbrück nimmt dies zum Anlass, ein Pilotprojekt für sogenannte Kombilöhne zu starten. Dabei soll der Staat befristet die Sozialabgaben übernehmen. Den naheliegenden und berechtigten Vorwurf, Billigjobs würden auf diese Weise dauerhaft vom Steuerzahler subventioniert, nennt er ein »Totschlagargument«. Steinbrück verlangt nichts weniger als eine generelle Reform des Arbeitsmarktes, und seine Wortwahl kommt dem erst vier Jahre später entwickelten Programm der Agenda 2010 recht nahe. Die Kraft indes, ein stringentes Konzept zu entwickeln und politisch dafür zu werben, fehlt ihm. Wer Arbeitslosigkeit nur mit herkömmlichen Instrumenten bekämpfen will, der sitze einer »Lebenslüge« auf, befindet Steinbrück. Und: »Jeder Job ist besser als kein Job.« Er geht über die späteren Arbeitsmarktreformen deutlich hinaus, wenn er appelliert, »verkrustete Strukturen in der Beschäftigungs- und Tarifpolitik aufzubrechen«. Dieser Vorstoß dürfte mit Ministerpräsident Clement abgestimmt gewesen sein. Als »Superminister« für Wirtschaft und Arbeit – die Reihenfolge ist mit Bedacht gewählt – in Berlin wird Clement jene nach dem VW-Manager Peter Hartz benannten Reformen ab dem Jahre 2003 selbst exekutieren.

Wie einst in Kiel widmet sich Steinbrück mit Verve der Verkehrspolitik, eine in Nordrhein-Westfalen ungleich reizvollere Aufgabe. Mit harschen Worten geht er hier die Grünen an und warnt – ohne jeden Anlass – vor einer »einseitigen Vorrang-Politik zugunsten der Schiene«. Ein solches Vorgehen, auf das sich die SPD ohnehin noch nie eingelassen hat, sei zwar »gut gemeint«. Doch die Politik müsse berücksichtigen, dass 90 Prozent des Personenverkehrs und zwei Drittel des Güterverkehrs auf der Straße stattfinden. Das ist einerseits eine wenig tiefenscharfe Beschreibung des Ist-Zustandes, anderseits offenbart Steinbrück damit, dass er nicht an eine Lenkungswirkung des Staates in der Verkehrspolitik glaubt. An dem seit jeher hoch subventionierten und wenig zukunftsträchtigen Kohlebergbau hält Steinbrück fest.

GEHEIMGESPRÄCHE

Mit seiner Kritik an den Gewerkschaften nimmt Steinbrück einen weiteren Konflikt in Kauf. Er wolle zwar die Verbindung zwischen Sozialdemokratie und Gewerkschaften nicht aufkündigen, doch ebenso gelte: »Die SPD kann sich die Definition der gesellschaftlichen Fortentwicklung nicht von den Gewerkschaften bestimmen lassen. Wir werden den Begriff der Modernität nicht preisgeben, weil wir nicht im 30-Prozent-Ghetto landen wollen.« Derlei Wahlergebnisse führten in die Opposition, die SPD aber wolle »Gestaltungsmacht«. In Steinbrück finden die Gewerkschaften schnell ihren Lieblingsgegner. Der nordrhein-westfälische Bezirksleiter der IG Metall, Harald Schartau, klagt über seine Parteioberen: »Die wollen sich bei denen bedienen, die es ohnehin nicht dicke haben.« Es gelte, der SPD »gelegentlich mal die Grenzen aufzuzeigen. Wir sind schließlich nicht der Betriebsrat der Sozialdemokratie.« Die IG Metall zähle allein in NRW 700 000 Mitglieder, stellt Schartau fest und droht: »Wir sind in der Lage, unter jedem Hintern ein Feuer zu entfachen.« Das will Steinbrück so nicht stehen lassen. Er wirft den Gewerkschaften eine »ritualisierte Form der Diskussion« vor. Doch stellen seine sich wiederholenden Einlassungen nicht ebenso ein Ritual dar?

Steinbrück beginnt eine Dauerfehde mit der grünen Umweltministerin Bärbel Höhn. Sie ist bereits die Lieblingsgegnerin Clements, und so betreiben die beiden Männer ein Doppelspiel. Dabei geht es längst nicht immer um die von beiden so oft beschworene »Sache«. Für Steinbrück ist Höhn als Person eine ständige Provokation. Zwar stammt auch sie aus Norddeutschland, und in ihrer direkten Art sind sich beide ähnlich. Höhn ist eine überaus handfeste Frau, zeigt sich stets stabil und hart in der Sache. In der SPD indes gilt sie als unkalkulierbar, als zuweilen »nicht sauber« agierend. Anlass des ersten Streits sind die Pläne für ein Gewerbegebiet an der deutsch-niederländischen Grenze. Während Steinbrück für dieses Projekt wirbt, mahnt Höhn die Einhaltung der europäischen Naturschutzrichtlinie Flora/Fauna/Habitat (FFH) ein. »Mit Wirtschaftsminister Steinbrück war es unmöglich, rot-grüne Interessen zu definieren und gemeinsame Projekte, etwa zur Verbindung von Arbeit und Umwelt, zu vereinbaren«, sagt Bärbel Höhn heute: »Er wetterte stets im klassischen Stil der damaligen NRW-SPD gegen die Grünen.«

Steinbrück versteht es, die Grünen als Koalitionspartner, die rot-grüne Bundesregierung und den ganzen Osten Deutschlands zugleich gegen sich aufzubringen. In einem als »Brandbrief« etikettierten Schreiben an die Bundesregierung mahnt er mehr Geld für den Straßenbau in den westdeutschen Ländern an und beklagt eine Benachteiligung Nordrhein-Westfalens. Die in Berlin geplanten Kürzungen im Straßenbau nennt Steinbrück, semantisch nicht ganz treffend, »eine fatale Weichenstellung«.

Die Spitze des Bundesverkehrsministeriums, das für diese Fragen zuständig ist, muss Kanzler Schröder knapp ein Jahr nach dem Regierungswechsel neu besetzen. Der bisherige Minister Franz Müntefering tritt zurück; er wird Bundesgeschäftsführer der SPD und lässt dieses Amt dabei zum Generalsekretär aufwerten. Schröder hat einen Nachfolger im Blick, und der heißt: Steinbrück. Der Kanzler wendet sich an Ministerpräsident Clement, doch der weigert sich, Steinbrück, den er als zweitwichtigsten Ressortchef nach Finanzminister Heinz Schleußer versteht, freizugeben. Der Kanzler signalisiert Verständnis, und so bleibt es bei einem gemeinsamen Besuch beim Essener Edel-Italiener »Gallo«.

Immer wieder durchkreuzt Steinbrück ökologische Anliegen. Er wendet sich gegen die in Berlin längst verabschiedete zweite Stufe der Öko-Steuer, mit der die Preise für Benzin und Strom weiter steigen. Deren Erlös fließt in weiten Teilen in die Rentenkasse. Dabei hatte Steinbrück einst in der SPD-Bundestagsfraktion ein vergleichbares, wegweisendes Konzept erdacht. Er kritisiert eine von Umweltministerin Höhn angeregte Erhöhung der Stromsteuer. Als Laurenz Meyer, der CDU-Fraktionsvorsitzende im Düsseldorfer Landtag, den Minister dafür ausdrücklich lobt, eilt der mit gespieltem Entsetzen ans Rednerpult. »Herr Meyer, Sie wissen, noch so ein Kuss von Ihnen, und ich bin politisch tot«, ruft Steinbrück dem Oppositionsführer zu. »Allgemeine Heiterkeit« verzeichnet das Plenarprotokoll – und Steinbrück legt nach: »Wenn ich das richtig sehe, versuchen Sie mich gerade totzuknutschen.«

Ende 1999, ein halbes Jahr vor der Landtagswahl, gerät die Regierung in Düsseldorf durch die sogenannte »Flugaffäre« in Bedrängnis. Führenden Sozialdemokraten und selbst dem seit Juli 1999 amtierenden Bundespräsidenten Johannes Rau wird vorgeworfen, sie hätten privat Charterflüge der Westdeutschen Landesbank (West LB) genutzt. Die CDU attackiert Rau und Schleußer wochenlang und überaus polemisch. Von »rotem Filz« ist die Rede, der in Nordrhein-Westfalen in der Tat existiert. Die Grünen wollten die West LB schon 1995 verkaufen, konnten sich damit aber in der Koalition nicht durchsetzen. »Die SPD-Spitze war mit der West LB so verbandelt, dass auch Steinbrück es unterließ, hier etwas zu ändern, geschweige denn zu riskieren. Dabei hätte er sehr viel früher sehen müssen, welche finanzielle Katastrophe da droht«, sagt Bärbel Höhn heute. »NRW = SPD = RWE = West LB«, hatten die Grünen einst plakatiert und damit die frühere Staatspartei provoziert. Rau ist entsetzt ob des Stils der aktuellen Attacken, als Staatsoberhaupt ist er zeitweise nahezu handlungsunfähig. Finanzminister Heinz Schleußer, seit 1988 im Amt und über sein Land und die Sozialdemokratie hinaus weithin geschätzt, leugnet entsprechende private Flüge. Clement stützt ihn. Als bekannt wird, dass Schleußer mit Begleitung einer Bekannten nicht nur zweimal, sondern dreimal auf Einladung der West LB nach Jugoslawien geflogen ist, tritt er im Januar 2000 zurück.

Clement beruft im Februar 2000 mit Steinbrück seinen nunmehr besten Mann zum Finanzminister. Steinbrück ist parteipolitisch einflusslos, er ist in der SPD schlicht nicht präsent. Die Verankerung in der Partei setzt der Technokrat Clement aber nicht mehr voraus. Auf Steinbrück fällt die Wahl, weil er ein Finanzfachmann ist. Die Partei ist ausgezehrt, vorbei sind die Zeiten, in denen der Regierungschef auf eine ganze Reihe von Talenten zurückgreifen konnte. Außerdem sagen dem Vernehmen nach gleich mehrere Finanzpolitiker Clement ab – aus Sorge vor dem Ausgang der Landtagswahl im Mai 2000. Steinbrück weiß um die politische Bedeutung des Amtes, er ist nun nach dem Regierungschef der zweitmächtigste Mann in der Exekutive. Im Kabinett besitzt er ein Vetorecht. Anfangs gibt er sich demütig, spricht von einem »sehr großen Paar Schuhe, in das ich hineinwachsen muss«. Tatsächlich genießen Schleußer und noch mehr dessen Vorgänger Diether Posser hohes Ansehen. Nordrhein-Westfalen hat den Vorsitz im Finanzausschuss des Bundesrates inne und ist im Länderfinanzausgleich ein Geberland; die kleine Gruppe der Geberländer ist eine wichtige Kungelrunde.

Es dauert nicht lange, bis Steinbrück eine Neuordnung des Länderfinanzausgleichs fordert. »Bisher bist du mit dem Füllhorn durchs Land gezogen, jetzt musst du den Safe-Schlüssel verstecken, damit niemand an die Preziosen kommt«, beschreibt Steinbrück seine neue Aufgabe. Er aber werde seine wirtschaftspolitische Überzeugung im neuen Amt »nicht verleugnen«. Sogleich verlangt er, das Land müsse sich mit der »Zielgenauigkeit der Sozialtransfers beschäftigen«. Gefragt seien zudem »Vermögensbildung in Arbeitnehmerhand, Betriebsrenten und private Vorsorge«. Unter seinen Kollegen ist Steinbrück durchaus beliebt. Er habe ihn als »unkompliziert, warmherzig und charmant« erlebt, sagt Jochen Dieckmann (SPD), damals Justizminister: »Seine Kompetenz hat er nie unter den Scheffel gestellt, aber er trat nicht unangenehm oder schulmeisterlich auf.« Als heiter, munter, zugewandt, beredt, sympathisch unkompliziert und stets zu einem Scherz bereit beschreibt ihn ein Amtskollege eines anderen Bundeslandes.

Zu seinem Staatssekretär beruft Steinbrück Harald Noack, der bis zum Regierungswechsel die gleiche Funktion in Hessen ausgeübt hat. Die Rollen sind klar verteilt: Steinbrück ist das politische Schwergewicht, Noack ist der Amtschef. In seinem neuen Amt lernt Steinbrück Sonja Stötzel kennen, die ihn als Chefbüroleiterin bis heute begleitet. Angelika Marienfeld ist in diesem Haus Abteilungsleiterin, auch sie lernt er hier schätzen. Montagvormittags finden im Finanzministerium die Lagebesprechungen statt. Hierzu bittet Steinbrück seinen Staatssekretär, die Abteilungsleiter und unmittelbaren Mitarbeiter in den Konferenzteil des schlauchartigen Ministerbüros. Die »Lage« dauert ein bis zwei Stunden, mit einigen Teilnehmern duzt sich der Minister. Zuweilen erlebt die Runde emotionale Ausbrüche Steinbrücks. »Ärgerte sich der Minister, dann ging er durch die Decke und verschwand zeitweise im hinteren Teil seines Büros«, berichtet einer aus dieser Runde.

Geradezu demonstrativ bekennt sich Steinbrück zu der von Clement verfochtenen wirtschaftsfreundlichen Politik, dies geht einher mit zuweilen kräftigen Tritten vor das Schienbein der SPD. »Jeder Job ist besser als gar keiner.« Dieser Satz Steinbrücks entspricht dem späteren CDU-Slogan »Sozial ist, was Arbeit schafft«. Es geht Steinbrück nicht um vernünftig bezahlte oder gut qualifizierte Arbeitsplätze. Es geht ihm um Jobs. Er wirbt für außertarifliche Niedriglöhne. Er fordert, die Freibeträge für Erlöse aus Unternehmensverkäufen zu verdoppeln. Clement und Steinbrück spielen sich auf diese Weise die Bälle zu. »Die besondere Nähe zu Clement ergibt sich aus der Geistesverwandtschaft beider Politiker in Sachen wirtschaftlicher Liberalisierung und der von Überzeugung getragenen Leidenschaft, sich zur Not auch rücksichtslos gegen den starren Beharrungswillen von Interessengruppen zur Wehr zu setzen«, analysiert die ›Süddeutsche Zeitung‹. Dabei ist der Widerstand dieses Duos gegen Interessengruppen in Wirtschaft und Kapital ausgesprochen gering.

Es ist die Zeit, in der die Wirtschaft boomt, immer mehr Deutsche Aktien erwerben und zahlreiche Unternehmen an die Börse gehen. Ein neoliberaler Geist weht. Privatisierung und Deregulierung gelten als richtig, gut und vernünftig. Jeder, der einen anderen Gedanken äußert, gilt schnell als irrational, unmodern oder nicht reif für das 21. Jahrhundert. Alle politischen Strömungen versuchen seit jeher ihre Deutungshoheit zu sichern, indem sie behaupteten, dass sie für eine neue Zeit stehen, und umzusetzen gedenken, was diese nun einmal erfordert – während sie alle, die anderer Meinung sind, zu unzeitgemäßen Auslaufmodellen erklären. Ziel ist, die eigenen Ansichten zu »objektivieren« und die der Opposition zu delegitimieren. Dieselbe Funktion hat der ständige Verweis auf den Begriff »modern«, der spätestens während Schröders Kanzlerschaft zum bevorzugten Etikett des »rechten« Flügels in der SPD avanciert. Denn wer gilt schon gern als unmodern in einer Partei, die sich als fortschrittlich versteht? So hantiert auch Steinbrück eifrig mit den Begriffen »modern« und »Reform«. Er sieht sich »auf der Höhe der Zeit«, die nun einmal wirtschaftsliberal geprägt ist.

Auch die SPD dereguliert und privatisiert. In der SPD verkörpert diese Politik niemand so sehr wie Wolfgang Clement. Schröder und Steinbrück orientieren sich an ihm. Zwischen den drei Männern, alle aus Westdeutschland stammend, in den 1940er-Jahren geboren und in den 1960er-Jahren der Partei beigetreten, herrscht weitgehendes Einvernehmen. Hinzu kommen ein zuweilen machohaftes Gehabe und der kumpelhafte Stil großer, rauflustiger Jungs.

Clement und Steinbrück besprechen in dieser Phase regelmäßig und ausführlich die strategische Lage der SPD. Sie befürchten, nach dem Stolperstart der rot-grünen Bundesregierung werde ihr gleichfarbiges Bündnis in Düsseldorf bei der Landtagswahl 2000 abgewählt. Die nordrhein-westfälischen Kommunalwahlen im Herbst 1999, mit denen zahlreiche politisch rote Rathäuser selbst im Ruhrgebiet schwarz werden, nähren diese Sorge. Die Öko-Steuer ist im Volk unbeliebt. Zudem leidet die Regierung Schröder früh an einem erheblichen Personalschwund, nicht nur durch die Rücktritte der Antipoden Lafontaine und Hombach. Mit ihrer Parteispendenaffäre aber gerät 1999/2000 die zwischenzeitlich euphorische CDU erheblich in Bedrängnis. Die von ihr sicher gewonnen geglaubte Landtagswahl in Schleswig-Holstein geht verloren, Ministerpräsidentin Simonis schleppt sich dort in eine dritte Amtszeit.

Die Stimmung in der SPD wird wieder besser. Vier Wochen vor der Wahl in Nordrhein-Westfalen sagt Steinbrück, er wolle mit einem fünfstelligen Betrag darauf wetten, dass die SPD hier weiter regiere und die CDU in der Opposition bleibe. Siegesgewiss bietet er zudem einem CDU-Landtagsabgeordneten fünf Flaschen Rotwein der Spitzenmarke Châteaux Margaux an, sollte das Gegenteil eintreten. Doch Clement und Steinbrück wollen strategisch vorbauen, sie suchen einen »Plan B« zum ungeliebten Bündnis mit den Grünen. Für Steinbrück bietet eine Debatte über Koalitionsoptionen die Chance, seinen geringen Bekanntheitsgrad von landesweit gerade einmal 23 Prozent zu steigern.

Zwei Wochen vor der Wahl treffen sich Steinbrück und FDP-Generalsekretär Guido Westerwelle, der ebenfalls in Bonn wohnt, zu einem Abendessen im Restaurant »Robichon« in der Bonner Brüdergasse. Natürlich geht es um eine sozial-liberale Perspektive. Ein solches Bündnis im größten Bundesland käme den nun fast allerorten in der Opposition darbenden Liberalen gelegen. Das Treffen der beiden Männer wird bekannt, was einkalkuliert ist. Es sei »über Sport und Kultur« geredet worden, verkündet Steinbrücks Sprecher. Auf Nachfrage spricht Steinbrück von einer »Äquidistanz« zu FDP und Grünen, während der Landesvorsitzende Müntefering für eine Fortsetzung von Rot-Grün plädiert. Vor allem aber umwirbt das Duo Clement und Steinbrück den FDP-Landesvorsitzenden Jürgen Möllemann. Den Kontakt zwischen Steinbrück und Möllemann stellt Wolfgang Kubicki her. »Möllemann war von Steinbrück angetan«, sagt Kubicki heute. Er habe seine Begeisterung für Steinbrück ausgedrückt mit den Worten: »Was für ein Typ!« Möllemann schwärmt nun – gewohnt unbescheiden – von der Idee einer Koalition: »Clement und Möllemann, das wäre so wie einst Schmidt und Genscher.« Die FDP hat mit den Sozialdemokraten von 1966 bis 1980 Nordrhein-Westfalen regiert. Nun genießen es die Liberalen, derart beachtet zu werden. Schon spricht Westerwelle von »regelmäßigen Konsultationen« mit der SPD. Die Grünen spüren, worum es geht. »Das Techtelmechtel mit der FDP diente dazu, uns Grüne klein zu halten«, sagt Bärbel Höhn: »Clement und Steinbrück mochten Möllemann und sahen in ihm einen Alternativpartner zu den Grünen.«

Die Landtagswahl am 14. Mai 2000 bringt der SPD zwar Verluste, geht aber für sie besser aus als befürchtet. Mit Clement als Spitzenkandidaten holt die Partei 42,8 Prozent, nur drei Prozentpunkte weniger als zuletzt unter Rau. Die CDU verharrt bei 37 Prozent. Jürgen Möllemann führt die Liberalen mit spektakulären 9,8 Prozent in den Landtag zurück. Im neuen Parlament sitzt Peer Steinbrück, der den Wahlkreis 136 Unna II mit 59 Prozent der Stimmen erobert hat. Erstmals ist Steinbrück damit Abgeordneter. Sein Wahlkreis besteht aus den Gemeinden Bergkamen, Bönen, Kamen und Teilen der Stadt Unna; Steinbrück ist Nachfolger seines verstorbenen Freundes Klaus Matthiesen. Die Sitzverteilung im Landtag ermöglicht der SPD, mit der FDP oder den geschwächten Grünen regieren zu können, die auf 7,1 Prozent gekommen sind. Kanzler Schröder hat an einem sozial-liberalen Bündnis am Rhein kein Interesse, lässt Clement aber – so ist es unter Verweis auf die Autonomie der Landesverbände üblich – freie Hand. Der aber schließt nichts aus.

Entsprechend große Hoffnungen machen sich nun die Liberalen. Als es zu Sondierungsgesprächen mit der FDP kommt, erscheint Möllemann mit einer rot-gelben Krawatte im Stadttor. Demonstrativ fahren Clement und Möllemann gemeinsam die Rolltreppe in der Staatskanzlei hinauf. Dieses Motiv erscheint am Tag darauf als Foto in vielen Zeitungen. Steinbrück formuliert eine politische Banalität, indem er davon spricht, die SPD werde »nicht auf Gedeih und Verderb« mit den Grünen regieren. Niemand behauptet das Gegenteil. Die inhaltlichen Punkte indes, die er nennt, offenbaren Sympathien für eine sozial-liberale Koalition. Sichere Rahmenbedingungen für die Wirtschaft seien gefragt, sagt Steinbrück, und es gelte – das zielt auf Bärbel Höhn –, bürokratische Verfahren für Genehmigungen und Planungen schneller zu bearbeiten. In der Vergangenheit seien Entscheidungen zu oft »politisiert« worden, moniert Steinbrück. Gewerbe, Verkehrsprojekte und Infrastruktur seien zuletzt behindert worden. Dieses Fazit der eigenen Regierungsarbeit ist recht bitter und trifft auch die eigene Partei.

Die rot-grünen Sondierungen und Verhandlungen verlaufen entsprechend aggressiv. Steinbrück drängt darauf, rasch eine Lücke an der A 33 an der Grenze zu Niedersachsen zu schließen. Als Höhn den Bau ökologisch fragwürdig nennt, herrscht Steinbrück sie an: »Das ist genau das, was wir meinen: Sie segeln solche Projekte vor die Tonne.« Es dürfe bei der A 33 zu keinem Kompromiss kommen, es gebe schließlich auch »keine halben Schwangerschaften«. Nach dreiwöchigen Verhandlungen und für die Grünen »bitteren Entscheidungen« (Bärbel Höhn) wird die rot-grüne Koalition neu aufgelegt. Clement und Steinbrück sind mit dem Koalitionsvertrag zufrieden. Von einem Nachtflugverbot für die Flughäfen Köln und Düsseldorf, das die Grünen vehement gefordert haben, ist keine Rede mehr. Gleich sieben Lückenschlüsse bei Autobahnen werden in Aussicht gestellt. Clements Lieblingsprojekt, der von ihm entwickelte Bau einer Magnetschwebebahn für die Rhein-Ruhr-Region (»Metrorapid«), wird weiter verfolgt. Er wird im Koalitionsvertrag als »leistungsfähiges, stadt- und umweltgerechtes Verkehrssystem für den größten deutschen Ballungsraum« gerühmt. Während die Grünen vom Metrorapid nichts halten, trägt Clement dieses Projekt wie eine Monstranz vor sich her. Der Zug werde den Nahverkehr regional vernetzen und sei somit, heißt es in Clements Technokratendeutsch, »gleichzeitig Verkehrsprojekt und Instrument der Wirtschafts- und Technologiepolitik«. Bei diesem Projekt geht es nicht zuletzt um Konkurrenz und Prestigewettbewerb mit Bayern. Der dortige Ministerpräsident Edmund Stoiber (CSU) kämpft für eine Transrapidstrecke zwischen dem Münchner Hauptbahnhof und dem Flughafen.

In Berlin wiederum wird Clements Metrorapid mit Skepsis betrachtet. Finanzminister Eichel hegt erhebliche Vorbehalte. »Ich bin ein Anhänger des Transrapid, habe aber Wolfgang Clement von dem Projekt dringend abgeraten«, sagt Eichel heute. Im dicht besiedelten Ruhrgebiet schaffe der Transrapid kein neues Verkehrsangebot, sondern ersetze allenfalls den bestehenden Nahverkehr, argumentiert er. Selbst die größten Anhänger Steinbrücks verdrehen heute die Augen, kommt das Gespräch auf den »Metrorapid«. Hier habe Steinbrück einen »großen Unsinn« verfochten, sagt einer, der sonst nichts auf ihn kommen lässt.

Der nordrhein-westfälische Koalitionsvertrag stößt bei den Grünen auf Widerstand. Mit nur 153 zu 110 Stimmen votiert der grüne Parteitag für die Neuauflage der Regierung. Der Wahl Clements aber steht damit nichts mehr im Wege. Er beruft acht Sozialdemokraten und zwei Grüne zu seinen Ministern. So gewährleisten Clement, Finanzminister Steinbrück und Umweltministerin Höhn, dass die rot-grüne Streitkultur weiter gepflegt werden kann. Die SPD-internen Gegensätze verkörpern Steinbrück und der IG-Metall-Funktionär Harald Schartau, der neuer Arbeits- und Sozialminister wird. Zu den Friktionen zwischen SPD und Grünen passt gut, dass der Ministerpräsident in Hintergrundgesprächen über die Möglichkeit sinniert, den Koalitionspartner in zwei Jahren zu wechseln, um vor der Bundestagswahl ein sozial-liberales Zeichen zu setzen. So beginnt die Arbeit des zweiten Kabinetts Clement unter miserablen Voraussetzungen.

GRÖSSENWAHN

Der Landesfinanzminister Peer Steinbrück schießt sich vor allem auf die Bundesregierung ein. Immer wieder kritisiert er indirekt seinen Berliner Amtskollegen Hans Eichel, der sich an einer rot-grünen Steuerreform abmüht. Dabei handelt es sich um ein Entlastungsprogramm, was Steinbrück eigentlich gefallen müsste. Der Spitzensteuersatz soll von 53 Prozent stufenweise auf 42 Prozent sinken, der Eingangssteuersatz von 25,9 Prozent auf 15 Prozent. Bezieher geringer, mittlerer und vor allem hoher Einkommen sollen deutlich weniger Steuern zahlen müssen als unter der Regierung Kohl. Noch nie hat es eine Steuersenkung derartigen Ausmaßes gegeben.

Der Streit zwischen Steinbrück und Eichel bezieht sich dann auch weniger auf die Einkommensteuer als etwa auf die geplante Steuerbefreiung für Veräußerungsgewinne der Konzerne. Über die Sache sind sich beide einig. Steinbrück indes fühlt sich nicht beteiligt und klagt daher, man rede über »abweichende Zahlen«. Während er für eine Entlastung der Unternehmen einen zweistelligen Milliardenbetrag kalkuliert, prognostiziert Eichel gewohnt optimistisch Einnahmeausfälle von allenfalls 4,5 Milliarden Mark. Steinbrück kommt mit dem Bundesfinanzminister persönlich nicht zurecht. »Eichel ist stur, er schottet sich ab, er pflegt seine Zirkel, er ist beratungsresistent. Außerdem schönt Eichel Zahlen«, heißt es in Steinbrücks Umfeld. Die Finanzminister der großen Länder wollen die Nöte des Bundes nicht anerkennen. »Das war das große Drama von Hans Eichel«, sagt ein führender Sozialdemokrat heute.

Für Eichel ist Steinbrück ein mächtiger Widersacher. Steinbrück erklärt, die Bundesländer beteiligten sich nicht an den Kosten für die vom Bund versprochene Erhöhung der Entfernungspauschale und des Heizkostenzuschusses. Hinsichtlich der Entfernungspauschale sagt Steinbrück: »Wir bezweifeln, dass Bundesfinanzminister Eichel richtig gerechnet hat.« Sein Land bestehe »angesichts der Haushaltslage« auf einer »vollständigen Kompensation für die Steuerausfälle«. Er verlangt außerdem, die Länder verstärkt am Aufkommen der Mehrwertsteuer zu beteiligen, nachdem diese dem Bund bereits einen immer höheren Anteil abgetrotzt haben. »Diese Forderung ist abwegig«, sagt Eichels Sprecher Torsten Albig. Mittelfristig aber setzen sich die Länder durch; sie erhalten ab 2002 erstmals mehr als 50 Prozent des Umsatzsteuererlöses.

Eichels Problem ist, dass er für die Steuerreform den Bundesrat auf seine Seite ziehen muss. Besitzt die rot-grüne Koalition anfangs noch eine Mehrheit in der Länderkammer, so geht diese durch Wahlniederlagen in den Ländern bald verloren. Umso mehr ist die Bundesregierung deshalb darauf angewiesen, befreundete Länder auf ihrer Seite zu wissen. Schließlich gelingt es ihr sogar – mit Zugeständnissen und Zuwendungen –, gleich fünf nicht rot-grün regierte Länder für die Steuerreform zu gewinnen. Damit sinkt die Einkommensteuer, Kapitalgesellschaften zahlen nur noch eine 25-prozentige Körperschaftssteuer. Aktiengesellschaften, die Beteiligungen im Inland verkaufen, müssen auf ihren Erlös keine Steuern zahlen. Es ist eine Reform, die an der Börse gefeiert wird.

Von einer »Verkarstung« seines Landeshaushaltes spricht Steinbrück. Rund 54 Prozent der Steuereinnahmen flössen in Personalausgaben, konstatiert er, das sei die »absolute Schmerzgrenze«. Personal, Zinsen und gesetzliche Pflichtausgaben machen insgesamt rund 95 Prozent des Haushaltes aus. Stets spricht Steinbrück von einem »Sparhaushalt«. Er suggeriert damit, das Land würde »sparen«, mithin Geld auf die hohe Kante legen oder Schulden tilgen. Beides aber ist nicht der Fall. »Wir haben keine andere Wahl, als den Rotstift anzusetzen«, sagt Steinbrück. Und nimmt für den Landeshaushalt 2001, der 96 Milliarden Mark umfasst, 6,9 Milliarden Mark neue Schulden auf. Steinbrück kündigt stets ein drastisches Sparregiment an. Bei der Umsetzung ist sein Erfolg allenfalls mäßig.

»Jede neue Stelle erfordert eine Stelleneinsparung«, entscheidet Steinbrück. Der Rhetorik Clements entspricht eine solche Politik nicht gerade, kündigt der doch bald täglich ein »Jobwunder in Nordrhein-Westfalen« an. Steinbrück wiederum fordert, ein Drittel des Landesanteils am Flughafen Köln/Bonn zu privatisieren. Die West LB zu privatisieren bezeichnet er indes als »absoluten Quatsch«. Diese Einstellung beruht auf dem ausgeprägten Regionalismus, den Clement und Steinbrück pflegen. Das von ihnen regierte Land ist mit 18 Millionen Einwohnern und dem Sitz von 39 der 100 größten Unternehmen Deutschlands eine Machtbastion. Diese Position der Stärke zelebriert Steinbrück. In fast keiner wirtschaftspolitischen Rede vergisst er den Hinweis, dass Nordrhein-Westfalen vom Bruttoinlandsprodukt her der sechstgrößte »Staat« der EU wäre. Diese Art und Weise, die eigene Machtposition hervorzukehren, erinnert zuweilen an das Imponiergehabe des Freistaats Bayern, für das Sozialdemokraten sonst nur Spott übrig haben.

Steinbrück tritt im Land derart selbstbewusst und ehrgeizig auf, dass recht rasch die Vermutung aufkommt, er wolle eines Tages Regierungschef werden. Als der CDU-Landtagsabgeordnete Thomas Kufen diese These vertritt, schreibt Steinbrück ihm im Sommer 2000 einen Brief. Darin behauptet er, »nicht ambitioniert auf die Stelle von Herrn Ministerpräsident Wolfgang Clement« zu schielen. Ferner schlägt er dem Christdemokraten eine Wette vor, »dass Herr Rüttgers in dieser Dekade nicht Ministerpräsident des Landes NRW wird (Wiedervorlage 31.12.2009). Was halten Sie davon? Was die Wettschuld betrifft, sollten wir auf sechs Flaschen St. Emilion übergehen. An denen hätte ich zu meinem Geburtstag im Jahr 2010 Bedarf.«

Eher mit der rhetorischen Keule als mit dem Florett argumentiert der Finanzminister während seiner Auftritte im Landtagsplenum. Redner der Oppositionsfraktionen werfen Steinbrück in nahezu jeder Landtagsdebatte mindestens einmal »Arroganz« vor. Als er im Dezember 2000 seinen ersten Haushalt einbringt, hält er dem CDU-Haushaltspolitiker Helmut Diegel vor, »nicht nur an einer partiellen, sondern totalen Gedankenlosigkeit und Amnesie« zu leiden. Außerdem beherrsche

Diegel »manche Grundrechenarten wegen eines seinerzeitigen Ausfalls an Unterrichtsstunden« nicht. Als Steinbrück unterschiedliche Berechnungsarten referiert, präsentiert er einen lebensnahen Vergleich: »Es ist ein Unterschied, ob man sechs Biere auf 100 Kilogramm Lebendgewicht trinkt oder sechs Biere auf 80 Kilogramm Lebendgewicht.«

Im politischen Konsens mit der ganzen Republik setzt sich Steinbrück mit der EU-Kommission über die West LB auseinander. Wettbewerbskommissar Mario Monti erkennt in den Haftungs- und Überlebensgarantien, die Bund und Länder den öffentlich-rechtlichen Banken geben, unerlaubte Beihilfen – und damit einen Verstoß gegen das Wettbewerbsrecht. Die West LB ist die größte öffentlich-rechtliche Bank in Deutschland, das Land Nordrhein-Westfalen hält 43,2 Prozent an ihr. Die Bank verständigt sich mit ihren Teilhabern, also dem Land, den Sparkassen sowie den Landschaftsverbänden auf die Schaffung eines sogenannten Mutter-Tochter-Modells. Damit soll das kommerzielle Bankgeschäft ausgegliedert werden, um die Bedenken der Wettbewerbshüter zu zerstreuen. Öffentliche Aufgaben wie die Wohnungsbauförderung soll demnach als Mutter die Landesbank NRW, heute NRW Bank, das klassische Wettbewerbsgeschäft hingegen die West LB AG (»Tochter«) organisieren. 20 bis 30 Prozent seiner Arbeit als Minister widmet Steinbrück in dieser Zeit dem Thema West LB. Die Frage, ob eine Landesbank überhaupt etwas im internationalen »Wettbewerbsgeschäft« zu suchen hat, stellt er nicht.

Steinbrück muss sich auch aus einem anderen Grund intensiv um die West LB kümmern. Deren legendärer Vorstandsvorsitzender Friedel Neuber geht am 31. August 2001 nach zwei Jahrzehnten in den Ruhestand. Vorher ist für Neuber, der Spitznamen wie »roter Pate« oder »Macht am Rhein« trägt, ein Nachfolger zu suchen. Mehr als ein Dutzend Bankmanager und Funktionäre sind für den Posten im Gespräch. Steinbrück setzt schließlich das West-LB-Vorstandsmitglied Jürgen Sengera durch. Unter dessen Ägide wird die Bank aufgespalten. Bereits im Jahre 2003 aber muss Sengera zurücktreten. Im Rückblick äußert sich Steinbrück durchaus selbstkritisch. »Ich hätte als Finanzminister stärker und schneller auf eine Konsolidierung des Landesbankensektors drängen sollen, als diese Banken noch kräftig waren«, sagt er, und: »Deutschland verträgt auf Dauer keine sieben oder acht Landesbanken.«

Im Jahre 2001 schwärmt Steinbrück von Euro-Bond-Anleihen. Nordrhein-Westfalen muss für seine 150 Milliarden DM Schulden jährlich 8,4 Milliarden DM Zinsen zahlen. Mitarbeiter des Finanzministeriums schlagen vor, eine Benchmark-Anleihe zu platzieren, um auf diese Weise drei bis fünf Milliarden DM zu emittieren. Steinbrück ist von der Idee angetan und begibt sich auf Werbetour für eine solche Anleihe. Da ihm der Begriff Werbetour zu bieder erscheint, kündigt er eine »Roadshow« an – ein im Bankgeschäft gängiger Begriff. Versteht sich der Finanzminister nun als Banker? Während des von ihm wenig geschätzten Karnevals reist er eine Woche lang durch fünf europäische Länder, um private Anleger zu suchen. Es geht in die Niederlande, nach Zürich, Mailand, Paris und London. In teuren Hotels trifft Steinbrück meist junge Männer. Er führt Vier-Augen-Gespräche. Er präsentiert einen schnell geschnittenen Fünf-Minuten-Film. Der Metrorapid fährt darin schon einmal in den Düsseldorfer Hauptbahnhof ein, und Nordrhein-Westfalen feiert sich als »elftgrößte Volkswirtschaft der Welt«. Steinbrück haut für ein Land auf die Pauke, dem es in Wahrheit ziemlich schlecht geht. In London tönt er: »Wir sind zwar kein souveränes Land. Aber wir handeln wie eines.«

Entgegen seiner Spar-Rhetorik nimmt Finanzminister Steinbrück weiter Schulden auf, über jene Euro-Bond-Anleihen sollen sie fortan finanziert werden. Im Frühjahr platziert er Anleihen von sechs Milliarden DM, mehr als die Hälfte außerhalb der deutschen Grenzen. Im Herbst, es geht um Anleihen von weiteren vier Milliarden DM, reist der Minister nach Asien. Peking, Hongkong, Tokio und Singapur lauten seine Ziele. Hier agiert Steinbrück, der Staatschef. »Ich werde in Asien nicht anfangen, den deutschen Föderalismus zu erklären. Stattdessen trete ich auf wie jemand, der einen souveränen Staat vertritt«, sagt er und verkündet erneut: »Wollten wir morgen unsere Selbstständigkeit erklären, wären wir schließlich aus dem Stand die Nummer sechs unter den Wirtschaftsnationen der EU.«

Der Haushalt der sechstgrößten Wirtschaftsnation der EU allerdings befindet sich in einer prekären Lage. Der erste von Steinbrück verantwortete Haushalt 2001 sieht stattliche Mehrausgaben von fast drei Milliarden DM vor. Die Landeshaushalte 2002 und 2003 schrumpfen dann. Hier macht sich Steinbrücks Konsolidierungskurs bemerkbar. Seine Rhetorik bleibt bei alldem ausgesprochen martialisch. Es gehe darum zu »sparen, bis das Blut unter den Fingernägeln herausläuft«. Steinbrück neigt zu drastischen Bildern und dramatischen Szenarien. Entdeckt er Licht am Ende des Tunnels, handelt es sich stets um den entgegenkommenden Zug. Diese Art der Rhetorik ist als Teil seines dialektischen Kommunikationsverhaltens zu verstehen. »Bei den Haushaltsberatungen in NRW beschrieb Finanzminister Steinbrück stets dunkle Wolken und prophezeite bedrohliche, düstere Zeiten«, sagt seine einstige Kabinettskollegin Höhn heute: »Er liebte diese furchtbar monströsen Szenarien. Hoffnung und Zuversicht erweckte er nicht.«

Die SPD wendet sich gegen die Sparvorschläge. Stets gelingt es der Landtagsfraktion, Steinbrück den von ihm viel beschworenen Rotstift aus der Hand zu nehmen und seine Streichkonzepte zu verwässern. Als Steinbrück während eines Disputs bei den Haushaltsberatungen Arbeits- und Sozialminister Schartau fragt, wofür er ihn eigentlich halte, kontert der recht kühl: »Ich halte Sie für jemanden, der wegen zu großem Geiz aus Schottland vertrieben worden ist!« Derlei Aperçus erfreuen Steinbrück. Doch tut er wirklich alles dafür, um die Ausgaben seines Landes zu reduzieren?

Wer diese Frage heute stellt, erntet zunächst ein längeres Schweigen. »Peer Steinbrück war nicht der Sparkommissar, als der er sich gab«, sagt ein Weggefährte, »aber er hat Schlimmeres verhindert.« Während Rheinschiene, Münsterland und Ostwestfalen wirtschaftlich recht gut dastehen, herrscht im Ruhrgebiet eine strukturelle Schwäche. Dort hätte es bei einem harten Sparkurs »gebrodelt oder zumindest geblubbert«, sagt ein nordrhein-westfälischer Sozialdemokrat. »Ein harter Sparkurs war in NRW nicht durchsetzbar«, sagt Wolfram Kuschke, der schon 1985 für die SPD im Landtag saß – und ihm immer noch angehört. Der Strukturwandel, gerade im Ruhrgebiet, habe viel Geld gekostet und sei politischer Konsens gewesen. »Außerdem waren Bereitschaft und Einsicht zum Sparen nicht so ausgeprägt wie heute«, sagt Kuschke. Der damalige Fraktionschef Edgar Moron stimmt in dieses Loblied ein. Steinbrück habe verstanden, dass wir »seinen Haushaltsentwurf stets um eine bestimmte Summe erhöhen mussten«, sagt Moron heute: »Dieses Geld floss nach unserem Gusto in den Haushalt ein. Steinbrück agierte in den Verhandlungen immer konziliant, großzügig und fair. Nach meinem

Eindruck hat er stets ein Polster für die finanziellen Mehrforderungen der Regierungsfraktionen vorgehalten.« Währenddessen treten die Grünen sehr wohl für einen konsequenteren Konsolidierungskurs ein. Mit ihnen aber mag sich Steinbrück nicht verbünden.

Im Landtag nimmt er sich die Opposition vor: »Sie wollen mehr Lehrer, mehr Polizisten, mehr Geld für Alten- und Pflegeheime, für die Feuerwehr, Bildung, Familie und Integration, für Schifffahrtswege und für die Steuerverwaltung – aber an keiner Stelle verraten Sie dem staunenden Publikum, wie das finanziert werden soll.« Steinbrück sei es »oft misslungen, von ihm als richtig erkannte Vorhaben durchzusetzen«, sagt Helmut Stahl, damals Parlamentarischer Geschäftsführer der CDU-Landtagsfraktion. Immer wieder sei er mit seinen Plänen zu Haushaltskonsolidierung, Verwaltungsvereinfachung oder Bürokratieabbau an der eigenen Fraktion gescheitert. »Steinbrück war mit seinem richtigen Denken politisch ohnmächtig.« Während der Plenardebatten aber erweist sich Steinbrück stets als fleißiger Zwischenrufer, Einwände der Opposition bezeichnet er gern als »Quatsch«. Seine Rede zur Ersten Lesung des Haushaltes 2002 eröffnet er mit den Worten: »Herr Möllemann, die Demut passt zu mir wie die Bescheidenheit zu Ihnen.«

Für den Haushalt 2003 plant der Finanzminister, wesentlich weniger auszugeben als zuvor. Von einer Reduzierung des Etats um 1,4 Milliarden Euro ist die Rede, zu der es jedoch nicht kommt. Steinbrück schreibt diesmal keine Streichungen vor, er gibt den Ministern nur Ziele vor. Die koalitionsinternen Beratungen erweisen sich als mühsam. Hinzu kommt, dass Nordrhein-Westfalen bei Wirtschaftswachstum und Investitionsquote Schlusslicht unter den westdeutschen Flächenländern ist und bei der Pro-Kopf-Verschuldung und Arbeitslosigkeit weit vorn liegt. Das bringt Ministerpräsident Clement nicht davon ab, immer wieder anzukündigen, der Metrorapid werde ab dem Jahr 2006 durch das Ruhrgebiet schweben. Hier soll also schon mal nicht gespart werden. Die Grünen wollen die Studiengebühren für Langzeitstudenten und Ältere von 650 Euro pro Semester kippen. Sie argumentieren intern, bei einer Unterdeckung des Haushaltes von über einer Milliarde Euro solle man sich für 80 Millionen Euro nicht verkämpfen. Steinbrück hält (mit einer höheren Zahl) dagegen: »Wer das ändern will, muss Ersatz für 104 Millionen Euro herbeischaffen. Eine solche Trüffel hat bisher niemand entdeckt.«

Die CDU zweifelt die Verfassungsmäßigkeit des Haushalts an. Obwohl Steinbrück im Haushaltsausschuss pragmatisch, offen und umgänglich gegenüber der Opposition agiert, gelingt es ihm nicht, diese auf seine Seite zu ziehen. »Als Finanzminister hat er früh resigniert«, sagt der Christdemokrat Stahl heute: »Er präsentierte schöngerechnete, formal verfassungskonforme Haushalte, genau wissend, dass die ihnen zugrunde liegenden Eckdaten viel zu optimistisch, damit nicht tragend waren.«

Der Vorwurf, er lege einen nicht verfassungskonformen Haushalt vor, lässt Steinbrück nach außen hin kalt. Er bietet dem CDU-Abgeordneten Diegel eine Wette an, wonach dessen Partei nicht vor dem Verfassungsgericht klagen werde. Doch die CDU klagt, und Steinbrück schreibt Diegel einen Brief. Darin heißt es, er übersende ihm »aus meinem Bestand je zwei Flaschen Margaux, Burgunder und Sancerre ... was mir auch nicht schwerfällt, wenn wir beiden im Fall einer Bestätigung der Position der Landesregierung mindestens zwei Flaschen gemeinsam köpfen«.

Dass er Ministerpräsident werden will, schließt der Finanzminister öffentlich stets aus. »Wenn der Clement mal in Pension geht, bin ich ja auch schon über 60«, sagt der damals 54-Jährige. Steinbrück weiß, dass er von der Partei allenfalls geachtet, doch keineswegs geliebt wird. Andererseits: Ergeht es Clement nicht ebenso? Ein Liebling der Partei ist Harald Schartau. Er arbeitete einst als Chemielaborant, studierte und absolvierte dann eine hauptberufliche Gewerkschaftskarriere. Von 1997 bis 2000 führte er die IG Metall in Nordrhein-Westfalen. Schartau ist auch im Habitus der Anti-Clement. Der SPD-Landesvorsitzende Müntefering will ihn zum Generalsekretär machen, doch Clement und Steinbrück reden Müntefering dies aus.

Schartau stemmt sich gegen sozial-liberale Gedankenspiele. Wolfgang Clement hat sich inzwischen mit FDP-Fraktionschef Möllemann vermeintlich heimlich auf dem Köln/Bonner Flughafen getroffen. Die SPD liegt in Umfragen hinter der CDU, und Sozialdemokraten argumentieren, wenn man die Liberalen nicht an die Union verlieren wolle, müsse man sie früh an sich binden. Die Grünen müssten »gequält werden, bis sie quieken«, heißt es in der NRW-SPD. Möllemann erklärt sich in der ihm eigenen Bescheidenheit umgehend bereit, »Verantwortung als Bildungsminister und Vize-Ministerpräsident zu übernehmen«. Zu der Weihnachtsfeier der FDP lädt er Clement nicht nur ein, sondern bittet ihn sogar zu sich auf die Bühne. CDU-Fraktionschef Jürgen Rüttgers verfolgt diesen Auftritt aus dem Publikum. Clement und Steinbrück schätzen den immer ein wenig halbseidenen Möllemann. Sie haben ein Faible für Typen, die auf nichts Rücksicht nehmen, schon gar nicht auf ihre eigenen Truppen. Möllemann inszeniert sich als ein ganzer Kerl. Er gibt sich unabhängig und ungebunden. Wer sich mokiert über die Sprache, die üblichen Rücksichtnahmen und die politischen Codes der eigenen Partei, der ist bei Steinbrück angesehen. Möllemann ist so einer. Zudem besitzt er bundespolitisches Gewicht. Er war, nur zwei Jahre älter als Steinbrück, schon Bundesminister, während dieser noch Büroleiter Raus war.

KENNEN SIE DEN?

Die Unionsparteien sind am Abend der Bundestagswahl 2002 beglückt. »Wir haben die Wahl gewonnen!«, ruft Kanzlerkandidat Edmund Stoiber an diesem 22. September 2002 um 18.47 Uhr aus. Stunden später wird klar: Rot-Grün hat doch noch die parlamentarische Mehrheit errungen. SPD und Union liegen jeweils bei 38,5 Prozent, doch die Sozialdemokraten haben 6000 Stimmen Vorsprung. Sie sind abermals stärkste Fraktion im Bundestag. Vor allem aber: Die Grünen erreichen 8,6 Prozent und können mit ihrem Zuwachs von knapp zwei Prozentpunkten die Verluste ihres Partners kompensieren. Die FDP liegt bei 7,4 Prozent, die PDS verfehlt die Fünf-Prozent-Hürde und ist nur noch mit zwei direkt gewählten Abgeordneten im Parlament vertreten.

Der Vorsprung der Koalition ist knapp, doch Schröder sagt: »Mehrheit ist Mehrheit.« Seine Regierung bleibt im Amt. Schröders begnadeter Wahlkampf – mit Gummistiefeln gegen die Flut im Osten und mit harscher Rhetorik gegen einen Krieg im Irak – hat sich gelohnt. Die rot-grüne Koalition aber ist ausgelaugt, die Koalitionsverhandlungen verlaufen chaotisch. Der vom Wahlkampf völlig erschöpfte Gerhard Schröder will einen neuen Aufschlag, einen Neubeginn. Der soll sich auch personell manifestieren. Der Kanzler setzt durch, dass Wirtschafts- und Arbeitsministerium zu einem Haus fusioniert werden. Schröder bietet Clement an, als »Superminister« und damit als sein Copilot in die Bundesregierung zu wechseln. Clement soll damit der Popularität des – durch das Wahlergebnis gestärkten – Außenministers Joschka Fischer etwas entgegensetzen. Er wird in der SPD längst als möglicher Nachfolger Schröders gehandelt.

Damit benötigt die NRW-SPD einen neuen Regierungschef in Düsseldorf. Einst konkurrierten in Nordrhein-Westfalen etablierte Politiker wie Matthiesen, Posser, Schleußer, Schnoor, Farthmann, Heinemann und Jochimsen um die Macht. Doch diese wuchtigen Männer haben alle aus unterschiedlichen Gründen die Bühne verlassen. Der Favorit der SPD heißt Harald Schartau, der inzwischen Franz Müntefering als SPD-Landesvorsitzenden abgelöst hat. Der Arbeits- und Sozialminister ist zwar alles andere als ein Charismatiker, dafür aber in der Partei beliebt, in ihr und den Gewerkschaften verwurzelt. Er ist ein unkomplizierter Kumpeltyp, er spricht den Dialekt des Ruhrgebietes.

Schartau wäre als Ministerpräsident nicht zu verhindern, wiese die Verfassung des Landes nicht eine Besonderheit auf. Sie schreibt vor, dass der Landtag den Ministerpräsidenten »aus seiner Mitte« wählt. Schartau aber besitzt ein solches Mandat nicht. Daher werden nun Steinbrück, Justizminister Jochen Dieckmann und Gesundheitsministerin Birgit Fischer als mögliche Ministerpräsidenten gehandelt. Der Europa-Abgeordnete Martin Schulz spricht sich öffentlich für den moderat argumentierenden, rhetorisch eleganten und intellektuell scharfsinnigen Dieckmann aus. Doch eine Diskussion vermag Schulz damit nicht anzustoßen, die Personalfrage bleibt nur etwa 36 Stunden ungeklärt. Dann machen Schröder und Clement deutlich, dass sie auf Steinbrück setzen. Partei und Fraktion werden nicht weiter konsultiert. Zwar regt sich kein Widerstand, Verwunderung aber herrscht schon. So soll Bundespräsident Rau die Entscheidung zugunsten Steinbrücks kommentiert haben mit den Worten: »Wer so alles Ministerpräsident werden kann …« Der Kölner ›Express‹ zeigt auf seiner Titelseite ein Porträtfoto Steinbrücks und fragt in großen Lettern: »Kennen Sie den?« Steinbrück gilt im Lande weithin als der Technokrat und Politmanager mit hanseatischem Zungenschlag. Kann so einer die Menschen im Ruhrgebiet verstehen?

Clement bietet Steinbrück das Amt des Ministerpräsidenten an, dieser zögert nicht lange und sagt zu. Dann ruft Clement Umweltministerin

Höhn an, um seinen Wechsel nach Berlin mitzuteilen und Steinbrück als Nachfolger zu nennen. Höhns Reaktion fällt knapp aus. »Ich habe ihn gefragt, wie wir bitte mit Peer Steinbrück Wahlen gewinnen sollen«, sagt Höhn im Rückblick. Sie hat in den vergangenen vier Jahren zahlreiche Konflikte mit Clement ausgefochten, findet für ihn heute aber bessere Worte als für Steinbrück. »Clement hatte durchaus ein Gefühl für Probleme der Menschen. Beim Verbraucherschutz zum Beispiel hat er mich teils sogar unterstützt. Steinbrück fehlt die soziale Kompetenz.«

Als Schartau den designierten Ministerpräsidenten an der Seite des abtretenden Ministerpräsidenten vorstellt, richten sich alle Blicke auf Clement, den künftigen Superminister. Steinbrück kommt eine Nebenrolle zu. »Diese Koalition von Rot-Grün wird bis 2005 fortgesetzt«, erklärt er und beschwört Verlässlichkeit und Kontinuität. Der stellvertretende Ministerpräsident Michael Vesper von den Grünen behauptet gar: »Steinbrück wird die Koalition neu beleben.« Doch ein wenig Misstrauen blitzt ebenso auf, wenn Vesper erwähnt: »Er wird nominiert für eine rot-grüne Koalition.« In der Lobby des Landtages, ziemlich schnell und unprätentiös, trägt Steinbrück seinem Parteifreund Dieckmann sein bisheriges Amt des Finanzministers an. Dieckmann sagt sogleich zu.

Um für die Wahl zum Ministerpräsidenten zu trommeln, besucht Steinbrück gemeinsam mit dem Bundeskanzler die grüne Landtagsfraktion. Die SPD sorgt sich um die Mehrheit – und diese ist in der Tat recht knapp, 116 Stimmen sind für die Wahl im Düsseldorfer Landtag erforderlich, die rot-grüne Koalition hat 118 Mandate. Beide werben nun für eine neue Ära der politischen Kultur, einen vertrauensvollen Umgang, einen gemeinsamen strategischen Diskurs und vor allem mehr Planbarkeit. Die Zeiten, in denen ein Ministerpräsident allein und isoliert vorprescht, sollen vorbei sein. »Steinbrück schilderte sehr eloquent, warum er als rechter Sozialdemokrat für uns berechenbarer ist, als es ein linker Sozialdemokrat wäre«, erinnert sich Frithjof Schmidt, damals Landesvorsitzender der Grünen.

Doch wie will Steinbrück sein Amt führen? Gedenkt er, sich anders als bislang zu inszenieren? Johannes Rau, fast 20 Jahre Ministerpräsident in Düsseldorf, hat das Amt mit seiner präsidialen Art so stark geprägt, dass der Technokrat Clement Sehnsucht nach dem Typus verständnisvoller Landesvater aufkommen ließ. In seinen Funktionen als Wirtschafts- und

Finanzminister musste Steinbrück weder Wärme noch Innigkeit zeigen. Aber als Ministerpräsident? In dieser Funktion kann man sich nicht nur hinter Zahlen und Fakten verstecken. Hier gilt es, Hände zu schütteln, Smalltalk zu betreiben, kurzum: Menschen zu begegnen und ihnen dabei ein gutes Gefühl zu geben. Er wolle »konzilianter werden, mehr zuhören, Brücken bauen«, kündigt Steinbrück an. Das klingt aus seinem Mund durchaus ambitioniert.

Steinbrück will kein Kurzzeit-Regierungschef werden, wenngleich er ahnt, dass die nächste Landtagswahl für die SPD in zweieinhalb Jahren schwer zu bestehen ist. Wie bloß kann er in einer so kurzen Zeit ein politisches Profil entwickeln? Bevor Zweifel aufkommen, kündigt er an, die SPD als Spitzenkandidat in die Landtagswahl 2005 zu führen. »Es wäre ein Ausmaß an Selbstverleugnung, das nicht zu tun«, sagt er. Dabei würde sich mancher Sozialdemokrat von Steinbrück in dieser Frage ein wenig Selbstverleugnung wünschen. Schließlich gilt er nach wie vor als politischer Zwilling Clements; die ›Berliner Zeitung‹ etwa schreibt: »Zwei Seelenverwandte hatten sich hier gefunden: erfolgsfixierte Arbeitstiere, ausgestattet mit ähnlichem Hang zu Ungeduld und Unduldsamkeit, der nicht nur vom politischen Gegner mitunter als arrogant empfunden wird. Identisch ist auch das von beiden gleichermaßen kompromisslos verfolgte Credo, wonach politisch richtig nur das sein kann, was der Wirtschaft nutzt – und Arbeitsplätze schafft.« Bei alldem ist es ein entscheidender Unterschied und kein Zufall, dass Steinbrück stets Clement folgt und nicht umgekehrt. Clement agiert affektiv, emotional und spontan, zuweilen nach Gutsherrenart, entwickelt jeden Tag ein neues Projekt und sucht, da ist der frühere Chefredakteur weiterhin ganz Journalist, die schnelle Schlagzeile. Er ist ein Ankündigungs-Ministerpräsident, der sich um die Umsetzung seiner vielen Ideen nicht schert. Steinbrück geht analytischer vor. Er durchdringt Sachverhalte intellektuell. Er folgt und verficht Ideen, die andere erdacht haben. Er ist immer ein Mann der Verwaltung geblieben.

Bei der Wahl zum Ministerpräsidenten am 6. November 2002 erhält Steinbrück 120 Stimmen. Mindestens zwei Abgeordnete aus der Opposition haben ihn mitgewählt. »Ich empfinde es als Verpflichtung und Ermunterung zugleich«, sagt Steinbrück nach seiner Wahl. In der Staatskanzlei, im futuristischen Stadttor, kennt ihn seine neue Sekretärin bereits, hat sie doch bis 1990 mit dem Ministerialbeamten Steinbrück zusammengearbeitet. Einiges deutet daraufhin, dass sein Politikstil sich künftig nicht allzu sehr unterscheidet von der kalt wirkenden Stadttor-Architektur und seinem dortigen Büro, in dem schwarze Ledermöbel stehen. Rau »war der Typ des Landesvaters«, sagt Steinbrück, aber er sei nicht sicher, ob dieser »Begriff heute noch passe«. Für ihn jedenfalls gelte: »Ich bin kein Landesvater im klassischen Sinn.« Er werde keinen Landesvater abgeben, der »sich in Lederhosen wirft oder auf einer Sportveranstaltung den Affen am Reck macht«, kündigt er an. Sein Bruder Birger spitzt dies noch etwas zu: »Wenn ich das Wort Landesvater höre und an meinen Bruder denke, muss ich lachen.« Für derlei Humor fehlt dem SPD-Landesvorsitzenden Harald Schartau jedes Verständnis. Er prophezeit spitz, Steinbrück werde sich »als Ministerpräsident noch entwickeln« – und formuliert sogleich die Ansprüche der eigenen Partei: »Die Menschen in NRW wollen sich an ihren Landesvater anlehnen. Daran wird sich auch ein Hanseat gewöhnen müssen.«

KABELJAU

Peer Steinbrück weiß um die hohen Anforderungen an den Ministerpräsidenten des bevölkerungsreichsten Landes und er bringt diese gewohnt ironisch auf den Punkt. Er müsse eine Mischung abgeben aus »Tarzan, Einstein und Inge Meysel«. In seiner norddeutschen Herkunft sieht Steinbrück (»Ich bin ein Kabeljau«) keinen Nachteil. Aufgrund seiner Sprachfärbung, so spielt er auf ein verbreitetes Hobby im Ruhrgebiet an, sei »noch keine Brieftaube tot von der Stange gefallen«. Immerhin konzediert er, künftig mehr auf seine Mimik achtzugeben. Steinbrück ist für ein Haifisch-Grinsen bekannt. Empfindet er einen Termin als überflüssig oder hält er einen Gesprächspartner für ungebildet, ungehobelt oder langweilig, lässt sich das an seiner Miene ablesen. »An meinem Gesichtsausdruck werde ich noch arbeiten müssen«, verspricht er. Die ihm eigene möglichst klare Sprache aber will er nicht ablegen. Diese Direktheit vermeide Missverständnisse, als Regierungschef rede er weiter Klartext, kündigt Steinbrück an, obwohl: »Ich weiß, dass manchmal das

Anzünden von Nebelkerzen populärer ist als das Anschalten eines Kronleuchters.«

Sechs Tage nach seiner Wahl präsentiert Steinbrück sein Kabinett. Auch er legt die Ressorts für Arbeit und Wirtschaft zusammen. Im sozialdemokratisch geprägten Nordrhein-Westfalen ist diese Fusion ein Risiko, und Steinbrück nennt sie heute einen Fehler. Harald Schartau führt das Haus als Superminister, es ist eine Entschädigung dafür, dass er nicht Ministerpräsident geworden ist. Das fusionierte Gesundheits- und Sozialressort übernimmt Birgit Fischer. Steinbrück schätzt Fischer wenig und zeigt sich ihr gegenüber ausgesprochen kalt. »Er mag sie nicht«, sagt ein Vertrauter Steinbrücks. Doch Steinbrück fühlt sich gezwungen, Fischer im Kabinett zu behalten. Sie ist inzwischen stellvertretende Landesvorsitzende der SPD, während der Regierungschef weiterhin keinen Posten in der Partei innehat.

Das Ministerium für Schule, Wissenschaft und Forschung splittet Steinbrück auf. Schulministerin wird Ute Schäfer. Wissenschaftsministerin wird Hannelore Kraft, die von Clement zur Ministerin für Bundes- und Europaangelegenheiten berufen worden war. Nachfolger im Finanzressort wird der bisherige Justizminister Jochen Dieckmann, ihm wiederum folgt Wolfgang Gerhards. Steinbrück beruft den ihm kaum bekannten Arnsberger Regierungspräsidenten Wolfram Kuschke zum Chef seiner Staatskanzlei. Kuschke löst Georg Wilhelm Adamowitsch ab, der ein Vertrauter Clements ist und diesem nach Berlin folgt. Das von Clement und Adamowitsch geprägte Regieren auf Zuruf will Steinbrück beenden. »Wir haben im ersten Jahr in der Staatskanzlei schlicht aufgeräumt«, sagt Kuschke heute. Er soll, anders als sein Vorgänger, die Verbindung zur SPD-Fraktion pflegen. Der neue Staatskanzleichef wird menschlich geschätzt, doch ihm fehlt die Autorität im eigenen Betrieb. Er gilt bald als überfordert, zu nachgiebig und bleibt inhaltlich stets ein Sozialpolitiker. Zwei Jahre später degradiert Steinbrück ihn zum Europaminister und Bevollmächtigten beim Bund. Regierungssprecher im Rang eines Staatssekretärs wird Oliver Schumacher, bislang Leitender Redakteur der ›Süddeutschen Zeitung‹ in Berlin. Er gehört der SPD nicht an und beerbt Miriam Meckel, die Steinbrück auf eine Bitte Clements hin zur Staatssekretärin für Europa beruft.

Die Mitarbeiter der Staatskanzlei atmen auf, als Clement und Adamowitsch gehen. Nach dem cholerischen, oft polternden Clement hoffen sie auf mehr Rationalität und ein besseres Benehmen ihrer Spitze. Steinbrück lässt in der Staatskanzlei die Abteilung Politische Planung sukzessiv ausbauen, sie soll langfristig und strategisch arbeiten. Unter Clement fand diese Abteilung kaum Beachtung. »Clement brauchte keine Beratung, er meinte ja alles zu wissen«, sagt Werner Kindsmüller heute. Kindsmüller war einst Geschäftsführer der SPD Schleswig-Holstein, hier lernte er Steinbrück kennen. Nun macht der ihn zum Chef des 15-köpfigen Planungsstabes. Steinbrück berät sich zumeist nun im kleinen Kreis, in seinem Umfeld aber fehlt ein Counterpart, eine Instanz, die ihn kontrolliert, kritisiert und ihm Paroli bietet. Die meisten seiner Leute agieren eher als Verstärker.

Das Zentrum der Entscheidungen ist der Koalitionsausschuss, dem jeweils acht Mitglieder von SPD und Grünen angehören. Steinbrück saß schon als Finanzminister in dieser Runde, jetzt leitet er sie. Man tagt alle zwei Monate im Kabinettssaal, hoch oben im Stadttor. Die Häufigkeit der Treffen beruht auf der Vielzahl von Konflikten. »Wir haben keine Koalitionskrise«, spotten die Grünen über die Regierung, »wir sind eine Koalitionskrise.« Am Dienstagvormittag tagen die Fraktionen des Landtages. Die Koalitionsfraktionen segnen hier gewöhnlich die Regierungsprojekte ab. Die Kabinettssitzung findet am Dienstagnachmittag im Stadttor statt. Die Minister tagen durchschnittlich eineinhalb Stunden lang, »atemberaubend kurz« im Vergleich zur Regierung Clement, wie einer von ihnen sagt. Zuvor kommen hier bereits die sozialdemokratischen Minister zusammen. Was offiziell A-Vorbesprechung heißt, wird intern »rotes Vorkabinett« genannt. Sind im Kabinett allzu offene Worte nicht möglich, so äußern sich die Teilnehmer im Vorkabinett zuweilen harsch. Mehrfach dauert die Runde so lange, dass die reguläre Kabinettssitzung verspätet beginnt und die beiden grünen Minister auf ihre sozialdemokratischen Kollegen warten müssen. Bärbel Höhn nennt diesen Umstand »nicht problematisch«, fügt aber hinzu: »Manchmal braucht man für interparteiliche Unstimmigkeit die notwendige Zeit, um sie auszudiskutieren.« Der Stil aber spricht für sich, und bei den Grünen brennt sich diese Attitüde der SPD tief ein. Klausurtagungen des Kabinetts Steinbrück sollen dann das »Wir«-Gefühl parteiübergreifend stärken, was jedoch kaum gelingt. Erfolgreicher sind da die auswärtigen Kabinettssitzungen, die bis zu einmal im Monat stattfinden und dazu dienen, den Kontakt in die Regionen des Landes und zu Multiplikatoren zu pflegen.

Noch vor seiner Regierungserklärung gibt Steinbrück sein erstes großes Interview als Ministerpräsident – und verlangt höhere Steuern. Er fordert eine unaufgeregte Debatte, »ob und wie wir in Deutschland große Erbschaften oder hohe Vermögen zur Finanzierung der Zukunftsaufgabe schlechthin – der Bildung – heranziehen können«. Diese Parolen verbreitet auch sein Parteifreund Sigmar Gabriel, der niedersächsische Ministerpräsident. Gabriel steht in seinem Wahlkampf auf verlorenem Posten, agiert erratisch und verzweifelt und versucht mit einer Abgrenzung zur Bundespolitik in die Offensive zu kommen. »Ein Prozent Vermögenssteuer für 100 Prozent Bildung«, verlangt Gabriel. Steinbrück schließt sich dem an und verkündet: »Man sollte nicht lamentieren, wenn man auf Mallorca eine Villa und zwei Autos hat und auch zu Hause ein angenehmes Leben führen kann.«

Kanzler Schröder hat zunächst intern das Signal gegeben, er akzeptiere eine Wiedereinführung der Vermögensteuer. Als Schröder sich aber anders entscheidet, ist das erste große bundespolitische Thema des Ministerpräsidenten Steinbrück erledigt. Doch Steinbrück lässt sich nicht vom Kanzler in die Schranken weisen. Er bleibt stur und kündigt an, er werde im ersten Quartal einen Gesetzentwurf vorlegen. Immer wieder fragt Steinbrück: »Warum haben wir in fast allen OECD-Staaten diese Art der Substanzbesteuerung – und zwar durchaus höher als bei uns?« Er argumentiert historisch (»eine Vermögenssteuer gab es sogar bereits in Preußen«), juristisch (»Karlsruhe hat diese Steuerart per se keineswegs für verfassungswidrig erklärt«) und populistisch: Die Bürger empfänden diese Steuer »zur zweckgebundenen Bildungsfinanzierung keineswegs als einen Anschlag mit Pech und Schwefel«. Schröders Nein pariert er mit dem Hinweis, die rot-grüne Bundesregierung sei »grottenschlecht« gestartet. Mit Blick auf Hans Eichels Steuervergünstigungsabbaugesetz, die sogenannte »Giftliste«, attestiert Steinbrück: »Das Problem ist, dass zu viel auf einmal gekommen ist. Und manche steuerliche Maßnahme hat zu viele Wandlungen erlebt. Das hat Verwirrung gestiftet.«

GERTRUD STEINBRÜCK

Als ihr Mann Ministerpräsident von Nordrhein-Westfalen wird, bespricht Gertrud Steinbrück mit Karin Clement die Übergangsmodalitäten. Die beiden Ehepaare sind Nachbarn und sie sind befreundet. »Wenn sie mal zusammen sind, kriegt man sie kaum mehr auseinander«, sagt Gertrud Steinbrück über ihren Mann und dessen Vorgänger.

Kaum ist Gertrud Steinbrück »First Lady« an Rhein und Ruhr, sorgen sich ihre Schüler am Amos-Comenius-Gymnasium, dass die beliebten Kurstreffen bei ihr künftig aufgrund von Sicherheitsbedenken ausfallen. Zu Unrecht. »Ich mache, was ich will, auch als Landesmutter«, sagt Gertrud Steinbrück. Bewusst entscheidet sie sich, Lehrerin zu bleiben, trotz der ehrenamtlichen Pflichten, die nun auf sie zukommen. »Doch die Schule geht vor, dafür werde ich schließlich bezahlt«, konstatiert sie in der ihr eigenen Nüchternheit. Den Begriff der »Landesmutter« mag sie nicht recht: »Ich hatte nie die Phantom-Idee, 18 Millionen Landeskinder an die Brust nehmen zu müssen.« Gleichwohl tritt Gertrud Steinbrück bei offiziellen Anlässen an der Seite ihres Mannes auf, nicht nur beim Besuch der Queen. Den Unterrichtsverlust kompensiert sie zuweilen mit einer »nullten Stunde«. Um 7 Uhr müssen die Schüler antreten, bevor Gertrud Steinbrück ihren Mann zu einem offiziellen Besuch in Israel begleitet. »Keiner hat verschlafen, alle waren da«, berichtet die Lehrerin. Die Unterrichtseinheit zum Thema Gewässerbiologie findet wie geplant statt. Die Schule, sie ist für Gertrud Steinbrück der Ausgleich für Schirmherrschaften und Grußworte, karitative und soziale Verpflichtungen, die sie nun eingeht und die viel Zeit kosten. »Ich kann keine gestanzten Briefe abschicken«, sagt sie und schwärmt dann doch vom »buntesten Programm meines Lebens«.

Zuweilen verbindet sie jedoch die Aufgaben und die Reputation ihres Ehemannes mit ihrem Beruf: In Zusammenarbeit mit dem Bonner ›General-Anzeiger‹ darf eine Schulklasse schon einmal Peer Steinbrück interviewen. Das Gespräch dreht sich um Bildungspolitik und die Langsamkeit der Politik. In größeren Abständen lässt sich Peer Steinbrück an der Schule seiner Frau sehen. Wenn er zu einer Lesung am »Amos« auftritt, ist ihm eine gut gefüllte Aula sicher.

Peer Steinbrück und Gertrud Steinbrück versuchen erst gar nicht den Eindruck aufkommen zu lassen, dass sie eine stets perfekt funktionierende Ehe führen. Sie verzichten auf eine solche Inszenierung, wie sie führende Köpfe in Politik und Wirtschaft für nötig halten. Die Steinbrücks sind starke, temperamentvolle Persönlichkeiten. Konfliktfrei ist eine solche Ehe wohl kaum zu gestalten. »Es gab wie in anderen Ehen auch Höhen und Tiefen«, sagt Peer Steinbrück: »Aber die Vertrautheit und der Fundus an Gemeinsamkeiten haben immer geholfen, solche Krisen zu überwinden.« Wichtig sei, dass man als Paar stets einen neuen Anfang suche. In diesem Punkt sind sich die Eheleute einig. »Man entwickelt sich ja über 20, 30 Jahre nicht auf der gleichen Linie«, sagt Gertrud Steinbrück: »Das führt über die Jahrzehnte schon mal zu Eruptionen. Deshalb muss man sich immer wieder neu bemühen. Das ist manchmal auch anstrengend.«

In den 1980er-Jahren trat Gertrud Steinbrück der Sozialdemokratie bei, verzichtet aber darauf, sich in der Partei zu engagieren. Sie sei, sagt sie, »nicht mehr als 'ne Karteileiche. Ich zahle meinen Beitrag, und sonst halte ich den Mund.« Gertrud Steinbrück aber ist eine hoch politische Frau und vermutlich die wichtigste Ratgeberin ihres Mannes. Doch ihre Hinweise gehen über die Politik hinaus. Wie wohl nur wenige Menschen lässt sich Steinbrück von seiner Frau in Stil- und Sprachfragen beraten. So rät sie ihm schon einmal: »Rede schlichter, damit dich jeder versteht.« Oder aber: »Häng das Ding tiefer.« Als ihm ähnlich, als gebildet, witzig, ironisch und impulsiv schildern sie Weggefährten. »Peer und Gertrud Steinbrück sind ähnlich strukturiert. Beide sind sehr starke, autonome Persönlichkeiten«, sagt Ute Erdsiek-Rave, eine Freundin.

Man muss sich die Steinbrücks als ein souverän auftretendes Ehepaar vorstellen. Harmoniesucht ist ihnen ebenso fremd wie das Bedürfnis, den Schein zu wahren oder sich selbst etwas vorzugaukeln. Gertrud Steinbrück bezeichnet sich als grundsolide, recht preußisch und manchmal zu ironisch. Sie spielt ebenso wie ihr Mann gern mit der Sprache und ist bei alldem im persönlichen Gespräch oder dem Small Talk kommunikativer als er. »Meinen Mann nervt meine Besserwisserei«, antwortet Gertrud Steinbrück auf eine entsprechende Frage. Und Peer Steinbrück, kaum frei von jedweder Besserwisserei, reagiert mit den Worten: »Stimmt! Bei mir ist es wohl mangelnde Aufmerksamkeit.« Woraufhin sie sagt: »Das kann so stehen bleiben.« An ihrem Mann, sagt Gertrud Steinbrück, schätze sie, dass »er meint, was er sagt, und sagt, was er meint – öffentlich und privat«. Natürlich habe er »Kanten, na und?«. Die aber seien wenigstens »sauber, ohne eine Franse«. Sie beansprucht für sich dasselbe: »Ich sage nur das, was ich denke und meine.« Das gemeinsame Interesse an Kino und Kunst verbindet das Ehepaar Steinbrück auf besondere Weise. Sie schätzt insbesondere die Werke des Malers Gerhard Richter und begründet dies mit ein wenig Spott in der Stimme: »Weil der so verschwommen malt, wie ich ohne Brille gucke.«

Ihr Mann rechnet ihr bis heute hoch an, dass sie die Erziehung der Kinder weitgehend allein übernahm und zudem noch einen Beruf ausübte. »Er hat viel Respekt vor seiner Frau und ihrer Lebensleistung«, sagt ein Freund der Familie. Klug, eigenständig, intellektuell und alltagserfahren sei Gertrud Steinbrück, sagen mehrere Bekannte: »Sie weiß, wie das Leben läuft.« Die gesellschaftliche Anerkennung für den Lehrerberuf ist Peer Steinbrück zufolge nicht groß genug. Gerhard Schröders Wort von den Lehrern als »faulen Säcken« sei ein Fehler gewesen. Viele Eltern, klagt er, delegierten ihren Erziehungsauftrag bequem an die Lehrer und überforderten sie damit. Oft würden Lehrer »vollgemüllt« mit bürokratischen Aufgaben. Und auch an Schulpsychologen und Sozialarbeitern mangele es.

Peer Steinbrück war, darauf legt er Wert, bei der Geburt aller drei Kinder dabei. Als Katharina, Anne und Johannes noch klein sind, lesen die Kinder, wie einst ihr Vater, Prinz-Eisenherz-Comics. Szenen daraus spielen sie daheim nach. Eigenständigkeit, Meinungsfreude, Solidarität mit Schwächeren nennt Peer Steinbrück als Maximen der elterlichen Erziehung. Er und seine Frau unternehmen immer wieder mit einem Kind vier- oder fünftägige Städtereisen nach Berlin, London oder Paris. Abends geht er mit den Kindern zuweilen ins Kino. Ironisch ist der Ton im Hause Steinbrück, und die beiden Töchter finden dafür in jungen Jahren einen hübschen Begriff: »Verkehrtrum-Sprache«. Freunde der Familie nennen die drei Kinder angenehm, normal, fröhlich, frech und frei von Arroganz. »Die Kinder haben Humor und nehmen den Vater gern auf die Schippe«, sagt ein Bekannter der Familie. Mit ihren Eltern tauschen die Kinder regelmäßig »Nettigkeiten« per SMS aus.

RASENMÄHER

In seiner Regierungserklärung als neuer Ministerpräsident am 20. November 2002 plädiert Steinbrück abermals für eine Vermögensteuer. Bei einem Steuersatz von 0,75 bis 1 Prozent könne Nordrhein-Westfalen Einnahmen von einer Milliarde Euro im Jahr erwarten, rechnet er vor. In den ersten Wochen seiner Amtszeit gibt Steinbrück alles – nur nicht den Landesvater. Den »Mut zur Ungemütlichkeit« werde er sich nicht nehmen lassen, sagt er und kündigt einen »Haushalt der Tränen« an. Wenig später demonstrieren Studenten, Beamte und Gewerkschafter vor dem Landtag gegen die Sparpläne der Regierung. Die Menschen sollten in die Hände spucken, »statt auf den reichen Onkel aus Amerika zu warten«, doziert der Ministerpräsident. Die harsche Sparrhetorik stimmt weiterhin mit der Haushaltspolitik nicht überein. Bärbel Höhn konstatiert: »In der Schulpolitik hat der Ministerpräsident Steinbrück ohne einen wirklichen Plan viel Geld ausgegeben.«

Im Jahre 2003 erklärt der Verfassungsgerichtshof des Landes die von Steinbrück als Finanzminister verantworteten Haushalte 2001 und 2002 für verfassungswidrig. Die Richter in Münster werfen ihm vor, er habe kreditfinanzierte Rücklagen verwendet, um einen vermeintlich ausgeglichenen Haushalt zu präsentieren. Die Neuverschuldung lag über den Investitionen, und das verbietet die Landesverfassung. Das Urteil ist zwar rein deklaratorisch und ohne konkrete Folgen, stellt für Steinbrück aber einen Makel dar. Für eine Regierung ist es stets lästig, wenn die Opposition derlei Richtersprüche zitieren kann.

An Clements Prestigeprojekt Metrorapid hält Steinbrück fest. Bundesfinanzminister Hans Eichel drängt ihn, das Projekt fallen zu lassen. »Ich sah die Chance, dass sich NRW vom Metrorapid verabschiedet«, sagt Eichel heute. Steinbrück beschwert sich bei Schröder, dass Eichel das Projekt ablehnt, verzichtet aber fortan darauf, einen Termin für dessen Inbetriebnahme zu nennen. Ihm sind die hohen finanziellen und technologischen Risiken und die strikte Gegnerschaft der Grünen bewusst. Die Einführung regulärer Studiengebühren setzt Steinbrück aus. Eigentlich sollten Langzeitstudenten ab dem Sommersemester 2003 Strafgebühren zahlen. Dagegen wird protestiert. Um nun aber nicht den Eindruck zu erwecken, er beuge sich der Straße, argumentiert Steinbrück mit verfassungsrechtlichen Problemen. Zu anderen Leuchtturmprojekten Clements geht Steinbrück auf Distanz. Er weiß um die allzu hohen Erwartungen, die sein Vorgänger damit geweckt und nie erfüllt hat. Mit der landeseigenen Gesellschaft für Wirtschaftsförderung beschäftigt sich längst ein Untersuchungsausschuss. Die von Clement gegründete landeseigene Medien GmbH wird aufgelöst.

Der Vermittlungsausschuss von Bundestag und Bundesrat ist das zentrale Entscheidungsgremium, seitdem Gerhard Schröders rot-grüne Koalition ohne Mehrheit in der Länderkammer agiert. Die SPD-regierten, sogenannten »A-Länder« benennen Steinbrück für Gespräche über eine Steuerreform. Die christdemokratischen »B-Länder« nominieren den hessischen Regierungschef Roland Koch. So findet das Duo Koch/Steinbrück zusammen. Es beschränkt sich keineswegs darauf, Vorschläge zur Reform der Körperschaftssteuer vorzulegen. Die beiden Männer wollen das Steuersystem grundsätzlich erneuern und arbeiten dazu eine ganze Liste von Maßnahmen aus. Sie wird über Monate hinweg geheim gehalten.

Koch und Steinbrück lernten sich bereits im Jahre 2001 kennen. Damals verständigten sich die Länder über neue Grundprinzipien des Länderfinanzausgleichs. Auf Augenhöhe agieren sie damals noch nicht; Koch war Ministerpräsident, Steinbrück Finanzminister. Doch nun sind sie Kollegen – die allerlei gemein haben: Beide gelten als hochintelligent, hart und doch verständig im Geschäft. »Ökonomisch verwandte Seelen« nennt Gerhard Schröder die beiden heute. Wenn Steinbrück über Koch spricht, wirkt das, als wolle er sich selbst beschreiben. »Koch ist im Kopf ziemlich aufgeräumt«, sagt Steinbrück, »ein Mann, der in den Akten drin ist. Der liest und der sehr souverän agiert.« Koch äußert sich zurückhaltender. Bei allen parteipolitischen Unterschieden wisse man voneinander, dass man sich gegenseitig nicht über den Tisch ziehe, sondern vernünftige Kompromisse suche. »Wir duzen uns nicht. Wir sind beide keine Typen, die sich um den Hals fallen«, sagt Koch: »Aber ich höre ihm gern zu, und ich arbeite gern mit ihm zusammen. Wir haben beide die Eigenschaft, ein Gespräch schnörkellos zu beginnen und zu beenden.« Beide sind sehr von sich überzeugt. Koch allerdings strebt nach Höherem, was Steinbrück nicht kann, weil er um die Lage seiner Partei weiß.

Roland Koch erfährt für das demonstrativ gute Einvernehmen mit seinem Düsseldorfer Amtskollegen bald Kritik. Die CDU-Vorsitzende Angela Merkel rüffelt ihn mit den Worten: »Wir beschließen hier kein Revitalisierungsprogramm für Herrn Steinbrück.« Der niedersächsische CDU-Vorsitzende Christian Wulff sekundiert: »Es geht nicht, dass einer von uns den Steinbrück aufbaut.« Steinbrück wiederum genießt den Paarlauf mit dem in der SPD geradezu verhassten Koch, der im Jahre 1999 mit einer ausländerfeindlichen Wahlkampagne reüssierte. Steinbrück aber sagt: »Die Leute glauben einfach nicht mehr, dass die Deppen und Klugscheißer einseitig auf eine Partei verteilt sind.« Vielen Sozialdemokraten missfällt es, dass Steinbrück Kochs umstrittene Politik jenseits der Finanzen auf diese Weise rehabilitiert.

Kokett beklagt Steinbrück die Anforderungen an sich und Koch: »Wir werden mit Erwartungen konfrontiert, als wären wir eine dritte Kammer neben Bundestag und Bundesrat. Bei aller Eitelkeit: Wir sind in der Verfassung nicht vorgesehen.« Steinbrück verlangt eine Umsetzung ohne jede Abstriche, was wenig Vertrauen in die Arbeit des Parlamentes offenbart. »Der Ärger wird laut sein – und zwar über alle Grenzen hinweg«, sagt er und prognostiziert martialisch: »Aber der Vorteil unseres pauschalen Vorgehens ist: Alle werden schreien. Aber wir haben keine Angst vor breiter Empörung.« Im Bundesfinanzministerium mokiert man sich über die Großspurigkeit von Koch und Steinbrück. Die dortige Haushaltsabteilung befasst sich täglich mit den Aufgaben, derer sich nun die beiden Ministerpräsidenten annehmen. Es handle sich schließlich nicht um ein Erkenntnis-, sondern um ein Umsetzungsproblem, heißt es im Ministerium. Genau dies aber wollen die beiden Regierungschefs überwinden.

Koch und Steinbrück treffen sich über sieben Monate hinweg regelmäßig abgeschirmt von der Öffentlichkeit, um ungestört beraten zu können. Das Heiztechnikunternehmen Viessmann im nordhessischen Allendorf stellt ihnen Räume zur Verfügung. Die beiden Ministerpräsidenten reisen mit Hubschraubern an und nutzen den firmeneigenen Landeplatz. Sie vereinbaren Vertraulichkeit und verzichten auf »Wasserstandsmeldungen« gegenüber den Medien. Was nicht heißt, dass sie auf ein medial wirksames Zusammenspiel verzichten. Ganz im Gegenteil.

Im Herbst 2003 legen sie ihre Liste vor, die radikale Maßnahmen vorsieht. Subventionen in Höhe von jeweils gut 10 Milliarden Euro sollen über drei Jahre gekappt werden. »Rasenmähermethode« nennen das Koch und Steinbrück. Der 130-seitige Katalog umfasst die Eigenheimzulage, die Pendlerpauschale, den Sparerfreibetrag, auch die Steinkohlebeihilfen und viele andere staatliche Subventionen. Jeder der genannten Posten soll bis 2006 um vier Prozent pro Jahr gekürzt werden. Steinbrück spricht vom »größten Programm zum Subventionsabbau in der deutschen Nachkriegsgeschichte«. Um den Vorwurf der allzu großen Kumpanei gegenüber ihren Parteien zu entkräften, verkünden Koch und Steinbrück während der Präsentation ihrer Liste: »Allein würde jeder anders handeln.«

Politisch ist der Vorstoß von Koch und Steinbrück bemerkenswert. Es handelt sich um ein großkoalitionäres Papier. Ein Vorschlag desselben Inhalts, wäre er nur von Union oder SPD gekommen, wäre in der Öffentlichkeit zerrissen worden. So aber können die großen Lobbygruppen, weder die Automobil- noch die Landwirtschaft, nicht die Volksparteien mit Kritik auf ihre Seite ziehen. Fachlich indes wird die Koch-Steinbrück-Liste überschätzt. Wer zum Kürzen nur den Rasenmäher anwirft, differenziert nicht, sondern pauschalisiert. Das Gestrüpp von Steuervergünstigungen und Subventionen aber bedarf einer genaueren Betrachtung als vom Fahrersitz eines riesigen Rasenmähers aus. »Pauschal zu kürzen ist unsinnig. Die Liste war inhaltlich Murks«, sagt ein SPD-Finanzpolitiker: »Wer nachhaltig sparen will, geht so nicht vor.« Immerhin werden beträchtliche Teile der Koch-Steinbrück-Liste gesetzgeberisch verabschiedet. »Eins zu eins« umgesetzt, so wie Koch und Steinbrück dies verlangen, wird die Liste jedoch nicht.

Roland Koch ist heute Vorstandsvorsitzender des Baukonzerns Bilfinger Berger. Er wechselte von der Politik in die freie Wirtschaft – ein Vorhaben, mit dem auch Steinbrück öfter liebäugelte. Koch lobt Steinbrück in den höchsten Tönen. »Auf Herrn Steinbrück konnte ich mich immer verlassen. Er agiert sehr rational. Zwischen uns herrschte Vertrauen auf einer fachlichen Basis.« In der gemeinsamen Subventionsbekämpfung sieht Koch eine seiner großen politischen Leistungen, nicht zuletzt im Konflikt mit der eigenen Partei. »Im Grunde trieben Herr Steinbrück und ich ein Projekt voran, mit dem uns formal niemand beauftragt hatte«, sagt Koch: »Entsprechend groß war später der Widerstand, auch im Bundestag. Wir haben die Liste dann aber binnen sechs Wochen als Gesetz durch Bundestag und Bundesrat gebracht.« Der sprichwörtliche Rasenmäher müsse »urplötzlich kommen und pauschal schneiden«. Wer nach dem Lehrbuch vorgehe, lasse »die Bedenkenträgerei obsiegen«. Ihm und Steinbrück sei es dabei nicht auf Überzeugungen angekommen, »sondern auf die Schnittmenge der jeweiligen politischen Meinung«.

Im Kreise der Ministerpräsidenten wird Steinbrück nicht allzu sehr geschätzt. Er gilt zwar als harter Arbeiter, als beflissen und detailkundig. Doch er trete »schnöde, hart, launisch, oft arrogant und von oben« auf, sagt ein Amtskollege, der nicht mit Namen genannt werden will. Steinbrück halte von sich sehr viel, von anderen indes wenig und lasse diese das stets spüren. »Er besitzt einen breiten Bildungsfundus, er hat verblüffend viel gelesen«, sagt der frühere Kollege Steinbrücks. »Aber es ist fast unmöglich, eine Nähe zu ihm zu finden. Sein unausgesprochenes Motto lautet: Ich bin ich. Ich mach' mein Ding.« Unter den sozialdemokratischen Regierungschefs ist Steinbrück, schon allein aufgrund der Bedeutung seines Landes der entscheidende Akteur. Für alle Länder, ob SPD-geführt oder von der Union regiert, wirft er sich mit Verve in die Schlacht – gegen den Bund. »Mit einer unglaublichen Schärfe hat Steinbrück beklagt, wie sehr der Bund die Länder ausplündere, und mehr Geld für die Länder eingefordert.«

Steinbrücks fortwährende Kritik an der rot-grünen Bundesregierung ist nicht nur ein Spiel. Als die Regierung plant, die dritte Stufe ihrer Steuerreform vorzuziehen, droht er als einziger sozialdemokratischer Ministerpräsident ebenso wie die Kollegen der Union mit einer Blockade im Bundesrat. Der Kanzler betreibe eine »egomane« Politik und stimme sich nicht mit den Ländern ab, formuliert Steinbrück scharf. Das Verhältnis zu Schröder ist zerrüttet: Als der Kanzler die Fabrik von Ford in Köln besucht, rührt er während Steinbrücks Begrüßungsrede kaum einmal die Hände. Später auf dem Werksgelände setzt sich Schröder in eine Limousine. Steinbrück will zu ihm in das Auto steigen, der Kanzler aber schlägt ihm die Tür vor der Nase zu. Steinbrück muss mit einem Bus vorliebnehmen. Während einer Rede vor der Betriebsversammlung bei Ford lästert Steinbrück über den Kanzler und dessen Vorliebe für Brioni-Anzüge und Cohiba-Zigarren. Der Beifall ist ihm sicher. Doch dann bedauert Steinbrück das und bittet Schröder in einem Brief um

Entschuldigung. Während einer Kabinettssitzung ruft eine Mitarbeiterin Steinbrück heraus, der Bundeskanzler sei am Telefon und wolle mit ihm reden. Schröder lässt Steinbrück wissen, er habe sich über dessen Brief gefreut: »Die Sache ist geklärt, Peer.«

Als die Bundesregierung ankündigt, die vorgezogene Steuerreform mit neuen Schulden zu finanzieren, schlägt Steinbrück vor: »Zur Refinanzierung sollten sich Bund und Länder in einem Haushaltsgesetz verpflichten, die neu aufgenommenen Schulden zurückzuzahlen, sobald die Konjunktur angesprungen ist.« Es ist ein Vorstoß von großer Weitsicht: Steinbrück liefert nichts weniger als eine Blaupause für die Schuldenbremse, die Jahre später im Grundgesetz verankert wird.

GRÜNEN-FRESSER

Nach einigen Monaten stellt Steinbrück fest, wie mühselig es ist, Nordrhein-Westfalen zu regieren. Die Umsetzung seiner Pläne dauert länger als erwartet. Steinbrück klagt gegenüber einem Vertrauten, die SPD sei »nicht belehrbar«, weswegen er sich verpflichtet fühle, sie mitzuziehen und ihr den Weg zu weisen. Er spürt seine Ungeduld und Nervosität jetzt selbst. Der Ministerpräsident, so erleben ihn Mitarbeiter und Parteifreunde, ist überlastet und überfordert. Vielleicht kennt Steinbrück damals das Gelassenheitsgebet des amerikanischen Theologen Reinhold Niebuhr noch nicht, das er ein wenig variiert heute oft zitiert. Steinbrück wünscht anderen und vermutlich sich selbst »den Mut, die Dinge zu ändern, die sie ändern können, die Gelassenheit, die Dinge hinzunehmen, die sie nicht ändern können, und die Weisheit, das Erste vom Zweiten zu unterscheiden«.

Gegenüber den Grünen hegt Steinbrück Vorbehalte. Die machtverwöhnte und machtgewohnte NRW-SPD verstand sich lange als geborene Mehrheitspartei. »Wir brauchen kein fünftes Rad am Wagen«, plakatierte sie im Wahlkampf 1995 in Anspielung auf die Grünen als möglichen Koalitionspartner. Die Partei war über die Erosion ihrer Macht geradezu beleidigt, und viele ihrer Akteure meinten, die Grünen provozieren zu müssen. Nicht einmal deklaratorisch lässt Steinbrück jemals so etwas wie

Euphorie für das rot-grüne »Projekt« erkennen. Ihn bewegt die Frage, »welche Zweckbündnisse insbesondere aus Sicht der SPD am praktischsten sind«. Kein anderer Ministerpräsident zeigt so offen koalitionspolitischen Pragmatismus.

Die Koalitionskrise, die Anfang 2003 ausbricht, ist der dramatische Höhepunkt von Steinbrücks Amtszeit als Ministerpräsident. Zugleich ist sie ihr politischer und strategischer Tiefpunkt, der Zweifel an Steinbrücks Eignung für seine Aufgabe aufkommen lässt. Ein politischer Mehrwert der Auseinandersetzungen, die Steinbrück in weiten Teilen bewusst inszeniert, ist jedenfalls nicht erkennbar. Um diesem Krach einen politischen Überbau zu geben, beziehen sich Steinbrücks Leute immer wieder auf den Jahreswechsel 2002/2003. Diesen verbringt der Ministerpräsident gemeinsam mit dem Kanzler und Siemens-Chef Heinrich von Pierer in China. Anlass jener Silvester-Reise ist die Jungfernfahrt des Transrapid in Shanghai, an der Steinbrück und seine Entourage teilnehmen – und wo sie dem Geschwindigkeitsrausch von 431 Stundenkilometern erliegen. Der Transrapid, der vom Flughafen Shanghai in die Innenstadt rast, habe Steinbrück gezeigt, wie beeindruckend neue Technologien und Verkehrsprojekte seien und wie wichtig es sei, sich dafür einzusetzen. So zumindest erklären Beteiligte in den folgenden Monaten daheim sein geradezu aggressives Auftreten.

Steinbrück bewundert den chinesischen Fortschrittsglauben und lässt sich nicht beirren von dem dort üblichen rücksichtslosen Raubbau, in dem Mensch und Natur keine große Rolle spielen. Er bemängelt langsame Planungsprozesse in Deutschland, er beschreibt Untergangsszenarien. Begeistert berichtet er von dem brachial agierenden Transrapid-Bauleiter in China, der allenthalben nur »Commander Wu« genannt wird und der die Anwohner der 30 Kilometer langen Trasse innerhalb von zwei Monaten umsiedeln ließ. Commander Wu muss nur pfeifen, und sogleich stehen Tausende von Arbeitern bereit. »Peer Steinbrück war angetan, wie effizient und schnell Commander Wu agierte«, sagt sein damaliger Staatskanzleichef Wolfram Kuschke heute. Auch er will umsetzen und gestalten, anstatt zu diskutieren oder Genehmigungsverfahren abzuwarten. Steinbrück bewundert Wus Gestaltungskraft jenseits von Sachzwängen, eine Allmachtphantasie, die für eine Demokratie nicht geeignet ist. Im Koalitionsausschuss erzählt Steinbrück, Commander Wu lege schon einmal eine Pistole auf den Tisch und löse damit manches Problem beim Bau seines Transrapids. Und wer behindert eine derartige Technologie-Offensive, einen solch fröhlichen Fortschrittsoptimismus im eigenen Sprengel? Die Grünen.

Bald schon spotten sie über den »Shanghai-Virus«, von dem Steinbrück befallen sei. Umweltministerin Höhn hält in der ihr eigenen nüchternen Art fest: »Die Eindrücke, die der Ministerpräsident aus China mitbrachte, erschwerten die rot-grüne Zusammenarbeit.« Als Steinbrücks Geschichte von Commander Wu nach außen dringt, wird der Ministerpräsident wütend. Er klagt intern, es werde so getan, als habe er eine Pistole auf den Tisch der Koalition gelegt. Bärbel Höhn sagt: »Mit Waffen macht man keine Politik.« Ihr Parteifreund Frithjof Schmidt gesteht Steinbrück zwar zu, er sei »im Kleinen zuverlässig«. Doch er fügt heute hinzu: »Im Großen konnten wir Grüne Steinbrück nicht vertrauen.« Das Misstrauen sitzt tief und dauert an: »Keiner bei den NRW-Grünen traut ihm seitdem strategisch über den Weg.«

Schon Wolfgang Clement war der Auffassung, der Transrapid dürfe nicht nur auf einer Teststrecke im Emsland fahren. Er und Steinbrück wollen ihn ausgerechnet in einer Metropolregion erproben, obwohl er im Ruhrgebiet seine eigentliche Stärke, das Tempo, gar nicht ausspielen, sondern allenfalls als schnelle S-Bahn funktionieren kann. Verkehrsfachleute bezweifeln daher den Sinn des Metrorapid, der zudem einer neuen Trasse bedürfte und einem ganz eigenen Zulassungsverfahren unterworfen wäre. Außerdem sind Planungsprozess und Finanzierung vollkommen ungeklärt. Steinbrück ist das einerlei. Er stilisiert zwar den Metrorapid nicht mehr zum Symbolthema, hält aber an dem Projekt fest.

Wie Steinbrück ist auch Bärbel Höhn inzwischen in die Bundespolitik gewechselt. Ein Klappfahrrad, an die Wand ihres kleinen Abgeordnetenbüros gelehnt, zeigt, dass sie es ernst meint mit dem ökologischen Grundprinzip ihrer Partei. Eine Landkarte von Nordrhein-Westfalen verrät ihre politische Heimat, zahlreiche Stecknadeln dokumentieren ihre Auftritte zwischen Bielefeld und Bonn. In den Jahren 2011/12 ist viel die Rede von einer rot-grünen Renaissance – womöglich auch auf Bundesebene. Bärbel Höhn kann sich ein solches Bündnis mit einem Bundeskanzler Steinbrück kaum vorstellen. »Steinbrück ist oft geradezu unpolitisch«, sagt sie im Rückblick auf die gemeinsamen sieben Jahre in Düsseldorf. Es ist nicht das übliche Lamento der Grünen von Steinbrücks vermeintlicher »Arroganz«, das Höhn anstimmt. Ihre Kritik geht tiefer. Während Clement sprunghaft agiert und zu viele Projekte verfolgt habe, sei »Steinbrücks Politikstil beamtenhaft« gewesen. Zwar habe er oft gut analysiert, »aber dann folgte er meistens dem, was in den Apparaten der Ministerien vorgeschlagen wurde«. Vor allem aber moniert Höhn die fehlende politische Kultur, die sie unter Steinbrück in Düsseldorf erlebte – und ohne die eine Koalition schwerlich zusammenarbeiten kann: »In fast allen Konflikten wollte Ministerpräsident Steinbrück unseren Kotau ohne Zugeständnisse. Das konnten wir nicht akzeptieren.« Die Konflikte zwischen SPD und Grünen hätte man gut klären können, ist Höhn überzeugt. »Steinbrück aber suchte sowohl im Jahr 2003 wie auch im Wahlkampf 2005 einen Schuldigen, und das waren wir. Er diskreditierte uns und damit die gemeinsame Regierung. Indem Steinbrück uns Niederlagen beibringen wollte, schadete er aber sich selbst.«

Die Stimmung in der rot-grünen Koalition in Nordrhein-Westfalen ist extrem schlecht. Der chaotische Start der zweiten rot-grünen Regierung Schröder, dessen »Agenda«-Offensive und das Gezerre um die Steuerreform sind auch in Düsseldorf spürbar. Die Bundes-SPD verliert allein im April 2003 über 7000 Mitglieder. Die SPD in Schröders Heimatland Niedersachsen wird aus ihrer absoluten Mehrheit in die Opposition verbannt. Ihr Spitzenkandidat Gabriel hatte das Amt des Ministerpräsidenten – wie Steinbrück – während der Legislaturperiode übernommen. Nun fährt er einen Rekordverlust von 15 Prozentpunkten ein. In Nordrhein-Westfalen wird eine Umfrage veröffentlicht, wonach Oppositionsführer Rüttgers von der CDU im Land beliebter ist als der Ministerpräsident. Das gab es zuletzt in den 1960er-Jahren.

Steinbrücks Ton innerhalb seiner eigenen Regierung führt zu persönlichen Verstimmungen. Als die Grünen-Abgeordnete Barbara Steffens ihren kleinen Sohn David in den Koalitionsausschuss mitbringt, poltert der Ministerpräsident hinter den verschlossenen Türen des Sitzungssaals: »Muss das sein? Machen wir hier jetzt Politik mit dem Kinderwagen?« Steinbrück habe die Grünen vor die Wahl gestellt, entweder verschwinde der Kinderwagen oder er werde die Sitzung verlassen, sagt Barbara Steffens heute. Sie beugt sich und zieht anschließend einen für Steinbrück bitteren Vergleich zu dessen Vorgängern, indem sie behauptet: »Bei den Koalitionsverhandlungen mit Johannes Rau und Wolfgang Clement war es nie ein Problem, wenn ich meinen damals noch kleinen ersten Sohn Elias dabei hatte. Die haben sich immer ganz liebevoll um ihn gekümmert.« Sogleich fragt der ›Express‹ in seiner Schlagzeile: »Herr Ministerpräsident, sind Sie ein Frauenfeind?« Steinbrück sieht sich derart in der Defensive, dass er Steffens einen Blumenstrauß schickt, verbunden mit einem Brief, in dem es heißt, er habe sie »mit meinem Verhalten nicht persönlich verletzen« wollen. Steinbrück schreibt, er könne es nachvollziehen, »dass Sie zu Beginn der Sitzung über meine Reaktion brüskiert waren«. Eine Entschuldigung vermeidet er. Wer den Brief liest, gewinnt den Eindruck, ein Regierungsbeamter habe ihn verfasst. »Mehrere SPD-Frauen zeigten sich über Steinbrücks Agieren entsetzt«, sagt die heutige nordrhein-westfälische Gesundheitsministerin Steffens. Sie hat bis heute Vorbehalte gegenüber Steinbrück und sagt: »Wer so agiert, offenbart ein soziales Defizit.« Steinbrück habe mit seinem Einwand gegen das Baby, so sagt es ein Vertrauter Steinbrücks, der nicht genannt werden will, vollkommen richtig gehandelt. Unwürdig sei diese Situation gewesen, und die Grüne Steffens habe ohnehin eine »Macke«. Gleichwohl sei es den Grünen gelungen, den Vorfall für ihre Zwecke auszuschlachten: »Die waren einfach besser sortiert als die SPD.«

HARAKIRI

In diesem vergifteten Klima startet Steinbrück eine Generaloffensive. Es geht gegen den eigenen Verbündeten, gegen den Koalitionspartner, gegen die Grünen. Die Opposition frohlockt. Vor dem Osterfest entscheidet sich Steinbrück sogar, die von ihm geführte Koalition infrage zu stellen. Gerade acht Monate lang ist er da im Amt; seine beiden Vorgänger haben insgesamt immerhin acht Jahre lang das Bündnis aus SPD und Grünen regiert. Im März 2003 beauftragt Steinbrück die Staatskanzlei, eine sozial-liberale Koalition schriftlich zu begründen. Heraus kommt ein müdes, zweiseitiges Papier. Steinbrück bringt das nicht davon ab, eine Koalition mit der FDP ins Auge zu fassen, auch wenn sein Kontaktmann Möllemann die Partei inzwischen verlassen hat. Entsprechend verschärft er den Ton gegenüber den Grünen. Die Analyse der politischen Situation ist so treffend wie simpel, ihr Fazit lautet: »Der SPD droht Machtverlust.« Steinbrück beobachtet, wie sehr die Grünen Oberwasser haben und das Regierungsgeschäft prägen. Er fürchtet, in zwei Jahren das gleiche Schicksal wie sein Parteifreund Gabriel in Hannover zu erleiden: Ein steiler Aufstieg, eine Berufung an die Spitze der Regierung, ohne die Partei selbst an die Macht geführt zu haben – und dann ein jäher Absturz als Spitzenkandidat. »Peer Steinbrück wollte die Koalition platzen lassen, hatte sich aber nirgendwo abgesichert, geschweige denn abgestimmt«, sagt sein damaliger Planungschef Werner Kindsmüller heute.

Steinbrück hält die rot-grüne Koalition für verbraucht, er möchte etwas bewegen und zu neuen Ufern aufbrechen. Mit der FDP, die bereits auf Ministerposten und Dienstwagen schielt, erwartet er ein leichteres Spiel als mit den politisch-programmatisch ambitionierten Grünen. »In der Öffentlichkeit herrschte der Eindruck, die Grünen bestimmen den Kurs der Koalition«, sagt der damalige SPD-Fraktionschef Moron heute: »Das konnten wir uns nicht bieten lassen, deshalb verlangte Peer Steinbrück, den Koalitionsvertrag neu zu verhandeln.« Er will das sozial-liberale Modell wiederbeleben, jenes Bündnis, unter dem er in den 1970er-Jahren seinen Aufstieg in den Bonner Ministerien genommen hat. Steinbrück setzt auf ein Signal, dass es mit dem Land wieder vorangeht – und wirbt für ein sozial-liberales Projekt, das er mit seiner Person verknüpfen will. »Aus der FDP gab es das klare Signal, hier mitzumachen«, sagt Moron.

Mittelfristig findet Steinbrück auch auf Bundesebene ein Bündnis aus SPD und FDP erstrebenswert. In Nordrhein-Westfalen wiederum wurden neue Regierungskonstellationen stets erprobt, bevor sie im Bund praktiziert wurden. Das war im Jahre 1966 der Fall, als es zu einer sozial-liberalen Koalition in Düsseldorf kam, und im Jahre 1995, als SPD und Grüne hier regierten. Jeweils drei Jahre später bildeten diese Parteien erstmals die Bundesregierung. Gelänge das abermals, wäre Steinbrück der Vorreiter. Über eine Koalition mit der fast gleich starken CDU denkt er hingegen nicht nach. Steinbrück kann deren Anführer Rüttgers nicht ausstehen, er hält ihn für einen Opportunisten.

Neben diesen politischen Komponenten schwingen bei Steinbrücks Überlegung, den Koalitionspartner auszutauschen, spielerische und kompetitive Elemente mit. Er will Unabhängigkeit beweisen, Geistesgröße und seine herausragenden Qualitäten zeigen. Er will deutlich machen, dass er besser ist als die anderen. Die Parole für die Offensive klingt allerdings schlicht. Sie lautet: »Mehr rot pur in Düsseldorf.« Steinbrück meint, seine Partei sei dazu bereit, die Grünen zu verstoßen. Die SPD in NRW hat sich lange als natürliche, als alleinige Regierungspartei definiert. Schon die Existenz der Grünen erschien ihr als Provokation. Die NRW-SPD war strukturell stets konservativ, politisch wurde sie von einer überaus starken Betriebsräte- und Bergbaufraktion geprägt. Johannes Rau und Klaus Matthiesen wetterten stets gegen die Grünen (»Lieber ein Haus im Grünen als einen Grünen im Haus«), Rau konnte sich als Kanzlerkandidat 1987 auf der Bundesebene keine rot-grüne Koalition vorstellen. Zu dieser Zeit regierte in Hessen sein – ebenfalls konservativer – Parteifreund Holger Börner bereits zwei Jahre lang mit den Grünen. Doch ein Amtseid in Turnschuhen, wie ihn Joschka Fischer in Wiesbaden ableistete, wäre in Düsseldorf nicht möglich gewesen. Keiner verkörpert die dortigen Aversionen gegen die Grünen so wie der einstige SPD-Fraktionschef Farthmann. Er nennt noch heute Steinbrücks Konflikt mit den Grünen richtig. »Viele Grüne agierten ja geradezu irrational«, sagt Farthmann heute: »Ich habe Steinbrücks Streit mit diesen Grünen mit großer Genugtuung verfolgt.«

Steinbrück nutzt jede Gelegenheit, die Grünen zu provozieren. Ironisch lobt der Ministerpräsident seine rot-grüne Regierung, gebe es doch endlich eine korrekte Anleitung zum Stapeln von Osterfeuern, »damit die kleinen Tiere überleben«. In solcher Polemik schimmern aggressive Züge durch. Er wolle sich nicht mehr mit »der Anzahl der Ackerrandsteine« befassen, giftet Steinbrück. Das Verhältnis zu Bärbel Höhn ist politisch und menschlich zerrüttet. Steinbrück weiß um ihre Stärken. Höhn ist sachkundig, agiert machiavellistisch und kann mit Medien gut umgehen. Doch die beiden haben sich nichts zu sagen. Steinbrück hält seine Umweltministerin für humorlos, spaß- und ironiefrei. »Ich kann nicht mit jemandem Politik machen, der nicht lachen kann«, sagt Steinbrück. Er setzt daher eher auf den grünen Bau- und Kultusminister und stellvertretenden Ministerpräsidenten Michael Vesper, der vom Habitus her bürgerlich auftritt. Mit Vesper verbindet Steinbrück mehr. Die beiden Männer trinken zuweilen gemeinsam Rotwein. Vesper fühlt sich in den bei der SPD üblichen Männerrunden wohl.

Seit fast einem Jahrzehnt regiert die SPD in Nordrhein-Westfalen nun mit den Grünen. Die Parteien haben sich in dieser Zeit durchaus angenähert. Sie gehören, so verstehen sie sich, demselben politischen Lager an. Die meisten Sozialdemokraten halten es inzwischen nicht mehr grundsätzlich für einen Betriebsunfall der Geschichte, dass sie auf einen Koalitionspartner angewiesen sind. Sie denken und fühlen Rot-Grün. Der Streit in der Koalition ist also alles andere als zwingend. Höhn war Ministerin unter dem »Versöhner« Rau und dem Choleriker Clement, mit dem die Zusammenarbeit immer kompliziert war. Die heftigen Wortgefechte der beiden im Streit um den Braunkohletagebau Garzweiler sind legendär. »Peer Steinbrück war gelegentlich unduldsam, auch gegenüber Kabinettskollegen«, sagt sein damaliger Innenminister Behrens heute. Er sei aber »weniger aufbrausend als Clement« gewesen und habe »stärker intellektuell, manchmal ironisierend« argumentiert. »Manchmal wies er Minister zurecht«, sagt Behrens. Bärbel Höhn beschreibt die Aufgaben eines Regierungschefs nicht ohne Hintersinn so: »Als Ministerpräsident muss ich zusammenführen und, wo nötig, ausgleichen. Das gilt besonders in einer Koalitionsregierung.« Steinbrücks Sinn für Konsens und Ausgleich ist allerdings begrenzt.

Steinbrück prescht mit seinen sozial-liberalen Plänen vor, stimmt sich weder mit Schartau noch mit Müntefering oder Schröder ab. Sie alle versuchen, ihn zurückzupfeifen. Schröder und Müntefering haben in Berlin mit der intern heftig umstrittenen Agenda 2010 und dem beginnenden Irak-Krieg andere Sorgen. Sie müssen die SPD-Bundestagsfraktion zusammenhalten, in der gleich zwölf Abgeordnete ein Mitgliederbegehren gegen die Arbeitsmarktreformen initiieren und von sich behaupten: »Wir sind die Partei.« Die Koalition in Berlin hat aber nur vier Abgeordnete mehr, als die »Kanzlermehrheit« erfordert. In dieser Phase rufen die Gewerkschaften zu Großkampftagen gegen Schröders Politik auf. Entsprechend fehlt dem Kanzler wie Müntefering jedes Verständnis dafür, dass Steinbrück nun einen Koalitionswechsel im größten Bundesland anstrebt. Sie wissen: Wenn es in Düsseldorf kriselt, strahlt dies auf alle anderen rot-grünen Koalitionen aus, auch auf den Bund. Schröder registriert Joschka Fischers Empörung. Nach anfänglichen Irritationen in der Frage des Irak-Krieges stehen Schröder und Fischer eng zusammen. Fischer ist gern Außenminister, er will kein frühzeitiges Ende der Berliner Koalition und schon gar keines als Folge eines solchen Kurses in Düsseldorf. Müntefering zweifelt ohnehin, ob Steinbrück ein »echter« Sozialdemokrat ist. Er misstraut ihm, schon deswegen, weil Steinbrück mit seinem Intimfeind Clement befreundet ist. Müntefering sieht in Steinbrück einen Mann, der versucht über Tabubrüche Reputation zu gewinnen.

Partei und Fraktion in Nordrhein-Westfalen sind gegen eine Annäherung an die FDP, deren Programm von der SPD als »neoliberal« abgelehnt wird. Die meisten sozialdemokratischen Landesminister verfolgen das Vorgehen ihres Regierungschefs deshalb mit Unverständnis. »Während der Koalitionskrise wussten wir oft nicht, was wir wollen«, sagt Staatskanzleichef Kuschke rückblickend. Der SPD-Landesvorsitzende Schartau und seine Kollegen von den Grünen reden im vertraulichen Ton miteinander. Sie wollen Normalität demonstrieren. Die Tür zu einem Koalitionswechsel ist eigentlich längst verschlossen – denkbar schlechte Voraussetzungen für Koalitionsverhandlungen inmitten der Legislaturperiode.

Nur wenige Sozialdemokraten tragen Steinbrücks Konfliktkurs mit. Höhn nennt Steinbrück »den besten CDU-Mann der SPD nach Helmut Schmidt«. Auf die Frage, ob es ihn störe, wenn Christdemokraten sagten, er könne auch in ihrer Partei sein, antwortet Steinbrück kurz und knapp: »Nein. Das haben die über Helmut Schmidt auch gesagt.« Solche Vergleiche werden in Landtagen selten gezogen – und wohl noch nie von einem Politiker, der bislang nicht einmal auch nur Spitzenkandidat war. Damit aber definiert Steinbrück seine eigene politische Flughöhe. Steinbrück und der Altbundeskanzler kennen und schätzen sich, und Schmidt soll gesagt haben, Steinbrück sei »endlich einer, der etwas versteht in dieser Truppe«. Mit der Truppe ist die SPD gemeint. In den Fraktionssitzungen herrscht wochenlang ein Durcheinander. Als Steinbrück die aus Nordrhein-Westfalen stammenden SPD-Abgeordneten des Bundestages aufsucht, dringt er mit seiner Argumentation nicht durch. Es herrscht blankes Entsetzen, mehrere Parlamentarier verlassen die Sitzung wütend. Nicht ein namhafter Sozialdemokrat will sich gemeinsam mit Steinbrück der FDP annähern.

Der fröhliche, zu Humor und Scherzen aufgelegte Steinbrück ist in diesen Wochen nicht zu erleben. Freimütig bekennt er, es gelinge ihm nicht, »ein Kaninchen aus dem Hut zu zaubern«. Sein Auftreten bleibt das eines Technokraten. Aller Liebe und all seinem Gefühl für die deutsche Sprache zum Trotz bedient er sich der Plastiksprache, die im Kontext der Arbeitsmarktreformen entsteht. Steinbrück spricht wie Clement, wenn er über Mini-Jobs, Job-Floater und Ich-AGs doziert. Mehr als ein Jahr vor den nordrhein-westfälischen Kommunalwahlen 2004 verkündet er öffentlich, wie schlecht er die Chancen der SPD einschätzt. Das Ziel, die Sozialdemokraten könnten die vier Jahre zuvor verlorenen Rathäuser zurückerobern, sei »unrealistisch«. Diese Prognose erweist sich als zutreffend.

Steinbrücks ständige Angriffe gegen die Grünen ärgern offenbar sogar den Bundespräsidenten. Als Rau bei der Eröffnung der nordrhein-westfälischen Landesvertretung in Berlin redet, begrüßt er Steinbrück bissig als seinen »früheren Büroleiter«. Damit reagiert Rau auf Steinbrücks Neigung zur Ironie. Doch in dieser Anrede steckt auch eine Spitze, eine kleine Gemeinheit. Rau weiß um die Fähigkeiten Steinbrücks, er kennt seine administrative Stärke. An seinem politischen Weitblick aber zweifelt er. Ihn befremdet es, wie Steinbrück mit dem Koalitionskrach gewissermaßen eine Granate in den Raum schmeißt und nichts tut, um sie zu entschärfen.

Der Ministerpräsident wiederum stilisiert kleinste Friktionen zu politischen Katastrophen. Als etwa ein grüner Landtagsabgeordneter in einem Ausschuss mit CDU und FDP stimmt, poltert Steinbrück: »Das war das letzte Mal, dass ein Grüner derart aus der Reihe tanzt.« Es wirkt jetzt fast ein wenig paranoid, wenn er Verschwörungen wittert und klagt, er sei »umzingelt von Leuten, die Seile ziehen und Fallen aufstellen«. Steinbrück verliert seine innere Stabilität und Ruhe. Der Ministerpräsident habe seine Aufgabe anfangs schlicht unterschätzt, sagt ein Vertrauter. Nun muss Steinbrück feststellen, wie groß der Unterschied ist zwischen der Rolle des Finanzministers und der des Regierungschefs.

KRACH MIT DEM KANZLER

Es ist kaum vorstellbar, aber im April 2003 befasst sich das Präsidium der SPD länger mit dem Koalitionsstreit in Nordrhein-Westfalen als mit dem Irak-Krieg. Mehrere Parteifreunde, unter ihnen Entwicklungshilfeministerin Heidemarie Wieczorek-Zeul und Generalsekretär Olaf Scholz, reden intern auf Steinbrück ein, er möge sich im Konflikt mit den Grünen mäßigen. Solche Belehrungen aber schätzt Steinbrück nicht. In den folgenden Wochen diskutiert die Führung der SPD Montag für Montag über »Düsseldorf«. Steinbrück bezeichnet die Grünen in NRW als ein »riesiges Problem« und zeigt sich unwirsch und ungeduldig. Nachdem die internen Warnungen und Ratschläge nichts bewirken, fordern führende SPD-Bundespolitiker Steinbrück öffentlich auf, seinen Koalitionskrach zu beenden. Der SPD-Fraktionsvorsitzende Müntefering stellt fest: »Ein Koalitionsbruch nützt niemandem, in Düsseldorf nicht und in Berlin auch nicht.« Doch Steinbrück hält dagegen: »Keine Koalition ist ein Wert an sich.«

»Steinbrück fordert Schröder heraus«, lautet Ende Mai 2003 die große Überschrift auf der Titelseite der ›Süddeutschen Zeitung‹. Steinbrück ist bei Schröder zu einem abendlichen Krisentreffen ins Kanzleramt geladen. Während Schröder international wegen des Irak-Krieges unter Druck steht, muss er Streitigkeiten in der nordrhein-westfälischen Provinz schlichten, die ihm vor allem als eines erscheinen: unnötig, aber brandgefährlich. Doch weder ihr Gespräch noch die spätere größere Runde mit Schartau, Müntefering und Scholz bringt ein Ergebnis. Steinbrück bleibt stur, es gebe »keinen Treueschwur für Rot-Grün«. Die ›Bild‹-Zeitung titelt: »Kanzler total genervt«. Steinbrück betont, ihr Gespräch sei nicht so abgelaufen, dass »der General seinen Panzerschützen« habe antreten lassen. Aus Schröders Sicht verhielt es sich sehr wohl so. Schröder kann den Harakiri-Kurs Steinbrücks bis heute nicht nachvollziehen. »Warum Peer Steinbrück in NRW eine Koalitionskrise anzettelte, habe ich nie verstanden«, sagt der Altbundeskanzler im Rückblick. Dieser Konflikt habe eine »Sprengwirkung« für die rot-grüne Koalition in Berlin gehabt. »Steinbrück hat diese Stabilität gefährdet«, resümiert Schröder im Januar 2012, fast ein Jahrzehnt später: »In dieser Sache war ich daher sauer auf ihn, handelte es sich doch um einen Konflikt, den ich nicht gebrauchen konnte. Joschka Fischer war ebenso erzürnt.« Der stets loyale ehemalige SPD-Vorsitzende Hans-Jochen Vogel treibt Steinbrücks Kurs im Frühling 2003 zu einer öffentlichen Einlassung. Er richtet eine »herzliche Bitte« an die Landes-SPD, die lautet: »Überlegt euch gut, was ihr tut.« Selbst der streitbare Wolfgang Clement rückt von seinem Freund und Nachfolger ab, indem er kühl bemerkt: »Ich bin optimistisch, dass die Koalitionskrise einvernehmlich gelöst wird.«

Nach konfliktreichen Wochen treffen sich SPD und Grüne in einem Kölner Hotel zu einem Krisengespräch. Drei Stunden sitzen ihre Spitzenvertreter zusammen, gegenseitig bescheinigen sie sich, die Koalition fortsetzen zu wollen. Doch Steinbrück zündelt weiter. In einem Papier seiner Staatskanzlei lässt er die von den Grünen zu verantwortenden »Bremsen« im Regierungsalltag auflisten. Maßgeblicher Autor ist Planungschef Werner Kindsmüller. Das 17-seitige Dokument (»Bündnis für Erneuerung. Aufbruch für NRW«) ist einerseits eine Art Regierungskonzept, andererseits eine Giftliste für die Grünen, stellt es doch Forderungen, die von dem kleinen Koalitionspartner nur als neue Provokation verstanden werden können. Die Botschaft des gesamten Konzepts lautet: Abgrenzung, Abgrenzung, Abgrenzung. Da alle maßgeblichen Figuren und Gremien der Sozialdemokratie gegen einen Koalitionswechsel sind, geht es letztlich darum, dass Steinbrück in diesem von ihm hervorgerufenen Konflikt das Gesicht wahren kann. Deshalb unterzeichnen neben ihm der Landesvorsitzende Schartau und Fraktionschef Edgar Moron das Papier, das im Juni 2003 veröffentlicht wird. »Der Koalitionsvertrag aus dem Jahr 2000 muss angesichts erheblicher Veränderungen überprüft und völlig neu justiert werden«, lautet der Kernsatz des Papiers, der sogleich eine Frage aufwirft: Muss eine solche Überzeugung nicht gemeinsam, also von beiden Koalitionspartnern, entwickelt werden?

Das »Aufbruch«-Papier bedient sich einer harschen Rhetorik. Da heißt es etwa: »Wir müssen den Menschen sagen, was künftig nicht mehr möglich sein wird. Wir werden uns von vielem trennen müssen, was wichtig und wünschenswert ist.« Steinbrück fordert Dinge, die längst erreicht sind. So ist zu lesen, am Flughafen Köln/Bonn sollten die Einschränkungen für den nächtlichen Frachtverkehr fallen. Dabei existiert dort längst eine bis zum Jahr 2015 fixierte Nachtfluggenehmigung – ab ein Uhr morgens startet in Köln/Bonn alle zwei Minuten eine Frachtmaschine. Eine höhere Auslastung sei nicht möglich und erforderlich, versichert der Flughafen. Flughäfen aber sind nun einmal für die Grünen stets eine Provokation, und so verlangen Steinbrücks Leute in der Staatskanzlei längere Start- und Landebahnen in Düsseldorf und Münster/Osnabrück. Die Lücken auf den Autobahnen A 1, A 33, A 44 und A 46 seien zu schließen, heißt es weiter. Vergleichsweise moderat zeigt sich das Papier beim Thema Metrorapid. Dieser solle »in gemeinschaftlicher Verantwortung von Bund, Bahn und Industrie« realisiert werden. Von zusätzlichen Haushaltsmitteln aus NRW ist nichts zu lesen.

Auch die finanziell desolate Lage des Landes spiegelt sich in dem Papier wider. Dabei ist es nicht nur eine Zumutung für die Grünen, sondern auch für die SPD, wenn Steinbrück Urlaubs- und Weihnachtsgeld im öffentlichen Dienst streichen beziehungsweise kürzen will. Das träfe doch ihre Klientel, stöhnen SPD-Landtagsabgeordnete. Auch mit der »Weiterentwicklung der Braunkohlekraftwerkstechnologie« kann Steinbrück die Grünen leicht verärgern. Gleiches gilt für das inzwischen auch innerparteilich riskante Versprechen: »Wir werden NRW zu einem europaweit führenden Standort der Bio- und Gentechnologie ausbauen« und für die Forderung eines »breiteren Einsatzes von Videoüberwachung, Rasterfahndung und des Platzverweises«. Steinbrücks Leute betonen den an sich selbstverständlichen Hinweis, die Landesregierung suche sich ihre Bündnispartner aus der ihr eigenen Interessenlage heraus. Dies alleine klingt aber noch zu matt. Und so donnert die Großmacht Nordrhein-Westfalen noch in Richtung Berlin: »Wir werden selbstbewusst Meinungsverschiedenheiten mit der Bundesregierung austragen und mit anderen Landesregierungen, ungeachtet ihrer parteipolitischen Färbung, erfolgreich kooperieren.«

Die Grünen reagieren recht souverän, sie nutzen die gespaltene Haltung der Sozialdemokratie geschickt aus. Höhn telefoniert mehrfach mit dem SPD-Vorsitzenden Müntefering, der von Steinbrücks erratischem Kurs wenig angetan ist. Sie habe hier Müntefering schätzen gelernt, sagt Bärbel Höhn heute: »Er begriff, welch riskantes Spiel Steinbrück da betrieb. Müntefering argumentierte klug und pragmatisch.« Ihm ist klar, dass der Bruch von Rot-Grün in Düsseldorf die Koalition in Berlin stark belasten würde. »Wir lassen uns nicht peeren und federn«, kalauert der grüne Fraktionsgeschäftsführer Johannes Remmel. Die Landesvorsitzende Britta Haßelmann stellt klar: »Einen neuen Koalitionsvertrag wird es mit uns in keinem Fall geben.« Zusammen mit ihrem Kollegen Frithjof Schmidt schreibt sie an ihre Basis: »Wir schätzen die Situation der Koalition nach der Vorlage des SPD-Papieres als sehr ernst ein.« Die Lage spitzt sich zu. Steinbrück denkt gar nicht daran, verbal abzurüsten. Er beschwört weiter einen »ergebnisoffenen Klärungsprozess« und erfindet die hübsche Formel: »Wir brauchen einen Politikwechsel, damit niemand einen Regierungswechsel will.« Steinbrück inszeniert sich wie einst Clement als dynamischer Tempomacher, als Anheizer, mithin als der mutige Mann, der die vermeintlich müden, lustlosen, widerständigen Besitzstandswahrer von den Grünen anfeuert. »Alles, was sich wie Mehltau über die Landschaft legt, was nach Bremsklötzen riecht, kann sich diese Koalition nicht leisten«, verkündet er.

ROT PUR

Die eigene Partei duldet das eigenmächtige Spiel ihres Ministerpräsidenten nicht mehr. Bereits vor dem außerordentlichen Landesparteitag Mitte Juni 2003 in Bochum kommt es zu einer tumultartigen Vorstandssitzung. Das Partei-Establishment nimmt Steinbrück den Wind aus den Segeln. Der SPD-Landesvorstand weigert sich schlichtweg, über das »Aufbruch«-Papier zu diskutieren oder abzustimmen. Große Teile der Parteispitze lehnen es ab. Sie beschimpfen Steinbrück, und dem bleibt letztlich nichts anderes übrig, als zu akzeptieren, dass seine Kampfformel von »ergebnisoffenen« Gesprächen mit den Grünen gestrichen wird. Peer Steinbrück erleidet damit öffentlich eine schwere Niederlage.

Auf dem Parteitag versucht Steinbrück durchaus, die Partei mit einer scharfen Rede auf Konfrontation zu trimmen. Doch die Delegierten zeigen sich distanziert. Während Steinbrück zum Rednerpult schreitet, verzichten sie auf den üblichen, aufmunternden Beifall. Es folgt ein rhetorisch brillanter halbstündiger Auftritt. Er lasse nicht zu, ruft Steinbrück in den Saal, »dass die Grünen uns in der Energiepolitik vorwerfen, wir seien eine Kohlefraktion. Das ist eine unsägliche Verkürzung.« Die Grünen gerierten sich als »Teilopposition«, klagt Steinbrück. Der kleine Koalitionspartner, jener zweite Lokführer, bremse stets und »pflücke Blumen«, während die SPD schneller fahren wolle. SPD und Grüne hätten in diesem Jahr schon fünfmal über Dinge gestritten, die niemand begreife. »Wer weiß schon, was hinter der Schweinehaltungsverordnung steckt? Oder hinter der sechsten Durchführungsverordnung zum Landesplanungsgesetz?« Dies zu erläutern aber ist Aufgabe von Politikern. Die Autobahn A 33, die immer noch nicht fertig gebaut sei, heiße so, »weil seit 33 Jahren diskutiert wird. Und nächstes Jahr wird sie A 34 heißen.« So könne man nicht bis zur nächsten Landtagswahl agieren. »Ich will nicht bis 2005 eine lahme Ente sein«, ruft Steinbrück. Es gebe weder ein »Drehbuch für einen Koalitionswechsel« noch einen Blankoscheck über deren Fortsetzung. In ungewöhnlicher Offenheit beschreibt er die machtstrategisch schwierige Lage seiner Partei: »Wenn wir so weitermachen, können wir die kommenden Wahlen vergessen. Ich bin in Sorge.«

An anderer Stelle verkündet Steinbrück, er stelle »jeden Tag eine Kerze ins Fenster, dass erst im Mai 2005 Landtagswahlen stattfinden«. Längst macht sich angesichts miserabler Umfragen Galgenhumor in der Partei breit. »Was heißt NRW?«, fragen einige Genossen sarkastisch und geben die Antwort: »Noch regieren wir.« In dieser Gemütsverfassung gipfelt Steinbrücks Parteitagsrede in dem Appell: »Wir brauchen mehr Rot pur.« Das sind recht erstaunliche Worte für einen Mann, der eine Koalition anführt. Ein solches Bündnis muss von Interessenausgleich und Zugeständnissen gegenüber dem Regierungspartner geprägt sein. Koalitionen erfordern Bereitschaft zu Konsens und Kompromiss. Gute Regierungschefs gönnen dem kleinen Partner Erfolge.

Die hierarchiefixierte, autoritätsgeprägte und mediokre SPD-Landtagsfraktion ist es nicht gewohnt, ihre Führungsleute zu kritisieren. In ihren Reihen können nur wenige Abgeordnete gut reden. »Der Rest ist das nackte Grauen«, sagt einer aus dem Umfeld Steinbrücks. Eigentlich kann der Ministerpräsident in der Fraktion schalten und walten, ohne Widerspruch zu provozieren. Doch jetzt grummelt es auch unter den Abgeordneten. Die SPD ist nach einer Parteireform Münteferings weitgehend lahmgelegt. Protest kann sich kaum noch artikulieren. Und dennoch brechen mit Steinbrücks Konfliktkurs alte ideologische Streitigkeiten und kulturelle Widersprüche auf. Acht von zehn Rednern auf dem Parteitag kritisieren das Vorgehen Steinbrücks. Die FDP als Koalitionspartner liegt – bis heute – außerhalb ihrer Vorstellungskraft.

Der Krach in Nordrhein-Westfalen belastet die rot-grüne Zusammenarbeit über das Land hinaus. Wer behaupte, Umweltschutz und Wirtschaft passten nicht zusammen, »ist nicht im 21. Jahrhundert angekommen«, argumentiert die Vorsitzende der grünen Bundestagsfraktion, Katrin Göring-Eckardt, gegen Steinbrück. Sie wünsche sich, dass die Koalition in Düsseldorf wieder Politik mache, »anstatt sich mit der Midlife-Krise eines einzelnen Herrn auseinanderzusetzen.« Außenminister Joschka Fischer fühlt sich an die Koalitionskrise in Hessen erinnert und fügt hinzu: »Die endete mit dem Machtverlust der SPD.«

Politische Freunde wirken auf den Ministerpräsidenten ein. So führen Steinbrück und Clement – auf Schröders Bitte hin – ein Vier-Augen-Gespräch in Bonn. Als Emissär Schröders reist Kanzleramtschef Frank-Walter Steinmeier nach Düsseldorf, um sich ein Bild zu machen. Er nimmt an den fast ganztägigen Beratungen des Koalitionsausschusses teil, warnt vor dem Ende der rot-grünen Koalition und verweist auf negative Konsequenzen im Bund. Die Grünen machen Steinmeier deutlich, von wem in ihren Augen der Konflikt ausgeht: von Steinbrück.

Steinbrück bemüht sich daraufhin, seinen Ruf als »Grünen-Fresser« loszuwerden, er gibt sich zunächst konzilianter im Ton und eröffnet nicht mehr jeden Tag einen neuen Konflikt. In der Fernsehtalkshow »Kerner« erscheint er im grünen Poloshirt. So viel Zuneigung war selten. Doch damit ist die Krise nicht vollständig beigelegt. Bei einer Nachtsitzung im Kanzleramt drängt Schröder Mitte Juni auf eine Einigung mit den Grünen. Gemeinsam mit Steinbrück und Clement berät er bei allerhand gutem Rotwein über Eckpunkte eines solchen Konsenses. In dieser Nacht kündigt Schröder an, die Mittel des Bundeshaushalts für den Metrorapid zu streichen. Heute lacht Gerhard Schröder, wenn von diesem Projekt die Rede ist. »Der Metrorapid war der Turmbau zu Babel in NRW«, spottet der Altkanzler, »das konnte nix werden, das wollte keiner bezahlen.« Der damalige Bundesverkehrsminister Kurt Bodewig (SPD) hat die seit Langem eingestellten Gelder für den Metrorapid längst anderweitig eingesetzt – im festen Vertrauen, dass das Projekt niemals umgesetzt werde. Bahn-Chef Hartmut Mehdorn hintertreibt das Projekt ohnehin. Er hat kein Interesse daran, dass sich die Bahn auf zwei parallel verlaufenden Schienensystemen selbst kannibalisiert.

Der Metrorapid scheitert also am Geld, an der Bahn und vor allem an den eigenen Genossen – und nicht etwa an den Grünen. Das Projekt taugt inzwischen nicht einmal mehr dazu, den Grünen die Schuld an seinem Ende vorzuwerfen. Für Steinbrück ist das ein politischer GAU. Es wird verabredet, dass Steinbrück selbst das Ende des Metrorapid öffentlich ankündigt. Es ist ein Gang nach Canossa. Das Land müsse sich »gegen das Wünschenswerte und für das Mögliche« entscheiden. Er bemüht sich, weise zu klingen, weil er das drei Milliarden Euro teure Vorhaben fallen lässt, das Clement und er über Jahre als das Verkehrsprojekt schlechthin gefeiert haben. Noch wenige Monate zuvor überhöhte Steinbrück den Metrorapid als wichtigstes Symbol seiner Politik: »Das Ding ist ein Faszinosum, ein Identitätsprojekt – und wir suchen doch eine Identität für diese Region.« Nun stellt er es so dar, als ob das Aus ihm nicht aus Berlin diktiert worden sei. Dabei hätte der Bund zwei Milliarden Euro nach Düsseldorf überweisen müssen, um die Magnetschwebebahn zu ermöglichen. Nordrhein-Westfalen alleine hätte das nie gestemmt. Als Ersatzprojekt kündigt Steinbrück eine bescheidene Metro-S-Bahn zwischen Köln und Dortmund an – reine Augenwischerei. Diese Metro-S-Bahn existiert bis heute nicht.

Ausgerechnet in dieser Schwächephase provoziert Steinbrück abermals. Er kündigt an, der Umweltministerin die Dienstaufsicht über zentrale Behörden, etwa die staatlichen Umweltämter, und damit über 70 Prozent ihrer 5500 Mitarbeiter zu entziehen. Nur die Fachaufsicht soll Bärbel Höhn erhalten bleiben. Er legt sich erneut mit der angesehenen Umweltministerin an. Höhn widerspricht erwartungsgemäß. »Über Kompetenzen redet man nur in Koalitionsverhandlungen«, befindet sie und nennt derlei Anläufe während der Legislaturperiode »illegitim«. In jener Phase kommt es zu einem Vier-Augen-Gespräch von Johannes Rau und Peer Steinbrück in der Villa Hammerschmidt in Bonn, dem zweiten Dienstsitz des Bundespräsidenten. Rau kritisiert Steinbrücks Konfliktmanagement. Aber Steinbrück befindet sich längst auf dem Rückzug. Der Schachspieler ist mit seinem Koalitionskrach zum Mühlespieler geworden. Er kann nur noch einen Zug machen, hin und her, ohne viel zu bewegen. Die SPD in Bund und Land lässt ihm keinen Spielraum mehr.

NEUSTART

Stundenlang, oft bis weit nach Mitternacht, dauern die rot-grünen Krisengespräche. Nach sechs langen Wochen legen SPD und Grüne Ende Juni 2003 ihren Streit bei. Dieser Frieden wird manifest in einem 16-seitigen Kompromisspapier. »Düsseldorfer Signal für Erneuerung und Konzentration«, lautet sein Titel. Darin sind die »tragenden Werte der Koalitionsvereinbarung« hervorgehoben – und nicht revidiert. »Arbeit und Umwelt gehören zusammen«, heißt es in rot-grünem Konsensdeutsch. »Innovative Umwelt- und Energietechnologien« werden befürwortet. Der Begriff Gentechnik taucht an keiner Stelle auf. SPD und Grüne einigen sich darauf, den Steinkohleabbau von bislang 26 Millionen Tonnen bis zum Jahr 2012 auf 18 Millionen Tonnen zu reduzieren. Entsprechend sollen die Beihilfen abgesenkt werden. Die Wochenarbeitszeit im öffentlichen Dienst wird auf Vorschlag der Grünen von bisher 38,5 auf 41 Stunden erhöht. Die Themen Rasterfahndung und Videoüberwachung werden nicht erwähnt. Das von der SPD boykottierte umweltschonende Gaskraftwerk bei Köln soll gebaut werden, im Gegenzug schlucken die Grünen den Ausbau von A 1 und A 33 »ohne Naturschutzprüfung«. Das zwölfjährige Abitur wird vereinbart, der von Steinbrück geforderte Kompetenzabbau in Höhns Ministerium ist auf unbestimmte Zeit verschoben. Als das »Düsseldorfer Signal« fertiggestellt ist, stößt eine rot-grüne Runde mit Steinbrück kurz nach Mitternacht bei »Il Portone«, dem Italiener im Stadttor, miteinander an. Von »Rot pur« ist keine Rede mehr, und Steinbrück gibt sich flexibel: »Dass sich in einer Koalition eine Farbmischung ergibt, ist völlig klar.« Die Grünen sind die eigentlichen Sieger des Streits – und mancher Sozialdemokrat fragt sich, was der Konfrontationskurs des Ministerpräsidenten eingebracht hat. »Rot pur« heißt es fortan nur noch bei den Grünen, wenn die sich auf Empfängen zuprosten. Die Parteitage von SPD und Grünen verabschieden das »Düsseldorfer Signal« und erklären damit ihren Willen, die Koalition fortzusetzen. »Wenn wir uns bewähren«, heißt es einschränkend, stelle man sich im Mai 2005 den Wählern mit der Bitte, den eingeschlagenen Weg fortführen zu können. Zuversicht klingt anders.

»Wenn es so weitergegangen wäre, wäre es bald nicht mehr gegangen«, sagt Steinbrück über den Koalitionskrach. Nach alldem wirkt er erstmals seit langer Zeit erleichtert. Er hat sich verkalkuliert, als er meinte, die rotgrüne Koalition im größten Bundesland in Frage stellen zu können, ohne die Berliner Ebene zu tangieren –während Schröder um seinen Reformkurs in den eigenen Reihen kämpfen musste. Er agierte zudem gegen die eigenen Leute, ohne Konzept und ohne eine echte Alternative zu den Grünen zu haben. Damit schwächte er die eigene Position. Der Schachspieler Steinbrück bedachte nicht die Züge seines Gegenübers. So ist es sein Koalitionspartner, der an Profil und Zuspruch im Land gewinnt.

Steinbrück durchlebt nicht nur machtpolitisch anstrengende und bewegte Zeiten. Immer wieder muss er sich mit den Geschicken der West LB befassen. Der Fall des Vorstandschefs Jürgen Sengera, den Steinbrück 2001 gegen Neuber und andere Sozialdemokraten durchgesetzt hat, trifft den Ministerpräsidenten. Die West LB hat bei einem strittigen Engagement ihres Londoner Büros hohe Verluste gemacht – und insgesamt tiefrote Zahlen produziert. Sengera muss gehen. Im September 2003 treibt die Sparpolitik der Regierung sage und schreibe 30 000 Mitarbeiter des öffentlichen Dienstes vor den Landtag. Sie demonstrieren gegen die längere Wochenarbeitszeit von 41 Stunden. Als Steinbrück in Wuppertal eine Tagung des Paritätischen Wohlfahrtsverbandes besucht, pfeifen ihn Hunderte Eltern aus. »NRW bleibt sozial«, heißt es auf Transparenten. Während die Bundes-SPD nicht aus ihrem Tief kommt, liegt Steinbrück in Umfragen mittlerweile hinter Oppositionsführer Jürgen Rüttgers. Selbst 45 Prozent der SPD-Anhänger halten ihn für ungeeignet, als Spitzenmann 2005 anzutreten. Das ist ein erschreckend hoher Wert. Ende 2003, eineinhalb Jahre vor der Landtagswahl, liegt die SPD bei 31 Prozent, die CDU bei 47 Prozent.

Zwischen dem Ministerpräsidenten und dem SPD-Landesvorsitzenden herrscht beinahe Funkstille. »Steinbrück hätte mit Schartau an einem Abend mal zwei Flaschen Rotwein trinken sollen, das hätte vieles einfacher gemacht«, sagt ein Mitarbeiter im Rückblick. Schartau ist jemand, auf den Verlass ist. Doch Steinbrück vermeidet es, ihn einzubinden oder gar um Unterstützung zu bitten. Darauf reagiert Schartau mit Sturheit. Während Müntefering für eine Ausbildungsabgabe wirbt, hält Steinbrück wie eh und je und im Zusammenspiel mit Clement dagegen. Der entsprechende Gesetzentwurf sei »nicht praktikabel und bürokratisch«, sagt Steinbrück und plädiert abermals für freiwillige Lösungen.

Da Müntefering aber nun an der Spitze der Fraktion steht, hat dieses klare Nein des wichtigsten Ministerpräsidenten eine größere politische Bedeutung. Wie Steinbrück schon Schröder nicht schonte, fügt er jetzt auch dessen engstem Verbündeten eine politische Schramme zu.

Der Ministerpräsident trifft Tony Blair, Hamid Karsai und Romano Prodi. Er reist nach Israel und zum Parteitag der Labour Party nach Großbritannien. Vor allem aber unterzieht Steinbrück sich nun den Mühen der Ebene. Er tourt unablässig durch das Land, plaudert mit Sozialarbeitern, Lehrern, Anglern, Schützen, Naturschützern und versucht sich gar als Leierkastenmann. Er wirbt für das Ehrenamt, er besucht – zuweilen im Polohemd unter dem Sakko – Volksfeste und Drachenbootrennen und er hört sich an, wenn Chöre singen: »Herford, du Perle im Ravensberger Land«. Für Johannes Rau konnte es nicht genug solcher Termine geben. Er genoss diese Veranstaltungen, er wusste aber auch, wie sehr man mit solch bürgernahen Auftritten Sympathien gewinnen kann. Steinbrücks Staatskanzlei indes registriert, wie schwer sich der Regierungschef mit derlei Terminen tut. Inszenierungen mit seiner Familie lehnt er anfangs ab, lässt sich dann aber doch mit Frau und Kindern auf dem Bonner Weihnachtsmarkt fotografieren. »Wir brauchten doch dringend solche Bilder«, sagt ein Mitarbeiter.

Manchmal bricht es aus Steinbrück heraus, dass er solche Termine für Zumutungen hält. »Gewaltig auf den Zeiger« etwa, sagt der 1,85 Meter große Steinbrück, gingen ihm Bänke, die auf Liliputaner zugeschnitten seien und auf denen er regelmäßig Streichquartetten zuhören müsse. Er klagt über »diese ewigen Abendessen« und fühlt sich fremdbestimmt. Immer wieder erzählt er, dass um Mitternacht noch »zwei dicke Aktenordner auf mich warten«. Steinbrück legt eine rhetorische Gedankenpause ein und ergänzt dann: »Vor dem Bett, natürlich nicht im Bett.« Warum aber klagt er überhaupt öffentlich? Ein Spitzenpolitiker arbeitet nun mal rund um die Uhr, Steinbrück weiß und lebt das seit Jahrzehnten. Das Unbehagen, das ihm volkstümliche Termine bereiten, zeigt, dass Steinbrück für diese Aufgaben eines Regierungschefs nicht geeignet ist.

AGENDA 2010

Während linke Sozialdemokraten und Gewerkschaften den Kanzler für seine Sozial- und Arbeitsmarktreformen kritisieren, steht Steinbrück wie kein anderer Ministerpräsident hinter der Agenda 2010. Schröders ehrgeiziges Vorhaben wird von Union, FDP und Wirtschaftsverbänden belächelt. Steinbrück befindet sogar: »Das geht doch alles nicht weit genug.« Wie er den Arbeitsmarkt reformieren würde, sagt er indes nicht. Für Steinbrück ist Schröders Politik die richtige Konsequenz eines »verschleppten Prozesses«, den die SPD schon in den 1990er-Jahren hätte einleiten müssen. »Wir haben uns selbst entwöhnt, schwierige Fragen zu stellen«, sagt er und bilanziert schonungslos die von ihm mitgestaltete Politik: »Die letzten 25 Jahre waren erfolglos, die bloße Alimentation ist kein Erfolgsmodell.« Damit stellt er zudem ein Vierteljahrhundert SPD-Herrschaft in Nordrhein-Westfalen in Frage, die Eigenvorsorge selten großgeschrieben und sozialpaternalistisch agiert hat.

Als Montag für Montag in vielen deutschen Städten gegen die Agenda 2010 demonstriert wird, distanziert sich Oppositionsführer Rüttgers von den Arbeitsmarktreformen. Steinbrück hingegen spitzt seine Kritik an der bisherigen Arbeitsmarkt- und Sozialpolitik noch zu. Er beklagt politische Reflexe, lobt die Agenda und behauptet: »Alle wissen, dass weitere Schritte folgen müssen.« Von Schröder ist ein solcher Satz nie zu hören. Steinbrück verlangt eine stärkere Steuerfinanzierung der Sozialsysteme. Soziale Gerechtigkeit müsse künftig bedeuten, »eine Politik für jene zu machen, die etwas für die Zukunft unseres Landes tun: die lernen und sich qualifizieren, die arbeiten, die Kinder bekommen und erziehen, die etwas unternehmen und Arbeitsplätze schaffen, kurzum, die Leistung für sich und unsere Gesellschaft erbringen«, schreibt Steinbrück im November 2003 in einem Beitrag für die ›Zeit‹, und: »Um die – und nur um die – muss sich Politik kümmern.« Diese Forderung ist absurd, und natürlich weiß Steinbrück das. Der Staat hat auch für jene zu sorgen, die nicht lernen, die keine Kinder bekommen und die keine Arbeitsplätze schaffen. Er aber verlangt, der Staat solle sich »nur um die« Leistungsstarken kümmern, nicht also etwa um Arbeitslose und Rentner. Diese These ist nicht nur, aber insbesondere für einen Sozialdemokraten starker Tobak. Mit diesen fahrlässigen Sprüchen diskreditiert Steinbrück seine ernsthaften Anliegen und damit die Modernisierung des Sozialstaates.

Der Druck auf den Bundeskanzler hält an, der Widerstand gegen die Agenda 2010 in der SPD wächst und erinnert an die Zeiten, als die Partei einst Kanzler Helmut Schmidt die Unterstützung entzog. Im Februar 2004 hält Schröder dem Druck nicht mehr stand. Er gibt den Parteivorsitz ab. Nachfolger wird Franz Müntefering, der Fraktionsvorsitzende der SPD. Er galt einst als Beton-Sozi, plädiert nun aber für die Reformen. An der Basis wird »der Franz« geliebt. Superminister Wolfgang Clement ist einer der stellvertretenden Vorsitzenden der SPD und versteht sich hier als Primus inter pares. Umso pikanter ist, dass Schröder ihn nicht in den Plan einweiht, Müntefering als Nachfolger vorzuschlagen. Als es so weit ist, widerspricht Clement dem Kanzler. Sein Ansehen in der SPD erhöht dies nicht. Mit Müntefering soll ein Nordrhein-Westfale Parteichef werden, aufgrund des Regionalproporzes könnte Clement dann eigentlich nicht Vize bleiben. Steinbrück aber wirft sich für seinen Freund öffentlich in die Bresche und behauptet: »Die Partei würde ihre Balance verlieren, wenn sie eine solche Führungsfigur wie Wolfgang Clement als Parteivize verlieren würde.« Auf dem Parteitag im März 2004 verkündet Müntefering: »Opposition ist Mist.« Er wird zum siebten SPD-Vorsitzenden nach Willy Brandt gewählt. Clement bleibt Stellvertreter. Sein Abstieg aber beginnt.

Ähnlich wie Clement bedient sich Steinbrück einer harten Rhetorik, wenn er die Einschnitte der Agenda 2010 verteidigt. »Alternativlos« nennt er diese Politik, obwohl dieses Wort im Grunde eine politische Kapitulation bedeutet. Wenn etwas »alternativlos« ist, ist Politik nicht mehr erforderlich. Dann genügt eine effektive Verwaltung oder eine Rechenmaschine. »Wir haben mehr Steine als Brot zu bieten«, sagt Steinbrück mehrfach: »Wenn wir die Einschnitte jetzt nicht machen, werden sie drei Jahre später umso schmerzhafter.« Man könne »den Kuchen nicht essen und gleichzeitig behalten«. Als in einem ›Spiegel‹-Interview die Redakteure behaupten, die Agenda 2010 gehe ihm nicht weit genug, bestätigt Steinbrück das: »Richtig, aber ich kann auch nicht nach dem Motto verfahren: viel Feind, viel Ehr.« Gebe die SPD ihren Reformansatz auf, werde sie regierungsunfähig, argumentiert er und warnt: »Sie wird dann zu einer strukturkonservativen Partei.« Den Sozialpolitikern der SPD, die das Sozialsystem weiter aufblähen wollen, hält er entgegen, noch mehr Alimentation sei gesellschaftlich nicht vermittelbar. Das sei »für die SPD eine sehr schwierige Erkenntnis«. Für die eigene Partei findet Steinbrück eine originelle Metapher. Die SPD sei das bequeme, heimische Sofa voller Katzenhaare, Brandlöcher und Rotwein-Flecken. »Ich mag das Sofa, kenne es bis in die letzte Ritze und merke plötzlich, dass sich eine Sprungfeder in meinen Hintern bohrt«, sagt Steinbrück. So verhalte es sich wahlweise mit Deutschland oder der SPD, »deren Probleme sich wie Sprungfedern in unseren kollektiven Hintern bohren«. Der gewöhnliche Sozialdemokrat kann sich an dieser Metapher kaum erfreuen.

Diverse Anhänger alter Sofas und sperriger Sessel, unter ihnen viele ehemalige Sozialdemokraten und aktive Gewerkschafter, gründen im Sommer 2004 die »Wahlalternative Arbeit und soziale Gerechtigkeit«, die WASG. Während die meisten führenden SPD-Politiker dieses Projekt besorgt verfolgen, erkennt Steinbrück darin keine politische Sprengkraft. Es gebe keinen Raum links von der SPD, stellt er fest. Es klingt wie das Pfeifen im Walde. Seine Behauptung erinnert an Helmut Schmidts beachtliche Ignoranz bei der Gründung der Grünen. Auch Steinbrücks Worte erweisen sich schnell als falsch. Die WASG wird wenig später gar von einem ehemaligen SPD-Vorsitzenden geführt, der sie dann mit der PDS zur Partei »Die Linke« vereint: Oskar Lafontaine.

Ein Jahr vor der Landtagswahl weiß Steinbrück um die verzweifelte Lage seiner Partei, und er versucht diese erst gar nicht zu relativieren. Er verachtet Schönfärber und Gesundbeter und gibt unumwunden zu, die SPD befinde sich »in einer ihrer größten Vertrauenskrisen«. In Teilen der Partei grassiere gar eine »Identitätskrise«. Müntefering, der meistens spricht, ohne etwas zu sagen, würde sich niemals derart unverblümt äußern. Ebenso offen beschreibt Steinbrück die Bedeutung der Landtagswahl in NRW. »Sollte es in Nordrhein-Westfalen zum Wechsel kommen, hätte dies weitreichende Folgen für die Regierungsfähigkeit auf der Bundesebene«, sagt er in einem Interview mit der ›Bild am Sonntag‹. In der Tat wäre ein solcher Wahlsieg von CDU und FDP nach der fast vier Jahrzehnte langen Regierung der SPD eine Zäsur wie sonst nur ein Ende der CSU-Herrschaft in Bayern. Im Bundesrat, wo die Koalition keine Mehrheit hat, käme die Opposition mit den Sitzen aus Nordrhein-Westfalen gar auf eine Zweidrittelmehrheit. Eine Gesetzgebung wäre damit de facto unmöglich. Der Bundesregierung drohe, »nur noch bedingt handlungsfähig« zu sein, warnt Steinbrück.

Was aber ist die Konsequenz dieser Analyse? Steinbrück beginnt früh mit dem Wahlkampf. Dessen Start aber wird gründlich vermurkst, als eine geplante Imagekampagne seiner Staatskanzlei erst einmal abgesagt werden muss, weil darin mehr für die SPD als für die Regierung geworben wird. In einem Strategiepapier aus Steinbrücks Planungsabteilung (»Gerechtigkeit. Damit NRW sozial bleibt«) stellen die Autoren fest, der Ministerpräsident werde nicht als »einer von uns« wahrgenommen und es fehle ihm an »Nähe und Wärme«. Steinbrücks Planungschef Werner Kindsmüller analysiert, dass »die SPD bei 30 Prozent« verharrt und den Menschen wieder »Argumente« gegeben werden müssten, »warum sie SPD wählen sollen«. Als dieses Papier bekannt wird, reagiert Steinbrück hoch verärgert, allerdings nicht etwa wegen des Inhalts. Ihn macht vielmehr wütend, dass Regierungs- und Parteihandeln nicht sauber voneinander abgegrenzt wurden.

Im Vorwahlkampf besingt Steinbrück die Stärke Nordrhein-Westfalens, ruft nach weniger Transfers für den Osten Deutschlands und kritisiert vorsichtig den Kapitalismus. »Wenn heute Nacht der Landtag eine Selbständigkeitserklärung für Nordrhein-Westfalen abgeben würde, dann wäre NRW der sechstgrößte EU-Mitgliedstaat«, stellt er wieder einmal fest. Als ihn die ›Frankfurter Allgemeine Sonntagszeitung‹ fragt, ob er die Unabhängigkeit anstrebe, antwortet er: »Wenn man mir vorher genügend Rotwein einschenkt.« Nordrhein-Westfalen erwirtschafte ein höheres Bruttoinlandsprodukt als Russland, ist von ihm zu hören – oder auch: »Unser BSP ist größer als das von Australien.«

Die Kritik an den Finanztransfers gen Osten nimmt eineinhalb Jahrzehnte nach der Vereinigung Deutschlands im Westen und im Süden zu. Von »goldenen Bürgersteigen« in den neuen Bundesländern ist da die Rede und von einer überdimensionierten Infrastruktur. In der Tat bedürfen Bahnhöfe und Straßen im Ruhrgebiet etwa einer grundlegenden Modernisierung, seit vielen Jahren wird hier wenig getan. Steinbrücks Berater schlagen ihm die Ostförderung als Wahlkampfthema vor – erfolgreich. »Unsere Haushaltslöcher sind zu 50 bis 60 Prozent bedingt durch das, was wir im Solidarpakt in die neuen Länder übermittelt haben«, behauptet Steinbrück. Dass Nordrhein-Westfalen seit

Jahrzehnten über seine Verhältnisse lebt, erwähnt er nicht. Steinbrück gibt im Wahlkampf ganz den ausgewiesenen Föderalisten. In einem Brief an Müntefering und den bayerischen Ministerpräsidenten Edmund Stoiber, die beiden Vorsitzenden der Föderalismuskommission, fordert er »so viel Länderkompetenzen – oder: so viel Vielfalt – wie möglich und nur so viel Bundeskompetenzen – oder: so viel Einheit – wie nötig«. Als die Föderalismusreform scheitert, nennt Steinbrück dies »fatal« und beklagt, die Länder können nicht akzeptieren, dass der Bund »in ihre ureigensten Zuständigkeiten hineinregieren« will. Dies bezieht er unter anderem auf die Bildungspolitik, die viele Sozialdemokraten gern in der Hand des Bundes sähen. In der traditionell zentralistischen SPD hat man ein solches Maß an Regionalismus selten erlebt.

Noch bevor Müntefering das Wort von den »Heuschrecken« prägt, macht sich Steinbrück eine dezent kapitalismuskritische Rhetorik zu eigen. Er nennt es im Juli 2004 ungerecht, »dass Top-Manager inzwischen das 240-Fache dessen verdienen, was im Schnitt ihre Beschäftigten nach Hause bringen«, und mahnt deren Vorbildfunktion an. Steinbrück beklagt zudem eine »Gier« und hohe Abfindungssummen für Manager, die dem Volk nicht mehr zu vermitteln seien. Früh und anders als Müntefering plädiert er dafür, die umstrittenen Arbeitsmarktreformen (»Hartz IV«) bei Bedarf nachzujustieren. »Wir machen das ab 1. Januar 2005«, kündigt er vor Inkrafttreten dieses Gesetzes an: »Wenn dann etwas nicht rund laufen sollte, muss nachjustiert werden. Das ist so, als ob Sie ein neues Auto kaufen und einfahren und nach 5000 Kilometern in die Inspektion geben.« Hier erweist sich Steinbrück flexibler und weniger dogmatisch als andere in der SPD. Die Einlassung, die Agenda gehe nicht weit genug, wiederholt er nicht mehr.

In der »Heuschrecken«-Debatte gewährt Steinbrück seinem Parteichef Müntefering Rückendeckung. Der habe Recht, wenn er »die totale Ökonomisierung der Gesellschaft anprangert«. Der Kapitalismus könne nicht alle gesellschaftlichen Probleme lösen, statt eines »Nachtwächterstaates« sei ein handlungsfähiger Staat nötig. Den Paradigmenwechsel in der deutschen Politik im Jahre 2004/05 – weg von den Privatisierungsdogmen hin zu einer größeren Marktskepsis – trägt Steinbrück mit.

Der neue Tonfall ist nötig, gibt sich doch die traditionell sozialstaatlich geprägte NRW-CDU inzwischen manchmal linker als die SPD. Für die

Sozialdemokratie ist das lebensgefährlich. So konstatiert der Vorsitzende des CDU-Arbeitnehmerflügels, Hermann Josef Arentz: »Steinbrück, Schröder, Clement – diese drei reißen der SPD bei lebendigem Leibe das Herz heraus.« Die von seiner Partei mit beschlossenen Regelungen zu Hartz IV nennt Arentz einen »Raubzug gegen Langzeitarbeitslose«. Edmund Stoiber macht eine »soziale Schieflage« aus. Jürgen Rüttgers agiert hoch populistisch, indem er eine »Generalrevision« von Hartz IV und ein höheres Schonvermögen für Arbeitslose verlangt. Rüttgers kritisiert im Wahlkampf, Hartz IV verstoße gegen das Prinzip, wonach sich Leistung lohnen müsse. Rüttgers wird sich später sogar »Arbeiterführer« nennen. Die CDU argumentiert, es gelte die Lücke zu füllen, welche die SPD mit ihrer Reformpolitik hinterlasse. Seine Haltung zu Hartz IV habe sich dezidiert »gegen die Leipziger Beschlüsse meiner Partei, aber auch gegen Schröder und Steinbrück« gerichtet, sagt Rüttgers im Jahre 2012. Er halte es bis heute für »eine Legende, Hartz IV habe Deutschland wirtschaftlich stabilisiert«.

Die NRW-CDU beackert damit eifrig das Feld links von der SPD. In der CDU heißt es, Steinbrück mangle es an Verständnis, Wärme und Innigkeit. Hier sehen die Christdemokraten eine Chance zu punkten. Die SPD empfindet Rüttgers' Überholmanöver von links als gewaltige Provokation. Nicht nur bei den Arbeitsmarktreformen erweise sich Rüttgers als »Fähnchen im Wind«, befindet Steinbrück und poltert: »Rückzieher, dein Name ist Rüttgers.« Der Mann sei »ein Drückeberger und Populist«. Indem sich der Ministerpräsident öffentlich und derart ausgiebig an seinem Herausforderer abarbeitet, offenbart er, für wie gefährlich er dessen Strategie hält.

WAHLKÄMPFER

In dem Jahr vor der Landtagswahl formuliert Steinbrück allerlei unpopuläre Forderungen, mit denen er einzelne Bevölkerungsgruppen abermals gegen sich aufbringt. Er will das Renteneintrittsalter erhöhen und das Beamtentum abschaffen. Für andere Wortmeldungen bekommt er viel Beifall, etwa wenn er sich gegen die Förderung der Windenergie ausspricht und beklagt: »Ganze Landstriche werden zugepflastert mit diesen Windspargeln – und die Stromzahler kommen für Milliardenzuschüsse auf. Das kann auf Dauer so nicht bleiben.« Der CDU-Vorsitzenden Merkel attestiert er mit Blick auf ihre Haltung zum Irak-Krieg eine »devote Haltung« gegenüber den Vereinigten Staaten. Merkel hat zuvor angemerkt, der Bundeskanzler spreche mit seinem Nein zu dem Krieg »nicht für alle Deutschen«.

In der Ausländerpolitik pflegt Steinbrück eine Rhetorik, die der Stimmung im Volk, nicht aber der in der SPD entspricht. Von einer »Parallel-Gesellschaft« spricht er und sagt, was man den Ausländern klarmachen müsse: »Ihr seid herzlich willkommen, aber dann müsst ihr auch bereit sein, euch mehr als bisher hier zu integrieren. Wer einen Staat im Staate aufbauen will, liegt falsch.« Wenn Steinbrück hinsichtlich islamistischer Hassprediger fordert: »Ausweisen und abschieben – so schnell wie möglich«, dann bleibt er den Hinweis schuldig, auf welcher gesetzlichen Grundlage dies geschehen soll. Rhetorisch hebt er immer wieder die Bedeutung der frühen Bildung hervor. Dabei weist sein Bundesland im Jahre 2004 aber gerade einmal 30 000 Plätze an Ganztagsgrundschulen auf. Den vorschulischen Bereich hat das Land völlig vernachlässigt. Längst nicht überall befindet sich NRW auf dem sechsten Rang in der Europäischen Union.

Die Verluste bei der Europawahl im Juni 2004 setzen Steinbrück noch stärker unter Druck. »Es wird eine personelle Zuspitzung geben müssen. Er oder ich«, befindet er am Tag darauf hinsichtlich des Landtagswahlkampfes. Sein Herausforderer Rüttgers gibt bisher eine recht blasse Figur ab. Steinbrück setzt daher darauf, als kerniger Regierungschef aufzutreten. Die Umfragen aber sprechen eine andere Sprache. So beugt Müntefering bereits im Sommer 2004 vor und verkündet, ein Machtwechsel in NRW werde die rot-grüne Koalition in Berlin nicht beenden. Am Jahresende relativiert auch Steinbrück die Bedeutung der NRW-Wahl und widerspricht sich selbst: »Es ist und bleibt eine Landtagswahl. Natürlich hat das Ergebnis große Bedeutung, aber die Regierung von Bundeskanzler Schröder ist dessen unbenommen bis 2006 gewählt.« Nicht einmal im Wahlkampf verzichtet Steinbrück darauf, die eigene Partei zu beschimpfen. »Wir brauchen mehr Offensive, mehr Selbstbewusstsein, mehr Angriffslust und weniger Psychiatrie in unserer Partei«, ruft er den eigenen Leuten in einem Biergarten in Gütersloh zu. Schartau weiß um Steinbrücks geringe Reputation innerhalb und außerhalb der SPD. Er lässt deshalb den Plan einer personalisierten Wahlkampagne fallen.

Am 1. Januar 2005 zählt Deutschland 5,2 Millionen Arbeitslose. »Wann tut ihr endlich was?«, fragt die ›Bild‹-Zeitung in großen Buchstaben. Nie zuvor in der Geschichte der Bundesrepublik Deutschland hat die Wirtschaft länger stagniert. Die Zahl der Arbeitslosen erhöht sich erheblich, weil erstmals alle Arbeitssuchenden, die bislang Sozialhilfe erhalten haben, und alle erwerbsfähigen Angehörigen in der Statistik auftauchen. Die Lage ist düster, im Berliner Kanzleramt wie im Düsseldorfer Stadttor. Allein in Nordrhein-Westfalen sind eine Million Menschen arbeitslos. Jene »schlimme Zahl«, sagt Steinbrück, zeige »erstmals ehrlich das ganze Bild der Misere«. Und es ist nicht einmal die einzige schlimme Zahl, die in den Wahlkampfreden der Opposition auftaucht: Nordrhein-Westfalen hat nunmehr 100 Milliarden Euro Schulden. Jahr für Jahr fallen fünf Millionen Stunden Schulunterricht aus.

Im Februar 2005 kommt es zu einer politischen Überraschung, die Steinbrück nicht genießen kann, weil sie seinen Wahlkampf belastet: Heide Simonis scheitert bei der Wahl zur Ministerpräsidentin von Schleswig-Holstein. Die rot-grüne Ära in Kiel ist damit Geschichte, es kommt zu einem Bündnis aus CDU und SPD, die Union stellt den Ministerpräsidenten. Die NRW-SPD und Steinbrück hatten auf Rückenwind aus dem Norden gehofft, doch nun bläst ihnen der Wind kräftig ins Gesicht. Am Ende des schwarzen Donnerstags von Kiel bekundet Steinbrück: »Ja, es ist ein schrecklicher Tag.« Den Ausgang der eigenen Wahl nennt er »offen« und warnt vor zu hohen Erwartungen. Anders als fünf Jahre zuvor wettet er diesmal nicht auf den Wahlsieg der SPD.

Bei der Landtagswahl tritt Steinbrück zum zweiten Mal als Direktkandidat des aus SPD-Sicht sicheren Wahlkreis Unna III/Hamm I an. Erstmals ist er Spitzenkandidat der SPD. Durchaus geschickt bietet Steinbrück Rüttgers ein Fernseh-Duell an. In der Regel erbitten Herausforderer ein derartiges Duell. Steinbrück aber fühlt sich Rüttgers zu Recht rhetorisch überlegen, sieht daher mehr Chancen als Risiken. Die beiden Männer absolvieren zwei Duelle, die erstmals bundesweit ausgestrahlt werden. Anfang Mai kommt es zunächst zu der Begegnung bei den privaten Sendern. Zehn Prozentpunkte liegt die SPD in Umfragen hinter der CDU. »Sie wissen nicht Bescheid«, hält Steinbrück seinem Konkurrenten entgegen, oder aber: »Sie sind nicht bei den Fakten.« Steinbrück entscheidet die Runde für sich. Das zweite Duell im Westdeutschen Rundfunk verfolgen über drei Millionen Zuschauer. Hier muss Steinbrück die Defizite des Kapitalismus erläutern und hantiert mit allzu viel Zahlen. Unentschieden – urteilen die Beobachter.

Steinbrück und der spröde Jurist Rüttgers sind sich fremd und nicht sympathisch. Rüttgers ist intelligent, tritt aber wenig authentisch auf. Er ist vorsichtig und misstrauisch. Parteifreunde attestieren ihm Autismus, die Kommunikation jedenfalls zählt nicht zu seinen Stärken. Rüttgers' Loblied auf Johannes Rau versteht die SPD als Diebstahl einer Ikone. Steinbrück, der Großmeister im Abkanzeln, blickt auf Rüttgers herab. Er mokiert sich, als Rüttgers der SPD vorwirft, ihr gehe es nur um Macht. »Ja, um Himmels willen, ihm denn nicht?«, fragt Steinbrück rhetorisch. Die Demokratie verleihe nun einmal Macht auf Zeit: »Will er das als etwas Verwerfliches oder Unanständiges denunzieren?« Gern bezeichnet er Rüttgers als »den ehemaligen Zukunftsminister des ehemaligen Bundeskanzlers Kohl«.

Nach 39 Jahren an der Macht muss die SPD unter Steinbrücks Einfluss dem Versuch widerstehen, einen Wahlkampf vollmundiger Versprechungen zu führen. Ihr Spitzenkandidat agiert im Frühling 2005 ausgesprochen nüchtern. »Die Menschen haben von den alten Sprüchen den Kanal voll«, begründet er seine Absage an jegliche Wohlfühl-Wahlkampfrhetorik. »Ich falle gleich mit der Tür ins Haus: Ich will Ihre Stimme«, verkündet Steinbrück auf jeder Kundgebung, um sich anschließend von den politischen Wettbewerbern abzusetzen mit dem Hinweis: »Ich verspreche nichts.« Während der Superminister Clement in Berlin ankündigt, er werde die Zahl der Arbeitslosen halbieren, plädiert Steinbrück für »Realismus«. Ein Versprechen kommt ihm nicht über die Lippen. Mehrfach setzt er sich von Clement ab, indem er feststellt, die Politik könne keine Arbeitsplätze schaffen. Gern rattert er die Lage des Haushaltes herunter. Auf das Versprechen, das Weihnachtsgeld für Beamte wieder einzuführen, verzichtet Steinbrück. Er behaupte nicht, »dass in 39 Jahren alles gelungen ist«, sagt er bescheiden. In seinem Wahlkampf widersteht Steinbrück der Versuchung, sein Fähnchen in den Wind zu hängen. »Hier zeigte sich seine persönliche Rationalitätsverpflichtung«, sagt sein damaliger Finanzminister Dieckmann heute. Unausgesprochen habe als Motto gegolten: »Wir bleiben sauber bis zum Schluss.«

Just in dieser Phase gewinnt Steinbrück an Statur. Er emanzipiert sich von seiner Rolle als Fachminister, als Technokrat. Es gelingt ihm, sich zu verabschieden von der Welt der Staatssekretäre und Abteilungsleiter. Routine und Bürokratie haben an Bedeutung verloren. Seit zweieinhalb Jahren ist er Ministerpräsident, nun wird er endgültig zum Akteur auf der bundespolitischen Bühne. Er steht in ständigem Kontakt zu Journalisten. Peer Steinbrück ist Politiker.

Als Wahlkämpfer findet er erstmals Zugang zu einem großen Publikum. Er versteht es die Menschen anzusprechen. Er trifft den Ton. Die lange Phase, in der Steinbrück mehr Referent als Redner war, ist vorbei. Sogar beim verhassten Karneval lässt sich Steinbrück auf dringenden Rat seines mit diesem Brauch vertrauten Regierungssprechers blicken. Der Verlag DuMont, dessen Zeitungen ›Kölner Stadt-Anzeiger‹ und ›Express‹ der Landesregierung nicht gerade zugetan sind, hat geladen und 5000 Menschen tummeln sich in einem Zelt vor dem Verlagshaus. Nach einem Redaktionsbesuch lässt sich Steinbrück auf einen Abstecher zu diesem Event ein. Auf der Bühne wird er Opfer eines Karnevalsquiz; Steinbrück kann keine Frage richtig beantworten. Den Narren ruft er – eine in Köln etwas gewagte Übersetzung – zu: »Viva Fastelovend – Es lebe die Fastnacht.« Konstantin Neven DuMont, der Sohn des Verlegers, kommt auf seine Kosten. Unter dem Gegröle der mit Kölsch getränkten Menge setzt er Steinbrück, entgegen jeder Absprache, eine bunte Karnevalsperücke auf. Steinbrück ist konsterniert, fassungslos blickt er zu seinem Sprecher Schumacher. Doch die Zuschauer toben und jubeln. Beim Verlassen des Zeltes, fürchtet Schumacher, werde Steinbrück explodieren. »Und«, fragt ihn sein Regierungssprecher, »entlässt du mich jetzt?« Steinbrück aber lacht nur. Ein großes Foto des Ministerpräsidenten in den Zeitungen DuMonts am folgenden Tag ist der Lohn für diese Verirrung in den Karneval.

Der Wahltag rückt näher, und je aussichtsloser Steinbrücks Lage wird, desto mehr gewinnt er an Souveränität. In einer Grundsatzrede spricht Steinbrück von den zunehmenden »Fliehkräften der Gesellschaft«, ein Begriff, den er bis heute benutzt. Er widmet sich also Themen jenseits der Wirtschafts- und Finanzpolitik. Er lobt Stiftungen und bürgerschaftliches Engagement. Steinbrück verschafft sich ein Profil neben seiner viel beschworenen »Kompetenz«. Die allzu kalte Technokraten-Sprache vermeidet er, redet gar von Solidarität und Menschlichkeit. Er wettert gegen »platten Marktradikalismus« und zitiert Helmut Schmidts Wort vom »Raubtierkapitalismus«. Er attackiert manche Manager für ihre Maßlosigkeit, predigt nicht Klassenkampf, sondern Pragmatismus und Augenmaß. »Die großen Missionare der Geschichte führten die Menschen in Tragödien«, sagt Steinbrück: »Das eigentliche politische Geschäft erledigen Pragmatiker.« Generell bleibt er aber bei seiner kernigen Rhetorik und den einmal als richtig erkannten Positionen. »Das Antidiskriminierungsgesetz ist in seiner jetzigen Konzeption eine zusätzliche Belastung für die Wirtschaft«, sagt Steinbrück, wohl wissend, dass seine Partei und die Grünen es anders sehen. Drei Wochen vor der Wahl verfällt Steinbrück noch immer nicht in Populismus. Er sagt: »Einen gesetzlich festgelegten, einheitlichen Mindestlohn über alle Branchen und Regionen hinweg kann ich mir schlecht vorstellen.« Wenn schon die SPD keinen Persönlichkeitswahlkampf für ihn betreibt, übernimmt Steinbrück das selbst. Müntefering warnt unterdessen vor »Heuschrecken« und betreibt damit einen Lagerwahlkampf.

Steinbrück, der vor nicht allzu langer Zeit mit einem sozial-liberalen Bündnis liebäugelte, will nun mit der FDP »in keinem Fall« koalieren. Damit nimmt er Rücksicht auf seine Partei, zieht aber auch Konsequenzen aus dem fragileren Zustand der FDP nach dem Tod Jürgen Möllemanns. Eine große Koalition indes schließt Steinbrück nicht aus. Über den früheren CDU/CSU-Fraktionschef Friedrich Merz sagt er: »In der Analyse der großen Probleme gab es zwischen uns keine Unterschiede.«

Sosehr sich Steinbrück jetzt um die eigenen Truppen bemüht, so wenig gelingt es ihm, auf Beleidigungen der Partei völlig zu verzichten. »Sie wissen gar nicht, wie häufig ich an dieser Partei schon verzweifelt bin …«, entfährt es ihm. Auf seiner eigenen Homepage gibt er sich als Individualist. »Steinbrück hat sich innerhalb der SPD seine Unabhängigkeit bewahrt«, heißt es da, »weil er niemals auf Posten scharf war. So kommt es, dass er heute lediglich Mitglied des Parteirates ist.« Für jeden Funktionär kommt dies einer Backpfeife gleich. Selbst auf Wahlkundgebungen wendet er sich gegen die Attitüde der SPD, sich stets an die

Beschlusslage zu halten: »Mein Ortsverein würde damit ziemlich erfolglos bleiben, wenn er beschließen würde: Ab dem 15. April um 7 Uhr 30 findet der internationale Wettbewerb nicht mehr statt.« Es ist seine alte Masche, wenn Steinbrück sagt, wie wenig es die Welt kümmere, »was der SPD Ortsverein Ober- oder Niederdollendorf beschließt«. Doch so redet er nun auch in der heißen Phase des Wahlkampfes und vergrätzt damit all jene, die er im Straßenwahlkampf dringend braucht. Steinbrück will um jeden Preis Wechselwähler erreichen. Es gehe nicht darum, aus einem 100-prozentigen sozialdemokratischen Wähler einen 150-prozentigen zu machen, argumentiert er. Vielmehr gelte es, »an die heranzutreten, die noch nicht wissen, wen sie wählen oder ob sie überhaupt wählen.«

Steinbrück mag die deutsche Sprache, er hat Freude an Formulierungen. Er mokiert sich über Floskeln. Er scheut sich nicht, in der Öffentlichkeit weniger fein zu formulieren als andere. Auch hier folgt er Helmut Schmidt. ›Zeit‹-Autor Stefan Willeke begleitet Steinbrück während des Wahlkampfes: »Schon in dem Café in Münster sagte er halblaut, als Damen an Nebentischen mit gespreizten Fingern Porzellantässchen zum Mund führten: ›In den Arsch getreten.‹ Es macht Spaß, ihn ›Arsch‹ sagen zu hören.« Auch das Wort »Bullshit« führt Steinbrück gern im Munde. Mit »Wolfspisse«, erzählt Steinbrück, habe er im heimischen Garten einen Marder vertrieben. Als der Ministerpräsident ein Dorfmuseum bei Leverkusen aufsucht, fragt er einen Ehrenamtlichen: »Sie sind für die Finanzen zuständig?« Als dieser bejaht, lässt ihn Steinbrück wissen, das sei »ein Scheißjob. Ich hab so was Ähnliches auch schon gemacht«. Selbst bei großen Kundgebungen versucht Steinbrück es mit Ironie und Selbstironie, ein gewagtes Unterfangen vor Tausenden von Menschen. Altbundeskanzler Schröder erinnert sich bis heute an Steinbrücks Rhetorik bei gemeinsamen großen Auftritten. »Sympathisch, aber völlig ungeeignet«, nennt er sie, sei doch »Ironie in großen Sälen nicht vermittelbar«.

Peer Steinbrücks erster Wahlkampf läuft immer schlechter. Können SPD und Grüne in den Umfragen zum Jahreswechsel noch eine Mehrheit aufbieten, ist diese im Frühjahr passé. Die CDU hat ein leichtes Spiel. Sie polemisiert gegen den »roten Filz«, sie spricht über Arbeitslose, Schulden und ausfallende Unterrichtsstunden. Die Sozialdemokraten haben dem wenig entgegenzusetzen. Nichts scheint zu gelingen. Einen

Tiefpunkt seines Wahlkampfs erlebt Steinbrück Anfang Mai, als er die »Arche Noah« besucht, ein ökologisches Jugendzentrum in Bottrop. Zuvor hat er 5000 Euro gespendet, von dem Geld wurde ein Pferd zum therapeutischen Reiten angeschafft. Es trägt den Namen »Michel Peer«. Doch Steinbrück und sein Namensvetter mögen sich nicht. Der Wallach »wird nervös, als er den Ministerpräsidenten sieht«, berichtet die ›Tageszeitung‹ über diesen Termin: »Beruhigend streichelt Steinbrück das Pferd. Aber ›Michel Peer‹ hat keine Lust auf Wahlkampf. ›Michel Peer‹ scheut und bockt. Das Pferd spuckt und speit. Die Umstehenden gucken verdattert auf den Ministerpräsidenten: Steinbrücks Anzug besudelt von Pferdekotze? Anwesende Fotografen machen keine Fotos von dem peinlichen Anblick.«

Angreifen, polarisieren, emotionalisieren will Steinbrück in der Endphase des Wahlkampfes. Er spielt seine Stärken aus; schneidende Schärfe, Biss und Spott. Die Partei folgt ihm geduldig. »Su-Peer« steht auf einigen SPD-Plakaten. Wenig spricht für einen Sieg der SPD. Steinbrück könnte nach einer Niederlage Bundesfinanzminister werden, spekulieren Medien. Ein hartes Dementi bleibt aus: »Dieses Gerücht höre ich jetzt zum 225. Mal, seit ich Ministerpräsident bin. Ich nehme es mit Humor.«

WAHLVERLIERER

In Wirklichkeit halten Schröder und Steinbrück eine Niederlage im Stammland der SPD für einen politischen GAU. Mit Händen und Füßen kämpft die Partei gegen den Machtverlust. Bei einem Abendessen in Bergisch Gladbach weiht Schröder Steinbrück in seine Überlegungen ein, bei einem solchen Szenario eine Neuwahl des Bundestages ins Auge zu fassen, und bittet ihn dichtzuhalten. Dieser empfindet das als einen Vertrauensbeweis und bestärkt Schröder in seinen Überlegungen. Clement verübelt es Schröder, dass er ihn in seine Pläne nicht einweiht. Kurz vor dem Wahltag am 22. Mai 2005 stellt Steinbrück die Öffentlichkeit auf die erwartete Niederlage ein. »Wir haben erkennbar Schwierigkeiten beim Bundestrend der SPD. Es ist schwer für uns in Nordrhein-Westfalen, dagegen anzuarbeiten«, sagt er am Donnerstag vor der Wahl. Am Tag darauf sagt er: »Ich habe getan, was ich konnte; ich habe mir nichts vorzuwerfen.« Sein jüngerer Bruder Birger fragt ›Zeit‹-Reporter Willeke rhetorisch: »Warum soll ich meinen Bruder wählen? Nur weil er besser ist als Rüttgers? Kann mir das reichen?« Und dann bekennt er: »Ich werde ihn wählen, natürlich, er ist doch mein Bruder.«

Gertrud Steinbrück macht aus der politisch schwierigen Lage vor der Wahl keinen Hehl. Sie legt keinen Zweckoptimismus an den Tag, sie verzichtet auf Beschönigungen. Die Frage, ob sie sich mit einer Niederlage arrangieren kann, weist sie nicht etwa zurück, sondern sagt: »Das wird man dann sehen. Man zerplatzt nicht wie eine Seifenblase.« Im Übrigen sei sie sich mit ihrem Mann im Klaren darüber, dass er »nur geliehene Macht« besitze. Natürlich, Gertrud Steinbrück unterstützt ihren Mann im Wahlkampf. Doch sie tritt bei Weitem nicht immer an seiner Seite auf, und bekennt, nachdem sie auf einem Marktplatz rote Rosen verteilt hat: »Da kam ich mir ein bisschen fremd vor.« Zumindest in einer Hinsicht mag sie sich die Folgen einer Wahlniederlage nicht ausmalen, wie sie der ›Zeit‹ anvertraut: »O nein, der Peer den ganzen Tag zu Hause, nein, besser nicht.«

Am Nachmittag des Wahltages berät sich Steinbrück mit Vertrauten in der Staatskanzlei. Seine Frau ist zugegen, ebenso sein Bruder, einige Parteifreunde und Mitarbeiter. Er ruft die eigenen Leute dazu auf, die absehbare Niederlage einzugestehen und bei dem Übergang in die Opposition »bella figura« zu machen. Als ihn die Zahlen der 18-Uhr-Prognose vorab erreichen, hat er es fast amtlich: Unter seiner Führung gehen fast vier Jahrzehnte SPD-Herrschaft in Nordrhein Westfalen zu Ende. Erstmals nach drei Jahrzehnten liegt die CDU mit 44,8 Prozent vor der SPD. Die Sozialdemokraten verlieren knapp sechs Prozentpunkte und erreichen mit 37,1 Prozent ihr schlechtestes Ergebnis seit 1954. Es ist die größte politische Niederlage in Steinbrücks Leben. Grüne und FDP holen jeweils 6,2 Prozent. CDU und FDP verfügen damit im Landtag über eine komfortable Mehrheit.

Kurz nach 18 Uhr verlassen Steinbrück und seine Entourage die Staatskanzlei über die Tiefgarage. Hier kündigt er seinem Regierungssprecher Oliver Schumacher an, Müntefering werde sogleich Neuwahlen ausrufen. Im überfüllten Landtag stellt sich Steinbrück den Kameras, gesteht die Niederlage ein und gratuliert dem Wahlsieger. Er schwafelt nicht, er deutelt nicht herum, er spricht Klartext. Das ist für ihn »bella figura«. Um 18.28 Uhr kündigt Müntefering Neuwahlen an, um das »strukturelle Patt zwischen Bundestag und Bundesrat«, also zwischen den Mehrheiten der rot-grünen Koalition und der CDU-geführten Länder, aufzulösen. Im Landtag zu Düsseldorf lässt sogleich das Interesse am Wahlsieger Rüttgers nach. Was passiert nun? Wie wird die Vertrauensfrage gestellt? Wird der Bundespräsident abermals den Bundestag auflösen, wie 1982?

Die SPD und ihr Vorsitzender stehen zu Steinbrück. Er habe »eine tolle Arbeit geleistet«, sagt Müntefering: »An ihm hat es ganz sicher nicht gelegen.« In der Tat haben, das zeigen die Analysen der Wahlforscher, vor allem bundespolitische Einflüsse das Ergebnis bestimmt, außerdem der Verdruss der Menschen über die lange Herrschaft der Sozialdemokraten. Die SPD verliert also nicht wegen Steinbrück. Er hat durchaus gepunktet. Aber es hat nicht gereicht.

In Düsseldorf hofft die Partei darauf, Steinbrück werde den Partei- und Fraktionsvorsitz übernehmen. Er aber lehnt ab mit dem Hinweis, er sei ein Mann der Exekutive. In den Gremien der SPD stellt er klar, er werde sich an den Aufräumarbeiten nach dem Machtverlust nicht beteiligen. Doch seinen politischen Nachlass ordnet Steinbrück sehr wohl. Er schlägt Jochen Dieckmann als neuen Landesvorsitzenden vor – und Hannelore Kraft als Oppositionsführerin an der Spitze der Fraktion. Noch einmal folgt die SPD dem scheidenden Ministerpräsidenten. Der Machtwechsel in Düsseldorf spielt sich reibungslos ab. Er verabschiedet sich von der von ihm geschätzten Ministerialbürokratie, von Sekretärinnen und Personenschützern. Er räumt sein geräumiges Büro und bezieht als Abgeordneter im Landtag eine karge Kammer.

Rüttgers wird zum Ministerpräsidenten gewählt, er sucht Steinbrück auf und lässt sich von seinem Vorgänger den Landesorden verleihen. Steinbrücks Chefin der Staatskanzlei dient fortan dem christdemokratischen Finanzminister Helmut Linssen als Staatssekretärin – eine ziemlich ungewöhnliche personelle Kontinuität. Rüttgers bittet Steinbrück darum, sich alsbald in der Ahnengalerie der Ministerpräsidenten verewigen zu lassen. Achtmal nimmt Steinbrück Platz im Atelier des Malers Johannes Heisig. Das Porträt in Öl zeigt Steinbrück als Staatsmann in

Nadelstreifen, »als jemand«, wie Johannes Heisig sagt, »der gern ein öffentlicher Mensch ist«.

Gertrud Steinbrück rät ihrem Mann, der Politik den Rücken zu kehren. Er scheint diesem Rat zu folgen, behauptet zumindest, er erwäge einen Wechsel an eine Hochschule oder zu einer Stiftung. Da aber schwingt Koketterie mit. Peer Steinbrück kann nicht von heute auf morgen kürzer treten oder mit begrenzter Kraft arbeiten. Umgehend macht er sich daran, seine Berliner Netzwerke auszubauen. In der SPD-Spitze heißt es: »Steinbrück ist politisch nicht tot. Der hat noch etwas vor.«

V. WÜLFRATH UND WASHINGTON

KABINETT
Wie sieht das denn HIER aus?!
Reg dich nicht auf, Peer, die Kinder haben doch Recht: Jetzt ist nicht die Zeit für Haushaltsdisziplin...

BUNDESFINANZMINISTER

Es ist ein in sich widersprüchlicher Wahlkampf, den die SPD im Sommer 2005 führt. Kanzler Schröder hat im Bundestag die Vertrauensfrage gestellt, um sich so einen Mangel an Vertrauen bescheinigen zu lassen und Neuwahlen herbeizuführen. Gemeinsam mit Franz Müntefering distanziert er sich nun von der eigenen Regierungspolitik. Die SPD hisst, so ist das in ihren Wahlkämpfen üblich, die rote Fahne. Sie wettert gegen eine Erhöhung der Mehrwertsteuer, die sie als »Merkelsteuer« bezeichnet, und ruft nach einer »Reichensteuer«. Hatte die Partei nicht eben erst den Spitzensteuersatz gesenkt?

Peer Steinbrück fühlt sich in diesem Sommer an die Endphase der Regierung Schmidt erinnert, an die Untergangsstimmung und eine sozialdemokratische Oppositionssehnsucht, wie er sie vor einem Vierteljahrhundert im Bonner Kanzleramt erlebt hat. Schröder und Müntefering werben um den abgewählten Ministerpräsidenten. »Wir brauchen Leute wie dich«, schmeichelt Schröder und schlägt ihm eine Kandidatur für den Bundestag vor. Schröder rechnet Steinbrück seinen honorigen Landtagswahlkampf und das Festhalten an der Reformpolitik hoch an. Müntefering kennt zwar Steinbrücks Ecken und Kanten, er weiß, dass viele Parteifreunde Probleme mit ihm haben. Doch Steinbrück sei mit seiner ökonomischen Kompetenz »ein Kaliber«, heißt es in Münteferings Umfeld. Außerdem bedürfe die Parteiführung unterschiedlicher Charaktere. Müntefering schätzt den Mann, der ihm einst von NRW aus so viel Ärger gemacht hat. »Das ist jemand, den man braucht«, sagt er.

Steinbrück aber widersetzt sich. Er lehnt Mitte Juni 2005 argumentativ wenig überzeugend eine Bundestagskandidatur ab: »Nichts für ungut – ich bin kein Mann der Legislative«, sagt Steinbrück. Er werde sein Landtagsmandat ausfüllen und wolle, sagt Steinbrück, »den Wählerinnen und Wählern im Kreis Unna und in Hamm nicht den Rücken kehren«. Das ist natürlich ein vorgeschobenes Argument. Das Schicksal des Wahlkreises Unna und Hamm steht nicht im Vordergrund von Steinbrücks

Interessen. Schröder und Müntefering wissen das und sind entsprechend verärgert.

Die Wahlniederlage vom Mai 2005 nagt an Steinbrück. Er betont nun öffentlich stets, wie sehr er seine freie Zeit genieße. Er besucht das Filmmuseum am Potsdamer Platz in Berlin, er flaniert über den Kurfürstendamm. Peer und Gertrud Steinbrück haben so viel Zeit füreinander wie schon lange nicht mehr. Öfter als sonst spielen sie Backgammon. »Meistens gewinnt sie, pro Punkt gibt's zehn Cent«, sagt Peer Steinbrück. »Jedes Kräftemessen gibt ihm einen Kick«, sagt sie. Der Ministerpräsident a.D. tritt in die evangelische Kirche ein, 40 Jahre nach seinem Austritt. Auslöser des lange erwogenen Schrittes ist eine Predigt des rheinischen Präses Nikolaus Schneider in einem ökumenischen Gedenkgottesdienst für die Opfer der Tsunami-Katastrophe im Kölner Dom. Diese Predigt berührt ihn. Schon zuvor, während der Geburtstagsfeier eines gemeinsamen Freundes, fragt Schneiders Ehefrau Steinbrück nach seiner Kirchenzugehörigkeit. Er habe einst – wie er heute wisse – aus falschen Gründen die evangelische Kirche verlassen, antwortet Steinbrück. Worauf Anne Schneider keck reagiert: »Man kann auch wieder eintreten.« Nach dem Gedenkgottesdienst im Januar 2005 kommen Steinbrück und Präses Schneider über seine Überlegung, wieder der Evangelischen Kirche beizutreten, ins Gespräch. »Vor der Landtagswahl trete ich der Kirche nicht bei«, sagt Steinbrück dezidiert. Er will nicht den Eindruck erwecken, er tue dies aus Kalkül. Schneider bestärkt ihn in dieser Auffassung. Während des Aufnahmegespräches, zu dem Schneider Steinbrück aufsucht, reden die Männer sehr intensiv miteinander. Wenig später wird Steinbrück Mitglied der Sozialkammer der Evangelischen Kirche in Deutschland. Er besucht Kirchentage, auch wenn er bekennt: »Das Schlimme ist ja: Die singen immer.« Singen zählt zu den wenigen Dingen, von denen Steinbrück zugibt, dass er sie nicht beherrscht. Dennoch besucht er nun zuweilen Gottesdienste, und seine Kinder spotten, zu Heiligabend seien in der Kirche stets zwei Tonlagen zu vernehmen – eine der gesamten Gemeinde und eine ihres Vaters.

Schließlich liest Steinbrück Jürgen Leinemanns ›Höhenrausch‹, ein eindrucksvolles Buch über Politik, Macht und ihre Nebenwirkungen. Er habe sich nach der Lektüre gefragt, ob er suchtgefährdet sei, berichtet er. »Im Dialog mit meinem Rasierspiegel, das ist ein sehr ehrlicher Gesprächspartner, den man nicht anlügen kann, habe ich festgestellt: Ich bin nicht süchtig. Ich weiß, dass alle Süchtigen das sagen. Aber ich weiß es von mir tatsächlich.« Das klingt eine Spur selbstgefällig.

Suchtfrei hin, suchtfrei her, nach 15 Jahren als Staatssekretär, Minister und Ministerpräsident ist er nun nur noch einfacher Abgeordneter, und natürlich fehlt ihm etwas. »Opposition ist Mist. Ich kann das nur bestätigen«, sagt er. Ein wenig juckt ihn der Wahlkampf doch, wenn er verkündet, die CDU-Kanzlerkandidatin Merkel sei »offenkundig unsicher und fachlich nicht sattelfest«. In der SPD gilt es als offenes Geheimnis, dass Hans Eichel nicht wieder Finanzminister wird; dessen Verhältnis zu Schröder ist erkaltet. Es wird gemunkelt, Steinbrück verzichte nur wegen schlechter Wahlaussichten auf die Berliner Option. Doch handelt es sich bei der Absage um sein letztes Wort? Die Zweifel daran wachsen, und als Steinbrück gefragt wird, wie lange sein Nein gelte, deutet er einen Meinungsumschwung an. »Im Augenblick stellt sich die Frage nicht«, sagt er im Juli 2005. Will er seine Karriere wirklich als Hinterbänkler im Landtag beenden? »Das habe ich nicht gesagt«, stellt er klar. »Steinbrück ist gesetzt«, heißt es bald in der Sozialdemokratie.

Dabei deuten alle Umfragen auf eine schwarz-gelbe Koalition. In der Endphase des Wahlkampfes macht sich Steinbrück immer stärker bemerkbar. Auch er bedient sich nun einer erkennbar neuen, linken Rhetorik. »Kündigungsschutz, Tarifautonomie, Mitbestimmung – da kann es für die SPD keine Abstriche geben«, verkündet er. Nach längerer Medienabstinenz tritt er in der ARD-Sendung ›Wahlcheck‹ auf und erläutert hier die Arbeitsmarkt- und Wirtschaftspolitik seiner Partei. An eine Neuauflage der rot-grünen Koalition glaubt Steinbrück jedoch nicht mehr. Die einzige Machtoption erkennt er in einer großen Koalition, und so pirscht er sich rhetorisch an dieses von der Partei ungeliebte Bündnis heran. Das klingt dann so: »Ich glaube, dass eine Gesellschaft wie die Bundesrepublik Deutschland in einigen zentralen Fragen eine Kooperation über Parteigrenzen hinaus braucht – gerade, wenn es sich um wegweisende und wirklich langfristige Vorhaben handelt.« Die Menschen, sagt Steinbrück, wollten Lösungen haben »und nicht parteipolitische Rituale, mit denen man sich nur voneinander abgrenzt«. Auf den letzten Metern des Wahlkampfes gegen parteipolitische Rituale zu wettern, das lässt Ambitionen erkennen.

Kurz vor der Wahl folgt Steinbrück der Einladung einiger SPD-Abgeordneter in den »Kölschen Römer«, eine Kneipe am Berliner Bahnhof Friedrichstraße. Die Zuversicht wächst in dieser Phase, die Abgeordneten lassen Steinbrück zuliebe einen Tag ihren Wahlkampf sausen und hängen an dessen Lippen. Schon wird spekuliert, Steinbrück werde womöglich Vizekanzler. Müntefering sieht sich genötigt klarzustellen, er selbst werde nach der Wahl die Koalitionsverhandlungen führen. Die Grünen in NRW kleben derweil Plakate mit der Parole »Gegen die große Koalition hilft nur eins: Zweitstimme Grün«. Darauf ist zu sehen, wie Peer Steinbrück Angela Merkel anlächelt.

Nach einem erheblichen Rückstand in den Umfragen nähert sich die SPD bei der Bundestagswahl am 27. September 2005 noch einmal der CDU/CSU. Den Nachmittag des Wahltages verbringt Steinbrück im Kanzlerbüro, gemeinsam mit Schröder, Steinmeier, Müntefering und anderen. Steinmeiers Planungschef Heiko Geue empfängt über sein Mobiltelefon die Zahlen aus den ersten Nachwahlbefragungen und verkündet sie sogleich. Die Runde kann das überraschend schlechte Abschneiden der Union und die unerwartet guten Zahlen der SPD kaum fassen. »Gehen Sie bitte wieder raus und kommen Sie mit noch besseren Zahlen wieder rein«, ruft Steinbrück Geue zu. Später fährt man ins Willy-Brandt-Haus. Im Laufe des Abends stabilisieren sich die Umfragen. Während Merkel enttäuschende 35,2 Prozent einfährt, holt die SPD mit ihrem Zugpferd Schröder gefühlt sensationelle 34,2 Prozent. Die FDP kommt auf 9,8 Prozent, für die Grünen stimmen 8,1 Prozent, für die Linke 8,7 Prozent. Rot-Grün ist damit abgewählt, doch Union und FDP fehlt ebenso eine Mehrheit.

Bei der wohl bizarrsten Elefantenrunde nach einer Bundestagswahl hält Schröder vor laufenden Kameras seinen Machtanspruch aufrecht und schließt ein Bündnis seiner Partei unter Führung der Union aus. Heute sagt Schröder, er habe zu diesem Zeitpunkt längst mit einer großen Koalition gerechnet. Er habe sich daher für einen Abgesang entschieden nach dem Motto: »Das machst du genau so, wie du angetreten bist. Kontinuität ist ja wichtig.« Schröder strotzt vor Stolz. Steinbrück spielt dieses belustigend-irreale Spiel zunächst mit. »Der Hinweis von CDU/CSU, dass immer der stärkere Partner den Regierungschef stellen muss, steht nicht in Stein gemeißelt; und es gibt Beispiele in Deutschland, wo das keineswegs der Fall war«, behauptet Steinbrück. Er plädiert am Wahlabend für eine große Koalition unter Kanzler Schröder. »Wir wären doch bescheuert, wenn wir was anderes machen würden«, sagt Steinbrück. Er lässt durch einen Vergleich mit Tarifverhandlungen (»Man fängt bei 6,4 Prozent an, um dann bei 3,5 Prozent zu landen«) jedoch erkennen, dass das nicht sein letztes Wort ist.

Und wie sieht er seine eigene politische Zukunft? »Die Frage beantworte ich heute nicht«, sagt Steinbrück am Wahlabend. Immer öfter wollen Reporter wissen, was er künftig macht. In dieser Situation bemüht er sich stets um einen ernsten Gesichtsausdruck und antwortet: »Ich werde Leistungssportler.« Nach einer Weile lässt Müntefering den Führungsanspruch Schröders fallen, de facto akzeptiert die SPD damit die Kanzlerschaft Angela Merkels. Die CDU-Chefin und designierte Regierungschefin und Steinbrück kennen sich nur flüchtig. Bei einem Treffen im Lokal »Sale e Pepe« in Charlottenburg wollen sie das ändern. »Ich konnte mich mit ihr sehr unverkrampft, sachlich, keineswegs humorlos unterhalten«, schwärmt er anschließend. Noch während der Koalitionsverhandlungen treffen Merkel und Steinbrück gemeinsam EU-Währungskommissar Joaquín Almunia.

Steinbrück und sein politischer Partner Roland Koch leiten bei den Koalitionsverhandlungen die Fachgruppe Haushalt und Finanzen. Entsprechend reibungslos geht es zur Sache. Steinbrück arbeitet in dieser Phase noch ohne Büro und Mitarbeiter, was sich etwa in seiner unbedachten öffentlichen Äußerung zeigt, der Bund solle doch die Autobahnen privatisieren. Während der Gespräche steigt Steinbrück im Hotel Esplanade im Tiergarten ab, hier logierte einst schon Johannes Rau. Parteifreunde, die sich mit Steinbrück in der Hotelbar treffen, wundern sich, dass er von den Verpflichtungen eines Bundesfinanzministers offenbar wenig weiß. Steinbrück erweist sich als typischer Landespolitiker, der das Ausmaß der Bundespolitik nur bedingt erfasst. Barbara Hendricks, seit 1998 Parlamentarische Staatssekretärin im Finanzministerium, weist Steinbrück auf die vielfältigen internationalen Anforderungen an den Minister hin. Die Treffen von Ecofin, Sonder-Ecofin, G7 und G20 seien so zeitraubend, dass er sich im inländischen parlamentarischen Tagesgeschäft Arbeit abnehmen lassen müsse, sagt Hendricks ihm. Steinbrück nimmt diese Hinweise nicht ernst. »Er tat ganz so, als ob wir dramatisierten«, sagt Barbara Hendricks heute: »Nach drei Monaten im Amt kam er auf uns zu und gab zu erkennen, dass er unsere Ratschläge inzwischen als hilfreich zu schätzen gelernt habe.« Ein anderer Vertrauter warnt Steinbrück vor der Art und Weise, wie das Finanzministerium berät und welche Fehler das Haus im Umgang mit Eichel gemacht habe.

Während der Gespräche mit der Union gibt sich Steinbrück bescheiden. Er wolle den Mund nicht zu voll nehmen, kündigt er an. Um das Schicksal seiner Vorgänger wissend vermeidet er es, große Ziele zu formulieren: »Dass die Nettokreditaufnahme bis zum Ende der Legislaturperiode auf null reduziert werden kann, halte ich zum Beispiel für aussichtslos.« Eine »schwarze Null« prognostiziert er für das Jahr 2011. Steinbrück will realistischer rechnen als Hans Eichel, dessen Konjunkturprognosen sich als Wunschdenken erwiesen. Derlei Selbstbetrug will er vermeiden.

Steinbrück und Koch bemühen das Schreckgespenst des Haushaltsnotstandes, um die Mehrwertsteuererhöhung durchzusetzen. Dabei sprudeln die Steuerquellen. Steuersenkungen schließt die Koalition aus, die Union trägt gar die »Reichensteuer« mit. Die Koalition hebt die Versicherungssteuer an. Die Mehrwertsteuer wird um drei Prozentpunkte erhöht. Die Union war so ehrlich und hatte vor der Wahl eine Anhebung um zwei Punkte vertreten, und die SPD hatte dagegen Front gemacht, teilweise gar Unterschriften gesammelt. Nun wird aus zwei plus null drei. Aus Sorge, den labilen Aufschwung wieder abzuwürgen, wird die Mehrwertsteuer nicht zum 1. Januar 2006, sondern erst zum 1. Januar 2007 erhöht. Kein anderes Projekt kostet die große Koalition mehr Vertrauen, auch wenn damit der Arbeitslosenversicherungsbeitrag sinkt. Die rotgrüne Regierung beschließt die größte Steuersenkung, die große Koalition die größte Steuererhöhung in der Geschichte der Bundesrepublik.

Der Koalitionsvertrag hebt hervor, wie wichtig der »Finanzplatz Deutschland« sei, und legt eine weitere Liberalisierung fest. »Produktinnovationen und neue Vertriebswege müssen nachdrücklich unterstützt werden«, heißt es. Hier wird die Einführung von Real Estate Investment Trust (Reits) und der »Ausbau des Verbriefungsmarktes« festgeschrieben. Union und SPD wollen eine »Überarbeitung der Regelungen für den Bereich Private Equity«. Die Finanzmarktaufsicht solle »mit Augenmaß« geschehen, außerdem will man »überflüssige Regulierungen abbauen«.

Die Koalitionsvereinbarung zwischen Union und SPD ist kein Ausweis an Prinzipienfestigkeit. Mit diesem anpassungsfähigen Papier präsentiert die große Koalition vielmehr den kleinsten gemeinsamen Nenner.

Formal erstellt der SPD-Vorsitzende Müntefering die sozialdemokratische Ministerliste. Doch der scheidende Kanzler Schröder macht hier seinen Einfluss geltend. Zahl und Zuschnitt der Ministerien werden von Schröder mitbestimmt, ebenso macht er sich für die Personalie Steinbrück stark. Als es Ende 2005 darum geht, Steinbrück als Bundesfinanzminister zu nominieren, zögert Müntefering. Er will keinen allzu starken Mann im Kabinett. Er erwägt daher, den schleswig-holsteinischen Finanzminister Ralf Stegner nach Berlin zu berufen. Der wäre ihm zeit seines Lebens dankbar und für einen Arbeitsminister Müntefering mit dem größten Etat des Haushaltes ein bequemer Partner. Dann rückt Müntefering von diesem Plan ab. Stegners Ruf in Berlin ist durchwachsen.

Von Anfang an setzt die SPD auf eine »Augenhöhe« mit der CDU/CSU. Die große Koalition soll wahrgenommen werden als ein Bündnis zweier gleich starker Partner. Als die Union in den Verhandlungen das Kanzleramt durchsetzt, beanspruchen die Sozialdemokraten das Auswärtige Amt und das Bundesfinanzministerium (BMF). Neben diesen Schlüsselressorts erhalten sie sechs weitere Ministerien. Auf das BMF setzt die SPD von Beginn an. Bereits kurz nach der Wahl bemüht sich der scheidende Kanzleramtsminister Steinmeier um den Haushaltsexperten Werner Gatzer als Staatssekretär. Er wirkt seit 1990 im BMF, war Büroleiter Eichels und ist seit wenigen Monaten Geschäftsführer der Finanzagentur des Bundes. Gatzer sagt grundsätzlich zu. Steinbrück wiederum, der Gatzer allenfalls flüchtig kennt, will als Haushalts Staatssekretärin Angelika Marienfeld, seine einstige Staatskanzleichefin, berufen; sie gilt als exzellent. Doch die Sozialdemokratin Marienfeld ist inzwischen Staatssekretärin des nordrhein-westfälischen Finanzministers Helmut Linssen (CDU). Sie sagt Steinbrück aus privaten Gründen ab.

Noch vor Steinbrücks Vereidigung empfängt ihn sein Vorgänger Eichel im Ministerium. Steinbrück nimmt sogleich den Schreibtisch eines Eichel-Beraters in Beschlag. Während der Koalitionsverhandlungen meidet er den Kontakt zu den – ihm weitgehend unbekannten – Haushalts- und Finanzpolitikern von Union und SPD. Steinbrück redet lieber mit den »Großen«. Der Bundesfinanzminister müsse »Spaßverderber«

sein, sagt er über seine künftige Aufgabe. Allerorten ist das Lob groß für den künftigen Minister. Arbeitgeberpräsident Dieter Hundt nennt Steinbrück kompetent, stark und durchsetzungsfähig. »Ich begrüße diese Personalie«, sagt er. Selbst vom Münchner Ifo-Institut und den Länderfinanzministern der Union kommt Zustimmung.

Parallel dazu nominiert die NRW-SPD Mitte Oktober Steinbrück als stellvertretenden Parteivorsitzenden. Kurz darauf wirft Müntefering beleidigt sein Amt als SPD-Vorsitzender hin, weil sein Vertrauter Kajo Wasserhövel bei der Wahl zum Generalsekretär Andrea Nahles unterliegt. Brandenburgs Ministerpräsident Matthias Platzeck wird neuer Parteichef. Auf dem SPD-Bundesparteitag in Karlsruhe werden geradezu unmenschliche Erwartungen an Platzeck deutlich. »Wir brauchen keinen Messias, wir haben einen Matthias«, schwärmt der neue Generalsekretär Hubertus Heil. Die SPD stimmt in Karlsruhe dem Koalitionsvertrag einschließlich der Ministerliste zu. Steinbrück, der kein Delegierter ist, verfolgt das Geschehen von der Empore aus. Platzeck werden fünf Stellvertreter zur Seite gestellt: Kurt Beck als Erster unter Gleichen, Steinbrück und die politischen Leichtgewichte Bärbel Dieckmann, Elke Ferner und Ute Vogt.

Am 22. November 2005 wählt der Bundestag Angela Merkel zur Bundeskanzlerin, noch am Nachmittag werden die Minister vereidigt – acht Sozialdemokraten und sechs Christdemokraten. Steinmeier beerbt Joschka Fischer als Außenminister, Vizekanzler und Arbeitsminister wird Franz Müntefering. Der Sozialdemokrat Wolfgang Tiefensee übernimmt das Verkehrsressort, Sigmar Gabriel das Umweltministerium. Justizministerin Brigitte Zypries, Gesundheitsministerin Ulla Schmidt und Entwicklungshilfeministerin Heidemarie Wieczorek-Zeul bleiben im Amt. Auf Unionsseite wird Wolfgang Schäuble Innenminister, Michael Glos Wirtschaftsminister und Franz Josef Jung Verteidigungsminister. Das Bildungsressort übernimmt Annette Schavan. Bitter vermissen werden die Sozialdemokraten das Familienministerium, in dem nun Ursula von der Leyen die Politik ihrer Vorgängerin Renate Schmidt fortsetzt. Landwirtschaftsminister wird Horst Seehofer, neuer Chef des Kanzleramtes Thomas de Maizière. Finanzminister ist nach einem Vierteljahrhundert wieder ein Volkswirt. Peer Steinbrück leistet seinen Eid mit der religiösen Beteuerung »so wahr mir Gott helfe«; bei seiner Vereidigung als Ministerpräsident drei Jahre zuvor verzichtete er auf diesen Nachsatz. Seine neue Aufgabe beschreibt er mit der ihm eigenen Ironie, indem er Robert Anderson zitiert, der einst Finanzminister unter Eisenhower war. »Der Finanzminister, der populär sein möchte«, lautet Andersons Bonmot, »der hat seinen Beruf verfehlt.«

NASHORN

Für Peer Steinbrück setzt sich das Leben in Ministerialbüros nach nur knapp halbjähriger Pause fort. Das Bundesfinanzministerium ist im einstigen Luftfahrtministerium Hermann Görings untergebracht. Architekt des Baus mit seiner 300 Meter langen Hauptfront an der Berliner Wilhelmstraße war Ernst Sagebiel. Rund 5000 Bauarbeiter konstruierten in den Jahren 1935/36 das Haus mit seinen langen Gängen, hohen Räumen und dem Paternoster, der bis heute seine Runden dreht. Göring bereitete hier mit Hitler den Zweiten Weltkrieg vor. Während des Krieges blieb das Gebäude fast unzerstört. Wilhelm Pieck wurde hier zum ersten Staatspräsidenten der DDR gewählt, Haus der Ministerien hieß es später. Am 17. Juni 1953 kam es vor dem Gebäude zu großen Demonstrationen. Nach der Vereinigung Deutschlands bezogen zuerst Außenstellen des Bundesfinanzministeriums und des Bundesrechnungshofs sowie die Treuhandanstalt das Haus. Es wird nach dem von der RAF ermordeten Treuhand-Chef Detlev Karsten Rohwedder benannt. Seit 1999 ist das Haus erster Sitz des Bundesfinanzministeriums. Rund 1300 Menschen arbeiten entlang der scheinbar unendlichen Büroflure.

Das Ministerbüro befindet sich in Zimmer 4348, im vierten der fünf Stockwerke, und es ist gerade einmal 45 Quadratmeter groß. Die Wände des Dienstzimmers sind nicht eben hoch, von den Fenstern aus blickt man auf den ziemlich kargen Innenhof des Ministeriums und den Martin-Gropius-Bau. Viele Ministerbüros sind wesentlich herrschaftlicher. Der Finanzminister amtiert, der Wirtschaftsminister etwa residiert. Steinbrück richtet sein Büro ähnlich bescheiden ein wie Eichel. Auf die in Ministerbüros übliche Deutschlandfahne verzichtet er. Auf dem Fensterbrett steht ein Modellschiff, hinter dem Sideboard hängen zwei Gemälde von Klaus Kumrow, Nr. 5 und Nr. 8, ohne Titel. James Dean ist als Porträt des Künstlers Gottfried Helnwein präsent. Auf einem Sideboard steht ein Nashorn, einen halben Meter lang, 30 Zentimeter hoch, geschaffen von dem Düsseldorfer Künstler Peter Nagel. Das Nashorn stand schon in früheren Wirkungsstätten Steinbrücks. Einmal brach ihm eine Putzfrau versehentlich den Schwanz ab. Das Nashorn ist Steinbrücks Lieblingstier. »Es kommt ganz langsam in Gang«, sagt er, »aber wenn es einmal in Gang gekommen ist, dann ist es nicht mehr aufzuhalten.« Manchmal tritt Steinbrück wie ein Nashorn auf. Und noch ein vertrautes Exponat findet den Weg in die Wilhelmstraße: der dritte Band des »Kapitals«, in den Steinbrück einst ein Wiegemesser jagte. Privat bezieht der Finanzminister ein Appartement am Rande des Tiergartens, das zuvor sein Freund Wolfgang Clement nutzte.

Bereits am 23. November, seinem ersten ganzen Tag als Minister, mokiert sich Steinbrück über seinen Vorgänger Eichel. »Ich werde auf meinem Schreibtisch keine Sparschweine aufstellen«, kündigt er an. Sparschweine seien eben nicht besonders ästhetisch, sagt Steinbrück, später nennt er sie gar »Kitsch«. Es ist eine politische Ansage. Eichel hatte sich als sparsamer Hans inszeniert, der Finanzpolitik nur kameralistisch betreibt. Er war der vorerst letzte Haushaltsminister, der primär auf Einnahmen und Ausgaben schaute. Politisch war er damit wenig erfolgreich, zumal nach dem Drama um seine »Giftliste«, die er in den Koalitionsverhandlungen drei Jahre zuvor präsentierte. »Hans, lass mal gut sein«, hatte Schröder ihn ermahnt. Damit verlor er die wohl wichtigste Waffe eines Finanzministers, das Vertrauen und die Rückendeckung des Kanzlers. Steinbrück weiß, dass sich Eichel von seinen Staatssekretären im Finanzministerium stets drücken und schieben ließ. Im Kabinett verlas er ausführliche Sprechzettel und redete sich mit Pedanterien um Kopf und Kragen. Steinbrück kündigt daher an, er wolle »weder Eisenbeißer noch reiner Buchhalter« sein. Er versteht sich nicht als Kassenwart, der auf dem Geld sitzt, will gestalten – und nicht nur eine scheinbar wertneutrale Finanzpolitik verwalten. Er will wissen, wie sich die Politik auf Jobentwicklung und Wirtschaftsentwicklung auswirkt. Er will mehr betreiben als nur Finanz- oder gar Haushaltspolitik. Dazu baut er die Grundsatzabteilung aus, ergänzt um Referate, die sich mit der Familien- oder Bildungspolitik befassen sollen. Den Steuerzahler wird diese Haltung teuer zu stehen kommen. Bei alldem profitiert Steinbrück ganz erheblich von Eichels Arbeit. Dieser nämlich bemühte sich um eine Haushaltskonsolidierung bei zuletzt schlecht laufender Konjunktur. Steinbrück beginnt in weitaus bequemeren Zeiten zu regieren.

Schon nach der ersten Personalversammlung sind Eichels Staatssekretäre, der parteilose Gerd Ehlers und der oft überforderte Sozialdemokrat Volker Halsch, ihre Jobs los. Zuvor verlässt auf eigenen Wunsch Caio Koch-Weser das Haus. Steinbrück beruft die Sozialdemokraten Werner Gatzer, Thomas Mirow und Axel Nawrath zu seinen Staatssekretären. Gatzer wird für den Haushalt zuständig, in der entsprechenden Abteilung des Bundesfinanzministeriums hatte er 1990 seine Karriere begonnen. Mirow ist der einzige der drei Staatssekretäre, den Steinbrück kennt. Er war Hamburger Wirtschaftssenator, als Steinbrück dieses Ressort in Kiel führte. Mirow kümmert sich um Grundsatzthemen, internationale Finanzfragen und die Europapolitik. Einst Büroleiter Willy Brandts und Sprecher des Hamburger Bürgermeisters Klaus von Dohnanyi, hat er zuletzt für die Unternehmensberatung Ernst & Young gearbeitet. Nawrath schließlich, der von der Deutschen Börse kommt, aber lange im Finanzministerium gearbeitet hat, ist für die Themen Steuern, Beziehungen zu den Ländern und Recht zuständig. Nawrath gilt mit seinem Hang zu derber Sprache und proletarischem Gehabe im Hause als verhandlungsstarker und erfolgreicher Krawallmacher, als »charakterlich schwierig« und bei der Opposition als »großer Trickser«. In der Spitze des Ministeriums sind nur Männer tätig. Die fehlende Präsenz von Frauen ist ein nicht zu unterschätzender Nachteil bei der Leitung eines solchen Hauses.

Parlamentarische Staatssekretäre bleiben die Sozialdemokraten Karl Diller und Barbara Hendricks; Letztere wird 2007 Schatzmeisterin der SPD und daher von Nicolette Kressl abgelöst. Diller vertritt den Minister im Haushaltsausschuss und ist in der verschworenen Gemeinschaft der Haushälter ein alter Hase. »Diller ist der klassische Ausputzer«, sagt ein Haushaltspolitiker durchaus wohlwollend. Wie Diller diente auch Hendricks schon den Finanzministern Lafontaine und Eichel. Hendricks gilt als energisch und durchsetzungsstark, sie vertritt Steinbrück stets im Finanzausschuss. Hendricks agiert aggressiver und politischer als Diller. Der Minister selbst lässt sich in den Ausschüssen nur selten sehen.

Der in der späteren Finanz- und Wirtschaftskrise wohl einflussreichste Berater Steinbrücks ist Jörg Asmussen. Er beackert die internationalen Finanzmärkte seit zehn Jahren und machte einst in der Kapitalmarktabteilung Karriere. Früh ist klar, dass er beizeiten Mirow als Staatssekretär ablösen wird. Dazu kommt es im Jahre 2008, als Mirow Präsident der Osteuropabank in London wird. Zunächst verantwortet Asmussen die Finanzmarktpolitik (Abteilung VII) des Ministeriums. Der Sozialdemokrat Asmussen arbeitet seit Theo Waigels Zeiten im Ministerium. In der Krise ist Asmussen der Fachmann schlechthin. »Jörg Asmussen hört jeden Floh in Luxemburg, Paris oder London husten«, sagt sein einstiger Vorgesetzter Hans Eichel: »Er ist hervorragend vernetzt und vor allem: Er ist ein sehr guter Ökonom, pragmatisch und nicht dogmatisch.« Asmussen hat einen klaren Kopf; er spricht Englisch, Französisch und Italienisch. Er kennt sich auf den internationalen Finanzmärkten aus und pflegt umfangreiche Kontakte. Er und Jens Weidmann, der Wirtschaftsberater der Kanzlerin, kennen sich lange. Beide studierten einst in Bonn bei Axel Weber, der von 2004 bis 2011 Präsident der Bundesbank ist. Asmussen ist Anfang 40, hat sich einen jugendlichen Charme bewahrt, taucht zuweilen noch nach langen Arbeitstagen auf Partys auf. Er legt keine Arroganz an den Tag. Er wird auch in der FDP geschätzt. Der Abgeordnete Otto Fricke, von 2005 bis 2009 Vorsitzender des Haushaltsausschusses, nennt Asmussen einen »sehr guten beamteten Staatssekretär«. Asmussen habe die »Opposition stets ordentlich informiert, durchaus über das gewöhnliche Maß hinaus«.

Zum Chef des Leitungsstabes mit der Dreifach-Zuständigkeit für Ministerbüro, Planung und Kommunikation macht Steinbrück Heiko Geue, der zuvor Planungschef von Kanzleramtschef Steinmeier war. Als Assistentin des Ministers arbeitet Sonja Stötzel, sie begleitete Steinbrück bereits als Finanzminister in Düsseldorf. Redenschreiber wird Christian Gorges; auch er war für Steinbrück schon in Nordrhein-Westfalen tätig.

Steinbrück bringt also – neben Mirow – nur zwei Vertraute in das Ministerium mit. Pressesprecher wird Torsten Albig, der schon für die Finanzminister Lafontaine und Eichel tätig war. Albig gibt für Steinbrück seine Aufgabe als Haushalts- und Kulturdezernent in Kiel ab und kommt nach Berlin zurück. Steinbrück und Albig arbeiten aber fortan eng und vertrauensvoll zusammen. Albig, der in der Steuerpolitik firm ist, erteilt ihm auch strategischen Rat. Er ist mehr als nur ein Sprecher, begegnet dem Minister auf Augenhöhe und widerspricht ihm zuweilen. Albig ist ebenso wie sein Chef ein wortgewaltiger Mann mit Freude an Formulierungen. Manche Metapher und manches Wortspiel aus Steinbrücks Mund hat Albig erfunden. Er beherrscht es dabei weitaus besser als andere Sprecher, sich in das Denken, die Logik und die Sprache seines Ministers hineinzufühlen. Außerdem kennt er das Ministerium gut und besitzt einen Zugang zur gesamten fachlichen Breite des Hauses. Daneben ist er mit den Finanzjournalisten in Berlin vertraut. Albig betreibt für Steinbrück nicht nur eine fachliche, sondern eine politische Kommunikation, die das notwendige Pendant ist zu dessen »gestaltender Finanzpolitik«.

Torsten Albig empfängt wenige Tage vor Heiligabend 2011 in seinem geräumigen Dienstzimmer als Oberbürgermeister von Kiel. Der holzvertäfelte Raum wirkt gemütlich, auf Albigs Schreibtisch liegt ein riesiger Stapel Zeitungen. Ohne ein Schiffsmodell kommt das Büro eines Kieler Stadtoberhauptes nicht aus. Albig bietet Weihnachtsplätzchen an. Ziemlich genau sechs Jahre zuvor begann er seine Arbeit als Sprecher des Bundesfinanzministers – in sechs Monaten wiederum wählt Schleswig-Holstein seinen Landtag. Der Spitzenkandidat der SPD heißt Albig, er hat sich intern gegen Steinbrücks Intimfeind Ralf Stegner durchgesetzt. Nun hat er gute Chancen, Ministerpräsident im hohen Norden zu werden und eines Tages vielleicht noch mehr.

Steinbrück und Albig kannten sich im Jahre 2005 noch nicht. Bei ihrem ersten Gespräch definieren sie ihre beiderseitigen Vorstellungen von einer gemeinsamen Arbeit. Für Albig war dabei wichtig, dass Steinbrück sich von seinen Mitarbeitern wirklich beraten lassen wollte. »Als Sprecher des Bundesfinanzministers kann man nicht erfolgreich sein, wenn man nur vorgefertigte Texte zu verlesen hat«, sagt Albig. Er bietet ihm im Gegenzug an, »selbstbewusst und schnell zu agieren und vor allem immer meine Meinung zu sagen. Außerdem versicherte ich ihm, dass ich eine deutliche Ansprache gut ertragen könnte«. Steinbrück und er hätten »Missverständnisse und Ärger immer sobald als möglich ausgeräumt«, sagt Albig: »Hier und da haben wir uns durchaus lautstark auseinandergesetzt. Gewiss kann Steinbrück lauter werden. Er besaß aber immer die Größe, anschließend um Entschuldigung zu bitten, wenn er zu heftig geworden war. Außerdem verübelte es Steinbrück nicht in alle Ewigkeit, wenn man in emotional aufgeheizten Situation übers Ziel hinausschoss.« Steinbrück suche den Widerstand, sagt Albig. Unter den Finanzministern Lafontaine, Eichel und Steinbrück »hat Steinbrück mit Abstand am stärksten auf kritischen Dialog und Beratung gesetzt«.

Dienstagabends, also einen Tag vor der Kabinettssitzung, kommen die Staatssekretäre zusammen und tagen mit dem Minister und seinen engsten Mitarbeitern. Diese Runde, großspurig »Kollegium« genannt, bespricht die politisch relevanten Themen. Man duzt sich und tagt manchmal bis weit in den Abend. Der Minister bittet zuweilen um Einschätzungen und Rat, meistens gibt er Anweisungen. Die Staatssekretäre notieren mit. Eine formale Hierarchie ist nicht erkennbar. In den Jahren 2008/09, während der Finanz- und Wirtschaftskrise, dominieren Asmussen und seine Themen die Sitzung.

Steinbrücks unmittelbare Mitarbeiter treffen sich meistens einmal pro Woche zur sogenannten Bürolage. Hier geht es um den Terminkalender des Ministers, anstehende Reden, die Annahme oder Absage von Anfragen, um Interviews und damit verbundene Botschaften. Mit seinen engen Mitarbeitern steht Steinbrück im ständigen Kontakt. Wie die Kanzlerin schickt auch er gern Kurzmitteilungen von Mobiltelefon zu Mobiltelefon. Bei Telefonaten hält er sich norddeutsch knapp, etwa wenn ihm ein Staatssekretär einen Sachverhalt geschildert hat und er ihm antwortet: »Mach was!« Verständnislos reagiert Steinbrück auf Unstimmigkeiten in seiner unmittelbaren Umgebung. Steinbrück erscheint meist, wenn er nicht unterwegs ist oder andere Termine hat, gegen 8.30 Uhr im Ministerbüro, seine Mitarbeiter fangen gegen 8 Uhr an. Sich selbst und seinen Leuten verlangt Steinbrück viel ab. Doch ebenso lässt er seine Mitarbeiter selbstständig wirken. »Wenn Ihnen einmal ein Fehler unterläuft, stehe ich hinter Ihnen«, habe Steinbrück versichert, sagt sein Planungschef Geue heute.

Hans Eichel ließ sich leiten, Peer Steinbrück leitet das Bundesfinanzministerium. Gewiss, die Beamten des Hauses versuchen zunächst Entscheidungen des Ministers zu ignorieren. Seine volkswirtschaftlichen Kenntnisse aber verschaffen ihm unter den Fachbeamten Reputation. Doch Steinbrück lässt nicht zu, dass das zu Unterwürfigkeit führt. Steinbrück fordert seine Leute auf: »Ich möchte Ihre Meinung hören.« So hatte er es selbst – vor bald drei Jahrzehnten – als »Hilfsreferent« von Kanzleramtschef Schüler vernommen. Sind sich zwei Abteilungen nicht einig, will Steinbrück die Auffassungen beider hören. Er setze auf Dialog, behauptet er. Die Vorlagen müssen für Steinbrück präziser und kürzer werden als unter Eichel. Steinbrück verlangt drei Seiten, maximal vier Seiten, gegliedert nach: Sachverhalt, Alternative und Votum. »Gabelfertig« nennt er diese Struktur. Wie einst bei Kanzler Schmidt. Die Sprechzettel, die der Minister für das Kabinett und wichtige Verhandlungen benötigt, sollen ebenso knapp und auf den Punkt formuliert sein. Steinbrück möchte nicht mit allen möglichen Details und Informationen überschwemmt werden. Er will nicht im Kabinett vortragen und zu mehreren Dutzend – vermeintlich gleich wichtigen – Punkten Stellung nehmen. Steinbrück ist der Auffassung, Eichel habe prioritätenfrei agiert. Die Vorlagen und Sprechzettel, die Steinbrück erhält, unterstreicht er und versieht sie mit Notizen und Kringeln. Zuweilen kommentiert er sie. »Sehr informativ« etwa vermerkt er in der grünen Ministertinte.

In seiner ersten Bundestagsrede als Finanzminister schildert Steinbrück am 1. Dezember 2005, wie er sein Amt versteht und wie er es ausfüllen will. Der Haushalt 2006 ist noch von der alten Regierung aufgestellt worden. Steinbrück ist für die Bundeshaushalte ab 2007 zuständig. Steinbrück will politische Schwerpunkte setzen und über Prioritäten entscheiden. Ordentliche Haushaltsführung und Gestaltungsansprüche – so lautet seine Formel. Er spricht von einer »gestaltenden Finanzpolitik«. Es sei »aussichtslos«, die Haushaltsprobleme nur aus fiskalischer Perspektive und mit fiskalischen Anstrengungen zu lösen, sagt er. Mit dieser Analyse spiegelt er den Koalitionsvertrag. Elfmal spenden ihm die Abgeordneten von Union und SPD gemeinsam Beifall. »Dieser Bundeshaushalt hat sehr viel weniger ein Ausgabenproblem und sehr viel mehr ein Einnahmeproblem«, dieser Satz löst Applaus bei der SPD aus. Deren Vertreter sind angetan von Steinbrücks Hinweis, er hätte die für Ledige ab 250 000 Euro greifende Reichensteuer schon ab der Hälfte jenes Jahreseinkommens verlangt. Steinbrück gibt den Konsens-Mann, beschwört einen »Gesamtzusammenhang«, den nur eine große Koalition herzustellen vermöge. Im Haushalt machten allein die großen Ausgabenblöcke für Rente, Arbeitsmarkt, Zinsen, Personal und Zuwendungen 72 Prozent aus. Nur 28 Prozent entfielen auf teilweise sehr wichtige Aufgaben »nach der neuen Rechtschreibreform zu bezeichnen mit den drei Fs: nämlich Verkehr, Verteidigung und Forschung und Entwicklung«. Mit derlei Humor erntet Steinbrück Freude im Hohen Haus, auch wenn sein »F«-Gag ähnlich alt ist wie sein Klagelied über die »Verkarstung« des Haushaltes. Dies stimmte er schon in Düsseldorf an.

Freude in den Reihen der Koalition löst Steinbrück aus, als er sich mit den kühnen bis absurden Forderungen der FDP befasst. »Wer meint, er könne in diesem Haushalt in einer Radikaloperation 10, 15, 20, 25 Milliarden Euro auf einmal herausschneiden, der irrt!«, ruft er ins Plenum: »Das ist Voodoo-Fiskalpolitik!« Schon bald werden derlei Summen geradezu gering erscheinen. Er attackiert den FDP-Finanzpolitiker Hermann Otto Solms und sagt, nicht die Steuerquote sei in Deutschland das Hauptproblem, sondern die zu hohen Lohnzusatzkosten. »Steuersenkungen sind gar nicht mehr möglich«, sagt Steinbrück unter Verweis auf die Maastricht-Kriterien und die Verschuldungsgrenze im Grundgesetz.

Markante Auftritte im Parlament werden Steinbrück noch öfter gelingen. Die Einwände und Kritik der Opposition bewertet er wie ein Schulmeister. Dabei erweisen ihm die Haushaltsexperten der Opposition Respekt. Umso erstaunter ist Steinbrück, dass ihn die meisten Haushaltspolitiker fraktionsübergreifend zum Sparen auffordern. Schnell aber analysiert er, dass ihm diese zumeist pragmatischen Abgeordneten wohlwollend gesonnen sind. In den Ausschüssen bemüht sich Steinbrück, nicht erkennen zu lassen, welchen Fragesteller er respektiert und wen er verachtet. Zuweilen fällt ihm das schwer. Im gemütlichen Teil einer Klausur der Haushaltspolitiker hängen die Unions-Abgeordneten geradezu an Steinbrücks Lippen. Bei Weißwein und Zigarillos unterhält der Minister mit Sottisen und Witzen. Während etliche SPD-Parlamentarier fliehen, sind ihre CDU-Kollegen für Steinbrück ein dankbares Publikum.

Otto Fricke hat den Vorsitz im Haushaltsausschuss nach der Wahl 2009 abgegeben. Er hat es von der Opposition in die Regierung geschafft, ist Parlamentarischer Geschäftsführer der FDP-Fraktion und betreibt dort ein mühsames Geschäft. Während er an einem Vormittag im Dezember 2011 über seine Zeit mit Steinbrück spricht, erfährt Fricke, dass der FDP-Generalsekretär Christian Lindner das Handtuch geworfen hat. »Ich mache es nicht«, tippt Fricke nun mehrfach in sein Smartphone. »Tretet das Thema bitte sofort aus«, bittet er seine Mitarbeiter. Für Peer

Steinbrück findet Otto Fricke nur gute Worte. »Die Bankenkrise und sein Plädoyer für den Einfluss des Staates auf die Finanzmärkte haben das Bild von Peer Steinbrück als Politiker mit Rückgrat begründet«, sagt er. Zu Steinbrücks 60. Geburtstag, erzählt Fricke, hätten Eduard Oswald, der Vorsitzende des Finanzausschusses, und er dem Minister eine Querflöte geschenkt. »Eine Piccoloflöte hätte nicht zu ihm gepasst, eine Blockflöte politisch ebenso nicht«, sagt Fricke. Am Rande des Bundestagsplenums überreichten die beiden Steinbrück das Instrument samt Gravur (»Ihrem Minister zum Geburtstag. Der Haushalts- und Finanzausschuss.«). Steinbrück habe perplex reagiert. »Er bedankte sich für seine Verhältnisse geradezu überschwänglich.« Das Bild des »arroganten« Steinbrück bemüht sich Fricke gar nicht erst zu malen. Im Gegenteil. »Doch wer Steinbrück gegenüber zu platt argumentiert oder zu angepasst oder gar unterwürfig auftritt, dem versagt er seinen Respekt«, sagt Fricke.

PAARLAUF MIT MERKEL

In den folgenden Wochen entsteht eine gute, reibungsarme Zusammenarbeit zwischen Kanzlerin und Finanzminister. Steinbrück und Merkel verstehen sich. Beide wurden in Hamburg geboren, sind durch und durch norddeutsch geprägt und ausgesprochen begriffsschnell. Sie agieren auf den Punkt und flechten keine rhetorischen Girlanden. Während eines einmütigen Telefonats können Merkel und Steinbrück allerlei Dinge klären. Zwei Technokraten treffen aufeinander, zwei nüchterne Analytiker, denen emotionale Weltbeweger suspekt sind. Der Sinn für trockenen Humor verbindet sie ohnehin. Hinzu kommt: Die beiden haben bislang keine Berührungspunkte und daher keine Vorgeschichte. Ein so unbelastetes Verhältnis pflegt Merkel mit ihren Parteifreunden nur in den seltensten Fällen.

Steinbrück akzeptiert Merkel, agiert sie in seinen Augen doch rational und ist intellektuell satisfaktionsfähig. Die Rollenverteilung zwischen ihnen ist klar. Steinbrück versteht sich als Unterstellter Merkels. Die Kanzlerin gewinnt dadurch nie den Eindruck, er wolle an ihr vorbei. Im Kabinett sitzt der Finanzminister der Kanzlerin gegenüber. Sie lässt ihn gut aussehen und bezieht aus seiner Reputation eigene Stärke. Merkel findet Steinbrück zwar nicht sympathisch, aber sie weiß um seine Professionalität. Er schätze Merkels kommunikative Kompetenz und ihre Verlässlichkeit, sagt er über sie; sie erwidert, er sei vernünftig. Merkel instrumentalisiere ihn nicht, sagt Steinbrück, »und ich sie auch nicht«. Steinbrück habe von Merkel nur positiv gesprochen, sagt Torsten Albig: »Er schätzt ihre Stärke, Härte, Klar- und Klugheit.« Ihm sei dabei immer die Rollenverteilung zwischen Kanzlerin und Minister klar gewesen – »und er stellte sie nicht in Frage. Loyalität hat für ihn hohe Bedeutung.«

Als Merkel kurz nach der Regierungsbildung einen europäischen Gipfel besucht, der bis etwa vier Uhr morgens tagt, sendet sie ihm anschließend noch einige Informationen. »Um sieben Uhr hatte ich auf meinem Handy die wesentlichen Nachrichten und Ergebnisse von ihr«, schwärmt Steinbrück: »An einem Samstagmorgen!« Merkel wiederum erspart es Steinbrück, in ihrer ersten Regierungserklärung eine allzu große Zäsur in der Finanzpolitik anzukündigen. Dies hätte Steinbrück, der ja nun einmal einem sozialdemokratischen Finanzminister folgt, in Schwierigkeiten gegenüber den eigenen Leuten gebracht. So spricht Merkel von einem »Wandel« – nicht von einem »grundlegenden Kurswechsel in der Haushaltspolitik«, der eigentlich in ihrem Manuskript steht.

Das Verhältnis zwischen Merkel und Steinbrück lässt sich in zwei Phasen einteilen. In der ersten Hälfte der Regierungszeit stützt sich Merkel noch mehr auf Vizekanzler Müntefering als auf Steinbrück. Sie vertraut Müntefering, orientiert sich an ihm, dem Architekten und Garanten der großen Koalition. Merkel agiert gegenüber den sozialdemokratischen Ministern sehr freundlich, die Regierungskontrolle des Kanzleramtes wird zurückhaltend ausgeübt, es gibt wenig Direktiven. Man regiert im Konsens. Steinbrück ist im Vergleich mit Müntefering weniger wichtig. Mit der Finanz- und Wirtschaftskrise kommt Steinbrücks große Stunde. Von nun an ist er für die Kanzlerin der weitaus wichtigste Mann. Hinzu kommt, dass Müntefering im Jahre 2007 zurücktritt. Zu dem neuen Vizekanzler Steinmeier pflegt Merkel ein weniger enges Verhältnis, erst recht, als dieser zu ihrem Herausforderer ausgerufen ist. Steinbrück schätzt neben Merkel Kanzleramtsminister de Maizière. Sie pflegen einen guten Kontakt, und ebenso gilt dies für de Maizière und Haushalts-Staatssekretär Gatzer. Die beiden bewältigen die täglichen Hürden der Tagespolitik professionell und effizient.

An jedem Mittwochmorgen um 8 Uhr tagen zunächst die sozialdemokratischen Minister im »Vizekanzleramt«. Zunächst leitet Müntefering diesen Kreis, ab dem Jahre 2007 dann Frank-Walter Steinmeier. In dieser etwa einstündigen Frühstücksrunde der »roten Acht« geht es locker und kollegial zu. Steinbrück, Steinmeier und Müntefering gelten als die starken Figuren. Gabriel ist der Wildeste. Die Arbeit von Ulla Schmidt und Brigitte Zypries möchte niemand übernehmen. Olaf Scholz neigt in dieser Runde zu langen, belehrenden Referaten. Tiefensee und Wieczorek-Zeul spielen eine untergeordnete Rolle.

Um 9.30 Uhr beginnt dann die Kabinettssitzung im Kanzleramt. Angela Merkel führt sie diskursiver als ihr Vorgänger Schröder. Während unter ihm die Minister oft nicht einmal eine Stunde lang tagten, zieht sich die Kabinettssitzung unter Merkel zuweilen bis 12 Uhr hin. Die Minister verzichten schon bald auf Anschlusstermine am Mittwochmittag. Der Stil hat sich geändert; in den Augen mancher Ministerin, die schon unter Schröder diente, geht es nun angenehmer zu. »Am Kabinettstisch herrschte eine sehr, sehr kollegiale und schöne Atmosphäre«, sagt ein Minister: »Angela Merkel leitete die Sitzungen klug, uneitel, geschäftsmäßig und witzig.« Das Macho-Gehabe von Schröder, Fischer, Schily und Clement ist Vergangenheit, weshalb sich Steinbrück in dieser Hinsicht zurückhält. Er und Schäuble sind die rhetorischen und intellektuellen Schwergewichte im Kabinett. Die beiden fühlen sich anderen überlegen, zeigen das aber weniger demonstrativ als Schily oder Fischer.

»Peer Steinbrück hat im Kabinett nicht das Alphatier gegeben«, sagt heute seine einstige Kabinettskollegin Brigitte Zypries: »Steinbrück hat sich vielmehr in die Kabinettsdisziplin eingeordnet und den Stil mitgetragen.« Zypries hatte einst mit Frank-Walter Steinmeier in Gießen Jura studiert. Sie steht Steinmeier emotional näher als Steinbrück, schätzt aber sehr wohl dessen Vorzüge. Steinbrück erwähne stets auch die Erfolge seiner Kollegen, was beileibe nicht selbstverständlich sei, sagt Zypries. »Er weiß, dass Frauen etwas können. Damit hat er manchem Mann in der Politik, auch in der SPD, etwas voraus.«

Seine erste Auslandsreise als Finanzminister führt Steinbrück mit dem Regierungs-Airbus »Konrad Adenauer« in drei Länder in drei Tagen. Es geht nach Russland, Finnland und Schweden; auf dem Programm stehen Themen wie Welthandel, Währungen, G8, WTO und Energie. Das Klein-Klein der Landespolitik ist für Steinbrück in weite Ferne gerückt. Der Koalitionsausschuss beschließt in seiner ersten Sitzung, den Kommunen ein Drittel ihrer Milliardenausgaben für die Unterkunftskosten von Hartz-IV-Empfängern zu erstatten. Clement hatte das immer verhindern können. »Das geht zu Lasten von Steinbrück«, kommentiert Arbeitsminister Müntefering kühl. Er torpediert damit bei der ersten Gelegenheit »seinen« Finanzminister, eine für Müntefering typische Machtdemonstration. Steinbrück nämlich ist bei der zweistündigen Sitzung nicht anwesend, geladen sind nur Kanzlerin, Vizekanzler, die Partei- und Fraktionsvorsitzenden und die Generalsekretäre.

Es handelt sich um die erste Niederlage für den Finanzminister. Steinbrück selbst nennt den Beschluss »nicht optimal« und gesteht in aller Offenheit: »Hier ist dem Bund ein Verteilungsproblem zwischen den Kommunen und den Ländern vor die Haustür gekehrt worden.« Der Koalitionsausschuss habe getagt, sagt er, »und ich war nicht dabei«. Ein solcher Vorgang dürfe sich nicht wiederholen. Müntefering reagiert trocken: Der Finanzminister habe »sein Missfallen zum Ausdruck gebracht, aber wir haben das so gemacht«. Die Mehrkosten von 1,3 Milliarden Euro bedeuteten »Schulden obendrauf«. Dass Steinbrück seit Jahren sagt, wer Mehrkosten verursache, müsse diese gegenfinanzieren, schert Müntefering nicht. Immerhin gelingt es Steinbrück nach dieser bitteren Erfahrung, seine Mitgliedschaft im Koalitionsausschuss durchzusetzen.

Ausgesprochen weitsichtig warnt Steinbrück die Sozialdemokratie vor einer ungerechten Arbeitsteilung in der großen Koalition: Er will nicht, dass die Minister der SPD »für den schwierigen Alltag zuständig sind, der Finanzminister erst recht«, und die Partei daneben »über die sozialdemokratischen Werte wacht«. Doch genauso zweigleisig wird schon bald in großen Teilen der SPD gedacht. Dort sieht man die »bösen« Verantwortungsethiker mit ihren Kompromissen am Werk, hier die »guten« Gesinnungsethiker, die für die reine Lehre werben.

SCHULDEN

Steinbrück beschreibt immer wieder den hohen Schuldenstand der öffentlichen Haushalte, der im Jahre 2005 rund 1,5 Billionen Euro beträgt und damit 67 Prozent des Bruttoinlandsproduktes. Die Maastricht-Kriterien erlauben einen Schuldenstand von 60 Prozent. »In mir steckt der ganze Keynes«, sagt Steinbrück: »Wenn es mir besser geht, tilge ich Schulden, das ist die zweite Hälfte.« Wer immer nur den halben Keynes anwende, mithin in guten Zeiten nicht Schulden tilge, führe eine »erdrückende Schuldenlast« herbei. Bislang aber hat der frühere Staatssekretär, Minister und Ministerpräsident Steinbrück nur Regierungen angehört oder sie angeführt, die neue Schulden aufgenommen haben. Ausgeglichene Haushalte präsentiert oder gar Schulden getilgt hat Steinbrück nicht. Auch als Bundesfinanzminister wird er stets neue Schulden machen.

Das widerspricht seiner Rhetorik. Mit herunterhängenden Mundwinkeln, malmendem Unterkiefer und finsterer Miene geißelt Steinbrück jene Schuldenpolitik. Er wippt nach vorn, öffnet den Mund leicht, presst die Lippen fest zusammen und erklärt dann, nach einer rhetorischen Kunstpause, der Finanzminister müsse »Spaßverderber« sein. »Das verursacht mir zunehmend Pickel«, verkündet er, wenn er über die Verschuldung spricht, und nennt neue Ausgabenwünsche verächtlich »Bullshit«. Zwei Drittel der öffentlichen Verschuldung liegen beim Bund. Vor allem Steinbrück hat es also in der Hand, die jahrzehntelange Schuldenpolitik zu beenden oder zumindest abzuschwächen. Die große Koalition aber erweist sich nicht als groß darin, Ausgaben zu kürzen. Immerhin schafft sie die Eigenheimzulage ab. Die von ihr gestrichene Entfernungspauschale für die ersten 20 Kilometer indes wird vom Bundesverfassungsgericht verworfen.

Steinbrück erarbeitet sich innerhalb der Koalition rasch eine starke Position und Ansehen. Das Finanzministerium gewinnt innerhalb der Regierung an Gewicht. Er scheut sich nicht, sich mit starken Interessengruppen anzulegen. Die Partner in der EU lässt er aufhorchen, wenn er verkündet: »Unsere Nettozahlungen müssen geringer werden.« Vor 500 Steuerberatern ruft er in den Saal: »Ein Patriot zahlt ehrlich Steuern.« Josef Ackermann legt er nahe, sofern das von ihm geführte Unternehmen nach London umziehe, solle er bitte das »Deutsche« aus dem Namen der Bank streichen. Als Mitarbeiter der Bundesbank, denen die Koalition die Zulage streichen will, vor einer Wahlveranstaltung der SPD demonstrieren, geht Steinbrück auf sie zu und hält ihnen entgegen: »Sie werden besser behandelt als Ministerialbeamte in Berlin oder Bonn.« Steinbrück warnt die Deutschen vor überzogenen Ansprüchen an den Staat. Unnötige Reglementierungen karikiert er mit einem Vergleich, den er bis heute gern verwendet: »Wenn der Hund des Nachbarn in den Garten furzt, soll sofort das Emissionsschutzgesetz verschärft werden.«

In seiner ersten Grundsatzrede, ausgerechnet vor Aktienhändlern und Unternehmern in der Börse in Frankfurt, widmet er sich den »Fliehkräften in der Gesellschaft«. Anders als Schröder versteht sich Steinbrück nicht als »Genosse der Bosse«, nicht zuletzt, weil er sich ja nur ungern als Genosse anreden lässt. Er schätzt es zwar, mit führenden Unternehmern habituell und inhaltlich mithalten zu können, aber er liebt es ebenso, sich mit ihnen anzulegen. »Von Ihnen will ich alles«, ruft er ihnen zu: »Ihr Geld, Ihr Vermögen, Ihre Häuser und Stereoanlagen.« Steinbrück versteht es als eine intellektuelle Herausforderung, die Überzeugten der Überzeugten – seien es Lobbyisten oder linke Sozialdemokraten – zu provozieren und zu verunsichern. Er empfindet es im Gegenzug als intellektuell genügsam, wenn sich Finanzfachleute nur unter Finanzfachleuten tummeln und Finanzthemen erörtern. Oder wenn SPD-Linke sich wechselseitig versichern, wie wichtig doch ein dezidiert linkes Programm sei. Steinbrück, der sich zwischen diesen Welten bewegen muss, provoziert diese Menschen stets mit Gegenpositionen.

Nach Manhattan, zum Antrittsbesuch in der Wall Street, reist er im März 2006. In der College Hall zeigt Steinbrück bei einem Treffen mit Spitzenbankern sein feines Englisch. Er genießt den großen Auftritt mit wichtigen Bankern und Fondsmanagern. Seinen Parteifreunden, die beklagen, innerhalb der Koalition leiste die SPD die Schwerarbeit im Maschinenraum, während sich CDU und CSU auf dem Sonnendeck erholten, hält er entgegen: »Es ist der Maschinenraum, der das Schiff ans Laufen bringt, und nicht das Sonnendeck.« Im Bundestag wiederum tritt der Staatsmann Steinbrück auf und bringt seine Haushaltspolitik auf die Formel eines »finanzpolitischen Zweiklangs«. Es gehe darum, Wachstumskräfte zu stärken und Haushalte zu konsolidieren. »Wir haben einen entspannten, kollegialen Ton, und es geht professionell zu«, lobt er die große Koalition. Steinbrück fühlt sich in diesem Bündnis sichtlich wohl. Steinmeier, der ebenfalls aus der Ministerialverwaltung eines Landes stammt und ein Pragmatiker ist, schätzt er ohnehin, und Müntefering hat er immerhin zu verdanken, dass der seine Ministerwürden nicht verhindert hat. Außerdem respektiert er Müntefering, wird dieser doch in der SPD wegen seiner kalten Machttechnik weitgehend gefürchtet.

Da sich anfangs in Berlin die Zahl seiner engen Verbündeten an zwei Händen abzählen lässt, bemüht sich Steinbrück gezielt um die für Finanzpolitik zuständigen Journalisten. Mit seinem Sprecher Albig lädt er diese Korrespondenten etwa alle sechs Wochen zu einem Hintergrundgespräch. Gleich das erste abendliche Treffen dieses »M-Kreises« (»M« steht für Minister) noch während der Koalitionsverhandlungen dauert wohl fünf Stunden lang. Ging es bei Hans Eichel, der sich unter Journalisten nicht wohlfühlte, spröde zu, so bietet Steinbrück Information und Unterhaltung. Extrem lustig nennt einer der Korrespondenten diese Gespräche. Steinbrück zeigt oft eine erstaunliche Ausdauer, trinkt Wein nicht zu knapp, plaudert aus dem Nähkästchen und präsentiert zu später Stunde Witze und Sottisen, gern über Kabinettskollegen oder Parteifreunde. »Es geht nicht um Leben oder Tod«, haucht er dann mit rauer Stimme: »Es geht um mehr!« Für Steinbrück sind diese Treffen, mal im Ministerium, mal in unterschiedlichen Lokalen, ebenfalls hilfreich. Er bittet zwar nicht gezielt um Rat, will aber im Gespräch mit den Journalisten Argumente testen, diskutieren und Informationen aufsaugen. Ein Missfallen über kritische Artikel lässt er selten erkennen.

Für seinen ersten selbst verantworteten Bundeshaushalt 2007 nimmt Steinbrück 14,3 Milliarden Euro mehr Schulden auf, als er investiert. Er verstößt also gegen das Grundgesetz, auch wenn sich die Nettokreditaufnahme gegenüber dem Vorjahr halbiert. Steinbrück legt auch deshalb keinen Sparhaushalt vor, weil die Koalition ein 25 Milliarden Euro teures Investitionsprogramm verabschiedet, den sogenannten »Wachstumspakt«. Die Binnennachfrage soll gesteigert werden, indem unter anderem Handwerkerrechnungen steuerlich absetzbar werden. Steinbrück überhöht dieses Projekt, es handele sich um »kein Konjunkturprogramm, sondern es ist ein Programm, mit dem strukturell wichtige Impulse für Wachstum und Beschäftigung gegeben werden«. Doch der

Preis für das Programm ist hoch. Steinbrück muss den EU-Kommissar Almunia anrufen und ihm ankündigen, eine schnelle Haushaltssanierung werde nicht gelingen. Staatssekretär Mirow hat dies in Brüssel genauer zu erläutern. Wollte und sollte eine große Koalition nicht den Haushalt konsolidieren? Die Voraussetzungen sind dafür in den Jahren 2006 und 2007 denkbar gut.

Bildung, Infrastruktur und Konsolidierung – diese Schwerpunkte seines Handelns nennt Steinbrück immer wieder. Mit zwei Dritteln der Steuermehreinnahmen wolle er konsolidieren, mit einem Drittel »politisch gestalten«. Doch recht schnell muss Steinbrück erkennen, dass die große Koalition ziemlich viel »politisch gestalten«, also Geld ausgeben will. »An welchen Stellen haben Sie eigentlich gespart?«, will der FDP-Haushaltspolitiker Jürgen Koppelin in der Regierungsbefragung im Bundestag vom Finanzminister wissen, und der antwortet: »Die Vorstellung, wir könnten diesen Haushalt durch Sparen konsolidieren, ist ein Irrtum.« Als der FDP-Abgeordnete Volker Wissing Steinbrück fragt, ob er weitere Steuererhöhungen ausschließe, verwendet der Minister einen von ihm geliebten Spruch: »Ich werde einen Teufel tun, irgendetwas auszuschließen. … Wenn Steinbrück sagt, er sei kein Vegetarier, dann lautet die Überschrift: ›Steinbrück schließt nicht aus, Hundefutter zu essen.‹ Das ist eine Fangfrage.« Sosehr Steinbrücks Ansehen in der Koalition steigt, sosehr zeigt sich die Opposition verärgert. »Seitdem Steinbrück nach Berlin kam, unterliegt er einem Problem: Er hält sich immer für den Größten und Tollsten«, sagt der Liberale Koppelin heute, der Steinbrück seit den 1990er-Jahren aus Schleswig-Holstein kennt. »Steinbrück akzeptiert nicht, dass andere auch etwas wissen«, sagt Koppelin: »So zeigte sich auch unser gutes Verhältnis aus Kieler Zeiten plötzlich ganz anders. Es war abrupt eiskalt.«

Steinbrück selbst gibt zu, keine guten Drähte in die SPD-Bundestagsfraktion zu haben. Doch darum bemüht er sich auch erst gar nicht. Es herrscht ein Nicht-Verhältnis. »Er hat nicht zu viel Zeit investiert, Fachleute einzubinden«, formuliert es ein Verbündeter freundlich. Steinbrück gehe nach der Methode »allein gegen alle« vor, sagt ein sozialdemokratischer Finanzpolitiker: »Ohne Verbündete in Berlin zu agieren und dann noch fachliche Flanken zu offenbaren – das ist doch lebensgefährlich.« Zu Joachim Poß, dem für Finanzpolitik zuständigen SPD-

Fraktionsvize, sucht Steinbrück keinen Kontakt. Poß ist ein erfahrener, zutiefst loyaler Finanzpolitiker, der fast jedes Vorhaben der Regierung unterstützt. Es hätte wenig Mühe gekostet, ihn einzubinden. Zu Carsten Schneider, dem jungen haushaltspolitischen Sprecher seiner Fraktion, hält Steinbrück ebenfalls Distanz. Zuweilen kanzelt er ihn wie einen dummen Schuljungen ab. Das Ministerium unterstützt Steinbrücks Distanz zur eigenen Bundestagsfraktion, die sich auch im Habitus äußert. Ein Mitarbeiter bringt es auf den Punkt: Die Parlamentarier seien »störend und nervtötend« gewesen. »Gesetzgebung wäre für die so schön, gäbe es nur dieses blöde Parlament nicht«, sagt einer von ihnen über die Spitzenbeamten des Ministeriums. »Steinbrück ist unberechenbar, ich rede ungern mit ihm«, sagt ein SPD-Finanzpolitiker, der seinen Namen nicht lesen will: »Er tut so, als sei ich einer seiner Beamten.«

Unter den Beamten des Ministeriums genießt Steinbrück einen durchwachsenen Ruf. Steinbrück sei im Ministerium nie angekommen, lautet ein verbreitetes Urteil. Bis heute sind Theo Waigel (CSU) und Eichel unter den Mitarbeitern die beliebtesten Minister. Waigel machte sich mit seiner jovialen bajuwarischen Art beliebt. Eichel galt als lieber, netter Chef, der sich nach dem Befinden der Ehefrau erkundigt. Er reichte dem Pförtner beim Betreten des Ministeriums stets die Hand. Steinbrück würde dies nie tun. Auf den lieben, herzlichen Hausvater Eichel also folgt der kühle Kompetenz-Minister, der keinerlei menschliche Wärme ausstrahlt und der Mitarbeiter zuweilen vor den Kopf stößt. »Steinbrück ist etwas für tough character«, sagt ein Vertrauter. Wenn ausländische Delegationen ins Haus kommen, etwa zu fünft, treffen sie auf den »Minister plus vier«, wie es in der Diplomatensprache heißt. Steinbrück kommt dann als Letzter, so ist es üblich. Er reicht den Gästen die Hand, dazu seinem Staatssekretär. Den Referatsleiter aber, der für ein kleines Land zuständig ist und den Minister eigentlich nie zu Gesicht bekommt, begrüßt er nicht. Gefolgschaft lässt sich so nicht gewinnen. Mancher Beamte aber lässt sich bei seinem Urteil von Missverständnissen leiten. Immer wieder ist so zu hören, Steinbrück habe auf den Fluren des Ministeriums nicht gegrüßt. Doch ist das grußlose Verhalten Steinbrücks eine Ignoranz oder Böswilligkeit – wie gemutmaßt? Oder beruht es eher darauf, dass der Minister gedanklich schon beim nächsten Termin ist? Leider sei es nicht gelungen, Steinbrück allen Mitarbeitern des Bundesfinanzministers wirklich nahezubringen, sagt Torsten Albig: »Sein dortiges Image ist viel zu negativ. Ich habe Steinbrück stets als witzig, streitbar, selbstironisch und sich selbst in Frage stellend erlebt.«

Sosehr Steinbrück sein Leben als Finanzminister mit der damit einhergehenden Bedeutung genießt, sooft lässt er erkennen, wie sehr ihn dieses Korsett und der Druck des Amtes belasten. Die Vielzahl an Terminen stört ihn, bei Absprachen zu seinem Kalender zeigt er sich gegenüber Mitarbeitern genervt. Steinbrück hat das Gefühl, der Apparat steuere ihn über den Terminkalender. Ein Bundesfinanzminister kann keinen Schritt unbeobachtet tun. Spontane Ausflüge ins Kino, ins Theater, in eine Ausstellung, alles Dinge, die Steinbrück schätzt, sind nur selten möglich. Der Bundesfinanzminister ist weder Herr seiner Welt noch seiner Zeit. Er unterliegt einer brutalen physischen Herausforderung. Steinbrück ist die eigene überschaubare Freizeit wichtig. Er will Bücher lesen. Ist er am Wochenende daheim in Bad Godesberg, möchte Steinbrück nicht angerufen werden. Hier muss er samstags die Einkäufe erledigen. Einmal klagt er während einer internationalen Konferenz, wenn er nun nach Hause komme, habe er dort den heimischen Gartenzaun zu streichen. Im Gegensatz zu vielen anderen Spitzenpolitikern und Hinterbänklern meldet Steinbrück sich am Wochenende nicht bei seinen Mitarbeitern. Er will nicht am Telefon quatschen. Er ist nicht ständig »online«.

Die Finanzminister der Länder erleben, wie schnell Steinbrück seinen Crashkurs als Bundespolitiker absolviert. Noch eben, als Ministerpräsident, inszenierte er sich als Retter des Föderalismus – und nunmehr schildert er seinen 16 Kollegen, wie geldgierig die Länder seien und wie sehr der Bund spare. Dass die Länder dabei erheblich stärker konsolidieren als der Bund, bekümmert Steinbrück nicht. »Er interessiert sich für die Sache eben nur bedingt. Was Steinbrück inhaltlich manchmal äußert, ist fachlich grenzwertig«, sagt ein Landesfinanzminister.

Als SPD-Abgeordnete Steinbrück bitten, bei der Steuerpolitik Rücksicht auf die Parteibasis zu nehmen, reagiert der Minister mit den Worten: »Ich bin nicht Sterntaler und ich habe keine Schürze.« In einer Sondersitzung der Abgeordneten beantwortet Steinbrück Fragen zur Reform der Unternehmenssteuer. Viele Fragen von Parlamentariern bleiben aber ungeklärt, weil der Minister nach wenigen Minuten verkündet, er habe eine Karte für das Halbfinale Deutschland gegen Italien – und müsse daher dringend das Reichstagsgebäude verlassen. Die Fußball-WM geht vor. Steinbrück geriert sich wie einst gegenüber der Landtagsfraktion in Düsseldorf und unterschätzt damit das Selbstbewusstsein der Abgeordneten in Berlin. Deutschland verliert 0:2, und auch Steinbrück ist kein Gewinner: Die Wut in seiner Fraktion wächst. Über einen »schweren Schlag für das soziale Profil der SPD« klagen Teile der Partei mit Blick auf die Unternehmenssteuerreform. »Die Mehrwertsteuer wurde von uns nicht um drei Prozent erhöht, um jetzt mit dem Geld Konzerne in Milliardenhöhe zu entlasten«, sagt Ernst Dieter Rossmann, der bedächtige Sprecher der Linken in der Fraktion. Anders als einst Clement mache Steinbrück nicht den Eindruck, als kämpfe er um seine Linie, klagt ein anderer SPD-Parlamentarier: »Wolfgang Clement kannte zwar auch nicht alle Details. Er aber hat viele Leute eingebunden, er hat für seine Reformen gekämpft. Und Clement hatte wenigstens noch Charme.«

Steinbrücks Kenntnisse in der Steuerpolitik halten sich tatsächlich in Grenzen. »Steuern sind nicht sein Thema, davon hat er keine Ahnung«, sagt heute einer seiner damaligen Mitarbeiter. Ein anderer bestätigt diese Einschätzung. SPD-Abgeordnete machen ähnliche Erfahrungen mit Steinbrück. »Steuern sind sein schlechtestes Fach«, sagt ein Finanzexperte der Partei. Landesfinanzminister und Ministerpräsidenten müssen sich mit dem Steuerrecht eigentlich nicht befassen. Mit fachlichen Fragen des Steuersystems sind sie kaum betraut. Bei Gesetzgebungsverfahren kommen sie erst über den Bundesrat ins Spiel, also recht spät.

ARROGANZ

Arroganz prägt Steinbrücks Image schon seit Jahren. Wer politisch verbohrt oder intellektuell armselig argumentiert, den kann Steinbrücks Arroganz tatsächlich treffen. Sobald Steinbrück spürt, dass sein Gegenüber einem Dialog nicht gewachsen ist, wendet er sich ab. Wenn sein Gesprächspartner nicht mithalten kann, schaltet er ab. Auf Reisen will Steinbrück manchmal auch morgens um 2 Uhr noch scharf diskutieren. Wer dazu nicht in der Lage oder müde ist, trifft bei ihm auf kein Verständnis. In diesem Verhalten liegt ein Schlüssel, um Steinbrück und sein Image zu verstehen. Peer Steinbrück geht dabei durchaus offen und neugierig auf die meisten Menschen zu. Unterwürfigkeit ihm selbst gegenüber verachtet er. Steinbrück ist niemand, der sich charakterlich gern anpasst. Er misstraut all jenen, die genau dies tun, um ihm vermeintlich zu gefallen. Steinbrück will argumentieren. Er sucht den Widerspruch.

Natürlich neigt ein Chef des wichtigen Bundesfinanzministeriums zu einem Absolutheitsanspruch. Ohne eine gewisse Selbstherrlichkeit kommt kein führender Politiker aus; anders ließe sich die öffentliche Kritik nicht ertragen. Steinbrück lässt erkennen, dass die Dinge so laufen sollen, wie er sich das vorstellt. Die Zwänge, denen sein Ministerbüro unterliegt, blendet der frühere Ministerbüro-Mitarbeiter zuweilen aus. Doch er bleibt auch in Berlin der Technokrat und Manager, wird nicht zum Parteipolitiker oder zum Volkstribun. Steinbrück ist ein hervorragender Redner. Vor allem jedoch ist er ein intelligenter, intellektuell geprägter Technokrat. Niemals aber könnte er – anders als Sigmar Gabriel oder Horst Seehofer – eine Parteikundgebung im Bierzelt genießen.

Die von Steinbrück und Koch initiierte Unternehmenssteuerreform wird verabschiedet, die Steuersätze werden abgesenkt. Zudem wird eine 25-prozentige Abgeltungssteuer auf Kapitaleinkommen eingeführt. Gegen beide Projekte wettern Teile der SPD. Insbesondere die Abgeltungssteuer, mit der Steuerflüchtlinge zurück nach Deutschland gelockt werden sollen, widerspricht dem Gerechtigkeitsempfinden in der Partei. Während Arbeitnehmer bis zu 42 Prozent Steuern und Sozialversicherungsabgaben zu zahlen haben, sollen Steuerflüchtlinge gerade einmal 25 Prozent berappen? »Mir ist es lieber, 25 Prozent auf x zu bekommen als 42 Prozent auf nix«, kontert Steinbrück. Seinen Kritikern hält er vor, sie hätten das Thema nicht durchdrungen.

»Wollen die Politiker uns kaputt sparen? Deutsche sollen auf Urlaub verzichten!«, titelt die ›Bild‹-Zeitung im August 2006. Ausgerechnet mitten in der Ferienzeit fordert Steinbrück die Deutschen zum Urlaubsverzicht auf – und macht sich damit in weiten Teilen des Volks unbeliebt. Die Genese dieses Appells ist ebenso amüsant wie die Reaktionen darauf. Interviewer der Fernsehzeitschrift ›Hörzu‹ fragen ihn, ob er ein Ziel formulieren könne, das nicht mehrheitsfähig sei. Dazu ist Steinbrück immer bereit. Seine Antwort lautet: »Die Menschen werden sich zum Beispiel darauf einstellen müssen, in den nächsten Jahrzehnten mehr Geld für Alter, Gesundheit und Pflege auszugeben. Das heißt: Wir müssen im Zweifel auf eine Urlaubsreise verzichten, um für später vorzusorgen. Wenn Sie so etwas verkünden, können Sie öffentlich ganz schön verhauen werden.« Genauso kommt es.

Selbst Anhänger Steinbrücks sind über diesen Vorstoß entsetzt. Die SPD-Linken fühlen sich in ihrer Kritik bestätigt. Das Image des Finanzministers leidet. Seine Chancen auf eine Kanzlerkandidatur im Jahre 2009 schwinden. Der neue SPD-Vorsitzende Kurt Beck, der den erkrankten Matthias Platzeck abgelöst hat, muss die Einlassung seines Stellvertreters diplomatisch zurückweisen. In Wahlkampfreden geht Beck in die Offensive. Immer wieder geißelt er Peer Steinbrücks Appell. »Lassen Sie sich nicht verrückt machen!«, ruft Beck seinem Publikum zu. Im SPD-Präsidium weist Beck darauf hin, die umstrittene Äußerung habe der Partei 650 Austritte beschert. »Das habe ich nicht so gemeint«, verteidigt sich Steinbrück. Die NRW-SPD ist ebenso verärgert. Fraktionschefin Hannelore Kraft nennt den Appell zum Urlaubsverzicht eine »Provokation«, der Landesvorsitzende Jochen Dieckmann formuliert seinerseits einen Verzichtsappell: Manchmal sei es ratsam, sich das eine oder andere Interview zu sparen.

So offen kritisieren indes nur wenige Sozialdemokraten Steinbrück. Doch die umstrittenen Zwischenrufe des Finanzministers kosten ihn Sympathien. Er müsse aufpassen, heißt es in der SPD, dass er nicht wie Wolfgang Clement ende. Der und seine Partei haben sich entfremdet, bald droht ihm ein Ausschlussverfahren. Letztlich verlässt Clement die Partei aus freien Stücken. In solch schwierigen Zeiten muss Steinbrück hinnehmen, dass selbst seine politischen Anhänger die Kraft verlieren, ihn zu stützen. »Ich begegne Steinbrück unzählige Male«, sagt ein Sozialdemokrat aus der Parteispitze, »aber ich bin für ihn nicht existent. Er ist vollkommen machtfixiert und fragt sich stets: Wer ist wichtig? Wer ist unwichtig? Unwichtig erscheinen ihm ziemlich viele Menschen. Gäbe es einen Mitgliederentscheid über die Kanzlerkandidatur, würde ich ihn wählen, ich bin politisch voll auf seiner Seite. Aber er macht es uns wirklich nicht leicht.« Als die Aufregung um den Appell zum Urlaubsverzicht nachlässt, legt Steinbrück nach. »Ich frage mich nur, wann denn ein Zeitpunkt gegeben ist, wo man solche über die Tagespolitik hinausgehenden Fragen ruhiger debattieren kann«, fragt er. Steinbrück überhöht die eigenen Worte, verweist mit Stolz auf ihre Wirkung und wirkt dabei rechthaberisch.

Im SPD-Präsidium, das montags im Willy-Brandt-Haus in Berlin tagt, zelebriert Steinbrück seine Abneigung gegen Vertreter des linken Parteiflügels, also etwa gegen Andrea Nahles und Ralf Stegner. »Ich sehe deinem Gesicht an, dass du das alles zum Kotzen findest«, hält Steinbrück Nahles entgegen, als er Leistungskürzungen für Hartz-IV-Empfänger vorschlägt. »Wir machen hier keine Gesichtsinterpretationen«, schreitet Kurt Beck ein, doch von dem Parteichef lässt sich Steinbrück nichts sagen. Beck hat immerhin drei Landtagswahlen gewonnen, doch Steinbrück hält ihn für einen intellektuell begrenzten Mann, einen kleinkarierten Landespolitiker, einen Provinztölpel. Boshaft spricht Steinbrück über den Vorsitzenden. Dabei genießt Beck zu diesem Zeitpunkt ein durchweg hohes Ansehen. Noch weniger kann Steinbrück Andrea Nahles und den Kieler Finanzminister Ralf Stegner ertragen. Er weiß um ihren einstigen Widerstand gegen die Agenda 2010, die er – zum Preis seines Machtverlustes in Düsseldorf – mutig verteidigt hat. Er zeigt Reflexe, sobald einer der beiden das Wort ergreift. Dann gerät Steinbrück unter Strom, kann sich nicht mehr beherrschen. Seiner Ansicht nach reden Parteifreunde wie Nahles und Stegner ausschließlich Unsinn. Doch Nahles steckt seine Attacken locker weg. Schon Clement pflegte diese Aversion gegen sie und hat ja, anders als sie, die Politik verlassen.

In den Präsidiumssitzungen malt Steinbrück, rhetorisch exzellent und manchmal geradezu hysterisch, düstere Bilder. »Wenn der Ölpreis erst einmal bei 100 Dollar liegt …«, setzt er mit Sorgenfalten auf der Stirn und knallrotem Gesicht an. Horrorszenarien und die Apokalypse kann Steinbrück gut darstellen. Seine Botschaft lautet dabei stets: Ich bin einer, der all das durchschaut. Steinbrücks Pessimismus lässt ihn 2006 behaupten, Deutschland habe sich auf Wachstumsraten von maximal 1,5 Prozent einzustellen, die Zeit höherer Raten sei vorbei. Im selben Jahr wächst die deutsche Wirtschaft um 3 Prozent. Im Jahr darauf steigert sich das BIP um 2,5 Prozent und selbst im Jahre 2008, als sich die Finanz- und Wirtschaftskrise längst bemerkbar macht, wächst die deutsche Wirtschaft um 1,3 Prozent. Von »Peer im Glück« ist wegen hoher Steuereinnahmen die

Rede, und in Anlehnung an das »Sommermärchen« der Fußball-WM vom »Steuermärchen«.

Ein einstiger Bundesminister, der anonym bleiben will, findet über seinen ehemaligen Kabinettskollegen ebenso bewundernde wie abfällige Äußerungen. Gewiss, schlagfertig sei Steinbrück, nehme aber keine Rücksicht darauf, was ein Schlag anrichte, sagt er. Steinbrück agiere »dicht an der Grenze zur Unverschämtheit«. Egozentrisch und selbstverliebt sei er. »Steinbrück ist ein kleiner Gockel. Er kreist sehr um sich selbst.« Manchmal habe er den Eindruck, Steinbrück schaue sich selbst zu, ja er spiele Peer Steinbrück. Bis heute profiliere sich Steinbrück stets auf Kosten anderer, seien es Kollegen oder die Partei, sagt der frühere Minister. »Er pflegt diese Abgrenzungsattitüde und bolzt dann herum. Steinbrück ist einfach unkollegial. Die Partei ist ihm nur lästig, obwohl sie seine Karriere erst möglich gemacht hat.« Steinbrück habe eine »herabwürdigende Art«, und der frühere Kabinettskollege redet sich geradezu in Rage, als er am Ende resümiert: »Er hat einen richtig schlechten Charakter.«

Bei allem Ärger, den Steinbrück in den eigenen Reihen hervorruft, gelingt es ihm ebenso, die Stimmung im Volk zu treffen. Er verteidigt, das ist recht wohlfeil, die Reichensteuer, von der nur 20 000 bis 30 000 Steuerzahler betroffen seien. Er attackiert die Spitzenmanager, was leichtfällt, wenn diese gerade auf Millionenabfindungen klagen. Er mokiert sich über die allzu simplen Steuervorschläge von Paul Kirchhof: »Wir sind in Deutschland nun mal nicht in der Stunde null wie in Kroatien.«

Immer wieder provoziert Steinbrück die eigenen Truppen. »Wir vermitteln nach wie vor den Eindruck«, hält er der SPD entgegen, »wir könnten in China die Sozialstandards in unserem Sinn definieren – etwa durch einen emotional vorgetragenen Grundsatzbeschluss des Unterbezirks Bonn.« Steinbrück bezeichnet es als ein Versäumnis der rot-grünen Steuerreform Hans Eichels, nicht parallel zur Senkung der Einkommensteuer die Mehrwertsteuer erhöht zu haben. »Unser Ziel ist es, das deutsche Sozialsystem in Zukunft schrittweise stärker über Steuern zu finanzieren«, sagt er im Jahre 2006. Mit seiner schnoddrigen Art, dem angelsächsischen Humor und dem Selbstverständnis als Grenzgänger kann Steinbrück gar nicht anders, als immer wieder zu verstören und zu verärgern. So positioniert sich der Föderalist a. D. Steinbrück immer wieder gegen die Länder. »Ohne nur mit der Wimper zu zucken, ohne jeden Anflug von Ironie oder nur einem Schmunzeln warf er uns plötzlich vor, die Länder plünderten den Bund aus«, wundert sich heute ein ehemaliger Ministerpräsident, der Steinbrück zunächst als Amtskollegen und später als Bundesfinanzminister erlebte.

SOZIAL-POPULISMUS

In Nordrhein-Westfalen versucht Jürgen Rüttgers, sich als »Arbeiterführer« zu inszenieren. Als Rüttgers verlangt, das Arbeitslosengeld I (ALG I) länger auszuzahlen, wird Steinbrück wütend. Nach Lebensalter und Beitragsjahren gestaffelt soll das ALG I statt 18 bis zu 24 Monate lang gezahlt werden, schlägt Rüttgers vor und kündigt einen entsprechenden Antrag für den CDU-Parteitag an. Die Gewerkschaften unterstützen Rüttgers' durchsichtigen Versuch, die SPD und insbesondere Arbeitsminister Müntefering links zu überholen. Steinbrück widerspricht und wirft Rüttgers vor, er wolle im Gegenzug die Leistungen für Jüngere kürzen und schüre damit einen Generationenkonflikt: »Ich halte das nicht für gerecht. Was Rüttgers fordert, ist Populismus. Das wird keine Regierungspolitik. Der CDU-Bundesparteitag kann beschließen, was er will. Mit der SPD sind diese Pläne in der Bundesregierung nicht zu machen.« Rüttgers' Argumentation ist in der Tat systematisch falsch, stellt doch die Arbeitslosenversicherung keinen Sparvertrag dar, sie soll vielmehr vor Risiken schützen. Politisch ist sein Manöver unverantwortlich. Es bietet aber einen Anlass, die rot-grüne Reformpolitik, die inzwischen Früchte trägt, aufzuweichen. Die SPD hält vorerst dagegen.

Ähnlich populistisch wie Rüttgers agiert Bundeswirtschaftsminister Michael Glos. Er ist kein Schwergewicht im Kabinett, doch Glos versteht es, Stimmungen einzuschätzen und seine Klientel zu bedienen. So kündigt er im Frühling 2007 – kaum zufällig auf einer Handwerkermesse, kaum zufällig in München – rasche Steuersenkungen für alle und Steueranreize für Handwerker an. Steinbrück zürnt. Er wettert über die »Inkontinenz der Politik« und klagt, der Job des Finanzministers sei »die prädestinierte Arschkarte«.

Um nicht noch größere Begehrlichkeiten zu wecken, nennt Steinbrück das Ziel eines ausgeglichenen Haushalts, gibt sich allerdings zurückhaltend. Konkrete Zahlen seien schon seinem Vorgänger »übel bekommen«. Es mache »keinen Sinn, sich auf einen fixen Zeitpunkt festzulegen«. Dabei hat er längst ein Datum genannt, das jedoch in weiter Ferne liegt. »Spätestens 2011 wollen wir ohne neue Schulden auskommen und einen ersten Überschuss erreichen«, kündigt Steinbrück an. Finanzpolitiker der Union behaupten jetzt sogar, er wolle schon 2009 einen ausgeglichenen Haushalt präsentieren – als Trumpfkarte der SPD im Wahlkampf. Als ihn Journalisten von der ›Berliner Zeitung‹ mit dieser Vermutung konfrontieren, entrüstet sich Steinbrück künstlich: »Das wäre ja eine Riesenschweinerei! Ein Skandal! Den Verdacht muss ich mit Abscheu und Empörung zurückweisen!«

Lange wehrt sich Steinbrück erfolgreich gegen eine Erhöhung des Kindergeldes, das die Union verlangt, muss sich dann aber doch geschlagen geben. Zehn Euro mehr pro Kind reißt in den Haushalt eine Lücke von zwei Milliarden Euro. In der SPD ist die Skepsis gegenüber dem Kindergeld in den vergangenen Jahren gewachsen, es heißt, zu viel dieses Geldes fließe in Alkohol, Tabak und Spielkonsolen. Steinbrück teilt diese Sichtweise und umschreibt dies für seine Verhältnisse fast schon dezent. Zehn Euro seien »eine Größenordnung von zwei Schachteln Zigaretten oder zwei Pils pro Monat«. Als Ursula von der Leyen zusätzlich Geld aus den erheblichen Steuermehreinnahmen verlangt, um weitere Krippenplätze für unter Dreijährige zu schaffen, ist Steinbrück entsetzt. »Das habe ich als Finanzminister nicht entschieden«, verkündet er intern. »Frisches Geld gibt es nicht. Im Himmel ist kein Jahrmarkt«, sagt er im Kabinett. Die SPD stützt von der Leyens Vorschlag. Die Vertreter der sozialdemokratisch regierten Länder wollen mehr Geld vom Bund – und Steinbrück über den Tisch ziehen. Der Finanzminister fürchtet, instrumentalisiert zu werden. Er sei »nicht der verlängerte Arm des Willy-Brandt-Hauses«, erregt er sich. Über von der Leyen ist er ebenso verärgert.

In Gesprächen mit Kanzleramtsminister de Maizière versucht er die Begehrlichkeiten einzugrenzen. Steinbrück argumentiert nun, überlasse der Bund den Ländern weitere Umsatzsteueranteile, sei nicht garantiert, dass sie das Geld dafür ausgäben. Doch von der Leyen lässt sich nicht beeindrucken. Auf einem groß inszenierten »Krippengipfel« kündigt sie höhere Finanzmittel an, ohne dafür Steinbrücks Zusage zu haben. Sie will für jedes dritte Kind unter drei Jahren einen Betreuungsplatz schaffen. Im Gegenzug setzt die SPD einen Rechtsanspruch auf einen Krippenplatz durch. Der Koalitionsausschuss gibt grünes Licht. Der Bund steigt also in die Finanzierung der Kinderbetreuung ein, nicht zuletzt auf Wunsch der Kanzlerin. Und Steinbrück, der das als stellvertretender SPD-Vorsitzender begrüßen muss, ist davon als Finanzminister wenig angetan. Wenn Merkel einmal sage: »Nun lass mal gut sein, Peer«, spielt er auf Schröders einstige Worte gegenüber Eichel an, »dann nehme ich mir einen Drink und sage tschüss«. Es soll ein dezenter Hinweis an die Kanzlerin sein, dass mit ihm nicht alles zu machen ist.

Unter öffentlichen Druck gerät der Minister, indem er mit seiner Familie in Namibia urlaubt, anstatt die Frühjahrstagung von IWF und Weltbank zu besuchen. Die eigenen Leute versuchen ihn umzustimmen. Das gehe nicht, das mache er nicht, bleibt Steinbrück auch gegenüber seinen engsten Vertrauten stur. Sie scheitern mit ihrem Ansinnen. Das Kanzleramt ist über Steinbrücks Urlaubspläne – Deutschland hat gerade den Vorsitz der G8-Gruppe der größten Wirtschaftsnationen inne – entsetzt. Über den »Safari-Minister« spottet die ›Bild am Sonntag‹. Steinbrück entscheidet in dem ständigen Konflikt zwischen den Anforderungen des Amtes und den Ansprüchen der Familie zugunsten von Frau und Kindern. Seine Frau, erklärt er, habe die vom Erbe ihrer Mutter finanzierte Reise lange vorbereitet. »Wissen Sie, wie oft ich meiner Familie Nein sagen muss?«, fragt Steinbrück. »In neun von zehn Fällen. Diesmal hatte meine Familie Vorrang.«

Längst legt Steinbrück eine Unlust an internationalen Konferenzen an den Tag – erstaunlich für einen Mann, der sich als Erbe Helmut Schmidts versteht. »Steinbrück hat die Breite, Fülle und Intensität seiner internationalen Aufgaben als Bundesfinanzminister anfangs unterschätzt«, sagt Ex-Leitungsstabchef Heiko Geue. Ihm ist zu Beginn seiner Amtszeit nicht bewusst, dass er nach Kanzlerin und Außenminister der am stärksten international tätige Akteur in der Regierung sein muss. Insbesondere die Routine-Sitzungen in Brüssel missfallen Steinbrück. »Die europäischen und internationalen Einsätze langweilen ihn«, sagt ein Vertrauter. Der Minister zweifelt am Sinn von EU-Gipfeln oder Ecofin-Treffen, auf denen Vertreter von 27 Staaten ihre oftmals längst bekannten Positionen darlegen. So aber funktioniert nun einmal das europäische Geschäft. Die Mehrheit der Menschen – und der europäischen Kollegen – mag aus Steinbrücks Sicht medioker sein. Gleichwohl muss er mit ihnen arbeiten. Während dieser langen Gremiensitzungen trippelt er mit Händen und Füßen. Er ist unruhig, und er zeigt seine Unruhe. »Er hat das Gefühl, er hört sich immer dasselbe an und es kommt nichts dabei herum. Das Kerngeschäft ist nicht sein Ding«, sagt ein Vertrauter. Steinbrück empfindet alle ritualisierten Verfahren als Zumutung. Wenn viele Dutzend Politiker und Beamte in einem fensterlosen Konferenzraum Sprechzettel ablesen, empfindet er das als Zeitverschwendung. EU, Euro-Zone, G8, G20, IWF, Weltbank – ständig ist die Präsenz des Finanzministers gefragt. Oftmals lässt sich Steinbrück dabei von einem Staatssekretär vertreten. Diese aber spüren schnell, dass die Minister anderer Staaten sie als Gesprächspartner nicht akzeptieren. Es kostet Steinbrücks Leute viel Mühe, ihm zu erklären, er selbst sei gefragt. Mit der Krise ändert sich das. Nun dreht der Minister auf.

Die eigene Familie wird ihn in Zukunft oft entbehren müssen, denn schon Ende Juli 2007 betreibt Steinbrück erstmals ein ganzes Wochenende lang Krisenmanagement. Die Finanzkrise breitet sich aus. Bis die Märkte in Asien wieder öffnen, sind Rettungsmaßnahmen zu ersinnen und zu beschließen. Zuerst droht der Deutschen Industriebank IKB die Zahlungsunfähigkeit. Der Bund hält über seine Kreditanstalt für Wiederaufbau (KfW) knapp die Hälfte der Aktien. Steinbrücks Abteilungsleiter Jörg Asmussen sitzt im Aufsichtsrat der IKB. Die Bank hat in US-Immobilienpapiere investiert und diese Papiere fallen ihr nun zur Last. An jenem Wochenende im Juli beraten Steinbrück und Asmussen telefonisch mit Bundesbank, KfW und weiteren Banken. Steinbrück fragt, ob eine Insolvenz der IKB tragbar sei. Davor warnen die Experten mit Verweis auf viele private Anleger. So wird die Insolvenz durch ein Rettungspaket in Höhe von 3,5 Milliarden Euro, das die KfW und andere Banken tragen, vorerst abgewendet. Mit der IKB aber hat die Krise Deutschland erreicht. Ein dreiviertel Jahr später legt die Vorstandssprecherin der KfW, Ingrid Matthäus-Maier, ihr Amt nieder – offiziell aus gesundheitlichen Gründen. Dabei drängt Steinbrück die einstige SPD-Finanzexpertin zu diesem Schritt. Er hält sie für heillos überfordert und macht sie so zum Bauernopfer. Laut und emotional sollen einige

Gespräche gewesen sein, heißt es, die Opposition beklagt die Umgangsformen des Ministers. Steinbrück habe »Matthäus-Maier als Chefin der KfW brutal abgebügelt«, sagt FDP-Haushaltspolitiker Koppelin heute.

Früh bemerkt Steinbrück, dass die SPD ihre Erfolge innerhalb der großen Koalition vorsichtig, mit gebeugter Körperhaltung und fast schon mit schlechtem Gewissen kommuniziert. Er wettert daher gegen all jene, die meinen, sie müssten sich für die Agenda 2010 oder eine Beteiligung an der großen Koalition entschuldigen. Allerdings ist es den Sozialdemokraten seit jeher fremd, eigene Erfolge zu beschwören. Sie reden lieber über nicht erreichte Ziele, über Defizite. Historisch mit einem Überschuss an Utopie ausgestattet, ist die Tagespolitik mit ihren Zwängen und Kompromissen für die Programmpartei SPD stets eine Herausforderung – anders als für die pragmatische Union, die das Regieren an sich als einen Wert versteht. Steinbrück weiß um diesen »Gen-Code« seiner Partei, und oft genug nimmt er ihn zum Anlass, die Parteifreunde wegen ihrer hehren Forderungen und der Vorliebe für langatmige Programme und Konzepte zu provozieren. Zudem beobachtet Steinbrück in seiner Partei eine Tendenz zu einem Sozialkonservatismus. Schröder hat mit seiner Agenda 2010 zwar einiges durcheinandergewirbelt, doch diese Sozialreformen waren keineswegs ein Parteiprogramm, sondern in höchster Not entwickelt. Wie sich die SPD den Sozialstaat der Zukunft vorstellt, hat sie bis heute nicht erklärt. Es existiert zwar das Konzept des »Vorsorgenden Sozialstaates«, demzufolge früh investiert und Vorsorge betrieben werden soll, in der Annahme, »Reparaturen« und Nachsorge ließen sich damit reduzieren. Doch diese Idee bricht mit dem bisherigen Sozialstaatsmodell und erst recht mit den Vorstellungen der SPD-Linken, denen hohe Sozialtransfers wichtiger zu sein scheinen als ihre Wirkung.

HEULSUSEN

Wenn er diesen Sozialkonservatismus beschreibt, bemüht Steinbrück gerne das Bild des alten Sofas, das längst nach seinem Eigentümer rieche. Steinbrück will ein neues Sofa. Er appelliert zu Mut und Veränderungen, legt dazu mit Platzeck und Steinmeier und ohne den Parteivorsitzenden Beck den Sammelband ›Auf der Höhe der Zeit‹ vor. Die drei Herausgeber wollen die SPD mit einem Bekenntnis zur Reformpolitik Schröders für das 21. Jahrhundert wappnen – und die zähe Programmdebatte ihrer Partei zuspitzen. Ihre Reformfreude soll in das »Hamburger Programm« einfließen, das die Sozialdemokraten auf dem Bundesparteitag im Oktober 2007 verabschieden wollen.

Der »Vorsorgende Sozialstaat« zieht sich durch die 60 Beiträge des Buches wie ein roter Faden. Die deutschen Autoren zählen fast alle zu dem sozialdemokratischen »Netzwerk«, jener Gruppe von selbst ernannten Pragmatikern und Reformern. Die Herausgeber betonen, das Buch richte sich gegen niemanden und habe keine »strategischen Absichten«. Mancher indes sieht darin einen Affront gegen Kurt Beck. In ihrem gemeinsamen Beitrag knüpfen Platzeck, Steinbrück und Steinmeier an das Godesberger Programm der SPD von 1959 an. »Das ist der Widerspruch unserer Zeit …«, hatte es in dessen Einleitung geheißen. Sie schreiben nun: »Wir leben in einer Zeit voller Widersprüche und mit offenem Ausgang.« Erkennbar wenden sich die Autoren von dem noch gültigen, aber völlig überholten Berliner Programm der SPD aus dem Jahre 1989 ab. Sozialdemokraten dürften im 21. Jahrhundert »niemals Konservative sein, niemals störrische Beharrer, die ohne Weitsicht am Status quo festhalten«. Ähnlich oft wie der »Vorsorgende Sozialstaat« kommt die »Soziale Demokratie« in dem Buch vor. Dies ist als Absage an den »demokratischen Sozialismus« zu begreifen, den niemand versteht, den aber die SPD-Linke möglichst oft auch im neuen Programm verankern will. Steinbrück kann mit dem »demokratischen Sozialismus« wenig anfangen. Er macht sich lieber mit Verve dafür stark, die Deutsche Bahn AG zu privatisieren; Steinmeier trägt diesen Plan mit. Die SPD ist dagegen. Beck versucht zu vermitteln, Steinbrück aber lässt sich darauf nicht ein. Hoch emotional wirbt er für das Prestigeprojekt des Bahn-Vorstandschefs Hartmut Mehdorn.

»Den Leuten kommen wir im Moment wie eine Heulsuse vor« – mit dieser Beschreibung der SPD, bis heute legendär, stößt Steinbrück auf ein größeres öffentliches Echo als mit seinen Buchaufsätzen. »Wir ziehen einen Flunsch wegen der Popularität der Kanzlerin«, sagt Steinbrück in der ›Frankfurter Rundschau‹, und: »Wir gucken verkniffen auf das

Phänomen der Linkspartei. Wir klagen darüber, dass uns die Globalisierung erwischt ... Wir heulen, weil wir Reformpolitik machen müssen. Wir heulen ein bisschen über Hartz IV und über die Agenda 2010.« Die »Heulsusen« machen sofort die Runde. Bis heute fühlen sich große Teile der Funktionäre angesprochen. Steinbrück hätte seiner Partei auch zurufen können: »Wir sind viel besser, als wir erkennen lassen.« Doch ein »wir« kommt Steinbrück mit Blick auf die SPD selten über die Lippen.

Die »Heulsusen« zementieren seinen Ruf als kalter Spötter, der sich über die eigene Partei mokiert. Steinbrück trägt dazu viel bei, indem er auch vor Journalisten und gar bei der Botschafterkonferenz über die »Heulsusen« in der SPD herzieht. Im Weltsaal des Auswärtigen Amtes beschert ihm das einen lauten Beifall. Es ist zweifelhaft, ob ein führender Politiker mit solch einem Ruf die eigenen Leute hinter sich versammeln, sie gar für ein eigenes Projekt gewinnen, sie begeistern kann. Auch das ist Politik, und dies unterscheidet sie von Verwaltung. Steinbrück verteidigt den Begriff »Heulsusen«. Dieses Wort sei zwar »sehr provokativ« gewesen, »doch als Zustandsbeschreibung war es richtig«. Vielleicht lässt sich in dieser Haltung zur eigenen Partei – oder zu Parteien allgemein – eine Distanz erkennen. Dass Steinbrück diese empfindet, ist jedenfalls sicher. Immer wieder sagt Steinbrück, er sei »ein Mann der Exekutive«. Für die Befindlichkeiten der Legislative und damit der Parteien, deren Interessen im Parlament gebündelt werden, fehlt ihm das Verständnis.

Zwischen Parteichef Beck und Arbeitsminister Müntefering kommt es vor dem SPD-Parteitag zu einer Auseinandersetzung über das Arbeitslosengeld I. Beck will es länger zahlen. Müntefering wendet sich dagegen. Der Streit spitzt sich zu. Beck behauptet von sich, »nah bei den Menschen« zu sein. Während Steinbrück gern »Zumutungen« fordert, ruft Beck: »Immer mal langsam mit de Leut!« Darin erkennt Müntefering Populismus – und wittert einen Verrat an den Arbeitsmarktreformen. Steinbrück und Steinmeier stehen inhaltlich auf Münteferings Seite, kennen aber die Machtverhältnisse in der SPD: Beck agiert gerade souverän und ist populär. Er befindet sich auf dem Höhepunkt seiner Macht. Die Parteispitze will er umbauen, statt fünf Vize-Vorsitzenden nur noch drei. Wollen Steinbrück und Steinmeier auf dem Parteitag gute Wahlergebnisse erzielen, können sie Beck nicht widersprechen. Während der entscheidenden Präsidiumssitzung weilt Steinbrück zum Herbsturlaub auf

Mallorca. Im größeren Parteivorstand enthält er sich dann der Stimme – und rückt wider Willen zwei Fuß breit von der Agenda 2010 ab. Beck habe Steinbrück damit »an den Rand der Selbstachtung gebracht«, urteilt der ›Spiegel‹. So beschließt die SPD nach der CDU, und dann die große Koalition, das ALG I bis zu zwei Jahre lang zu zahlen. Eine mühsam durchgesetzte und durchaus effiziente Reform wird abgewickelt.

Entsprechend grummelnd zeigt sich Steinbrück während des Parteitages in seiner Geburtsstadt. Während sowohl Beck als auch Müntefering zum Thema ALG I reden, wird die innere Spaltung der SPD sichtbar. Viele Delegierte applaudieren beiden. Das Beste am Parteitag, sagt Steinbrück später, sei die Rede Münteferings gewesen. Er selbst verzichtet darauf, das Wort zu ergreifen – und erhält wohl gerade deshalb beachtliche Zustimmung. Gut 75 Prozent der Delegierten bestätigen Peer Steinbrück als stellvertretenden Vorsitzenden der SPD. Er bekommt damit einige Stimmen mehr als Andrea Nahles. Hätte er seine wahre Überzeugung kundgetan und gar die Heulsusen-Analyse wiederholt, so hätte er wohl schlechter abgeschnitten.

Das von Beck geprägte Hamburger Programm trägt Steinbrück lustlos mit. Jenes neue Grundsatzprogramm spiegelt den Diskussionsstand der SPD wider. Auf seinen 68 Seiten ist der Begriff »Regulierung« lediglich zweimal zu finden. Das ist eine ziemlich bescheidene programmatische Antwort auf die von Müntefering drei Jahre zuvor angestoßene Heuschrecken-Debatte. »Nur transparente Finanzmärkte sind effiziente Finanzmärkte«, heißt es in dem Programm. Teile des linken Flügels wollen das Wort »transparent« durch »reguliert« ersetzen, scheitern damit jedoch unter anderem am Widerstand Steinbrücks. »Transparent« heißt dabei so viel wie freiwillig. Die SPD ist zu einer fundamentalen Reform des globalen Finanzkapitalismus noch nicht in der Lage. Peer Steinbrück ist der Letzte, der dies will. Erst kurz zuvor hat er sich gegen eine Regulierung der Hedge-Fonds stark gemacht. Steinbrück plädiert im Mai 2007 für einen freiwilligen Verhaltenskodex. Die Finanzbranche soll sich ein eigenes Regelwerk geben und dieses überwachen.

»Wie erklären Sie Ihren drei erwachsenen Kindern den Schuldenberg?«, wird Steinbrück in dieser Zeit gefragt, und der antwortet, diesmal ohne Ironie: »Ich rate ihnen, dagegen zu demonstrieren.« Mit der Schuldenbremse findet Steinbrück ein Thema, das er beherzt aufgreift.

Bislang sieht das Grundgesetz in seinem Artikel 115 vor, dass die Kredite die Ausgaben für Investitionen nicht überschreiten dürfen. Allerdings eröffnet die Verfassung eine – oft gewählte – Hintertür: Ausnahmen sind zulässig, wenn eine Störung des gesamtwirtschaftlichen Gleichgewichts droht. Steinbrück plädiert für eine strengere Schuldenregelung. Er will Bund und Länder verpflichten, mittelfristig nur noch minimale und auf Dauer keine Schulden mehr aufzunehmen. Die Neuverschuldung soll nach seinen ersten Plänen maximal 0,5 Prozent des BIP betragen, das wären derzeit rund 12 Milliarden Euro.

Die SPD-Linken machen gegen Steinbrücks Pläne mobil. Sie befürchten das Ende der expansiven Ausgabenpolitik und warnen vor einem »erheblichen Konjunkturrisiko«. Die Schuldenbremse werde sich »als ökonomische Katastrophe enthüllen«, schreiben die SPD-Vorstandsmitglieder Niels Annen und Björn Böhning. Wer dem Staat »die finanzpolitische Chance zur Stabilisierung der Gesamtwirtschaft« entziehe, nehme der Politik »die Mittel zur Stimulierung der Konjunktur«. Annen und Böhning verweisen darauf, auch in CDU/CSU und FDP werde eine Schuldenbremse gefordert. Das ist in der SPD immer ein gutes Argument, solche Vorhaben zu diskreditieren: »Es ist völlig unverständlich, wenn auch der sozialdemokratische Bundesfinanzminister Peer Steinbrück sich in den Reigen dieser Rufe einreiht.« In der informellen Runde der engsten Parteispitze vor dem SPD-Präsidium kommt es zum Eklat. Steinbrück warnt, wer sich der Schuldenbremse widersetze, habe »ein Problem«. Nahles kontert kühl: »Dann haben wir eben ein Problem.« Beide brüllen sich an. Nahles verlässt türenknallend den Raum.

Als alles auf eine Schuldenbremse deutet, verlangt die SPD eine höhere Schuldenobergrenze. Doch Steinbrück, assistiert vom Koalitionspartner Union, setzt sich in diesem mühsamen Prozess durch. Er nutzt in der Diskussion um Konjunkturpakete die Gunst der Stunde und fixiert 0,5 Prozent als Obergrenze der gesamtstaatlichen jährlichen Verschuldung. Zu seiner Freude senken die Ministerpräsidenten die für die Länder zunächst vorgesehene Grenze von 0,15 auf 0 Prozent. Im Jahre 2009 wird das Grundgesetz geändert, die Schuldenbremse integriert. Demnach dürfen die Bundesländer ab 2020 keine Schulden mehr machen. Der Bund darf ab 2016 jährlich nur noch maximal eine Summe von 0,35 Prozent der Wirtschaftsleistung ausleihen.

Im Rahmen der Föderalismuskommission schlägt Hessens Ministerpräsident Koch vor, Bund und Länder sollten alle ihre Schulden in einen gemeinsamen Tilgungsfonds einbringen. Koch also will gemeinsame Anleihen von Bund und Ländern, was die Länder Zinsen sparen ließe. Steinbrück weist diesen Vorstoß zurück. »Er hat die Idee Kochs wortmächtig vernichtet und als freches Ansinnen dargestellt«, sagt heute ein Teilnehmer der Runde, der seinen Namen nicht preisgeben möchte.

In den ersten drei Jahren seiner Amtszeit wächst die Wirtschaft deutlich, die Steuereinnahmen steigen viel stärker als erwartet. Die Neuverschuldung sinkt zwar, doch die Ausgaben steigen zunächst parallel zu den Einnahmen. Ab 2009, während der Krise, koppeln sie sich von den Einnahmen völlig ab. Der letzte rot-grüne Haushalt 2006, den noch Hans Eichel verantwortet hat, wuchs um gerade einmal 0,4 Prozent. Der erste Bundeshaushalt der großen Koalition für das Jahr 2007 liegt um 3,6 Prozent höher als im Vorjahr. Der Haushalt 2008 steigt sogar um 4,5 Prozent – beide wohlgemerkt vor der Krise und ohne Konjunkturprogramme, in einer guten wirtschaftlichen Lage.

Spielend hätte Steinbrück 2008 einen ausgeglichenen Haushalt vorlegen können, das sagen selbst seine Anhänger. Dass er dies nicht tut, liegt sicher auch an der Kanzlerin. Deren Wille zum Sparen ist ebenfalls begrenzt. Vermutlich agiert der Staat ähnlich wie viele Menschen: Auf mehr Einkünfte folgen höhere Ausgaben. Doch sein Versprechen, in ihm stecke der »ganze Keynes«, hält Steinbrück auch bei sprudelnden Steuereinnahmen nicht. Er minimiert die Neuverschuldung, aber er stoppt sie nicht. Keynes indes verlangt, in guten Zeiten Schulden zu tilgen.

Dem Wunsch nach sozialen Wohltaten widersetzt sich Steinbrück dabei nicht so mannhaft, wie er gern suggeriert. Herzt Gesundheitsministerin Ulla Schmidt ihn zur Begrüßung, stöhnt er ironisch: »Jeder Kuss kostet mich eine Million.« Doch Ulla Schmidts Küsse sind weitaus teurer, denn rasch gewinnt sie Steinbrück für einen höheren Bundeszuschuss zur Gesetzlichen Krankenversicherung. Ursula von der Leyen setzt das Elterngeld durch. Allein dieses kostet 2008 vier Milliarden Euro. Sigmar Gabriel trotzt ihm ein Klimaschutzprogramm ab. Mit der »Gestaltenden Finanzpolitik« verteidigt Steinbrück sein Nachgeben. Er selbst sorgt dafür, dass die Ausstattung von Stiftungen mit Kapital höher steuerlich absetzbar wird. »In den Verhandlungen um den Etat meines Ministeriums war Peer Steinbrück immer gegenüber Argumenten zugänglich«, sagt ein Kabinettskollege hinter vorgehaltener Hand. Ulla Schmidt lobt Steinbrück als streitbaren »politischen Kopf«. Er habe nicht zuletzt mit Blick auf das Gesundheitswesen »gestalten wollen«. Der Gesundheitsministerin war das natürlich recht. »Was politisch notwendig war, sah Steinbrück ein. Er war kein Erbsenzähler, er hatte nie den Anspruch, als ›schwäbische Hausfrau‹ aufzutreten«, sagt Ulla Schmidt heute. »Nach außen tritt Steinbrück zuweilen beinhart auf, ich habe ihn aber oft weich erlebt. Bei den Haushaltsgesprächen musste ich natürlich feilschen, während der Finanzminister nicht allen Ausgabewünschen nachgeben kann. Ich konnte ihn am Schluss aber oft überzeugen. Außerdem waren wir immer nett zueinander.« Mancher Minister sagt heute, er wäre an Steinbrücks Stelle härter geblieben.

Der Preis ist entsprechend hoch. Während der gesamtstaatliche Haushalt, also die Etats von Bund, Ländern, Kommunen und Sozialversicherungen, ohne Schulden auskommt, beträgt das Defizit des Bundes für das Jahr 2007 14 Milliarden Euro – und dies trotz satter Privatisierungserlöse von knapp 11 Milliarden Euro und einem Bundesbankgewinn von 3,5 Milliarden Euro. »Wenn er immer den dicken Max gemacht hätte, so hätte ihn das geschwächt«, sagt ein Vertrauter. Steinbrücks Freigiebigkeit wird von der Kanzlerin flankiert. Das erhält ihm seine starke Stellung in der Regierung – und unterscheidet ihn von Eichel. Doch kein Finanzminister bläht den Haushalt binnen kurzer Zeit so auf wie Steinbrück.

YPSILANTI

Anfang 2008 tritt Steinbrück in den Landtagswahlkämpfen in Hessen und Niedersachsen zur Verwunderung vieler Parteifreunde mehrfach auf. Sein Engagement ist insofern bemerkenswert, als in Hessen mit Andrea Ypsilanti eine dezidiert linke Sozialdemokratin seinen politischen Partner Koch herausfordert. Steinbrück unterstützt die Wahlkämpfer auch medial. Die Lohnquote befinde sich auf einem historisch niedrigen Niveau, während die Gewinnquote sehr hoch sei, argumentiert er: »Das bedeutet, dass die Arbeitnehmer mehr teilhaben müssen.« Bislang fiel die Lohnfindung nicht in die Zuständigkeit des Bundesfinanzministers. Ausgerechnet bei einem Auftritt im Saal der Deutschen Börse in Frankfurt geißelt Steinbrück ein »Rattenrennen nach Rendite« und verlangt eine »Korrektur von Exzessen«. Er analysiert eine gefährliche gesellschaftliche Schieflage und sagt, nur noch 15 Prozent der Bürger hielten die Einkommen für gerecht verteilt. In der SPD kommt das gut an.

Die Stimmung in weiten Teilen der Partei wendet sich aber gegen Steinbrück, als dieser den abrupten Kurswechsel von Spitzenkandidatin Ypsilanti nach der Landtagswahl geißelt. Trotz ihres linken Kurses (»Soziale Moderne«) ist es Ypsilanti misslungen, die Partei Die Linke aus dem Landtag in Wiesbaden zu halten. Entgegen ihrem Versprechen will sich Ypsilanti nun gar von den Linken zur Ministerpräsidentin wählen lassen und eine von den Linken tolerierte rot-grüne Minderheitsregierung bilden. Beck lässt diesen politisch waghalsigen Kurswechsel zu und begeht damit den schwersten Fehler seiner Amtszeit: Die »hessischen Verhältnisse« spalten die SPD. Steinbrück und Steinmeier wenden sich gegen das Vorhaben Ypsilantis, erfolglos. »Es muss nachweislich jede Anstrengung und jeder Schritt unternommen werden, um mit anderen Parteien in Hessen zu einer Regierung zu kommen«, verlangt Steinbrück. Damit meint er eine Koalition unter Führung der CDU. Steinbrück wirbt auch intern für Verhandlungen mit der CDU. Solle man nicht die Christdemokraten dazu drängen, Koch als Ministerpräsidenten zu ersetzen? Wäre nicht die liberale Frankfurter Oberbürgermeisterin Petra Roth (CDU) für die SPD vermittelbar? Für Ypsilanti aber geht es um die ganze Macht. Sie führt keine Gespräche mit Koch.

Vier Wochen nach der Hessen-Wahl wählt Hamburg, und abends im Willy-Brandt-Haus kommt es zu einer denkwürdigen Szene. Die SPD-Spitze tritt auf die Bühne, Steinbrück in Cordhose und ohne Krawatte. Beck verkündet hier eigenmächtig und ohne jede Absprache, die SPD könne auch im Westen Deutschlands mit den Linken koalieren. Das ist eine neue Festlegung. Und es ist eine Demütigung für Steinbrück. Beck gerät unter Druck, erkrankt und meldet sich anschließend mit einem Auftritt vor der Bundespressekonferenz zurück. Hier spricht er von »tanzenden Mäusen«, die sich in Abwesenheit der Katze in Szene setzten. Beck ist die Katze. Ist Steinbrück eine »tanzende Maus«? Beck wird das gefragt und als Antwort bekundet er »allerhöchsten Respekt«

für den Finanzminister. In Wirklichkeit reden Steinbrück und Beck nicht miteinander. Weil er Ypsilanti stützt, verliert Beck Einfluss, die von ihm erwogene Kanzlerkandidatur wackelt. Steinbrück spricht sich intern gegen Beck und damit für Steinmeier als Spitzenkandidaten aus. Öffentlich klingt das gut ein Jahr vor dem Wahltermin so: »Seine konkrete Entscheidung wird Kurt Beck in enger Absprache mit uns, der engeren Parteiführung, treffen.«

In Hessen bleiben Ministerpräsident Koch und seine Regierung geschäftsführend im Amt. Ypsilanti findet keinen neuen Hebel, Koch aus der Staatskanzlei zu verdrängen, und der Druck auf sie wird größer. »Wir stehen zwischen Pest und Cholera«, bringt Steinbrück die Situation auf den Punkt: »Wenn Andrea Ypsilanti zur Wahl als Ministerpräsidentin antritt und verliert, wird das sie selbst, die SPD in Hessen und die Bundes-SPD vor der Bundestagswahl schwer beschädigen. Wird sie gewählt, ist sie abhängig von der Linken und den Traumata von Herrn Lafontaine.« Monate später tritt das erste Szenario ein. Vier SPD-Abgeordnete verweigern Ypsilanti vor ihrer Wahl im Landtag öffentlich die Gefolgschaft. Ein knappes Jahr vor der Bundestagswahl werden diese »hessischen Verhältnisse« für die SPD zum größtmöglichen Schaden.

Als Kurt Beck ein Steuerkonzept der SPD bis Ende Mai 2008 ankündigt, fühlt sich Steinbrück überfahren. Er tobt und relativiert Becks vollmundigen Hinweis, es werde »Orientierungslinien für unser Wahlprogramm« geben. Der Koalitionspartner CSU ruft nach Steuersenkungen, und die Kabinettskollegen melden für ihre Ressorts hohe Summen an. »Unsere Haushaltspolitik wird konsequent sparsam sein«, hieß es einst im Koalitionsvertrag. Können sich das Finanzministerium und die Staatssekretäre der Ressorts in den Haushaltsberatungen nicht einigen, kommt es zu den sogenannten Bereinigungsgesprächen auf Ministerebene. Daran nehmen Steinbrück und der Fachminister mit jeweils einem Staatssekretär teil. Jene Acht-Augen-Runden finden im Beratungsraum des BMF statt. Wortführer sind die Minister. Auch jene Chefrunden seien stets kollegial abgelaufen, sagt ein Kabinettskollege Steinbrücks. Im Frühling 2008 indes handelt der Finanzminister frühzeitig und lässt sogenannte »blaue Briefe« schreiben, in denen er zu hohe Etatforderungen kritisiert. So fordert Steinbrück unter anderem Wirtschaftsminister Glos auf, seine »Ressortanmeldung kritisch zu prüfen«

und »bis zum 4. April 2008 eine neue Anmeldung vorzulegen, die mit den finanzpolitischen Zielsetzungen der Bundesregierung im Einklang steht«. Diese Schreiben sendet Steinbrück an jeweils drei Minister von Union und SPD. Steinbrück fürchtet ein weiteres Ausufern des Haushaltes. Er will ein Exempel statuieren, er setzt ein Zeichen, um sich als Haushaltsminister zu positionieren. Seine Absprache mit Merkel offenbart die schwierige Beziehung zwischen Kanzleramt, Finanzministerium und den anderen Ressorts. Der Kanzlerin ist der Brief Steinbrücks zu scharf. Als Sprachregelung wird vereinbart, die »blauen Briefe« seien mit de Maizière »abgesprochen«. Die Sache aber wirkt. Die Minister liefern geringere Ressortanmeldungen ab. »Mensch, Peer, wie lange kennen wir uns jetzt eigentlich schon?«, fragt ihn Entwicklungshilfeministerin Wieczorek-Zeul in dieser Phase – und Steinbrück antwortet: »Weiß nicht. Mindestens schon 80 Jahre!«

Einen Tag, bevor sich die SPD-Spitze an einem Sonntag im September 2008 am brandenburgischen Schwielowsee trifft, um hier Steinmeier zum Kanzlerkandidaten auszurufen, wird dieser im ›Spiegel‹ als Herausforderer Merkels gehandelt. »Der Kandidat. Was kann Frank-Walter Steinmeier?«, ist auf der Titelseite der neuen Ausgabe zu lesen. Beck ist verletzt. Der Parteichef wollte den Außenminister vor der malerischen Seekulisse selbst zum Kandidaten ernennen. Nun wird Becks Machtverlust sichtbar. Bei einem Treffen der engsten Parteiführung am frühen Sonntagmorgen unweit des Tagungshotels kündigt Beck seinen Rücktritt an. Er schlägt Arbeitsminister Scholz als Nachfolger vor. Die »Stones« lehnen ab und demütigen Beck, indem sie durchsetzen, dass ausgerechnet dessen Widersacher Müntefering die Partei führen soll. Nachdem Steinmeier als Kanzlerkandidat nominiert ist, verlässt Beck fluchtartig die Tagungsstätte. Steinbrück spricht von der »besten Aufstellung der SPD«. Seit dem Schwielowsee, findet er, habe die SPD »einen anderen Lauf«. Als Beck später den Umgang mit ihm beklagt und von Büchsenspannern, Verrätern und einem Wolfsrudel redet, reagiert Steinbrück kühl: »Ich kann das Bild nicht nachvollziehen. Aber ich respektiere, wenn Kurt Beck Demütigungen und schlechte Erfahrungen verarbeiten will.«

KRISENMANAGER

Ausgerechnet im Spätsommer 2008, die Finanzkrise hat sich längst ausgebreitet, kündigt Steinbrück einen ausgeglichenen Haushalt an. Der Finanzminister sieht sich fast am Ziel. Er will Geschichte schreiben und den ersten Etat seit 1969 ohne neue Schulden aufnehmen. »Erst hatte ich Schwein, und dann kam auch noch Glück dazu«, sagt Steinbrück. Man werde 2011 und 2012 jeweils eine Null erreichen, »und 2012 ist sie tiefschwarz, da sie so gut wie ohne Privatisierungserlöse zustande kommt«. Die Krise verschärft sich, doch noch im Oktober 2008 weigert er sich, das Ziel des ausgeglichenen Haushalts aufzugeben. »Wenn der Himmel einstürzt, sind alle Vögel tot«, sagt sein Sprecher. »Wir schaffen die Null«, verspricht ein großflächiges Plakat des Bundesfinanzministeriums. Das Ziel des ausgeglichenen Haushalts »verlieren wir nicht aus den Augen, auch wenn es jetzt länger dauern dürfte«, beharrt Steinbrück Mitte Oktober, und selbst Ende des Monats rückt er davon nicht ab: »Die Bundesregierung behält das Ziel bei, möglichst 2011 einen Haushalt ohne Neuverschuldung vorzulegen.« So viel Optimismus hat Steinbrück selten an den Tag gelegt. Heute datiert er den Beginn der Finanzkrise auf den Sommer 2007; noch über ein Jahr später hält er aber am Ziel seiner schwarzen Null fest. Im Jahre 2007 tappten nicht zuletzt Wirtschaftsforschungsinstitute und Banken im Dunkeln, die großen Akteure des Finanzmarkts wissen nicht, was geschieht. Dem Finanzministerium geht es nicht anders.

Die Krise wird sichtbar, als die amerikanischen Geldhäuser Fannie Mae und Freddie Mac vor dem Bankrott stehen. Der amerikanische Finanzminister Henry Paulson verstaatlicht diese Hypothekenriesen. Steinbrück will keinerlei Konsequenzen für den europäischen Finanzmarkt erkennen. »Die Krise ist ein amerikanisches Problem«, sagt er immer wieder. Steinbrück macht es Spaß, gegen die Amerikaner, vor allem die Administration von George W. Bush, auszuteilen. Im Verhältnis zu Amerika steht er in der distanzierten Tradition Helmut Schmidts, die indes weit differenzierter ist als die linke Amerika-Kritik in Europa. Steinbrück sieht sich selbst als Vertreter eines Kontinents, der auf eine große zivilisatorische Geschichte zurückblickt. In den USA sieht Steinbrück einen sehr vitalen, neuen, naiven, zuweilen archaischen großen

Bruder. Sosehr er den Optimismus in den USA bewundert, er blickt auch kritisch auf die Ungleichheit. Deutschland sei anders als die Vereinigten Staaten wirtschaftlich gut aufgestellt, behauptet er, und wer hier widerspricht, sei ein Schwarzseher oder pflege »masochistische Tendenzen«. Kritische Interviewer, die an diesem Punkt nachhaken, fragt er schon einmal: »Sind Sie zu mir gekommen, um Fragen zu stellen, oder wollen Sie mich agitieren?« Steinbrück zeigt anfangs auch gegenüber Mitarbeitern einen ausgeprägten Widerwillen, sich mit der Krise zu befassen. Die Überbringer schlechter Botschaften behandelt er zuweilen ruppig. Steinbrück spürt, dass er sich dem Haushalt kaum mehr widmen kann – und dass die Krise seine angestrebte Bilanz verhagelt. »Muss das sein?« oder »Kann man das nicht weniger aufwändig lösen?«, fragt er in dieser Phase. Erst nach und nach wird ihm die Brisanz der Situation klar.

Am 15. September 2008 bricht die amerikanische Investmentbank Lehman Brothers zusammen. Die US-Regierung unternimmt diesmal nichts – und zeigt damit, dass sie Banken nicht in jedem Fall rettet. Schon damals warnen Beamte im Bundesfinanzministerium vor einem veritablen Abschwung. »Die Auswirkungen der jüngsten Entwicklungen werden in Deutschland sehr begrenzt sein«, prognostiziert jedoch Steinbrück. Heute sagt er über den Tag eins nach der Lehman-Pleite: »Das Arteriensystem der Wirtschaft drohte zu kollabieren. Ihm fehlte das Blut. Da hatte ich richtig Angst.« Die Welt habe am Abgrund gestanden, lautet seine gängige Beschreibung heute. Er und seine europäischen Kollegen beschwören in einer Telefonaktion Finanzminister Paulson, »auf keinen Fall einen zweiten Fall Lehman zu riskieren«. Sie befürchten einen Zusammenbruch des Versicherungskonzerns AIG, der zu noch größeren Konsequenzen führen könnte als die Insolvenz der Lehman Brothers.

Während der Insolvenzberater Lehman abwickelt, überweist die Kreditanstalt für Wiederaufbau noch einmal 320 Millionen Euro an die Bank, »versehentlich«, wie es heißt. Über »Deutschlands dümmste Bank« spottet nicht nur die ›Bild‹-Zeitung. Steinbrück, stellvertretender Vorsitzender des KfW-Verwaltungsrates, zürnt über diesen »vollkommen irren Vorgang«, jenen »unsäglichen Hammer«. Die groteske Fehleinschätzung, stellt er fest, gehe auf Bankmanager zurück, nicht auf den »auch politisch besetzten Verwaltungsrat«. Noch heute spricht Steinbrück von einer unentschuldbaren Fehleinschätzung: »Was glauben Sie, wie ich hier getobt habe?« Wegen jener »idiotischen Überweisung« sei sogar seine »89-jährige Mutter ausgeflippt«.

Noch Mitte September 2008 verbreitet Steinbrück im Bundestag Optimismus. Er möchte die ohnehin existierende Panik nicht noch verstärken. Er weiß, dass mindestens die Hälfte der Volkswirtschaft von Psychologie geprägt wird. Der Minister will – soweit es vertretbar ist – Optimismus und Handlungsfähigkeit zeigen und Attentismus verhindern. Hinzu kommt, dass weder Politik noch Wissenschaft dazu in der Lage sind, belastbare Prognosen zur Wirtschaftsentwicklung vorzulegen. »Die deutschen Banken sind weit weniger labil als die US-Banken«, sagt Steinbrück am 26. September im Bundestag. Just an diesem Freitag beginnt das Krisenwochenende zur Rettung der in München ansässigen Bankenholding Hypo Real Estate (HRE). Es handelt sich um die bislang größte Rettungsaktion für eine Bank in der Geschichte der Bundesrepublik Deutschland. Und es sieht aus, als habe der Finanzminister nichts davon geahnt.

Drei Tage lang verhandelt der Minister nun, teilweise an mehreren Telefonen. Steinbrück setzt auf ein Engagement der privaten Banken. Am frühen Montagmorgen, gegen 1.30 Uhr, ist er sich mit Merkel und dem Deutsche-Bank-Chef Josef Ackermann einig: Der Staat bürgt mit 26,5 Milliarden Euro für die HRE, die Banken steuern weitere 8,5 Milliarden Euro bei. Schon wenige Tage später erkennt das HRE-Management einen weiteren Liquiditätsbedarf. »Das war einer jener Momente, in denen ich dringend einen Stuhl brauchte, um innezuhalten«, blickt Steinbrück zurück. Von HRE-Chef Georg Funke fühlt sich Steinbrück getäuscht. Am Wochenende darauf stocken die Banken ihren Beitrag zur Rettung der HRE um weitere 15 Milliarden Euro auf. Die Bundesbank berichtet unterdessen, dass die Deutschen verstärkt Bargeld abheben.

An jenem Samstag weilt Merkel beim G-7-Treffen in Paris. Ihr Abteilungsleiter Jens Weidmann und Steinbrücks Staatssekretär Jörg Asmussen begleiten die Kanzlerin. Steinbrück tagt mit der SPD-Spitze in Berlin. Über ihre Mitarbeiter stehen Merkel und Steinbrück in ständigem Kontakt. Immer wieder muss Steinbrück die Runde mit seinen Parteifreunden für Telefonate verlassen. Merkel erwägt an diesem Tag eine Verlautbarung. Sie will den Deutschen Sicherheit geben. Die genauen Umstände der dann folgenden Abläufe werden widersprüchlich dargestellt. »Bundeskanzlerin Merkel und ihre Berater hatten nicht geplant, dass sie die Garantie der Spareinlagen alleine in einer Pressekonferenz verkündet«, sagt etwa Steinbrücks damaliger Sprecher Albig heute: »Es war sehr schnell klar, dass der Finanzminister dabei sein müsse.« Steinbrück selbst sagt, Merkel habe angekündigt, alleine aufzutreten. In diesem Fall werde er wenig später ebenfalls eine Erklärung abgeben. Das kann als Kampfansage verstanden werden. Zwei getrennte Auftritte hätten wohl ziemlich skurril ausgesehen. Regierungssprecher Ulrich Wilhelm, sagt Steinbrück, habe Merkel »nahegebracht, dass sie in dieser Situation den Finanzminister mit vor die Kamera nehmen muss. Der gesamte Effekt wäre verpufft, wenn wir die Erklärung zu einer Koalitionsfrage gemacht hätten.«

Am 5. Oktober 2008 um 15 Uhr treten beide im Kanzleramt vor die Kameras – es entsteht das Symbolbild der großen Koalition schlechthin. Merkel und Steinbrück geben eine Garantieerklärung für die Spareinlagen der Deutschen ab. »Wir sagen den Sparerinnen und Sparern, dass ihre Einlagen sicher sind«, sagt Merkel. »Die Sparerinnen und Sparer in Deutschland werden nicht befürchten müssen, einen Euro ihrer Einlagen zu verlieren«, sagt Steinbrück. Bewusst sprechen beide nicht von Sparanlagen, sondern von Spareinlagen.

Doch die Erklärung von Kanzlerin und Finanzminister stößt zunächst nicht auf das erhoffte Echo. Eine Eilmeldung ist den Nachrichtenagenturen der Auftritt nicht wert. Albig ruft mehrere Agenturjournalisten an, erläutert die Botschaft, spitzt sie zu und verweist auf ihre brisante Bedeutung. Wenig später »tickern« die Agenturmeldungen. Danach erst geben die Nachrichtenagenturen den Meldungen die höchste Priorität.

»Wir haben absichtlich nur die Spareinlagen genannt, also nicht auch Zertifikate, Investmentfonds und so weiter«, sagt Steinbrück heute. Für Merkels und seine Erklärung gibt es keine rechtliche Grundlage, sie ist nicht einmal durch den Haushaltsausschuss abgesichert. Die Garantieerklärung ist naiv, ökonomisch unsinnig, finanzpolitisch unseriös, kurzum zutiefst unaufrichtig und doch in dieser Situation richtig. Merkel und Steinbrück wissen das: Würden alle Bürger ihre Einlagen abheben, ginge die Volkswirtschaft zugrunde. Der volkswirtschaftliche Blödsinn aber stiftet Ruhe. Niemand muss um sein Sparbuch fürchten!, lautet die Botschaft jenes Auftritts und sie kommt an. Anders als in Großbritannien bilden sich in Deutschland keine Schlangen vor den Bankschaltern. Steinbrück fürchtet nichts mehr als dieses Bild, das, wie er glaubt, an die Inflation von einst erinnert und die im kollektiven Gedächtnis verankerte Inflationsangst der Deutschen erst antriebe. Die Frage, ob ihm eine Menschenschlange vor einer deutschen Bank mehr Sorgen mache als vor einer britischen Bank, beantwortet Steinbrück klar: »Eindeutig ja.«

Mit der Garantieerklärung der Spareinlagen befindet sich Peer Steinbrück auf dem Zenit seines politischen Schaffens. Er gilt neben der Kanzlerin als vertrauenswürdiger Politiker, der die Krise klug und effizient managt. Immer wieder kommt er selbst noch Jahre später auf die Szene mit Angela Merkel zu sprechen. Er schmückt sie aus, wenn er bei Lesungen oder Vorträgen das Publikum damit unterhält, wenn er davon spricht, das Fernsehen habe den Auftritt übertragen kurz vor den Serien »Lassie, Bonanza und einem Film von Heinz Sielmann«. Steinbrück weiß, dass er an diesem Tag Geschichte geschrieben hat, und er versucht sogar diesen Moment ein wenig ironisch zu brechen.

Kaum ist die Spargarantie gegeben, macht Steinbrück das nächste Fass auf. Am nächsten Morgen verkündet der Minister im Deutschlandfunk, man »müsse versuchen, in Deutschland insgesamt einen Schirm zu spannen«. Ziel sei, nicht »von einem Fall in den anderen Fall« zu geraten, sagt Steinbrück, »ohne dass ich einen weiteren Fall herbeireden will«. Die Regierung habe dazu einen »Plan B in der Schublade«. Das BMF ist von Steinbrücks Offenherzigkeit entsetzt. Die Börsen reagieren verunsichert. Albig muss einige Tage lang den »Plan B« dementieren.

Wenig später vereinbart die Regierung den Bankenrettungsschirm. Der Bundestag verabschiedet dieses Gesetz – Staatsgarantien für Kredite bis zu 400 Milliarden Euro sowie Eigenkapitalhilfen bis 80 Milliarden – in einem Eilverfahren (»Es ist Gefahr in Verzug«) mit breiter Mehrheit. Steinbrück setzt durch, dass die Managergehälter während der Unterstützung aus dem Rettungsschirm auf maximal 500 000 Euro im Jahr eingefroren werden. Es werden weder Boni gezahlt noch Dividenden an die Aktionäre ausgeschüttet. Steinbrück verlangt bessere Verkehrsregeln in der internationalen Finanzwirtschaft und poltert gegen einen »maßlosen Kapitalismus, wie wir ihn selten erlebt haben mit all seiner Gier, der sich am Ende selber auffrisst«. Die Klage über »Gier« wirkt wenig differenziert, und wer in diesen Tagen so redet, agiert populistisch. Ähnlich verhält es sich mit Steinbrücks Ablehnung einer Gemeinschaftsanleihe der EU-Staaten. Eine solche Anleihe »würde unsere Zinsbelastung jährlich um drei Milliarden Euro erhöhen. Dieses Geld haben wir nicht. Im Übrigen ist ein öffentliches Nachdenken hierüber eher schädlich. Das Problem ist doch: Kommen wir zu früh und zu deutlich mit unseren Hilfsangeboten, legen möglicherweise einige die Hände in den Schoß … Die Kanzlerin und ich sind uns einig, dass wir mit bilateralen Unterstützungsmaßnahmen sehr zurückhaltend sind. Denn wenn man einmal damit anfängt, wird uns sprichwörtlich die Bude eingerannt.« Die Botschaft ist klar: Deutschland soll kein Zahlmeister sein.

Steinbrück und seine Mitarbeiter erleben die wohl spannungsreichsten Wochen ihres beruflichen Lebens. Eine Krisensitzung folgt der nächsten, jeden Tag gibt es mehrere Telefonkonferenzen. Im Finanzministerium gebe es »20 Leute, auf die es jetzt ankommt. Die sind gelegentlich 18 oder 19 Stunden am Tag dabei«, sagt Steinbrück. Wenn die Amerikaner eine Telefonkonferenz um 22 Uhr ansetzen, nehmen Steinbrücks Mitarbeiter um 4 Uhr morgens den Hörer ab. Steinbrück agiert trotz aller Hektik kühl und kontrolliert. Wochenlang schläft er nur vier bis fünf Stunden pro Nacht, allerdings gut, wie er sagt, er »kenne keine durchwachten Nächte in Krisensituationen«. Die Ernährung hingegen ist während dieser Krisenzeiten ziemlich ungesund und unregelmäßig. Er wird kräftiger und bleicher in dieser Zeit, verliert aber nicht den Drive. Steinbrück zeigt sich – wie Merkel – von einer ausgesprochen stabilen physischen Kraft. Er hat nur wenig Schlaf, ernährt sich ungesund, trinkt gern mehrere Gläser Wein am Abend und treibt keinerlei Sport. Der Minister explodiert öfter mal, ist gereizt. Steinbrück macht sich im Rückblick lustig, jemand habe ihm in dieser Phase geraten, er möge sich mehr um das »Zwischenmenschliche« kümmern, »hier und da ein Pflästerchen kleben und noch eine Lakritze zum Naschen hinstellen. Wenn ich dann gesagt habe, wir machen hier Politik, wir sind nicht in der Psychiatrie, kam das nicht immer gut an.«

Für Steinbrück haben die spannendsten Monate seines Lebens begonnen. Es wäre untertrieben, sie nur eine Herausforderung zu nennen. Der deutsche Finanzminister steht unter einer extremen Anspannung. Viele Blicke richten sich auf jeden Schritt und Tritt, den Steinbrück tut. Jedes Wort aus seinem Mund wird gewogen. Das ist für den Mann, bei dem der Weg vom Sprachzentrum zu den Sprechorganen sehr kurz ist, eine besonders harte Probe. Doch Steinbrück reüssiert. Er ist jetzt der Krisenmanager. Er gilt als der Fels in der Brandung. Mit seinem Image als kompetent und durchsetzungsstark punktet er. Wie einst Helmut Schmidt bei der Hamburger Sturmflut 1962 wird Steinbrück ebenfalls in einer Krise bekannt und beliebt. Die Deutschen mögen Steinbrück, einige verehren ihn sogar. Das ist für einen Finanzminister ziemlich ungewöhnlich.

KONJUNKTURPROGRAMME

Ausdrücklich wendet sich Steinbrück immer wieder gegen Konjunkturprogramme, nach denen nun aus allen politischen Lagern gerufen wird. »Mit nationalen Programmen kommt man gegen die international geprägten Probleme nicht an. Man verbrennt nur Geld«, sagt er im Oktober 2008. Sein Ministerium reagiert auf derlei Wünsche in einer Art Reflex reserviert, ja ablehnend. Der Schachspieler Steinbrück neigt dazu, stets die nächsten zehn Züge zu planen, und fürchtet das Risiko, etwas zu übersehen. Nach Konjunkturprogrammen zu rufen hält er für Aktionismus, für eine Art »Blindschach«, wo man die Konstellation auf dem Spielfeld nicht kennt, aber eine Figur ziehen muss. Von »Blindschach« hält Steinbrück wenig.

Die Bundesregierung unterstütze doch längst die Binnennachfrage, argumentiert der Finanzminister und listet auf: der neue Familienlastenausgleich, die Senkung der Arbeitslosenversicherung, die Absetzbarkeit von Krankenversicherungsbeiträgen. Steinbrück tut so, als kurbele es die Konjunktur an, wenn der Arbeitslosenversicherungsbeitrag von 3,3 auf 2,8 Prozent sinkt und Teile der Kassenbeiträge – in Folge eines Karlsruher Urteils – absetzbar werden. Es ist ein alter Haushältertrick, Maßnahmen zu benennen, von denen jeder weiß, dass sie verpuffen. Kanzlerin und Kabinettskollegen mangelt es nicht an Ideen für Konjunkturimpulse. So will Umweltminister Gabriel Öko-Kühlschränke steuerlich fördern, Merkel wirbt für klimaschonende Autos, Glos für Steuersenkungen. Das alles kann einen Finanzminister nicht freuen. Immerhin verschließt sich Steinbrück einem Konjunkturprogramm nicht mehr grundsätzlich. Er billigt der Regierung zu, sie solle derlei Maßnahmen prüfen, währenddessen aber »so lange den Mund halten«. Das ist ein naiver Wunsch. Die normative Kraft des Faktischen zwingt Steinbrück einzuschwenken.

»Aus der Finanzkrise ergeben sich keine unmittelbaren Risiken für die Haushaltsplanung«, behauptet er. Auch das wirkt, so es denn ernst gemeint ist, nicht nur im Rückblick etwas naiv. Als der ›Spiegel‹ ihn zum Thema Konjunkturpakete interviewt, bellt Steinbrück die Fragesteller an: »Wie viel genau hätten die Herren denn gern? Weitere 25 Milliarden, 50 Milliarden? Oder darf's noch ein bisserl mehr sein?« Konjunkturprogramme hätten »nie den erhofften realen Effekt gehabt. Am Ende war der Staat nur noch höher verschuldet als vorher«. Steinbrück, der doch Haushaltspolitik gestalten will, verzichtet nun darauf. Neue Staatsausgaben tut er als »wirkungslosen Populismus« ab. Die Kanzlerin hingegen will sich »alle Optionen offenhalten«.

Steinbrück wird in diesen Wochen ökonomisch und politisch überrollt. Er wird vom Akteur zum Getriebenen. Für die SPD tüfteln Außen- und Arbeitsminister längst an konkreten Punkten eines Konjunkturprogramms. Nach wochenlangem Widerstand spricht sich schließlich auch Peer Steinbrück für Konjunkturprogramme aus. Im November 2008 verabschiedet das Kabinett allerlei Maßnahmen zur »Beschäftigungssicherung durch Wachstumsstärkung«, das sogenannte »Konjunkturpaket I«. Für den Finanzminister ist es nun das »größte Programm zur Stützung der Konjunktur in der Geschichte der Bundesrepublik«, nicht mehr die größte Geldverbrennung der deutschen Nachkriegsgeschichte. Er beziffert die Investitionen auf 31 Milliarden Euro und bezieht damit schon vor der Krise beschlossene Entlastungen ein, etwa das höhere Kinder- und Wohngeld und die Absenkung des Arbeitslosenversicherungsbeitrages. Die höheren Krankenkassenbeiträge – sie steigen Anfang 2009 um rund 10 Milliarden Euro – zieht er hingegen nicht von der Summe ab.

Als die Kanzlerin aber ein zweites Konjunkturpaket ankündigt, stellt sich Steinbrück stur: »Ich mache bei diesem Krisenlotto nicht mit.« Ebenso wenig wolle er sich an einem Überbietungswettbewerb beteiligen nach dem Motto: »Wer liefert die schwärzeste Prognose fürs nächste Jahr?« Dabei gelingen ihm durchaus ein paar gute Beiträge für einen solchen Wettbewerb. Er redet von der Erschütterungsdynamik an den Kapitalmärkten und von »tektonischen Verschiebungen«.

Als der Chefvolkswirt der Deutschen Bank im März 2009 prognostiziert, die deutsche Wirtschaft schrumpfe um fünf Prozent, nennt Steinbrück dies »verantwortungslos« und einen »Versuch, mit immer schlechteren Nachrichten Aufmerksamkeit zu erheischen«. Er tut so, als sei der Chefvolkswirt der Deutschen Bank ein Abgeordneter, der sich mit Wirtschaftsprognosen nicht zu befassen habe. Zwischen Weihnachten 2008 und den ersten Tagen des Jahres 2009 entwickeln die Mitarbeiter von Steinmeier, Steinbrück, Scholz und Müntefering die Ausgestaltung des zweiten Konjunkturpaketes. Selbst am zweiten Weihnachtstag telefonieren die Minister miteinander. Steinbrück ist noch immer gegen ein zweites Konjunkturpaket, was Steinmeier fassungslos registriert. Der Vizekanzler und SPD-Kanzlerkandidat würde sich nie über Steinbrücks Sturheit ereifern. Er habe Probleme, »Peer« zu überzeugen, lässt Steinmeier die Parteispitze wissen. Beirren indes lässt er sich vom Widerstand des Finanzministers nicht. Der Außenminister hat den längeren Atem.

Steinmeier setzt eine Umweltprämie zur Verschrottung alter Autos durch, die als »Abwrackprämie« bekannt wird und die staatlichen Hilfen konkret und populär macht. Die Menschen bekommen ein Angebot, müssen überlegen und entscheiden. Damit greift die Regierung fühlbar in ihren Alltag ein, es geht um mehr als nur um ein paar zusätzliche Euro auf dem Konto. Steinbrück hält die Prämie für ordnungspolitischen »Blödsinn« und meint, es sei nicht rational, Autos für einen Anreiz verschrotten zu lassen. Scholz will eine neue Kurzarbeiterregelung. Weil längst Wahlkampf herrscht, beugt sich Steinbrück schließlich. Die vereinbarten Maßnahmen heißen nun »Steinmeier-Plan«. Anfang 2009 beschließt die Koalition das Gesetz zur Sicherung von Beschäftigung und Stabilität in Deutschland (»Konjunkturpaket II«). In den Straßenbau fließt Geld, der Zuschuss für die Krankenversicherung steigt, der Eingangssatz der Einkommensteuer sinkt. Das Kurzarbeitergeld wird abermals ausgeweitet.

Die Konjunkturprogramme öffnen die Schere zwischen Ausgaben und Einnahmen, der Haushalt 2009 steigt um 3,5 Prozent gegenüber dem Vorjahr, die Einnahmen sinken um 4,7 Prozent. Für den Bundeshaushalt 2010 stellt die große Koalition abermals 3,9 Prozent mehr Ausgaben ein, die Einnahmen steigen, so die Prognose, um lediglich 0,6 Prozent. Die schwarz-gelbe Koalition wird diese Schere zwischen Einnahmen und Ausgaben noch weiter öffnen. Die positive Wirkung des ausgeweiteten Kurzarbeitergeldes und des kommunalen Investitionsprogramms hat Steinbrück erheblich unterschätzt.

OUAGADOUGOU

In der Finanzkrise reicht ein Begriff, dass Steinbrück international bekannt wird. Während eines Treffens der G20-Finanzminister setzt er sich mit der Schweiz auseinander, ohne sie beim Namen zu nennen. Er verlangt eine »schwarze Liste« von Steuerparadiesen als »die siebte Kavallerie in Fort Yuma, die man auch ausreiten lassen kann« – und fügt hinzu: »Die Indianer müssen nur wissen, dass es sie gibt.« In seinem rhetorischen Spiel will Steinbrück also in einem kleinen Land einmarschieren. Willy Brandt fiel in Warschau auf die Knie, Helmut Kohl umsorgte die kleinen Nachbarn Deutschlands, Gerhard Schröder formulierte mutig »nationale Interessen« und legte sich beim Irak-Krieg mit mächtigen Verbündeten an. Steinbrück will nun in einen politischen Zwergstaat einmarschieren. Er weiß, dass es dafür in Deutschland Beifall gibt.

In Bern muss der deutsche Botschafter bei der Regierung vorsprechen. Für das Schweizer Magazin ›Blick am Abend‹ ist Steinbrück einer der »meist gehassten Menschen in der Schweiz«. Es zeigt ein unvorteilhaftes Porträtfoto von Steinbrück und titelt: »Der hässliche Deutsche«. Die Schweizer, die mit dem Auftreten und der Bestimmtheit der Deutschen ohnehin hadern, entdecken einen Gegner. Steinbrück zitiert Schätzungen, wonach der deutsche Fiskus durch Steuerhinterziehung und Steuerbetrug an die 100 Milliarden Euro im Jahr verliert. Viele Milliarden Euro seien von Deutschen in der Schweiz geparkt. »Die Aussagen waren sowohl in der Substanz wie im Ton nicht akzeptabel«, beklagt sich die Schweizer Außenministerin Micheline Calmy-Rey. Viele der 230 000 Deutschen, die in der Schweiz leben, werden nun auf Steinbrück angesprochen. Er selbst bekommt Drohbriefe aus der Schweiz und wird »als Nazi-Scherge beschimpft«. Die ›Süddeutsche Zeitung‹ weist Steinbrück darauf hin, vor nicht allzu langer Zeit habe ein deutscher Minister mit einem solchen Zitat einen Krieg auslösen können. Steinbrück gesteht immerhin, dass er daheim für seinen Indianer-Vergleich kritisiert werde:

»Meine Frau sagte: Sabbel nicht so ein Zeug.« Sein Wort von der Kavallerie ist vor allem ärgerlich, weil es die berechtigte Kritik am Finanzplatz Schweiz diskreditiert.

Doch Steinbrück rüstet rhetorisch nicht etwa ab. Beim Treffen der EU-Finanzminister in Brüssel im Mai nennt er vier europäische Staaten in einem Atemzug mit der Hauptstadt des westafrikanischen Burkina Faso. Er kündigt an, zu der geplanten Steuerkonferenz in Berlin würden »Luxemburg, Liechtenstein, die Schweiz, Österreich, Ouagadougou« vorgeladen. Es handelt sich um einen spontanen Einfall des Ministers. Der Botschafter von Burkina Faso in Berlin, Xavier Niodogo, äußert sich »sehr überrascht und schockiert« über den Vergleich mit Steuerparadiesen, mit denen sein Land doch nichts zu tun habe. Seine Regierung leitet dem Auswärtigen Amt eine offizielle Protestnote zu und fordert eine Erklärung. Es kommt zu Gesprächen des Botschafters mit Vertretern von Auswärtigem Amt und Finanzministerium. Steinbrücks Leute beteuern, es sei nicht dessen Absicht gewesen, Burkina Faso zum Steuerparadies zu erklären. Auch in der EU stößt Steinbrück auf Kritik. Jean Asselborn, Außenminister von Luxemburg und ein Freund Frank-Walter Steinmeiers, sagt, der deutsche Finanzminister sei »definitiv auf Biertischniveau angekommen«. Die Aussagen seien »von einer kaum zu übertreffenden Arroganz«. Er sei »manchmal fahrlässig« bei der Wahl seiner Worte und Sprachbilder, gibt Steinbrück zu. »Das Bild von der Kavallerie in Fort Yuma und mein sprachlicher Ausflug nach Ouagadougou waren schlicht und einfach eine Selbstverliebtheit, Spaß an lautmalerischen Formulierungen. Ganz ehrlich: Ich wollte eigentlich ›Taka-Tuka-Land‹ sagen.« Steinbrück hat Spaß an pointierten Aussagen und präsentiert sein Wissen gern zugespitzt, plastisch und anschaulich. Dabei lässt er sich treiben. Mit seiner Sprachmächtigkeit und Sprachschnelligkeit redet er sich zuweilen in einen Rausch hinein. Je besser Steinbrück aufgelegt ist, je später der Abend ist, umso öfter verwendet er Sprachbilder und Vergleiche. Für den Zuhörer ist das ein Genuss, für Steinbrück kann es zur Bedrohung werden. Klugheit geht mit Steinbrücks Begeisterung über die eigenen Formulierungen nicht immer einher. Und: Verbunden mit seiner Größe, Kompaktheit, Körpersprache und Aura schafft Steinbrück mit derlei Auftritten nicht etwa Nähe, sondern Distanz.

Etliche Abstimmungen mit Staaten der EU, der Euro-Zone, der G8 und des IWF verlangen Steinbrück viele Flüge, viele Konferenzstunden und viel Geduld ab. Auch in Deutschland versucht Steinbrück präsent zu sein. Am 22. November 2008 nominiert ihn die SPD zum Direktkandidaten für den Bundestagswahlkreis 105 Mettmann I; just an jenem Wochenende sollte ursprünglich der Weltfinanzgipfel tagen. »Wülfrath stand kurz in Konkurrenz zu Washington«, ruft Steinbrück den Delegierten zu: »Das hat was. Ich bin mir gar nicht so sicher, wer gewonnen hätte.« Wülfrath sei die »schönste kleinste Stadt im Kreis Mettmann«, spottet er vor den örtlichen Parteigrößen und hängt gleich einen weiteren ironischen Superlativ an. Borussia Mönchengladbach nämlich sei »der beste Fußballverein in schwarz-grün-weißen Trikots«. Steinbrück hält seine Standard-Rede, wechselt zwischen Humor und Nachdenklichkeit und zeigt sein rhetorisches Geschick. Er mokiert sich über nichtssagende Politikersprache und belustigt den Saal mit dem so oft gesagten Nonsens-Satz: »Eine gute Grundlage ist die beste Voraussetzung für eine solide Basis.« Mit diesem Wort entwickelt Steinbrück einen Spruch seines Parteifreundes Horst Ehmke weiter, der da lautet: »… das ist die Basis von der Grundlage des Fundaments«. Er ruft die SPD dazu auf, sie möge ihre Erfolge betonen, Kurs halten, verlässlich sein, beständig arbeiten und pragmatisch agieren. Damit beschreibt er sein eigenes Arbeits- und Politikverständnis. Die Partei ist zufrieden. Mit 98,1 Prozent wird Peer Steinbrück, 61 Jahre alt, erstmals Kandidat der SPD für den Deutschen Bundestag.

Viel größer kann ein Kompliment von Peer Steinbrück nicht ausfallen: Christine Lagarde sei eine »Grande Dame in mehrfacher Hinsicht, mit französischem Esprit und angelsächsischem Humor«, sagt er über die französische Finanzministerin, mit der er es nun häufig zu tun hat und mit der er sich blendend versteht. Er schätzt Lagarde als charmante, elegante Intellektuelle. Auf einer der vielen internationalen Konferenzen schiebt ihm »Madame Lagarde«, wie er sie stets nennt, einen Zettel zu, auf dem sie in englischer Sprache einen Witz notiert hat: »Der Unterschied zwischen Kommunismus und Kapitalismus: Im Kommunismus verstaatlicht man Banken – und sie gehen pleite. Im Kapitalismus gehen Banken pleite – und man verstaatlicht sie. Triff deine Wahl … Was für ein Leben!« Steinbrück amüsiert sich. Den Zettel hat er bis heute aufgehoben als Erinnerung an einen der wenigen heiteren Momente in dieser Krise.

In Deutschland umgarnen sich die Regierenden längst nicht so freundlich. Im Umgang mit der Pleitebank HRE etwa kommt es innerhalb der großen Koalition zu Differenzen. Inzwischen betragen die Garantien des Bundes 87 Milliarden Euro, die Bank hat binnen eines Jahres 93 Prozent ihres Wertes verloren. Innenminister Schäuble wendet sich dagegen, das Aktienkapital der HRE in Volkseigentum umzuwandeln. Steinbrück wirbt dafür, um damit die Kontrolle der Bank zu sichern. Das Kabinett billigt seine Vorlage, der Bundestag verabschiedet einen entsprechenden Gesetzentwurf. Wäre dies nicht geschehen, »wäre ich als Bundesfinanzminister zurückgetreten«, sagt Steinbrück heute.

Steinbrück leistet offen und ehrlich Widerstand gegen die von Arbeitsminister Scholz erdachte Rentengarantie. Scholz will erreichen, dass die Renten, unabhängig von Konjunktur und Lohnentwicklung, nicht sinken können. Er möchte also einen bewährten gesetzlichen Mechanismus aushebeln, zugunsten der Rentner und zu Lasten der Beitragszahler. Scholz zieht Merkel auf seine Seite. Sie lässt sich davon überzeugen, dass im Wahlkampfjahr die Renten keinesfalls gekürzt werden. Steinbrück ist entsetzt. »Peer fühlte sich verarscht«, sagt ein Beteiligter, der anonym bleiben will. Steinbrück hält die Rentengarantie für abwegig, sein Ministerium ohnehin. »Ich werde das denen sagen«, kündigt er intern an. Wochenlang kocht die Sache in ihm, einmal, am Telefon, brüllt er Scholz an. Öffentlich nennt er dessen Plan »grenzwertig«. Das Kabinett beschließt die Rentengarantie, Steinbrück muss sich beugen und handelt gegen seine innere Überzeugung. »Das war eine schwere Entscheidung. Ich kann jedenfalls alle verstehen, die fragen, ob das wirklich nötig war.« Heute nennt Steinbrück die Rentengarantie einen »Tabubruch« und bedauert seine Zustimmung: »Ich hätte da nicht mitmachen dürfen.« Er handelte nicht konsequent – und gegen seine Überzeugung.

Als Frank-Walter Steinmeier den von der Insolvenz bedrohten Opel-Konzern retten will, lehnt Steinbrück ab. Der Kanzlerkandidat der SPD will Opel mit Steuer-Milliarden vor dem Untergang bewahren. Anfangs argumentiert Steinbrück noch wie Steinmeier und verweist darauf, eine Insolvenz könne für den Staat teurer kommen als die angestrebte Überbrückung: Wenn ein Unternehmen wie Opel »pleiteginge und, direkt und indirekt, 50 000 Menschen arbeitslos würden, dann kostete das den Steuerzahler zwei bis drei Milliarden Euro jährlich. Da muss ich eine

Abwägung treffen.« Im Sommer 2009 jedoch, kurz vor der Wahl, distanziert sich Steinbrück von Steinmeiers Plänen. »Es ist unfassbar, dass die Milliarde die kleinste Recheneinheit geworden ist«, klagt der Finanzminister. Noch vor der Wahl zieht er Bilanz: »Die meisten Leute reagierten als Steuerzahler und nicht als solidarische Arbeitnehmerschaft. Es kann sein, dass die SPD das falsch eingeschätzt hat.« Steinbrück ärgert die Sache selbst – und die Attitüde, mit der Steinmeier und die SPD die Rettungsaktion initiieren: in der »Tonlage eines kleinen Hundes, der einem an die Beinkleider geht«. Das komme bei vielen Wählern nicht an. Die miserablen Wahlergebnisse der SPD an den Opel-Standorten geben ihm später Recht.

KULTFIGUR

Der Wahlkampf der SPD kommt im Frühsommer 2009 nicht recht in Fahrt. Die Partei knüpft aber Hoffnungen an die Europawahl. Vor fünf Jahren hat man hier nur 21,5 Prozent erzielt. Dieses Ergebnis sei wohl leicht zu toppen, sagen führende Sozialdemokraten und hoffen auf Anschub. Doch im Juni 2009 erreicht die SPD nur 20,8 Prozent. Steinbrück analysiert schonungslos, die »Startrampe für die Bundestagswahl« sei »gerade beschädigt worden«. So ist es.

Nach Karl Theodor zu Guttenberg und Merkel ist Steinbrück im Sommer 2009 Deutschlands drittbeliebtester Politiker. Mit Schärfe attackiert er Union und FDP, schont nur die Kanzlerin. »Horst Seehofer ist eine völlig lose Kanone an Deck. Der ändert seine Meinung viermal pro Tag«, empört sich Steinbrück. »Westerwelle ist überlaut, immer eine Oktave zu schrill und manchmal scheinheilig«, und die FDP »völlig durchgeknallt«. Die FDP fordert gerade mitten in der Krise ein Steuersystem, das »einfach, niedrig und gerecht« sein soll. Für den FDP-Vorsitzenden Westerwelle, mit dem Steinbrück einst in Nordrhein-Westfalen eine Koalition bilden wollte, hat er nur noch Verachtung über. »Rüberkommen, Westerwelle! Keine Angst, wir reden nicht über Politik – wir sprechen hier über Literatur«, zitiert der Autor Benjamin von Stuckrad-Barre im Reportagebuch ›Auch Deutsche unter den Opfern‹ einen Ausruf Steinbrücks beim Sommerfest des ZDF. »Westerwelle geht auf Steinbrück zu, und der fordert sogleich drei Leseempfehlungen für den Sommerurlaub ab. Steinbrück schwingt abzählbereit den Arm in die Waagerechte, den Daumen schon gereckt: ›Los, erstens!‹ Westerwelle nennt ›Ruhm‹, den neuen Roman von Daniel Kehlmann. Enttäuscht lässt Steinbrück die Abzählhand sinken.« Es ist eine Szene, die von intellektueller Arroganz strotzt. Politische Brücken lassen sich so nicht bauen.

Systematisch pflegt Steinbrück seinen elitären Ruf. Er verstört seine Parteifreunde, wenn er in größeren Runden von dem Buch ›Bullshit‹ schwärmt. Nur die wenigsten kennen dieses Werk oder dessen Verfasser, den amerikanischen Philosophen Harry G. Frankfurt. Gern erzählt Steinbrück auch, wie sehr er die historischen Werke von Eric Hobsbawm, Paul Kennedy und Niall Ferguson schätzt. Von Winston Churchill hat er fast jede Biografie gelesen. Der einstige britische Premierminister und Historiker fasziniert ihn in seiner strategischen Weitsicht, als kluger Kopf, Kriegsführer, Außenseiter und schillernde Persönlichkeit. Churchill ist Steinbrücks Vorbild, auch wenn er das nie so sagen würde. Er bezeichnet ihn immerhin als wichtigste Person der Zeitgeschichte und rattert Teile seines wechselvollen Lebens allzu gern herunter: zweimal die Partei gewechselt, spektakulär als Kriegsberichterstatter aus der Gefangenschaft im Burenkrieg in Afrika geflohen, bedeutende Bücher geschrieben. Churchill ist für Steinbrück der letzte wirklich große Politiker.

Dem breiten Publikum, das eher selten Suhrkamp-Essays oder Churchills Kriegskunst diskutiert, präsentiert Steinbrück seinen sarkastischen Humor. Doch er erzählt nicht etwa Witze, die jeder kennt und versteht, oder leicht verständliche Anekdoten. Nein, auch hier kommt Steinbrück mit seiner Vorliebe für Exzentriker ziemlich britisch – und damit distanziert – daher. Oft erzählt er Churchill-Witze und Anekdoten, gern auf Englisch und mit entsprechendem Akzent. Die Politikerin Lady Aston, so lautet sein Klassiker über den britischen Staatsmann, habe einst zu Churchill gesagt: »Wenn ich mit Ihnen verheiratet wäre, würde ich Ihren Kaffee vergiften.« Darauf Churchill: »Well, Nancy, wenn ich Ihr Ehemann wäre, würde ich ihn auch trinken.« Einst habe Churchill gesagt, kann sich Steinbrück immer wieder freuen: »Wir sind alle Würmer. Aber ich bin ein Glühwurm.«

Steinbrück holzt und poltert und versteht es bei Wahlkampfreden in der Provinz, dem Publikum die Krise präzise, kompakt, anschaulich und mit gebotenem Humor zu erläutern. Längst agiert der stellvertretende Parteivorsitzende als heimlicher Held des Wahlkampfs. Selbst Jusos bejubeln den Finanzminister. Natürlich ist der Kanzlerkandidat Steinmeier die Nummer eins im Wahlkampf der Sozialdemokraten. Da Müntefering aber mit überzogenen Attacken gegen die Kanzlerin (»Frau Merkel sind die Arbeitslosen egal«) und wegen einer miserablen Wahlkampfführung als Totalausfall empfunden wird, gewinnt Steinbrück innerparteilich an Macht. Doch während CDU und CSU auch ihre unauffälligen Minister plakatieren, sieht die SPD-Zentrale keinen Anlass, mit dem populären Steinbrück zu werben. Ihn ärgert dies.

Maßnahmen gegen hohe Manager-Boni, eine internationale Finanzmarktsteuer – solche Vorstöße verschaffen Steinbrück Rückhalt in den eigenen Reihen. Der Finanzminister spricht Menschen jenseits der traditionellen SPD-Wählerschaft an, erwärmt aber gleichzeitig deren Herzen. Seine Schweiz-Polemik hat Steinbrück zur Kultfigur gemacht. Und über Querschläge wie die Kritik an der Rentengarantie verdrehen die Sozialdemokraten in den anstrengenden Wahlkampfwochen die Augen, sie lächeln aber meistens dabei. »So ist er eben, der Peer«, heißt es dann.

Steinbrücks Wahlkampfreden bewegen sich zwischen Comedy und Volkshochschule. Eine Rheumadecke verspricht er für die richtige Antwort auf der Frage, wann Deutschland schon einmal eine Rezession erlitt. »1975«, flüstert er dann, fragt nach dem damaligen Wachstum und verspricht einen »Porsche Cayenne«. Steinbrück federt mit den Knien. »Minus 0,9 Prozent«, haucht er ins Mikrofon, und dann lauter: »Jetzt haben wir minus fünf bis sechs Prozent!« Die Situation ist ernst, mancher im Publikum sorgt sich um seinen Job. Steinbrück widmet sich den Forderungen von Union und FDP. Er mimt einen Dialog zwischen Kopf und Bauch auf dem Weg gen Wahlurne. Der Bauch erfreut sich an der Aussicht auf Steuersenkungen, der Kopf argumentiert dagegen und setzt sich durch. Steuerhinterziehung wiederum sei »kriminell«, ruft Steinbrück in die Säle und erntet Zustimmung. Drei Zukunftsthemen gebe es in Deutschland, verkündet er: »Bildung, Bildung, Bildung.« Applaus. Auf seinen Gegenpart, den »sehr gut aussehenden« Wirtschaftsminister Karl-Theodor zu Guttenberg (CSU), geht Steinbrück ebenso ein. »Das ist ein blendender Mann!«, mokiert er sich. In einer Berliner Schule wird er nach einer Koalition mit den Linken gefragt. Er fragt zurück: »Können Sie sich vorstellen, dass ich mit irgendeinem Linken auftauche in der Euro-Gruppe, beim Ecofin oder im G8-Kreis?« Die Leute würden ihn doch fragen, wen er da bloß mitgebracht habe. Beifall bei den Schülern. Dann wird Steinbrück auf seinen Dienstwagen angesprochen. Niemals werde er auf einen Golf umsteigen, erwidert er. Er müsse Akten im Auto lesen, fahre zuweilen nachts vier Stunden über Land. »Da hab' ich keinen Bock, auf 'ner Holzbank zu sitzen.« Die Schüler applaudieren.

Mit der Kanzlerin geht Steinbrück zaghaft um, das Maximum an Kritik ist: »Frau Merkel und ihre Partei wollen auf der Hollywoodschaukel zum Wahlerfolg kommen.« Steinbrück lehnt es ab, sich negativ über Merkel zu äußern. »Das ist in meinem Fall nicht glaubwürdig. Ich trete gemeinsam mit Frau Merkel bei großen Finanzgipfeln auf. Wir geben gemeinsam Patronatserklärungen für die deutschen Sparer ab. Wir bemühen uns gemeinsam um ein gutes Krisenmanagement. Und dann soll ich plötzlich meine ganze Artillerie auf sie richten? Da kommen die Leute doch zu dem Ergebnis: Der Steinbrück ist gaga geworden.« Er werde sich nicht als »Kläffer gegenüber Frau Merkel« inszenieren.

Eine Machtperspektive ist für die SPD nicht sichtbar, die Union liegt in Umfragen weit vor ihr. Gedankenspiele über eine Koalition mit Grünen und FDP sind politisch abstrus. Gleichwohl spricht der Spitzenkandidat Steinmeier immer wieder über eine solche Ampel-Koalition. Der FDP-Vorsitzende Westerwelle wirft der SPD »Stalking« vor und lässt einen Parteitag ein solches Bündnis ausschließen. Steinbrück seinerseits verfolgt ein klares Ziel: Er will eine schwarz-gelbe Mehrheit verhindern und eine Neuauflage der großen Koalition erreichen. Ein solches Bündnis »bietet gute Chancen, die wirtschaftliche und soziale Stabilität zu gewährleisten«, befindet er in der Schlussphase des Wahlkampfes. Die Parteiführung um Müntefering (»Merkel kann die Umzugskisten packen«) reagiert verstört. Als Steinbrück von Reportern gefragt wird, ob er wieder Juniorpartner unter der Union werden wolle, lässt er genau das durchblicken. »Wie kommen Sie darauf?«, fragt er, »wir arbeiten an der Zweidrittelmehrheit.« Er ist noch einmal in seinem Element in diesem Bundestagswahlkampf.

Kurz vor der Bundestagswahl reisen Merkel und Steinbrück gemeinsam zum G20-Treffen nach Pittsburgh. Sie machen sich dort stark für eine Steuer auf Finanzmarkttransaktionen. Das Signal ihrer Reise soll lauten: Wahlkampf hin oder her, die große Koalition arbeitet. Doch ebenso achten beide Regierungspartner darauf, dass die andere Seite während des Gipfels nicht übermäßig punktet. Für die SPD ist der Weltfinanzgipfel besonders wichtig. Steinbrück soll in den Fernsehbildern gleichziehen mit der Kanzlerin, die sich wohl fühlt auf dem internationalen Parkett und stets erfolgreich wirkt. Über Merkels »bella figura« spottet selbst Steinbrück – natürlich nicht in deren Anwesenheit, wohl aber bei seinen zahlreichen Kundgebungen in diesen Tagen. So erlaubt er sich dann doch noch einen Seitenhieb.

Am Ende nützen all diese Auftritte nichts. Die SPD stürzt bei der Bundestagswahl um elf Prozentpunkte auf 23 Prozent ab – ihr schlechtestes Ergebnis seit dem Zweiten Weltkrieg. Die Union landet bei 33,8 Prozent. Die kleinen Parteien fahren ihre besten Ergebnisse ein. Die FDP kommt auf 14,6 Prozent, die Linke auf 11,9 Prozent, die Grünen auf 10,7 Prozent. Die Sozialdemokraten gewinnen Wahlkreise letztlich nur im Ruhrgebiet, in Hamburg, Niedersachsen und Teilen Brandenburgs. Südlich des Mains erringen sie nur ein Direktmandat in Freiburg. Steinbrück unterliegt im Wahlkreis Mettmann I der CDU-Politikerin Michaela Noll. Dabei votiert jeder dritte Wähler für Steinbrück, nur jeder vierte für die SPD. Steinbrücks These während der gesamten Zeit der große Koalition, gute Minister und eine gute Regierungspolitik würden eines Tages vom Wähler belohnt, stellt sich an diesem Tag als falsch heraus. Der SPD fehlten ein plausibles Konzept für eine politische Alternative und eine echte Machtperspektive – und ihr mangelte es daher an Glaubwürdigkeit.

Am Tag nach der Wahl ruft Steinbrück seine Mitarbeiter zusammen. Er spricht von einer bitteren Niederlage, betont aber, es handele sich um eine demokratische Entscheidung. Auf der Herbstversammlung des Internationalen Währungsfonds lässt sich der Minister bereits von Asmussen vertreten. Nun gelte es, das Ministerium zügig zu übergeben, weist Steinbrück seine Mitarbeiter an. Sein Appell lautet: keine Larmoyanz.

VI. BERLIN

Übrigens bin ich der Meinung, es wäre für mich KEIN Problem, den Job des IWF-Chefs neben einer möglichen Tätigkeit als Bundeskanzler zu machen.
HS 11

ABGEORDNETER

Er verabschiede sich aus der »ersten und zweiten Reihe« der Bundespolitik, kündigt Peer Steinbrück zwei Tage nach der Bundestagswahl 2009 an. Während die SPD-Fraktion an diesem Dienstag Frank-Walter Steinmeier zu ihrem Vorsitzenden wählt, verzichtet Steinbrück auf jedes Amt. Er gibt den stellvertretenden Parteivorsitz zurück. Nach 16 Jahren als Minister, Ministerpräsident und Bundesminister bittet Steinbrück um »Verständnis, dass ich über meine eigene freie Zeit etwas freier verfügen möchte«. Auf Bedeutung, Büro und Bezüge möchte er nicht ganz verzichten. Sein Bundestagsmandat nimmt er an.

Eine Woche später rechnet Steinbrück im SPD-Vorstand mit der eigenen Partei ab; der ›Spiegel‹ dokumentiert das Manuskript dieser Rede. Es sei »der Zeitpunkt gekommen, wo ich Platz für Jüngere mache und aus der ersten Reihe der Politik ausscheiden möchte«, sagt Steinbrück im Willy-Brandt-Haus. In der Exekutive habe er oft erfahren, dass »meine Wirkungsmöglichkeiten sowohl an der viel zitierten Basis unserer Partei als auch insbesondere über die SPD hinaus größer gewesen sind und ein positiveres Echo gefunden haben als auf der Ebene von Delegierten und Funktionsträgern der SPD«.

Steinbrück schildert sein Unverständnis über den Wahlerfolg von Union und FDP und die Niederlage der SPD. Bei den strittigen Themen Agenda 2010, Hartz IV oder Rente mit 67 sei von einer konservativ-liberalen Bundesregierung kaum eher eine Korrektur zu erwarten als von der Sozialdemokratie. Die meisten Wähler, die 2005 für die SPD stimmten, seien nicht zu den Linken gewandert, sondern ins Lager der Nichtwähler, sagt Steinbrück. Er will so dem erwartbaren Ruf nach einem Linksruck in der eigenen Partei etwas entgegensetzen. »Aber die eigentlich alarmierende Nachricht lautet, dass fast 1,5 Millionen Wähler ... zur CDU/CSU und zur FDP abgesprungen sind.« Das sei nichts anderes als ein Plädoyer für den Verbleib der SPD in der imaginären politischen Mitte.

Die vier Schlussfolgerungen, die Steinbrück präsentiert, sind nicht ganz neu. Die sozialpolitische Kompetenz der SPD sei eine notwendige, aber nicht hinreichende Bedingung für Wahlerfolge, leitet er ein. »Die Kompetenzdefizite im Bereich Wirtschaft und Finanzen … waren von ausschlaggebender Bedeutung«, sagt Steinbrück dann und stellt so auch sich selbst ein miserables Zeugnis aus. Nur sieht Steinbrück das anders: Es reiche nicht aus, »eine Person ins Schaufenster zu stellen, wenn diese in der Breite von Fraktion und Partei nicht begleitet wird oder sogar gelegentlich für Ausflüge gemaßregelt wird, die angeblich einer parteipolitischen Räson (wer definiert die eigentlich?) widersprechen«. Erst jüngst seien Finanz- und Wirtschaftspolitiker bei der Aufstellung von Landeslisten »eher bestraft worden bzw. aus Frustration vorzeitig aus der Fraktion ausgeschieden«, sagt Steinbrück. Damit sind die einstigen Abgeordneten Nina Hauer, Klaas Hübner und Rainer Wend gemeint. Sie alle gehören dem neuen Bundestag nicht mehr an und bewähren sich nun in der freien Wirtschaft.

Wahlen gewinne die SPD immer noch in der Mitte, stellt Steinbrück fest. »Die Addition von Minderheitsinteressen führt keineswegs arithmetisch zu einer politischen Mehrheit in Deutschland.« Bei einer Annäherung an die Linkspartei sei »eher ein Verlust für die SPD wahrscheinlich«. Die SPD müsse den »Fortschrittsbegriff« ausfüllen, verlangt Steinbrück. Dem Mangel der SPD an »faszinierenden Angeboten zur Zukunftsgestaltung« hat Steinbrück selbst nur wenig entgegengesetzt. Nun beklagt er die »Glaubwürdigkeitskrise« der eigenen Partei. Der Verschleiß von Führungspersönlichkeiten liefere dem Volk »kein Bild der Verlässlichkeit und Beständigkeit«, sagt Peer Steinbrück, der den Rücktritt Kurt Becks als SPD-Chef befördert und mit Genugtuung verfolgt hat.

Die Krise der SPD sei weniger programmatisch als organisatorisch geprägt, befindet Steinbrück. Von den Landes- und Bezirksverbänden der SPD seien »wahrscheinlich nur drei oder vier intakt und schlagkräftig«, zitiert er eine Analyse des scheidenden Generalsekretärs Hubertus Heil. Viele Kollegen wendeten sich gegen ein »Weiter so«, sagt Steinbrück, und er widerspreche dem nicht: »Ich habe gerade für meine Person daraus ja auch eine Konsequenz gezogen.« Direkt attackiert er nun seinen alten Gegner Ralf Stegner. Dieser habe als Vorsitzender der SPD Schleswig-Holstein »mit minus 13 Prozentpunkten gerade eine krachende Niederlage erfahren« und zeige nun mit dem Finger von Kiel nach Berlin. »Zwei wesentliche Faktoren für diese Niederlage kamen allerdings dabei nicht vor«, wendet sich Steinbrück direkt an Stegner: »Erstens du selbst und zweitens eine maßgeblich von dir bestimmte Strategie in der Koalition mit der CDU während der letzten Jahre, die systematisch zum Verlust der Regierungsbeteiligung der SPD geführt hat.«

Zwei Jahre später, Ende 2011, empfängt Stegner an einem frühen Morgen in einem Hotel am Anhalter Bahnhof in Berlin zum Frühstück. Danach wird er an der Sitzung des SPD-Präsidiums teilnehmen. Stegner ist weiterhin Partei- und Fraktionschef in Schleswig-Holstein, allein bei der Urwahl um die Spitzenkandidatur für die Landtagswahl im Mai 2012 ist er unterlegen, ausgerechnet gegen den Kieler Oberbürgermeister Torsten Albig, der einst Pressesprecher Peer Steinbrücks war. Jeder in der SPD weiß, dass Steinbrück und Stegner eine wechselseitige Abneigung verbindet. In den 1990er-Jahren indes habe ihm der schleswig-holsteinische Wirtschaftsminister Steinbrück gut gefallen, sagt Stegner. »Angenehm« sei der gewesen – eine eher unübliche Beschreibung für Steinbrück. Doch es dauert nicht lange, da findet Stegner zu der Tonlage, für die er bekannt ist, wenn er über Steinbrück redet. »Mit seiner Form der Eloquenz ist es schwer, in der SPD populär zu werden.« Steinbrück schätze weder Parlament noch Parteien, hält Stegner ihm vor: »Steinbrücks Verachtung der Parteipolitik ist Teil seiner öffentlichen Popularität. Diesen gerade in einer fast 150 Jahre alten Partei wichtigen Teil der Politik hat er nie verstanden, nie gelernt und nie betrieben.« Wie ein Spieler verkalkuliere sich Steinbrück zuweilen, und er kenne seine Grenzen nicht. »Einzelformulierungen in Papieren oder Parteibeschlüssen sind Peer Steinbrück nicht wichtig«, sagt Stegner. Er misstraut ihm, gelte doch: »Verbale Konzessionen sind da eher taktischer Natur.« Als Bundeskanzler würde es Steinbrück der SPD wohl sehr schwer machen, vermutet er. Erst einmal im Amt, werde die Partei dann »noch weiter in den Hintergrund rücken als üblich«. Und dann hebt der Parteilinke Stegner ausgerechnet den Altkanzler Schröder in den Himmel, um Steinbrück noch kleiner erscheinen zu lassen. Gerhard Schröder nämlich, so behauptet Stegner, offenbare »einen erheblichen Unterschied« zu Peer Steinbrück. Schröder habe bei all seinen Reformen und der heftigen Kritik daran nie ganz vergessen, wie wichtig die Partei ist – und immer auch erkennen lassen, was er seiner SPD zu verdanken hat.

In seiner Brandrede nach der Wahlniederlage 2009 attackiert Steinbrück auch den SPD-Landesverband Berlin. Noch am Freitag vor der Wahl habe die Berliner SPD vor dem Brandenburger Tor Frank-Walter Steinmeier zugejubelt, und schon am Montag danach habe dieser Landesverband »als Erster das Revolutionstribunal eingerichtet – über die drei Namen, die nun zur Verantwortung zu ziehen seien. Nämlich Franz Müntefering, der kürzlich noch bejubelte Frank-Walter Steinmeier und Peer Steinbrück. Das ist alles andere als stilsicher, eigentlich beschämend.« Diese Kritik trifft ins Schwarze. Der Regierende Bürgermeister Klaus Wowereit gilt zwar parteiintern als links, agiert aber in erster Linie unpolitisch, desinteressiert an jedweder Programmatik und ohne Plan für die größte Stadt Deutschlands. Privatisierungen und der langjährige Finanzsenator Thilo Sarrazin stehen nicht eben für ein linkes Profil. Von Wowereits Anhängern möchte sich Steinbrück nicht attackieren lassen. Müntefering, Steinmeier und er selbst nähmen »bei Umfragen zur Wertschätzung von Politikern die führenden Positionen für die SPD« ein, betont er. Die innerparteiliche Sicht spiele dabei eine zu große Rolle »gegenüber der viel wichtigeren Frage, wie wir durch den Wähler in der Wahlkabine legitimiert werden können«. Der Parteirat, mokiert sich Steinbrück schließlich noch über ein einflussloses Gremium, sei »ein Altherrenrat, in den von den Landesverbänden 60- bis 70-jährige Honoratioren entsendet werden, weil sie aufgrund von früheren Verdiensten noch eine Parteifunktion haben sollen«.

Union und FDP bilden nach der Wahl die Regierung, Angela Merkel wird zum zweiten Mal zur Bundeskanzlerin gewählt. Nachfolger Steinbrücks wird der bisherige Innenminister Wolfgang Schäuble – einer der wenigen Politiker, die Steinbrück wegen seiner intellektuellen Fähigkeiten und politischen Erfahrungen respektiert, anders als Guido Westerwelle, den neuen Außenminister und Vizekanzler. Thomas de Maizière dient fortan als Innenminister. Das Verteidigungsressort übernimmt Karl-Theodor zu Guttenberg. Insgesamt stellt die CDU/CSU zehn Minister, die FDP besetzt fünf Ressorts.

So schnell der Koalitionsvertrag verhandelt wird, so schnell wird er Makulatur. Mit Union und FDP prallen unterschiedliche Weltbilder aufeinander. Während die Union froh ist, wieder zu regieren, ohne aber einen Gestaltungsanspruch zu zeigen, will die FDP das Land umkrempeln. Die inzwischen wieder sozialstaatlich denkende CDU sieht Steuersenkungen allenfalls als Symbolthema, die Liberalen wollen daraus das Hauptanliegen der Regierung machen. Die FDP ruft also nach ihrem »einfachen, niedrigen, gerechten« Steuersystem, während Schäuble von Steuersenkungen gar nichts hält. Auf fast allen politischen Feldern befehden sich die Koalitionsparteien öffentlich. Westerwelle zeigt ein auffälliges Desinteresse am Auswärtigen Amt und widmet sich stattdessen mit gewohnter Oppositionsrhetorik der Innen- und Sozialpolitik. Als Arbeitsministerin von der Leyen den Regelsatz für Hartz-IV-Empfänger erhöhen will, warnt der Außenminister vor einer »spätrömischen Dekadenz« und einem Leben im »anstrengungslosen Wohlstand«. Viele Vertreter der Union empfinden den Vergleich als falsch, ungeschickt und peinlich und sehnen sich nach der großen Koalition zurück.

Wochenlang wird der neue Bundestagsabgeordnete Steinbrück übergangsweise in einem kleinen Abgeordnetenbüro im Paul-Löbe-Haus untergebracht. Während seine Büroleiterin Sonja Stötzel am Schreibtisch arbeitet, telefoniert Steinbrück stehend, an ein Sideboard gelehnt. Erst Anfang 2010 bezieht er sein reguläres Büro, das Zimmer 4028 im Abgeordnetenhaus Unter den Linden 50. Jenes Gebäude ist so weit vom Plenarsaal entfernt wie kein anderes Bürohaus für Abgeordnete. Steinbrück arbeitet inmitten von Hinterbänklern – und auf einer Etage mit Altbundeskanzler Gerhard Schröder. Gut 500 Kilometer westlich von Berlin, im rheinischen Hilden, eröffnet Steinbrück sein Wahlkreisbüro. Die SPD-Fraktion schickt ihn in den Europaausschuss und als stellvertretendes Mitglied in den Ausschuss für Kultur und Medien. Steinbrück folgt damit der Tradition, sich als ehemaliger Minister nicht seinem Fachgebiet zu widmen.

Einen Wechsel in die Privatwirtschaft lehnt Steinbrück ab. Angebote aus der Finanzwirtschaft gibt es ihm zufolge, doch »es wäre nicht in Ordnung gewesen, so schnell auf die andere Seite des Zauns zu springen – aus stilistischen, aber auch aus politischen Gründen«. Seine Großmutter hätte gesagt, das mache man nicht, und seine Frau würde ihm »auf die Finger klopfen«. Außerdem sei er »kein ausgewiesener und fachlich qualifizierter Bankkaufmann. … Vorstandschef einer Großbank kann ich nicht.« Derlei bescheidene Selbsteinschätzungen sind von Steinbrück selten zu vernehmen. Steinbrück genießt nun seine neu gewonnene Freizeit. Wie einst nach der Wahlniederlage im Mai 2005 hält er sich wieder öfter daheim in Bad Godesberg auf. Einst galt Godesberg als Rentnerparadies. Es ist Ironie in der Stimme zu vernehmen, wenn Steinbrück sagt: »Dazu gehöre ich ja jetzt auch.«

THYSSEN UND BORUSSIA

Schnell sagt Steinbrück zu, als ihm Posten in zwei Aufsichtsräten angeboten werden. Der 96-jährige Berthold Beitz wirbt ihn vier Wochen nach dem Regierungswechsel für ThyssenKrupp. Im Geschäftsjahr 2009/10 erhält Steinbrück eine Vergütung von 47907 Euro. Im Geschäftsjahr 2010/11 überweist ihm der Konzern 67038 Euro, eine Summe, die knapp neun monatlichen Bundestagsdiäten entspricht. Für den Ballspielverein Borussia 09 e.V. Dortmund (BVB) gehen dessen Präsident Reinhard Rauball und Geschäftsführer Hans-Joachim Watzke auf Steinbrück zu. Als Dortmund-Fan bezeichnet sich Steinbrück nicht, »da würden doch alle gestandenen Fans an die Decke gehen, wenn ich das behaupte«. Er sei aber Sympathisant des BVB. »Ich wollte mal bei den Gewinnern sein«, begründet er sein geschäftliches Engagement für Borussia Dortmund. Als sich Steinbrück im Frühjahr 2010 für den Aufsichtsratsposten entscheidet, ist die deutsche Meisterschaft im Jahre 2011 allerdings nicht absehbar. Die Frage, ob er dem BVB-Trainer etwas rate, weist Steinbrück brüsk zurück: »Ich bin ein dilettierender Fußballamateur unter 80 Millionen Bundestrainern. Der Jürgen Klopp würde mir etwas geigen.«

Hans-Joachim Watzke arbeitet in einem geräumigen Büro mit Aussicht auf das Dortmunder Westfalenstadion. Watzke stammt aus dem Sauerland, ist Mitglied der CDU, ein alter Freund von Friedrich Merz – und ein Anhänger Peer Steinbrücks. »100 Jahre Ballspielverein« ist auf einem Borussen-Poster an der Wand in dem Büro des Geschäftsführers zu lesen. BVB-Fußbälle und ein riesiger Fernsehbildschirm in Watzkes Büro zeigen seine Passion. Watzke lernte Steinbrück schon als Ministerpräsident kennen. Seine Borussia war damals so gut wie insolvent, er suchte Unterstützung. Doch bei Steinbrück hatte er keine Chance. Er hörte nur, dass das Land in dieser Lage nicht helfen könne und längst alles getan habe, was vertretbar sei. Nun müsse der Verein sich selber helfen. »Das war eine sehr ehrliche Ansage, die mir bis heute imponiert«, sagt Watzke ein bisschen feierlich, hat er den Klub doch inzwischen saniert.

Als der BVB Steinbrück um eine Mitgliedschaft im Aufsichtsrat anfragt, sagt der nicht direkt zu. Er bittet vielmehr um den Geschäftsbericht mit allen Anlagen. Zwei Wochen später treffen Steinbrück und Watzke sich im Café Einstein in Berlin. Steinbrück sagt zu. Und Borussia Dortmund kann damit zeigen, dass der Verein groß genug für die Großen ist. Viermal im Jahr tagt der Aufsichtsrat, Peer Steinbrück ist Watzke zufolge »immer exakt vorbereitet«. Steinbrück lasse erkennen, dass er während der Zugfahrt von Berlin nach Dortmund alle Vorlagen gelesen habe. Watzke hat auch den früheren CDU/CSU-Fraktionsvorsitzenden Merz in den Aufsichtsrat gelotst. »Peer Steinbrück und Friedrich Merz verstehen sich gut, sind finanzpolitisch oft derselben Meinung und agieren sehr kollegial«, berichtet Watzke. Steinbrück und Merz verbindet einiges: Sie stehen beide nicht in der Mitte ihrer Parteien. Sie ragen intellektuell aus ihrer Partei heraus. Und sie empfinden das Gros ihrer Parteifreunde als eine Zumutung. Der Christdemokrat Watzke sagt, er teile »90 Prozent der politischen Einschätzungen Peer Steinbrücks«, und fügt hinzu: »Es wäre gut für Deutschland, würde Peer Steinbrück Kanzlerkandidat der SPD.« Etwa einmal im Monat besucht Steinbrück die Heimspiele des BVB und sitzt dann auf den gepolsterten Plätzen der Haupttribüne. Inzwischen kennt er jeden Spieler. »Ein Taktik-Professor wird Steinbrück nicht mehr«, sagt Hans Joachim Watzke; aber er sei gut informiert. »Bei Toren für den BVB springt Steinbrück einen halben Meter in die Höhe. Mittlerweile ist er mit Leib und Seele Borusse.« Als Aufsichtsrat des BVB erhält Steinbrück etwa 7500 Euro pro Jahr.

Steinbrück hält außerdem viele Vorträge, mit denen er zumindest in den Jahren 2010 und 2011 jeweils mehr verdient als durch seine Diäten als Abgeordneter. Auf seiner Bundestags-Homepage listet Steinbrück diese Nebentätigkeiten auf, er ist dazu verpflichtet. Fast alle seiner über 40 Vorträge im Jahr 2010 fallen in die Kategorie 3. Dies bedeutet Einkünfte von jeweils über 7000 Euro. Allein im Jahr 2010 also kassiert Steinbrück Vortragshonorare von mindestens 280 000 Euro, im Jahr 2011 sind es mindestens 182 000 Euro. Die Diäten für Bundestagsabgeordnete summieren sich pro Jahr auf gut 92 000 Euro. Peer Steinbrück bezieht also seine Haupteinkünfte nicht als Parlamentarier. Wenigstens in dieser Hinsicht ist er primär in der freien Wirtschaft tätig.

Betriebsrätefrühstück und Bürgersprechstunde, derlei Termine gehören nun zum Alltag des Bundestagsabgeordneten Steinbrück. Seine Kollegen im Europaausschuss des Bundestages schwärmen von der Präsenz des Ministers a. D. »Der steckt sie alle in die Tasche, politisch und rhetorisch«, sagt ein Abgeordneter. Zumindest, wenn er Lust hat. Ist dies nicht der Fall, studiert Steinbrück im Ausschuss die Spielpläne diverser Theater. Als die Kanzlerin sich einmal dem Ausschuss stellt, nimmt Steinbrück ihre Politik in der Euro-Krise heftig, aber freundlich auseinander. Kein anderer wäre dazu in der Lage. Während Merkel mit ihrer großen Entourage angerückt ist, bemerkt Steinbrück, er müsse die Sitzung eher verlassen, »ich muss zum Zug«. Merkel antwortet daher direkt auf ihren früheren Minister und ermöglicht es ihm so, alsbald zu gehen.

Nebenbei schreibt Steinbrück ein Buch. Ein solches Werk plant er schon lange. Er will sich äußern und zeigen, dass er dieser publizistischen Arbeit gewachsen ist – ganz ohne einen Ghostwriter. Für sein Manuskript bieten neun Verlage. Den Literaturagenten Helmut Schmidts an seiner Seite, entscheidet sich Steinbrück für den Hamburger Verlag Hoffmann und Campe. Einen »herrlichen Arbeitstitel«, der zwar ordinär sei, aber ihm gefalle, hatte er auch schon, sagt Steinbrück: »Wie man beim Schach bescheißt.« Sein Sohn Johannes, der an der Humboldt-Universität Berlin Geschichte und Englisch studiert, erklärt ihm ein Schreibprogramm am Laptop, das sein Vater bislang nie benutzt hat. Eine Autobiografie will er nicht vorlegen. Nur Idioten glaubten, über sich selber die Wahrheit schreiben zu können, zitiert er den Schriftsteller Eric Ambler. Außerdem interessiere es niemanden, »wie ich in kurzen Hosen durch die Gegend gelaufen bin oder wie meine Mutter mir Stullen geschmiert hat.«

Schon fünf Monate nach seinem Ende als Finanzminister und fast genau fünf Jahre nach seiner Abwahl als Ministerpräsident ist Steinbrück in der Sozialdemokratie wieder als Wahlkämpfer gefragt. Seit dem Debakel bei der Bundestagswahl ist mancher Parteifreund überzeugt, mit Steinbrück als Kandidaten hätte man zwar kaum gewonnen, aber wohl besser abgeschnitten. Nach einer kurzen Karenzzeit äußert sich Steinbrück wieder zu finanzpolitischen Fragen. Griechenland ist im Frühling 2010 nicht mehr dazu in der Lage, fällige Kredite zurückzuzahlen – die griechische Staatsschulden- und Haushaltskrise tritt in das öffentliche Bewusstsein. Als Athen um Hilfe ruft, geben die Europäische Union, die Europäische Zentralbank und der Internationale Währungsfonds Kreditzusagen.

Steinbrück jedoch ist vom zaudernden Taktieren der Kanzlerin entsetzt. Sie stellt in seinen Augen die Interessen der CDU an der Landtagswahl in Nordrhein-Westfalen über die Interessen Deutschlands und Europas. Union und FDP werben bei der Opposition um die Zustimmung zum Griechenland-Hilfspaket, an dem sich Deutschland mit Krediten in Höhe von 22,4 Milliarden Euro beteiligen soll. Die SPD aber zögert. Vor der Abstimmung im Bundestag im Mai 2010 ergreift Steinbrück in der Fraktion das Wort. Er wendet sich gegen all jene in den eigenen Reihen, die ein Nein zu diesem Beschluss erwägen. Die SPD enthält sich schließlich. Sie kritisiert das schlechte Management der Bundesregierung und fordert eine Finanzmarkt-Transaktionssteuer. Bei der Abstimmung über den ersten Euro-Rettungsschirm von 750 Milliarden Euro geht es zwei Wochen später um einen deutschen Beitrag bis zu 123 Milliarden Euro. Die SPD enthält sich abermals. Es wird ihre vorerst letzte Enthaltung in der europäischen Schuldenkrise sein.

Die schwarz-gelbe Koalition fasst noch immer keinen Tritt. Insbesondere die FDP verliert dramatisch an Ansehen, etwa durch die von ihr durchgesetzte »Hotelsteuer«, einen ermäßigten Mehrwertsteuersatz für das Übernachtungsgewerbe. Ihr Parteichef, Außenminister Westerwelle, fällt allenfalls mit Peinlichkeiten auf. Die Regierung macht es der Opposition leicht. Das ist keine schlechte Basis für Kundgebungen, die Steinbrück im nordrhein-westfälischen Wahlkampf im Frühling 2010 absolviert. Spitzenkandidatin ist Hannelore Kraft, die einst Ministerin unter Steinbrück war und nun die Opposition im Düsseldorfer Landtag anführt. Er appelliere, das eigene Gedächtnis zu aktivieren, legt Steinbrück während der Kundgebungen los und hält der CDU/FDP-Regierung in Nordrhein-Westfalen vor: »Die leben von der Vergesslichkeit.« In allen Zahlen stehe das Land schlechter da als vor fünf Jahren. Mit einer starken Sozialdemokratie würde es »den Westerwelles und Seehofers schlechter gehen«, ruft er. Nach einer Gedankenpause ergänzt

Steinbrück: »Das ist gut für das Land, wenn es denen schlechter geht.« Klientelpolitik wirft er seinem Nachfolger Rüttgers vor, und werde dessen Regierung abgewählt, sei mit dem »Irrsinn der Steuerpolitik und der Kopfpauschale Schluss«. Vor allem Rüttgers knöpft er sich vor. »Der glaubt, er könne eine Kopie von Johannes Rau sein. Pfui! Das ist die größte Raubkopie, die ich je kennengelernt habe.«

IN ÖL

In jenem Frühling 2010 lädt das Ehepaar Steinbrück Freunde zu einer ungewöhnlichen Vernissage ein. Der Maler Johannes Heisig hat Peer und Gertrud Steinbrück in Öl gemalt, nun hängt dieses Doppelporträt im Wohnzimmer der Familie. Es zeigt die beiden eigenständig und doch verbunden, es nimmt die Dialektik aus Nähe und Distanz auf. Etwa zehnmal haben Peer und Gertrud Steinbrück Heisig in seinem Atelier im zweiten Hinterhaus eines unsanierten Altbaus in Berlin-Neukölln aufgesucht, in gehobener Freizeitkleidung Modell gesessen. Nach und nach entstand so auf einer 90 mal 70 Zentimeter großen Leinwand das Bild mit dem Titel: »Ehepaar Steinbrück«. Während Peer Steinbrück nach der Vernissage zu einem Wahlkampfauftritt aufbricht, schwingen sich Gertrud Steinbrück und Johannes Heisig auf das Fahrrad und radeln am Rhein entlang. Die beiden duzen sich nun und freunden sich an. Erst später wird auch Peer Steinbrück dem sechs Jahre jüngeren Heisig das Du anbieten.

Johannes Heisigs Atelier ist an diesem kalten Tag im Januar 2012 gut geheizt. An Wänden und Regalen lehnen Ölgemälde in unterschiedlichsten Größen und Farben. Hinter dem runden Tisch, an dem Heisig schwarzen Tee serviert, bewahrt der Maler eine riesige Sammlung von Musikkassetten und alten Orwo-Tonbändern auf. Heisig, groß gewachsen und sehr schlank, redet bedächtig, manchmal lacht er. Er kennt Peer Steinbrück seit sechs Jahren, malte ihn damals für die Ministerpräsidenten-Galerie in der nordrhein-westfälischen Staatskanzlei. »Peer Steinbrück hat eine ausgeprägte Disziplin. Er erschien auf die Minute pünktlich, schaltete sein Telefon ab und stellte sich voll der Aufgabe«, erinnert sich Heisig. Format und Charakter des Porträts hatte damals die Landesregierung vorgegeben. Steinbrück wollte sich in Nadelstreifenanzug, weißem Hemd und roter Krawatte verewigt sehen. So musste er zu jeder Modell-Sitzung bei Heisig in dieser Kleidung erscheinen. »Steinbrücks Kleidungs- und Körpersprache zeigt eine Gratwanderung«, sagt Heisig. »Er trägt eine konservative Nadelstreifen-Konfektion, zeigt sich aber als Mensch, der beobachtet, zuhört, sich mitteilt und Spaß an der Kommunikation hat.« Der Maler Heisig kannte zu dieser Zeit von Steinbrück allein dessen öffentliches Bild. »Ich musste mich beim Malen erst von der Figur Steinbrück emanzipieren, denn je weniger ich weiß, desto besser ist es. Je neutraler ich ein Modell ansehe, desto konzentrierter kann ich arbeiten.« Zwei bis drei Stunden lang saß Peer Steinbrück bei jedem Atelierbesuch auf einem Podest. Manchmal bat Heisig ihn, eine andere Haltung einzunehmen. In den Pausen tranken die beiden Männer Kaffee. Man muss sich diese Sitzungen eigentümlich vorstellen. Der viel beschäftigte Bundesfinanzminister sprach nicht, er las nicht, er hörte nicht einmal zu. Nur ab und zu plauderten die beiden. Und kamen sich näher, als sie ihre gemeinsame Liebe zum Jazz entdeckten. Heisig fischte einige Jazz-CDs aus dem Regal und legte sie auf. Er erzählte von dem Internationalen Archiv für Jazz und populäre Musik in Eisenach, für das er sich engagiere. Steinbrück versprach einen Besuch. Am Ende seien die Sitzungen sogar lustig und humorvoll gewesen, sagt Heisig. »Später schrieb mir Steinbrück, diese Besuche hätten zu den erholsamsten Stunden in diesem Jahr gezählt.«

Im Januar 2008 reiste Heisig nach Düsseldorf. Sein Steinbrück-Porträt sollte in der Staatskanzlei enthüllt werden; Jürgen Rüttgers, Peer und Gertrud Steinbrück waren zugegen. Es gab Reden und Sekt. Heisig lernte Gertrud Steinbrück kennen, bis heute schwärmt er von ihrer Intelligenz, ihrem Witz und ihrem eigenen Kopf. Er bot ihr an, ein Doppelporträt zu malen. »Sie war ganz verblüfft und hatte erst eine protestantische Distanz zu überwinden. Peer Steinbrück fand die Idee gleich gut«, sagt Heisig. Als der Maler in Düsseldorf den Zug bestieg, um nach Berlin zu fahren, war er unzufrieden. Sein Porträt in der Ministerpräsidenten-Galerie gefiel ihm nicht. »Ich hatte gleich ein komisches Gefühl, als ich es in der öffentlichen Umgebung sah, ich fremdelte damit. Es hatte etwas Kinoartiges.« Am nächsten Morgen rief er in der Staatskanzlei an und teilte mit, er möchte es noch einmal verändern. Wenig später traf das Gemälde »Peer Steinbrück« wieder in Neukölln ein. Heisig griff massiv ein, wie er sagt, ohne sein Modell entwickelte er eine innere Freiheit. Er hellte den Hintergrund auf, zeigte Steinbrück aber vor allem aktiver. Und mit markanteren Mundwinkeln. »Peer Steinbrück«, sagt Heisig, »hat unglaublich viele Gesichter. Er hat ein sehr wandelbares Gesicht und unterschiedliche Ausstrahlungen.«

K-FRAGE

Es ist ein auf den ersten Blick belangloser Satz, den Sigmar Gabriel im Mai 2010 in einem Zeitungsinterview äußert. Doch die Worte des SPD-Vorsitzenden lösen eine Diskussion aus, die nicht enden wird. »Am Ende muss der kandidieren, der die größten Chancen zum Gewinnen hat«, philosophiert Gabriel in einem Interview mit der ›Neuen Westfälischen‹. Man hat ihn gefragt, ob er selbst bei der nächsten Bundestagswahl als Spitzenkandidat antrete. Peer Steinbrück, betont Gabriel, habe als Finanzminister demonstriert, wie man in schwierigen Situationen Führung zeige. »Er ist ein Mensch und Politiker, auf den die SPD besonders stolz ist«, sagt Gabriel, um dann festzustellen: »Und ich füge hinzu: dem ich jedes politische Amt in Deutschland sofort zutraue.« Damit eröffnet der SPD-Vorsitzende – die letzte Bundestagswahl liegt nicht einmal acht Monate zurück – die Kandidatendebatte. Gabriel interveniert zugunsten von Steinbrück, um dem stetig populärer werdenden Steinmeier etwas entgegenzusetzen. Nun darf spekuliert werden. In den folgenden Monaten und Jahren wird Gabriel immer wieder behaupten, die Diskussion um den Kanzlerkandidaten beschäftige nur »die Medien« und werde nur von Journalisten geführt, nicht indes von der SPD.

Frank-Walter Steinmeier blickt von seinem Büro aus auf Spree und Reichstagsgebäude. Er ist SPD-Fraktionsvorsitzender und damit Oppositionsführer. Er hat viele Mitarbeiter, einen »Apparat«, den Steinbrück so vermisst. Steinmeier trennt biografisch und politisch von Steinbrück wenig, ihre Karrierewege ähneln sich. Auch der ehemalige Außenminister hat viele Jahre in der Ministerialverwaltung gearbeitet.

Steinmeier ist der eigentliche Architekt der Agenda 2010, die Steinbrück so vehement verteidigt.

In ihrem Charakter unterscheiden sich die beiden Männer. Steinmeier hat viele Jahre eine rot-grüne Koalition erfolgreich gemanagt, er kann einbinden und Kompromisse ausloten. Steinmeier fragt um Rat. Er verzichtet öffentlich auf Ironie. Er vermeidet jegliche Arroganz. Er erweist anderen Respekt. Er ist außerdem diszipliniert bis zur Selbstaufgabe. Im Gespräch über Peer Steinbrück kommt ihm kein böses Wort, nichts, was auch nur den Anschein irgendeiner Rivalität wecken könnte, über die Lippen. Dabei ist Steinmeier – gemeinsam mit Sigmar Gabriel – Steinbrücks größter Konkurrent um die Kanzlerkandidatur, obgleich niemand weiß, ob er denn im Fall des Falles überhaupt bereitstünde. Steinmeier und Steinbrück kennen sich seit einer Kabinettssitzung der Landesregierungen von Schleswig-Holstein und Niedersachsen, vermutlich im Jahre 1997. Beide Länder befassten sich mit der europäischen Schiffbauförderung und der Lage ihrer Häfen. Steinbrücks »herausragende Bedeutung« innerhalb des Kieler Kabinetts sei ihm aufgefallen, lobt ihn Steinmeier. Er versucht sogar, Fehlentscheidungen Steinbrücks zu erklären. Über die Düsseldorfer Regierungskrise im Jahre 2003 sagt er: »Meinem Eindruck nach war Peer Steinbrück am Bestand der eigenen Koalition interessiert.« Die Koch-Steinbrück-Liste habe »eine neue Optik für Finanzpolitik« geschaffen und »in einer verhärteten Konfliktsituation einiges in Bewegung gesetzt«, setzt Steinmeier seine freundlichen Worte fort. Aber war jene Liste nicht doch recht pauschal angelegt? Nein, widerspricht Steinmeier und lobt das Papier gar als Vorstufe für die Föderalismuskommission II. Die Agenda 2010, das ist Steinmeier wichtig, habe Steinbrück stets gestützt, verteidigt und vorangetrieben. Und als Bundesfinanzminister sei Steinbrück eine tragende Säule der großen Koalition gewesen. »Er hat in der Haushaltspolitik Linien aufgezeigt, ohne sich um jede Stelle hinter dem Komma zu kümmern«, relativiert er die geringen Sparanstrengungen. Steinbrücks sture Haltung gegen Konjunkturprogramme kritisiert Steinmeier nicht etwa, nein, er begründet jene »anfängliche Zurückhaltung« als »seiner Aufgabe geschuldet«. Ein Finanzminister müsse davor »warnen, zu viel Geld auszugeben«, sagt Steinmeier.

Im September 2010 erscheint ›Wie man beim Schach bescheißt‹, wobei der Titel des Buches am Ende ›Unterm Strich‹ lautet. Altbundeskanzler Helmut Schmidt stellt das 480-Seiten-Werk vor, bald darauf ist es ein Bestseller. Über 120 000 Exemplare werden verkauft. Für ein politisches Sachbuch ist das eine sensationelle Zahl. Den größten Absatz findet ›Unterm Strich‹ in Baden-Württemberg, Steinbrück zufolge leben dort die »intelligentesten Menschen«. Eine solche Behauptung ist gewagt in der SPD, hat doch Thilo Sarrazin in seinem Bestseller ›Deutschland schafft sich ab‹ eben erst krude Thesen zur Vererbung von Intelligenz vertreten; er flog dafür beinahe aus der Partei. Steinbrück und Helmut Schmidt wandten sich gegen das entsprechende Ausschlussverfahren.

Mit seinem eigenen Buch und 40 Lesungen offenbart Steinbrück recht deutlich, dass er seine politische Karriere als noch nicht abgeschlossen versteht. Er nämlich widersteht der naheliegenden Versuchung, mit der SPD abzurechnen oder seine Partei zumindest in ein, zwei Kapiteln zu beleidigen. Nein, Steinbrück zieht nicht einmal gegen Ralf Stegner und Andrea Ypsilanti vom Leder. Er geht mit innerparteilichen Gegnern ausgesprochen, manche sagen: auffällig, fair um. Er argumentiert mit dem Florett und nicht dem Säbel, weit weniger prägnant als während seiner Brandrede im Parteivorstand ein knappes Jahr zuvor. Das Buch liest sich im Vergleich mit Steinbrücks Reden und Interviews trocken, manch führender Sozialdemokrat nennt es enttäuschend.

Auf gerade einmal sieben Seiten plädiert er unter anderem dafür, die SPD müsse »Leistung belohnen und Solidarität organisieren«. Sie müsse Transferempfänger fördern und fordern. »Sie wird«, schreibt Steinbrück, »für ein robustes Sozialversicherungssystem sorgen und zu mehr Eigenvorsorge anhalten müssen.« Die SPD sei immer mehrheitsfähig gewesen, wenn sie dreierlei geboten habe: »Eine hohe soziale Kompetenz, wirtschaftlichen Sachverstand und den Anspruch, Plattform für die zentralen gesellschaftlichen Debatten … zu sein.« Steinbrück wiederholt die längst zur Floskel gewordenen drei Mittel für eine bessere Zukunft, die da lauten: »Bildung, Bildung, Bildung.« Er schildert ausführlich, wie er die Finanz- und Wirtschaftskrise als Minister erlebt hat. Er gibt, das ist neu, Fehler bei der Restrukturierung der Bankenwelt zu, ruft nach mehr Investitionen für Bildung und Forschung, unterbreitet jedoch keine Sparvorschläge. Er spricht sich für einen Spitzensteuersatz von 49 Prozent aus und will die Abgeltungssteuer von 25 auf 30 Prozent erhöhen.

Jahrelang hatte Steinbrück umgekehrt argumentiert. Nun lässt er vermuten, dass er der SPD voraus sein will.

»Mit der Einführung der Abgeltungssteuer wollten wir Vermögende dazu bringen, ihr Kapital in Deutschland zu versteuern«, sagt sein einstiger Kooperationspartner Roland Koch heute: »Nun zerstört Herr Steinbrück dieses Konzept, indem er populistische Tiraden von sich gibt, die zwar beklatscht werden, mit denen aber weniger Geld in die Staatskasse kommen wird.« Koch glaubt, in diesen Forderungen den wahren Steinbrück zu erkennen: »Im Zweifel ist Herr Steinbrück offenbar doch ein Sozialist, auch wenn er seine politische Überzeugung gern hinter seinem Technokratentum verbirgt.« Doch dahinter steckt wohl vor allem Strategie: Mit seinen Forderungen, die Steuern zu erhöhen, verwischt Steinbrück den Eindruck, die Partei dränge ihn, solche erwarteten Beschlüsse mitzutragen. Steinbrück kann nun vielmehr wie der Igel zum Hasen rufen: Ich bin schon da. Wenn Steinbrück für einen Spitzensteuersatz von 49 Prozent plädiere, spreche »der Politiker Steinbrück, der der Gesellschaft und seiner Partei ein Zugeständnis macht«, sagt sein Kumpel Wolfgang Kubicki: »Der Ökonom Steinbrück weiß, dass diese Forderung unsinnig ist.«

HELMUT SCHMIDT I

Es ist wohl in dieser Phase, in der Steinbrück mit dem reizvollen, wenngleich nicht ganz risikolosen Vergleich mit Helmut Schmidt zu kokettieren beginnt. Der Vergleich scheint ja nahezuliegen: Beide haben Volkswirtschaft studiert, stammen aus Hamburg, waren Finanzminister. Beide werden von den eigenen Genossen zwar intellektuell bewundert, aber auch mit Misstrauen beobachtet. Steinbrück, das ist keine Frage, bewundert Schmidt und vermutlich sieht er zwischen seiner Position in der SPD und Schmidts damaligen Problemen ebenfalls Parallelen. Und hat nicht Schmidt im Rückblick in vielerlei Hinsicht Recht behalten? Zeigt das nicht, dass es sich lohnt, Kurs zu halten und sich von den Hinterbänklern in der eigenen Partei nicht kirre machen zu lassen? In Schmidt sieht Steinbrück wohl die Bestätigung dafür, dass ein scharfer

Verstand, gepaart mit hanseatischer Sturheit, sich am Ende des Tages auszahlen wird.

Doch diese Analogien treffen nicht ganz zu. Helmut Schmidt war damals Antipode einer marxistischen Linken, die politisch und kulturell in allem das Gegenteil des im Grunde konservativ auftretenden Bundeskanzlers verkörperte. Schmidts Konflikte mit einem großen Teil der SPD waren substanziell, sie drückten die ideologische Zerrissenheit der Partei aus. Solche vitalen Flügel hat die SPD längst nicht mehr, und Steinbrücks Probleme liegen vor allem in seinem Auftreten begründet: Er handelt eigenmächtig, profiliert sich auf Kosten der eigenen Partei öffentlich als unabhängiger Kopf. Schmidt stemmte sich gegen eine Partei, die in Teilen tatsächlich vom Sozialismus träumte, und verteidigte das Erbe des Godesberger Programms, mit dem die SPD 1959 in der Realität angekommen war. Steinbrück aber attackiert alle, die irgendwann vielleicht einmal daran zweifelten, ob die Sozialdemokratie sich dem »neoliberalen« Zeitgeist tatsächlich annähern musste. Durch die historische Referenz an Schmidt scheint es so, als lägen auch Steinbrücks Problemen mit der SPD schroffe ideologische Gegensätze zugrunde; doch vielmehr wird die Beziehung dadurch belastet, dass viele in der SPD sich selbst genug sind – und Steinbrück eben Steinbrück ist.

Die Rolle als Elder Statesman jedenfalls übernimmt Steinbrück erst einmal nicht. Er gibt eher den »Staatsmann im Wartestand«, denn nicht nur die SPD diskutiert darüber, wer bei der Bundestagswahl 2013 Angela Merkel gewachsen sein könnte. Noch im Oktober 2010 schließt Steinbrück seine Bereitschaft dazu einigermaßen deutlich und plausibel aus. »Die ganze Debatte ist absurd«, sagt Steinbrück. Er strebe keinerlei Ämter an und bitte darum, »das Missverständnis nicht weiter zu kolportieren, ich sei bereit, irgendwelche Funktionen, Ämter oder Kandidaturen zu übernehmen«. Den Vorteil der »Zeitsouveränität« gebe er nicht so schnell auf.

Während der europäischen Schuldenkrise meldet sich Steinbrück jedoch immer öfter fachlich zu Wort. Auf die Frage nach einem geordneten Insolvenzverfahren für Staaten antwortet er im Herbst 2010: »Tatsächlich geht es auch um eine Insolvenzoption für Staaten der Eurozone.« Dem Begriff der Transfer-Union begegnet er gelassen, »die gibt es doch de facto heute schon«. Steinbrück greift nun gelegentlich die Kanzlerin an. Er hält ihr Zaudern für nicht weitsichtig und allein taktischen machtpolitischen Überlegungen geschuldet. Als Merkel und Frankreichs Staatspräsident Nicolas Sarkozy die automatischen Strafen für Defizitsünder in der Euro-Zone kippen, nennt er dies einen »fatalen Rückzug«. Noch im Mai habe »die Kanzlerin ihre Zustimmung zum Euro-Rettungsschirm von einer Verschärfung der Strafen abhängig gemacht, die nicht einer politischen Beliebigkeit unterliegen sollten«. Nun werden ausgerechnet in dieser prekären Lage die Möglichkeiten für eine Verschuldung erleichtert.

Im baden-württembergischen Landtagswahlkampf Anfang 2011 tritt Steinbrück gleich sieben Mal auf. Das ist für einen Bundesminister a. D. eine beachtliche Zahl von Auftritten, zumal Steinbrück politisch nichts mit dem Südwesten Deutschlands verbindet. SPD-Spitzenkandidat Nils Schmid indes, ein kluger, gerade einmal 37-jähriger Pragmatiker, bewundert Steinbrück und hält ihn für den besten Kanzlerkandidaten.

Drei Tage vor den Landtagswahlen in Baden-Württemberg und Rheinland-Pfalz überzeugt Steinbrück selbst Kritiker davon, dass er für Höheres geeignet ist. An jenem 24. März 2011 tritt er zum ersten Mal als gewöhnlicher Abgeordneter an das Rednerpult im Reichstagsgebäude. Die SPD-Fraktion hat in der Debatte nach der Regierungserklärung Merkels zur Euro-Krise die gesamte, ihr zustehende Redezeit für Steinbrück reserviert. Und der nutzt diese 21 Minuten weidlich aus. »Frau Bundeskanzlerin«, setzt Steinbrück an, »Sie müssen nicht ganz so angefressen reagieren, wenn es zu einem gewissen Rumoren – und nicht nur zu einem Stillhalten – auf einigen Oppositionsbänken kommt, wenn Sie Einlassungen wie ›Jahr des Vertrauens‹ von sich geben. Ein Teil dieses Parlamentes empfindet das als eine Wortblase und darf dies auch zum Ausdruck bringen.« Steinbrück überhöht die zuweilen sich im Detail verlierenden Diskussionen um Europa, indem er fragt: »Schreitet die europäische Einigung voran, oder zerfällt sie mit der Folge einer Renationalisierung?« Er wendet sich gegen kleinliche nationale Egoismen und beschreibt den Schlingerkurs der Koalition hinsichtlich Hilfen für die Griechen: Zunächst habe die Bundesregierung Haushaltsmittel für Griechenland ausgeschlossen, um sie dann doch zu gewähren. Den laufenden Rettungsschirm, die Europäische Finanz-Stabilisierungs-Fazilität EFSF, habe die Bundesregierung zwar verabschiedet, aber parallel dazu die

Märkte verunsichert mit der Behauptung, er werde nicht beansprucht. Steinbrück attackiert die schwarz-gelbe Koalition derart wirksam, dass sich die Kanzlerin, welche die Rede ihres einstigen Lieblingsministers mit versteinertem Gesicht verfolgt, zu einem Zwischenruf entscheidet – so etwas tut Merkel höchst selten. Steinbrück diagnostiziert eine »Führungs- und Glaubwürdigkeitskrise«. Er verlangt, eine neue Geschichte über Europa zu erzählen, und fragt rhetorisch: »Wenn wir für den Aufbau Ost bisher ungefähr 100 Prozent einer Jahreswirtschaftsleistung vor der Wiedervereinigung aufgebracht und transferiert haben, dann ist uns Europa nicht 10 Prozent wert?« Als der CDU/CSU-Fraktionsvorsitzende Volker Kauder dem Redner zuruft: »Sie könnten in der Distel [ein Berliner Kabarett, dfs] auftreten«, kontert dieser mit den Worten: »Herr Kauder, ich danke Ihnen für die Ermunterung; sie wird mich beflügeln.« Wie Balsam auf die Seele der eigenen Leute wirkt es, als Steinbrück fragt, ob die Kaufkraft in Deutschland durch die Einführung gesetzlicher Mindestlöhne nicht deutlich erhöht werden könne. Gegen allgemeine, flächendeckende Mindestlöhne hatte er lange gewettert. Nun aber applaudieren die Sozialdemokraten begeistert, die Grünen zeigen sich ebenso angetan, und hinter vorgehaltener Hand sprechen auch Abgeordnete der Regierungsfraktionen von einem beachtlichen Auftritt.

Die politische Stimmung hatte sich gegen die schwarz-gelbe Koalition gewendet. Im Mai 2010 verlieren CDU und FDP bei der Landtagswahl in Nordrhein-Westfalen ihre Mehrheit. SPD und Grüne bilden hier eine Minderheitsregierung, Hannelore Kraft wird Ministerpräsidentin. Nur fünf Jahre nach Steinbrücks Wahlniederlage von 2005 hat NRW wieder einen sozialdemokratischen Regierungschef, wenngleich Kraft ein schlechteres Wahlergebnis erzielt hat als Steinbrück. In Hamburg löst Olaf Scholz mit einer absoluten Mehrheit den schwarz-grünen Senat ab. In Baden-Württemberg kommt es zur ersten grün-roten Koalition, Winfried Kretschmann wird Nachfolger von Regierungschef Stefan Mappus. Mehr als fünf Jahrzehnte CDU-Herrschaft im Südwesten enden. Die Sozialdemokratie stellt sieben der 16 Länder-Regierungschefs. In den Umfragen liegt die SPD bundesweit stets bei knapp 30 Prozent. Weil auch die Grünen stark an Popularität gewinnen, rückt das Kanzleramt näher.

Doch Rufe nach einem Kanzlerkandidaten Steinbrück stoßen in der SPD stets auf Widerspruch. Das spürt Ende März 2011 Thomas Oppermann, der Parlamentarische Geschäftsführer der SPD-Bundestagsfraktion, als er sagt: »Für die Kanzlerkandidatur kommen mehrere Politiker der SPD infrage. Peer Steinbrück ist einer von ihnen. Die große Wertschätzung, die Peer Steinbrück genießt, zeigt: Die Menschen vermissen jemanden, der dieses Land vernünftig und solide regiert – und nicht nach Maßgabe aktueller Stimmungsschwankungen.« Den letzten Teil seiner Einlassung kann man auch als Attacke auf den sprunghaften Gabriel verstehen. Oppermann, formal rechte Hand des Fraktionsvorsitzenden Steinmeier, ist einer der führenden Köpfe in der Sozialdemokratie. Dass er sich zur Kandidatenfrage äußert, hat also durchaus Bedeutung. Allerdings gilt weiterhin die Verabredung, wonach der Parteichef das erste Zugriffsrecht hat, und dass er die Kandidatur demjenigen anträgt, der die besten Chancen besitzt. Um die Tücken dieses Unterfangens für ihn selbst weiß Gabriel, hat er doch erlebt, wie Kurt Beck zuerst die Autorität und dadurch seine Souveränität verlor. Beck konnte Steinmeier die Kandidatur für die Bundestagswahl 2009 nicht anbieten – er wurde durch die Umstände dazu gezwungen. Verletzt und entehrt fühlte sich Beck, als das Umfeld von Steinmeier und Müntefering ihm 2008 auch noch dieses formale Recht nahm. Seither ist in der SPD von der »Beck-Falle« die Rede. Gabriel kennt diese Falle.

Als auch Steinbrück sich im Mai 2011 zur Kandidatenfrage äußert, löst er in der SPD-Spitze Ärger aus. »Der Zeitpunkt wird kommen, wo ich mich in Absprache mit zwei oder drei Führungspersönlichkeiten der SPD zusammensetze«, sagt Steinbrück in einem Interview mit dem Hessischen Rundfunk – es klingt etwas vorlaut. Er suggeriert, er selbst bestimme die Geschäftsbedingungen und jenes Gespräch finde eines Tages in seinem heimischen Wohnzimmer statt. Generalsekretärin Andrea Nahles will dieses politische Feuer löschen – und gießt weiteres Öl nach, indem sie Steinbrück eine »Selbstausrufung« vorwirft. Bei allem verbalen Ungeschick Steinbrücks ist eine solche Exegese abstrus. Anfang Juni im Willy-Brandt-Haus erörtern Steinbrück und Nahles ihre Kommunikationspannen.

Irritiert und verärgert reagiert Steinbrück, als ihn Steinmeier unabgesprochen und öffentlich als Nachfolger von Bundesbankpräsident Axel Weber ins Gespräch bringt. Das Manöver passt nicht recht zu dem bedächtigen, vorsichtigen Steinmeier. Will er, der Wahlverlierer von

2009, noch einmal Kanzlerkandidat werden? Beabsichtigt Steinmeier, seinen Hauptkonkurrenten Steinbrück aus dem Rennen zu nehmen? Wahrscheinlich ist Steinmeier schlicht ein Lapsus unterlaufen, doch in der SPD werden solche Fragen mit großem Ernst gestellt. Steinbrück jedenfalls weist die Spekulation brüsk zurück.

Der Parteichef versucht, den Kreis potenzieller Kanzlerkandidaten auszuweiten, allerdings mit wenig Geschick. Zuerst befindet Gabriel, jeder gewählte Ministerpräsident der SPD komme für die Kanzlerkandidatur infrage. Dann reagiert er verärgert auf Agenturmeldungen, in denen es heißt, der SPD-Vorsitzende halte die Ministerpräsidenten Kraft und Scholz für geeignet. Gabriel kann weder die von ihm lange unterschätzte Kraft noch Scholz leiden, dessen Ehrgeiz er registriert. Beide aber ragen aus der Riege sozialdemokratischer Länderfürsten heraus.

SCHULDENKRISE

Steinbrück selbst verfolgt die Debatte mit Genugtuung. Im Sommer 2011 tourt er durch die Republik, liest aus seinem Buch, hält allerhand Vorträge und schnellt im ZDF-Politbarometer auf Platz eins der beliebtesten Politiker. Je mehr sich die schwarz-gelbe Koalition zerstreitet, desto stärker scheint die Sehnsucht nach einem überparteilichen, charismatischen, gebildeten, den Alltagsstreit überstrahlenden Politiker zu wachsen, nach einem Retter und Heilsbringer. Höchste Anforderungen und Erwartungen fallen auf Steinbrück. Teilweise stößt er in ein Vakuum, das der Hochstapler Karl-Theodor zu Guttenberg mit seinem Rücktritt als Verteidigungsminister hinterlassen hat.

Ob vor SPD-nahem Publikum, vor Unternehmern oder in Universitäten, ob in Berlin, Peine oder Greifswald: Stets trifft Steinbrück auf volle Säle, Zuspruch und Begeisterung. Prägnant und unterhaltsam beschreibt er die Lage der Welt, des Euro und Deutschlands, und wer Steinbrück eine Stunde zuhört, mag Reden von Angela Merkel nicht mehr hören. Wird ihm die K-Frage gestellt, antwortet Steinbrück kokett. Beim Investitionskongress des Bundesverbandes der deutschen Industrie (BDI) wird Steinbrück als beliebtester Politiker vorgestellt. »Wir glauben alle:

Er wird noch eine Rolle spielen«, flötet der Moderator. Steinbrück nimmt es mit Ironie: »Mit dieser Einleitung haben Sie mich so verlegen gemacht, dass ich fast sprachlos bin.«

Meistens geht es bei Steinbrücks Auftritten temperamentvoll zu. Während er die Zuhörer beim BDI vom Rednerpult aus begrüßt, stellt eine Kellnerin ihm ein Glas Wasser zur Seite. Steinbrück ergreift das Glas sogleich und weist es zurück mit den Worten: »Das schmeiß ich nur um.« Im Publikum wird gelacht. Steinbrück gefällt das, er verkündet: »Manchmal bin ich leidenschaftlich. Dann schmeiß ich was um.« Leidenschaftlich wirbt er in der folgenden halben Stunde für die Konsolidierung des Haushaltes. Er wettert gegen Steuersenkungen. Er mokiert sich über das »gewisse Wohlwollen«, mit dem die Industrie die Atom-Laufzeitverlängerung der schwarz-gelben Koalition unterstützt habe. Am Ende des Vortrages ruft Steinbrück in den Saal: »Schminken Sie sich große Steuersenkungen von der Backe! Glauben Sie dem nicht von hier bis zum nächsten Briefkasten!« Steinbrück biedert sich nicht an, dadurch wirkt er unabhängig. Die Menschen mögen das. Nicht nur beim BDI brandet Beifall auf.

»Der Peer muss nur etwas Demut zeigen, dann kann er unser Kanzlerkandidat werden. Und dann kleben wir auch gern Plakate für ihn«, sagt im Sommer 2011 ein Vertreter des linken SPD-Flügels, der anonym bleiben will. Wenn es um das eigene Mandat geht, nehmen viele linke Sozialdemokraten einen Schmidt, Schröder, Steinbrück in Kauf. Und so schweigt die Parteilinke, als einzelne Abgeordnete mehr oder weniger offen eine Kanzlerkandidatur Steinbrücks fordern.

Wäre Steinbrück nicht der perfekte Spitzenmann für den Fall, dass die schwarz-gelbe Regierung kollabiert? Fast niemand in der SPD verneint diese Frage. Gewiss, Steinbrück lebt bislang vom Charme, ein Außenseiter zu sein, ein einfacher Bundestagsabgeordneter. Als Kandidat müsste sich Steinbrück in ein Korsett begeben, er müsste seinen Spott zügeln, er müsste Empathie für Basis und Stammwähler der SPD zeigen. Dann aber träte er parteiischer auf und wirkte weniger unabhängig. Demut gegen Loyalität – ohne dieses Geschäft funktioniert eine Kanzlerkandidatur in der SPD nicht. Steinbrück könnte die Kritik an der Rente mit 67 nicht mehr als »kranke Debatte« bezeichnen. Er dürfte auf die Frage, ob die von ihm initiierte Schuldenbremse womöglich eines Tages wieder falle, ohne Ironie und nicht so antworten, wie er es derzeit tut: »Dafür bedarf es einer Zweidrittelmehrheit im Bundestag. Die sehe ich nicht. Es sei denn: Die SPD holt 66 Prozent.« Steinbrück müsste sich zügeln. Er könnte weniger zuspitzen, müsste seine Sprache abschleifen. Diplomatisch und manchmal nichtssagend müsste sich ein Kanzlerkandidat Steinbrück auch mal äußern. Viele Sozialdemokraten fragen sich, ob Steinbrück diesen Preis bezahlen kann und will.

Steinbrück sei eben »superpopulär«, sagt Gabriel, um die Debatte ein wenig zu relativieren. Es handele sich dabei um einen »Hype«. Mit einem strittigen Vorschlag versucht Gabriel etwas genervt die Diskussion zu entschärfen, die er einst losgetreten hatte. Kurz vor der parlamentarischen Sommerpause 2011 treten die drei großen Sozialdemokraten vor der Bundespressekonferenz auf. Das gewagte Manöver gelingt wohl nur, weil sowohl die Troika auf dem Podium als auch die Journalisten sich auf die Euro-Hilfsmaßnahmen konzentrieren, anstatt die Kanzlerkandidatur zu erörtern.

Die Schuldenkrise dominiert die deutsche Politik. Im Laufe des Jahres 2011 ergreift die Kanzlerin die Initiative. Unter den europäischen Staats- und Regierungschefs personifiziert Merkel Seriosität. Immer wieder bemüht sie sich, gemeinsam mit Frankreichs Präsidenten Sarkozy zu agieren. Weil die Europäische Zentralbank wiederholt Schuldenpapiere von Krisenstaaten aufkauft, treten Bundesbankchef Axel Weber und der aus Deutschland stammende EZB-Chefvolkswirt Jürgen Stark zurück. Ihn sorge, dass die EZB »risikoreiche europäische Staatsanleihen aufkauft«, sagt Steinbrück und fragt: »Wird die EZB auf Umwegen zu einer Bad Bank für Staatsanleihen?« Das Vertrauen in die EZB stärken derlei Sprüche nicht. Die SPD diskutiert, ob sie gemeinsame europäische Anleihen, die sogenannten »Euro-Bonds«, fordern soll oder nicht. Steinbrück und Steinmeier sind zunächst zurückhaltend, die Europapolitiker aber machen sich für diese Papiere stark. Gabriel schwankt. Noch Ende 2008 lehnt Steinbrück Euro-Bonds ab (»das könnt ihr mir nicht zumuten«). Zwei Jahre später plädiert er in einem gemeinsamen Gastbeitrag mit Steinmeier in der ›Financial Times Deutschland‹ für eine »begrenzte Einführung von europaweiten Anleihen auf mittlere Sicht«.

Länder, die von solchen Euro-Bonds profitieren wollten, müssten Teile ihrer »Budgethoheit an unabhängige Institutionen abgeben«, sagt

Steinbrück. In seinem Buch ›Unterm Strich‹ indes wendet er sich noch gegen eine europäische Wirtschaftsregierung, weil diese eine »Attacke auf das Budgetrecht der nationalen Parlamente« sei. Den Hinweis von ›Spiegel‹-Interviewern, in den EU-Verträgen heiße es, kein Land solle für die Schulden eines anderen eintreten, tut er ab: »Das war ein Irrtum, der an den Realitäten der Krise zerschellte. Diese politische Lebenslüge hätte schon vor eineinhalb Jahren eingestanden und erklärt werden müssen.« Der bestehende Rettungsschirm EFSF komme Euro-Bonds ziemlich nahe, sagt Steinbrück. Im Januar 2011 prognostiziert er, die Umschuldung von Griechenland stehe »in den nächsten fünf oder sechs Monaten auf der Tagesordnung«. Steinbrück plädiert für eine solche Umschuldung und bringt hier eine Quote von 30 Prozent ins Gespräch. Die Banken, die gegenüber Griechenland bürgen, sollen also auf 30 Prozent ihrer Ansprüche verzichten. Im Herbst 2011 beschließen die Staats- und Regierungschefs gemeinsam mit den Banken einen »freiwilligen«, 50-prozentigen Schuldenschnitt. Parallel dazu wird die EFSF auf eine Billion Euro ausgeweitet. Danach äußert sich Steinbrück mit Blick auf Euro-Bonds wieder zurückhaltender.

Mit Kritik an seinem Nachfolger Schäuble hält er sich zurück. Er sei Schäuble gegenüber »nicht fundamental kritisch«, sagt Steinbrück und fügt nur hinzu, der Finanzminister rechne »sich an manchen Stellen aber gesünder, als er ist«. Steinbrück kennt diese Spielchen. Während der Ersten Lesung des Bundeshaushalts 2012 kommt es zu einer ersten Konfrontation zwischen dem Finanzminister und dem Finanzminister a. D. Schäuble erinnert an den Haushalt 2010: »Im ersten Entwurf – noch von der Vorgängerregierung, der ich, wenn auch nicht als Finanzminister, angehört habe – war als Neuverschuldung die Rekordzahl von 86 Milliarden Euro vorgesehen. So lange ist das noch nicht her, ein bisschen mehr als anderthalb Jahre.« Steinbrück fühlt sich von diesen Worten provoziert und tappt in Schäubles Falle. »Das war doch eine ganz andere Lage! Fügen Sie das doch bitte mal hinzu!«, ruft er dem Redner gereizt zu. Schäuble entgegnet, und Steinbrück ruft abermals dazwischen, wirft dem Minister »Einseitigkeit« vor, woraufhin dieser ätzt: »Herr Kollege Steinbrück, wenn Sie Kanzlerkandidat werden wollen, müssen Sie sich noch ein bisschen bessere Manieren zulegen; sonst wird das nichts.« Dieser Punkt geht an Schäuble. Der Finanzminister attestiert seinem

Nachfolger intern ein schlechtes Benehmen, üble Worte lässt er fallen. Schäuble, der seit 1972 im Bundestag sitzt, ärgert sich vor allem über Steinbrücks anti-parlamentarische Attitüde. Zwischen den beiden Männern herrscht ein Nicht-Verhältnis. In der Regierung schätzt Steinbrück vor allem den neuen Verteidigungsminister Thomas de Maizière. Zuweilen lobt Steinbrück diesen für eine »bemerkenswerte Rede«, applaudiert ihm im Bundestag mehrfach und zum Ende einer Rede – und schilt die Kanzlerin für ihre »grottenschlechte Regierungserklärung«. Steinbrück sieht in de Maizière das größte Pfund der Regierung Merkel, kurz darauf gefolgt von Schäuble. Steinbrück und de Maizière, die beiden verstanden und verstehen sich. Mit jahrelanger Erfahrung in Staatskanzleien und als Landes- wie Bundesminister würden sie in einer neuen großen Koalition wohl gut zusammenarbeiten.

Das lange angekündigte Steuerkonzept der SPD präsentiert nicht etwa der Abgeordnete Steinbrück. Gabriel und Steinmeier stellen das Papier vor. Der Spitzensteuersatz soll ab einem Einkommen von 100 000 Euro bei Ledigen und 200 000 Euro bei Ehepaaren künftig 49 Prozent betragen. Das sind sieben Prozentpunkte mehr, als nach der rot-grünen Steuerreform, es sind vier Prozentpunkte mehr, als die große Koalition mit ihrer »Reichensteuer« beschlossen hatte. Die SPD will insgesamt fünf Milliarden Euro mehr einnehmen. Steinbrück trägt das Konzept ebenso mit wie den Ruf nach einer Vermögenssteuer und einer höheren Abgeltungssteuer. Diese Zugeständnisse hat er bereits im Jahr zuvor in seinem Buch gemacht. Steinbrück verkündet generös, er sei mit dem Steuerkonzept einverstanden. Dass er dazu verdammt ist, sagt er nicht. Sollte er mäkeln, brächte er sich um seine Chance auf die Kanzlerkandidatur.

»Peer Steinbrück wird Kanzlerkandidat der SPD«, sagt die ›Bild‹-Zeitung im Spätsommer 2011 voraus. Die Parteispitze dementiert. Es gebe nur ein Kriterium für den Kandidaten, sagt Gabriel, nämlich die größtmögliche Chance, die Wahl zu gewinnen. Gerade hat Steinbrück mit seiner Familie einen Sommerurlaub in Cornwall verbracht. Nun reiht sich wieder ein öffentlicher Termin an den nächsten. Anders als Gabriel oder Steinmeier hat Steinbrück weder einen großen Mitarbeiterstab noch einen Dienstwagen. Zu Terminen begleitet ihn seine Büroleiterin Sonja Stötzel, sie verwaltet seinen Kalender und koordiniert Interview-

und Gesprächsanfragen. Fachlich aber ist Steinbrück mehr oder weniger auf sich allein gestellt.

HELMUT SCHMIDT II

›Zug um Zug‹ lautet der Titel eines Gesprächsbandes von Peer Steinbrück und Helmut Schmidt, der im Herbst 2011 erscheint. Alle Bücher Schmidts sind Bestseller, die meisten Deutschen halten ihn für kompetent und unterhaltsam. Er füllt die Rolle des Elder Statesman aus. Außerdem ist Schmidt eine Kultfigur, weil er immer und überall zu rauchen scheint, besonders dort, wo es verboten ist. Nun strahlt Schmidt auf Steinbrück aus. Die Vorstellung des gemeinsamen Buches wird aufwändig inszeniert. »Er kann es«, sagt Schmidt zur Eignung Steinbrücks für das Amt des Bundeskanzlers. »Er kann es«, so titelt auch der ›Spiegel‹, der die beiden Männer interviewt hat. »Die Partie ist eröffnet«, ist auf der Titelseite der von Schmidt herausgegebenen ›Zeit‹ zu lesen, die einen Teil des Gesprächsbandes abdruckt. Im Fernsehen, in der Talkshow von Günther Jauch, spielen Schmidt und Steinbrück einzelne Teile ihres Gespräches nach. Selten zuvor wurde ein Buch mit einer solch medialen Wucht auf den Markt gedrückt.

In ›Zug um Zug‹ äußern sich die beiden Männer zumeist unterhaltsam über ihr eigenes politisches Leben, machen sich gegenseitig Komplimente, reden über die Schuldenkrise, die Lage Europas und der Welt. Sie sprechen über eigentlich alle relevanten politischen Themen, über westliche Werte, Israel und Leiharbeit, über Euro, Rente und die Französische Revolution. So demonstrieren sie eine größere politische Perspektive, die über die jüngsten Scharmützel des Parteienstreits hinausgeht. Sie tauschen sich über einzelne Personen aus und über ihre Partei. Schmidt fordert Steinbrück auf, mehr zu reisen, und der wiederum klagt, ihm fehle eine »Infrastruktur, die solche mehrtägigen Fernreisen organisiert«. Sein größtes Defizit liege bei den lateinamerikanischen Staaten, beteuert Steinbrück, »und auch das möchte ich so bald als möglich korrigieren«. Zum Erstaunen seines Publikums lobt er die Sozialistische Internationale, von der Schmidt noch nie etwas gehalten hat. Diese Petitesse gehört zu den wenigen Themen, bei denen die beiden Männer uneins sind. Ein weiterer Dissens sind Schmidts Ansichten zur Menschenrechtspolitik, der Altkanzler wird hier zum Leisetreter. Schmidt bezeichnet die Menschenrechte als »Instrument« für den »Expansionsdrang der westlichen Macht«. Das ist mehr als eine gewagte These, jedem aktiven Politiker würde dieser Satz um die Ohren gehauen. Steinbrück ist klug genug, sich von diesem Werterelativismus zu distanzieren. »Ganz so zynisch sehe ich das nicht«, sagt er zurückhaltend.

Zuweilen versucht Steinbrück in dem Gespräch Schmidt zu gefallen. Ganz ungefährlich ist das für ihn nicht: Er setzt sich der Gefahr aus, als ein verklärter Bewunderer des Altbundeskanzlers zu erscheinen. Als jemand, der mit Mitte Sechzig noch nach einem Übervater sucht, der nicht stark genug ist in der SPD und Schmidt braucht, um Gabriel und Steinmeier auf Augenhöhe zu begegnen. In seinem Kult um Schmidt macht sich Steinbrück kleiner, als er ist.

Seine bislang gut dosierte Kritik an Merkel trägt Steinbrück nun deutlicher vor. Er ist der Auffassung, mit der Bundestagswahl 2009 habe die Machttechnikerin Merkel ihren Zenit überschritten. Er habe von der Kanzlerin »in den letzten zwölf Monaten nicht eine leidenschaftlich vorgetragene pro-europäische Rede gehört«, sagt Steinbrück. Merkel brenne nicht für Europa. Möglicherweise liege dieses Desinteresse daran, »weil sie in der DDR sozialisiert worden ist und ihr das Projekt Europa von daher vielleicht ferner steht als einem westdeutschen Politiker«. Steinbrück liest in dieser Zeit mehrere Bücher über die europäische Geschichte, kennt die Kriege und Konflikte aus dem Effeff. Die Lektüre von Philipp Bloms ›Der taumelnde Kontinent‹, eine Geschichte Europas zwischen 1900 und 1914, fasziniert ihn besonders.

Steinbrück mokiert sich über selbstreferentielle Tendenzen in der SPD, wälzt seine Kritik aber keineswegs aus. Ausgesprochen differenziert äußert er sich über Wolfgang Clement. Der hat seine Partei – unter anderem mit seinem Lobbyismus für die Energiewirtschaft – so lange provoziert, bis sie ein Ausschlussverfahren gegen ihn startete. Der frühere Ministerpräsident wurde von einem Schiedsgericht gerügt und verließ dann die SPD aus freien Stücken. »Wir haben gelegentlich Kontakt«, sagt Steinbrück in ›Zug um Zug‹. Clement sei »sehr harsch in seinem Urteil, auch gegenüber der SPD. Er hat Freunde und Weggefährten strapaziert.

Aber nach einer langen und freundschaftlich geprägten Zusammenarbeit fiele es mir nicht ein, gute Zeiten mit ihm und seine Qualitäten zu verleugnen.« Clement sei »verletzt, hinter einer harten Schale«, und fühle sich »nicht angemessen gewürdigt ... Die Bilanz, die er aufmachte zwischen der Loyalität, die er gab, und der, die er empfing, fiel enttäuschend aus«. Damit wagt Steinbrück eine kühne These, war doch die Loyalität, die Clement gegenüber der SPD zeigte, in den Jahren als Ministerpräsident und Bundesminister überschaubar. Kurz nach der Bundestagswahl 2009 hat Steinbrück noch gesagt, er rede derzeit nicht mit Clement. Nicht etwa, weil er die Partei verlassen habe, sondern wegen dessen Mitwirkung an einem Wahlaufruf für die FDP. »So was macht man nicht, hätte meine Großmutter gesagt«, sagte Steinbrück damals.

Die politische Hauptbotschaft des Buches von Schmidt und Steinbrück steht auf Seite 157. »Und ob Ihnen das nun sonderlich in den Kram passt oder nicht, Peer, ich bin aus zwei Gründen der Auffassung, dass die SPD gut beraten wäre, Sie als den Kandidaten für das Amt des Bundeskanzlers zu nominieren«, sagt Schmidt da. Steinbrück habe »in besonderem Maße die Fähigkeit, das Vertrauen und damit die Stimmen von Menschen an sich zu binden, die sich nicht notwendigerweise für sonderlich links halten, die sich wohl aber eigentlich zur Mitte der Gesellschaft zählen«. Steinbrücks Reichweite übertreffe die der SPD. Außerdem haben »Sie bewiesen, dass Sie regieren können und dass Sie verwalten können«. Steinbrück dankt artig, stellt aber fest, die Republik habe keine schlaflosen Nächte über die Frage, wer SPD-Kanzlerkandidat werde. »Mitten in der Legislaturperiode braucht die SPD keine Personaldebatten«, sagt Steinbrück. Doch genau diese Debatte heizt das Buch an. Und Steinbrück nimmt sogar in Kauf, dass seine Glaubwürdigkeit leidet. Während er klagt, niemand könne eine solche Debatte verhindern, trägt er wie kein anderer zu dieser Diskussion bei. Er hat das Buch schließlich redigiert und zum Druck freigegeben.

Vielleicht wollte Steinbrück den immerhin 92-jährigen Schmidt so rasch wie möglich als Unterstützer gewinnen. Im Thalia-Theater in Hamburg reden die beiden wie alte Freunde. Die Medienkampagne zum Buch läuft, nun tritt das Duo erstmals vor Publikum auf. An diesem Sonntagmorgen Ende Oktober sind vor allem Fans gekommen. Der frühere ›Tagesthemen‹-Moderator Ulrich Wickert führt launig durch 90

Minuten. Zuerst ist eine Panne mit dem Titelfoto des Buchcovers zu besprechen – der Schachtisch steht um 90 Grad gedreht und damit falsch. Steinbrück reagiert eher dünnhäutig denn souverän. Er beklagt, seit vier Tagen diskutiere die Republik über diesen Schachtisch. Ohne jede Ironie beschreibt er, wie es zu dem fingierten Foto kam, erklärt, wie Schmidt mit seinem Rollator den Raum betreten und sich eben so um 90 Grad verkehrt an dem Tisch niedergelassen habe. Noch Monate später wagen Freunde Steinbrücks nicht, ihn nach dem verrückten Tisch zu fragen. Wäre dieser Fehler einem anderen unterlaufen, hätte Steinbrück dieses Thema sicher spöttisch zu kommentieren gewusst.

Im Scheinwerferlicht der Theaterbühne fällt es den beiden Männern leicht, Wickerts Fragen zu beantworten. Nur zu einer Diskussion kommt es nicht – Schmidt und Steinbrück geben sich gegenseitig Recht. Schmidt hält die Bundesregierung für ineffektiv organisiert und will die Zahl der Ministerien auf zehn reduzieren, China, sagt er, mache das auch so. Wie viele Minister »wären in Ihrem Kabinett?«, fragt Wickert daraufhin Steinbrück, und der reagiert kokett und mit Ironie in der Stimme: »Ein falscher Schritt von mir, und ich wäre wieder dran«, sagt Steinbrück, gibt sich dann ernst und fügt hinzu: »15 bis 16 Ministerien.« Die Struktur für das Kabinett Steinbrück I ist damit schon einmal umrissen.

Schmidt und Steinbrück bieten ihrem Publikum eine kluge, geistreiche und unterhaltsame Show, dem Spielplan des Theaters zufolge zwischen Faust I und Macbeth. Immer wieder bekommen sie Beifall. Schmidt hat ein Heimspiel in Hamburg, sich mit ihm eine Bühne zu teilen, offenbart Selbstgewissheit. Doch Steinbrück muss den Vergleich mit seinem 28 Jahre älteren Schach- und Gesprächspartner nicht scheuen. Gegeben wird ein Staatsschauspiel, nicht Landestheater. Während Schmidt gern weit ausholt (»Wenn ich die letzten 200 Jahre zurückdenke«) und grundsätzlich wird, garniert Steinbrück seine Analysen und Absichten mit allerlei Anekdoten. All das trägt er gewohnt gekonnt vor, zuweilen angemessen theatralisch. Das Publikum ist begeistert und scheint bei den wenigen erkennbaren Differenzen eher Steinbrück zu folgen als Schmidt, etwa, als Steinbrück die Kritik am einstigen deutschen Kosovo-Einsatz zurückweist, den Schmidt »völkerrechtswidrig« genannt hat. Die Verhinderung eines Völkermordes sei wichtiger als die Achtung des Völkerrechts, sagt Steinbrück und bekommt kräftigen Beifall.

Steinbrück zeigt sich einsichtig, wenn er nun für einen gesetzlichen Mindestlohn plädiert. Von einer Frauenquote für Vorstände und Aufsichtsräte hält er nichts. Ein Spagat gelingt ihm bei der einst heiß diskutierten Rente mit 67. Er nennt sie notwendig und spricht von »unabweisbarer politischer Mathematik«. Dann aber zitiert er Sigmar Gabriels Hinweis, oft mangele es an Beschäftigungschancen. Steinbrück nennt den SPD-Chef beim Namen, er erwähnt Gerhard Schröder, zudem Angela Merkel, Joschka Fischer und sogar Guido Westerwelle. Nur der Name von Frank-Walter Steinmeier fällt in den gut eineinhalb Stunden nicht. Ein Zufall? Steinbrücks offensive Selbstvermarktung gefällt dem vergleichsweise uneitlen Steinmeier nicht. Zum Schluss der Matinee kündigt Wickert eine »unerwartete Frage« an. »Wer wird deutscher Meister?«, fällt Steinbrück ihm ins Wort, die von ihm erwartete K-Frage karikierend. Dabei will Wickert sich gar nicht nach der Kanzlerkandidatur erkundigen. Er will von Steinbrück etwas ganz anderes wissen: »Können Sie eigentlich Klavier spielen?«

SCHRÖDERS ERBE

»Aufwärts«, haucht eine Frauenstimme im Fahrstuhl des Hauses Unter den Linden 50. Hier, in Berlin-Mitte, unweit vom Brandenburger Tor, residiert im vierten Obergeschoss der Bundestagsabgeordnete Peer Steinbrück. Wer sich Steinbrücks Büro nähert, passiert schon nach wenigen Metern die Türen zu den Räumlichkeiten, in denen »Gerhard Schröder, Bundeskanzler a. D.« untergebracht ist. Es riecht nach Zigarrenrauch. Seinem Nachbarn stehen drei vergleichsweise schmale Zimmer zur Verfügung; wer den ersten Raum betritt, steht fast am Schreibtisch seiner Büroleiterin Sonja Stötzel, links geht es zu seinem Mitarbeiter Sebastian Petzold. Gegenüber, auf rund 15 Quadratmetern, arbeitet Steinbrück. Ein riesiges Schiffsmodell steht hinter Glas, an der Wand lehnt eine Lithografie mit dem Konterfei Helmut Schmidts. Ein Plakat von »Russlands Seele«, einer Ausstellung von Ikonen, Gemälden und Zeichnungen aus der Moskauer Tretjakow-Galerie in der Bonner Kunst- und Ausstellungshalle, hängt an der Wand. Steinbrück hat allerlei Akkreditierungskärtchen und Namensschildchen hinter Glas aufbewahrt, von der Schach-Weltmeisterschaft etwa oder vom SPD-Parteitag 1983. Daneben stecken eigene Visitenkarten in unterschiedlichen Sprachen, mal mit schleswig-holsteinischem, mal mit nordrhein-westfälischem Wappen. Ein ganzer Stapel Aktenmappen aus dem Finanzministerium erinnert an vergangene Zeiten. Im Bücherregal, neben einer Biografie des französischen Staatsmanns Charles Maurice de Talleyrand und einem Werk über ›Berlin 1961‹, findet sich ›Hans Albers – eine deutsche Karriere‹. In diesem Zimmer führt Peer Steinbrück ein Dasein als einer von 146 Bundestagsabgeordneten der SPD, gewählt über die Landesreserveliste Nordrhein-Westfalen. Weder sein Büro noch der Platz, den er meist im Plenum im Mittelfeld einnimmt, deuten auf eine hervorgehobene Stellung hin. Und doch ist Steinbrück kein gewöhnlicher Parlamentarier. Sein Bestseller ›Unterm Strich‹, seine unermüdlichen Auftritte im ganzen Land, sein Buch mit Helmut Schmidt und seine offenkundige Bereitschaft, die Kanzlerkandidatur zu übernehmen, zeigen: Peer Steinbrück ist präsent. Er hat sich weder rar gemacht noch zurückgezogen.

Auf dem SPD-Bundesparteitag im Dezember 2011 redet er allerdings erst am Schluss. Sigmar Gabriel und Frank-Walter Steinmeier, die beiden anderen potenziellen Kanzlerkandidaten, ergreifen vor ihm das Wort. Für Steinbrück erschwert das die Situation vor den ohnehin skeptischen, teilweise misstrauischen Delegierten. Doch er denkt gar nicht daran, den Parteitag zu umgarnen. Es widerspräche seinem Charakter und seiner Überzeugung, den Delegierten mit einer subalternen Rede nach dem Mund zu reden. Es gebe eine »hoch motivierte und leistungsfähige junge Generation, die den linear-progressiven Steuertarif gar nicht witzig findet«, hält er den Genossen vor. Er spricht über Leistungsträger und über Eliten in Wirtschaft und Gesellschaft. Keine Hand rührt sich da zum Beifall. Wegen ihres »Freiheitsideals« sei er einst der SPD beigetreten, sagt Steinbrück nun und lässt die beiden anderen Werte der Partei, die Gerechtigkeit und die Solidarität, beiseite. Geduldig erträgt der Saal das Schwarzbrot seiner Rede. Doch dann übt Steinbrück plötzlich Selbstkritik, gesteht ein, er habe die Entwicklungen im Bankenwesen falsch eingeschätzt. Das kommt schon besser an. Der Funke aber springt nicht über. Steinbrück vermeidet über weite Strecken das Wort »wir«, er spricht von »ihr« und »ich«. Erst am Ende, als er indirekt die Zukunft der SPD anspricht und die Kandidatenfindung, wechselt er in die erste Person Plural. Da beschwört er seine Parteifreunde und ruft ihnen zu: »Wir werden über einige Steine gehen müssen. Aber das Entscheidende ist: Wir gehen zusammen.«

Wenige Wochen später, an einem Nachmittag Ende Januar 2012, empfängt Gerhard Schröder zu einem Gespräch. Der Altbundeskanzler ist inzwischen ein Mann der Wirtschaft, doch was in der SPD geschieht, das verfolgt er sehr genau. Gerhard Schröder hält bei der Begrüßung in seinem Büro eine Zigarre in der Hand. »Sie dürfen hier nicht rauchen«, sagt er grinsend, »hier herrscht Rauchverbot.« Dann bittet er, Platz zu nehmen. Bevor die erste Frage gestellt ist, spricht er. »Meine erste Erinnerung an Peer Steinbrück bezieht sich auf einen Brief von ihm«, sagt Schröder: »Er hatte mich öffentlich beschimpft, schrieb mir dann aber, er wolle sich entschuldigen. Ich fand das gut und damit war die Sache für mich erledigt.« Schröder lacht. Er ist guter Laune, und er betont, wie sehr er Steinbrück schätzt. Er versteht Steinbrück als Garanten zur Verteidigung seiner Reformen. Schröder rechnet Steinbrück hoch an, die Agenda 2010 stets gestützt und gefördert zu haben. Im nordrhein-westfälischen Landtagswahlkampf 2005 etwa wäre es leicht gewesen, sich von Schröder abzusetzen. Steinbrück tat das nicht. »Er war der Meinung, dass die Agenda 2010 richtig war, und hat daran auch in seinem Wahlkampf festgehalten. Ich werde ihm das nicht vergessen«, sagt Schröder. Steinbrück sei ein eigener Kopf und unabhängiger Geist und wolle authentisch bleiben. »Daher habe ich hohen Respekt für ihn.«

Das Programm der Agenda 2010 indes verfasste maßgeblich Frank-Walter Steinmeier, Schröders Kanzleramtschef. Steinmeier war schon zuvor in Hannover im Hintergrund für das Management von Schröders Politik zuständig. Schröder nannte ihn »mein Mach-mal«. In eineinhalb Jahrzehnten hat Steinmeier für Schröder allerhand Kastanien aus diversen Feuern geholt. Nun ist Steinmeier Fraktionsvorsitzender – und ebenso ein möglicher Kanzlerkandidat der SPD. Schröder lässt während des knapp einstündigen Gespräches viele Namen fallen. Der Name Steinmeier zählt nicht dazu.

Wenn Schröder von Steinbrück spricht, dann strahlt er. Er schildert, wie Steinbrück als Bundesfinanzminister Renommee gewann, wenngleich Schröder dies nur über die Medien verfolgte. Steinbrück sei »die eigentlich führende Figur in der Finanzkrise« gewesen, sagt der Altkanzler und fügt hinzu, Angela Merkel habe sich daher klug stets vor, hinter und neben ihn gestellt. Gab es denn einen Kontakt zwischen ihm und Steinbrück in dieser Phase? Nein, sagt Schröder: »Steinbrück fragt nicht um Rat, er weiß ja alles.«

Um Steinbrücks Defizite redet er nicht herum. Er sagt: »Peer Steinbrücks Schwäche liegt in seiner häufig missverstandenen Ironie, die manchmal als Arroganz daherkommt. Mit Blick auf die Massenwirkung müsste er das korrigieren. Außerdem muss er mehrere Leute wissen lassen, dass er vor deren Art zu arbeiten Respekt hat.« Schröder behauptet, er habe schon unmittelbar nach der Niederlage der SPD bei der Bundestagswahl 2009 einen Wiederaufstieg Steinbrücks erwartet. »Ich habe nicht damit gerechnet, dass Peer Steinbrück sich als Hinterbänkler abfinden würde. Eine Kanzlerkandidatur habe ich stets für möglich gehalten.« Und dann spricht sich nach Schmidt der zweite sozialdemokratische Altbundeskanzler erstmals dafür aus, mit Steinbrück in den Wahlkampf zu ziehen. »Mich würde es freuen, wenn Peer Steinbrück Kanzlerkandidat der SPD würde«, sagt Schröder. »Er hat alle Aussicht auf Erfolg.«

KANDIDAT-KANDIDAT

Kongresszentrum Husum, ein Donnerstagabend im April 2012, Wahlkampf-Talk der SPD kurz vor der Landtagswahl in Schleswig-Holstein. Ihr Spitzenkandidat Torsten Albig wird interviewt, neben ihm auf der Bühne sitzen ein Moderator und Peer Steinbrück, dem Albig einst als Sprecher im Bundesfinanzministerium diente. Albig, der Ministerpräsident in Kiel werden will, tut sich schwer, er spricht spröde, alles andere als offensiv. Anders Peer Steinbrück, der ergreift ungefragt das Wort. »Ich war gestern in Dortmund!«, ruft er freudestrahlend ins Mikrofon. Das Publikum applaudiert, viele haben am Vorabend das Fußballspiel im Fernsehen verfolgt, das BVB-Aufsichtsrat Steinbrück im Stadion gesehen hat. »Da haben wir die Bayern verprügelt!«, freut er sich. Das kommt an bei den Nordfriesen, mit zwei Sätzen hat Steinbrück den Saal auf seiner Seite. Inhaltlich bietet er wenig Neues, er plädiert für einen höheren Spitzensteuersatz und nennt das Management der Koalition in der Schuldenkrise »unzureichend«. All diese Versatzstücke zählen seit fast zwei Jahren zu Steinbrücks Standard-Rede. Doch sie begeistern das Publikum. Seine Lust darauf, noch einmal ein hohes exekutives Amt auszuüben, mag der Bundestagsabgeordnete Steinbrück gar nicht verbrämen. »Das war schon sehr pastoral!«, raunzt er Spitzenkandidat Albig noch an, nachdem der über Fairness im Wahlkampf philosophierte.

Peer Steinbrücks Chance, SPD-Kanzlerkandidat zu werden, gilt in diesen Wochen als gering. Doch er kämpft. Nicht nur in Husum ist er präsent, auch in Neumünster, Rendsburg und Eckernförde redet er. Im Landtagswahlkampf Nordrhein-Westfalen tritt er sogar zehn Mal auf. Steinbrück lobt Torsten Albig und Hannelore Kraft – vor allem aber bewirbt er einen Mann, der weder im Norden noch im Westen kandidiert: Peer Steinbrück führt Wahlkampf für Peer Steinbrück. Dabei reicht er selbst ärgsten Widersachern die Hand. Seinem Intimfeind, dem schleswig-holsteinischen SPD-Vorsitzenden Ralf Stegner, folgt er gar zu einem gemeinsamen Auftritt in dessen Wahlkreis. Niemand in der Partei soll Steinbrück vorwerfen, er polarisiere.

Nach der niedersächsischen Landtagswahl am 20. Januar 2013 werde der Kanzlerkandidat gekürt, lautet die Sprachregelung in der SPD. Die führenden Köpfe der Partei wiederholen diesen Zeitplan Tag für Tag, selbst wenn sie eine solch späte Nominierung für unrealistisch halten. So sehr die schwarz-gelbe Regierung dilettiert, so ungewiss sind die Siegeschancen der Sozialdemokraten. Ihr größtes Manko: Angela Merkel ist im siebten Jahr ihrer Kanzlerschaft hoch populär, auch bei Anhängern von SPD und Grünen. Mehr als zwei Drittel der Bürger nennen sie in Umfragen eine »gute Bundeskanzlerin«. Drei von vier Deutschen halten Merkel für »rechtschaffen und nicht auf den eigenen Vorteil bedacht«. Persönliche Bescheidenheit wird von Politikern in Deutschland stärker verlangt als anderswo.

Während die Kanzlerin, einer Bundespräsidentin gleich, über die roten Teppiche in Europa schreitet und bei allen maßgeblichen Rettungsmaßnahmen in der europäischen Staatsschuldenkrise auf die Zustimmung von SPD und Grünen setzen kann, gerät die sozialdemokratische »Troika« in die Defensive. Je näher die Bundestagswahl rückt, desto virulenter wird die Machtfrage. Alle drei potenziellen Herausforderer der Kanzlerin weisen Stärken und Schwächen auf. Doch es sind weniger politische denn charakterliche Merkmale, die Gabriel, Steinmeier und Steinbrück voneinander unterscheiden. Von welchem der drei Männer würde man wohl am ehesten einen Gebrauchtwagen kaufen?

Ein solches Verkaufsgespräch liefe bei Gabriel, Steinmeier und Steinbrück gewiss unterschiedlich ab. Gabriel gäbe ohne Frage den vorlautesten Gebrauchtwagenhändler ab. Er schilderte die Vorzüge des Wagens überzeugend. Gabriel priese das Altauto als bestes, schnellstes, komfortabelstes Objekt der ganzen Stadt. Er ließe den Kunden wissen, dass der Konkurrenzhändler korrupt und bankrott sei. Außerdem verspräche Gabriel im Falle des Kaufes einen neuen Navigator, eine neue Batterie, eine neue Klimaanlage und obendrauf noch ein Pflegeset. Der Kunde wäre begeistert, zahlte, stiege in das Auto und führe vom Hof. An der ersten Ampel aber flögen Auspuff und rechter Seitenspiegel ab, an der übernächsten Ecke ein Kotflügel.

Frank-Walter Steinmeier böte seinem Kunden komplett instand gesetzte und gepflegte Gebrauchtwagen an. Der von ihm geforderte Preis wäre fair. Seinem potenziellen Kunden präsentierte Steinmeier zuerst eine 128-seitige Neuauflage der Bedienungsanleitung. Nüchtern referierte er Vor- und Nachteile des Autos. Er verspräche nichts. Dann wiese Steinmeier den Kunden noch auf einen Kratzer am hinteren Blinklicht hin. Der Kunde wendete sich ab.

Bei Peer Steinbrück stände der Kunde wohl vor einem übel gelaunten Verkäufer. Steinbrück würde den Kunden zuerst fragen, was ihm einfiele, sein Autohaus mit Schnee unter den Schuhen zu betreten. Dann zöge er über seine überforderten Mitarbeiter vom Leder. Manchmal käme ihm der eigene Betrieb wie eine psychiatrische Anstalt vor, spottete Steinbrück und riete dem Besucher sodann: An Ihrer Stelle würde ich mir lieber ein Segelboot kaufen!

Im Sommer 2012 verbringt Peer Steinbrück mit seiner Familie einen dreiwöchigen Safari-Urlaub. Die Steinbrücks halten Ausschau nach Nashörnern, und nachts stapft schon einmal eine Elefantenherde durch ihr Campinglager im südlichen Afrika. »Wo ist eigentlich Peer Steinbrück?«, fragt die ›Bild‹-Zeitung; von der SPD lässt sich in diesen Sommer-Wochen nur der nimmermüde Sigmar Gabriel vernehmen. Mit Torsten Albig spricht sich im August 2012 ein erster führender SPD-Politiker für eine Kanzlerkandidatur Steinmeiers, nicht also Steinbrücks, aus – und spiegelt die Stimmungslage in der Partei wider. Steinbrück »würde das Korsett nicht mögen, in das er sich als Kandidat zwängen« müsste, sagt dessen einstiger Vertrauter, und ruft ihm über die ›Frankfurter Allgemeine Sonntagszeitung‹ öffentlich zu: »Tu dir das nicht an!« Steinbrück ist stinksauer auf Albig. Auch Gabriel und Steinmeier zeigen sich entsetzt.

Der Ruf nach einer baldigen Klärung der Kanzlerkandidatur jedenfalls wird lauter. In Hintergrundgesprächen drängen führende Vertreter der SPD, öffentlich wagen sich nur die Mutigen und Unabhängigen vor. »Gewisse Spannungen innerhalb der aktuellen Troika sind ja längst spürbar geworden«, sagt der Außenpolitiker Hans-Ulrich Klose. Es sei nur eine Frage der Zeit, dass sich die Troika auflöse: »Die SPD hat mit dem Modell der Troika niemals gute Erfahrungen gemacht, und ich habe den Eindruck, dass wir uns auch diesmal keinen Gefallen damit tun.« Gabriel, Steinmeier und Steinbrück sehen das ähnlich. An gemeinsame Auftritte denken sie im Spätsommer nicht mehr. Längst wird die K-Frage zum Gegenstand von Spott und Satire.

Am 14. September 2012 steht Peer Steinbrück in der »Alten Pumpstation« in Haan bei Düsseldorf, seine Basis wird ihn hier zum Direktkandidaten für den Wahlkreis Mettmann I nominieren. Zuvor aber schmückt Steinbrück schon einmal aus, wie er den Bundestagswahlkampf orchestrieren würde – im ganzen Land, versteht sich, nicht nur daheim in Mettmann und Monheim, Hilden und Haan. Sein Rezept lautet: klare Kante gegen die Kanzlerin. »Die SPD tritt an, um nicht auf Platz zu spielen, nein, sie will gewinnen«, ruft Steinbrück rund 150 Parteifreunden zu. Die SPD müsse deutlich machen, dass sie »nicht einen Verschnitt der jetzigen Politik« wolle, dass sie nicht »etwas besser« machen wolle, sondern »vieles anders«. Es folgt eine Kampfansage, die sich gegen Angela Merkel richtet, die man aber auch als Attacke gegen Steinmeier verstehen kann: »Die einzige Machtoption, die Frau Merkel hat, sind wir.« Darauf aber dürfe sich die SPD nicht einlassen. »Wir wollen, dass diese Regierung ganz abgelöst wird – und nicht nur halb.« Applaus. »Diese Regierung wird es in einem Jahr nicht mehr geben!« Applaus. Dann spielt Steinbrück einen Joker aus. »Peer Steinbrück«, ruft er mit schneidender Stimme, werde »nie wieder in einem Kabinett von Frau Merkel zu finden sein«. Tosender Beifall.

Steinbrück berauscht sich an Steinbrück. »Das ist die Botschaft!«, ruft er: »Das ist die Botschaft! Damit es da keine Missverständnisse gibt!« Dann wiederholt er: »Steinbrück wird nicht noch einmal in einem Kabinett Merkel sitzen. Ihr kriegt Steinbrück nicht über den Umweg Angela Merkel!« Derlei Parolen sind von Frank-Walter Steinmeier nicht zu vernehmen. Steinbrück ist eitler – und skrupelloser als der Fraktionsvorsitzende der SPD. Außerdem ist er freier. Er kann aufs Ganze gehen, hat nichts zu verlieren.

Peer Steinbrück werde Kanzlerkandidat der SPD, berichtet das Magazin ›Cicero‹ am 21. September 2012. Sogleich folgt ein Dementi. »Quatsch«, verlautet es aus dem Willy-Brandt-Haus. Generalsekretärin Andrea Nahles behauptet: »Es gibt definitiv keinen neuen Stand in der K-Frage der SPD. Daran ändern auch die verschiedensten Medienveröffentlichungen nichts.« Ein hartes Dementi indes klingt anders. ›Cicero‹-Chefredakteur Christoph Schwennicke beschreibt auf sieben Seiten »Steinbrücks langen Weg zum Kanzlerkandidaten«. Die drei potenziellen Kandidaten hätten »monatelang in erstaunlich offenen Gesprächen unter sechs Augen ihre Stärken und Schwächen diskutiert. Mit dem Ergebnis, dass die SPD der Kanzlerin mit einem Kandidaten Steinbrück am gefährlichsten werden kann«. In der SPD verschieben sich im Spätsommer 2012 die Gewichte tatsächlich zu Gunsten Steinbrücks. Selbst Vertreter des linken Flügels in der SPD sind der Ansicht, nur der kämpferisch auftretende Steinbrück könne der populären Kanzlerin im Wahlkampf Paroli bieten. Steinbrück aber weist alle Ambitionen von sich. Als er Ende September Vorschläge für eine schärfere Bankenregulierung unterbreitet, behauptet er: »Das ist nicht meine Bewerbungsmappe.«

Dabei kann Steinbrück seinen Willen zur Kandidatur kaum bändigen, der Ehrgeiz quillt aus jedem Knopfloch. Am 27. September empfängt er drei Korrespondenten der ›Welt am Sonntag‹ zu einem Interview in seinem bescheidenen Büro. Doch an diesem Tag erlebt man nicht den Bundestagsabgeordneten Steinbrück. Es spricht, witzelt, spottet und lacht der Mann, der in einem Jahr Bundeskanzler der Bundesrepublik Deutschland werden will. Natürlich sagt Peer Steinbrück das nicht, doch er lässt es erkennen. Gut gelaunt präsentiert er sich, und anders als manches Mal beginnt er den Termin, ohne seine Gäste bei der Begrüßung zu beschimpfen. Peer Steinbrück befindet sich im Wahlkampfmodus –

noch bevor er zum Kanzlerkandidaten nominiert worden ist. Steinbrück wirkt gelöst. Er lacht viel, etwa als er gefragt wird, wohin ihn seine erste Auslandsreise als Kanzler führen werde. Eine Antwort bleibt er auch darauf nicht schuldig. Als der Fotograf später bittet, in einem Sessel Platz zu nehmen, bekundet Steinbrück selbstironisch: »Da komme ich nie wieder hoch!« Ob er »jede meiner Warzen« abgelichtet habe, fragt Steinbrück, und als der Fotograf ihm zuletzt immer näher kommt, droht er: »Ich beiß' Ihnen ins Objektiv!« Steinbrück hat Spaß daran, fotografiert zu werden. Es ist ihm keine Last. Er weiß, dass er in den kommenden Monaten – und wenn alles gut läuft, in den nächsten Jahren – Tag für Tag fotografiert werden könnte.

»Westlounge« heißt der Raum, den Frank-Walter Steinmeier achteinhalb Stunden später betritt, am Abend des 27. September 2012. Die »Westlounge« befindet sich in der nordrhein-westfälischen Landesvertretung im Berliner Tiergarten. Hier warten bereits einige Journalisten auf Steinmeier, ein vertrauliches Hintergrundgespräch ist vereinbart. Seine Gäste kennen die Regeln, doch an diesem Abend ist alles anders. In der »Westlounge« ist Peer Steinbrück den ganzen Abend hinweg präsent, ohne anwesend zu sein. Steinmeier vermittelt den Eindruck, er selbst wolle nicht als Kanzlerkandidat ins Rennen gehen. Und der Fraktionsvorsitzende setzt darauf, dass diese Botschaft weitergetragen wird. Als »die Stones« wurden Steinmeier und Steinbrück in der SPD bezeichnet, ja gefeiert. An diesem Abend bringt Steinmeier einen Stein ins Rollen. Und er tut das, ohne Steinbrück und Gabriel darüber zu informieren.

HERAUSFORDERER

Am nächsten Morgen, dem 28. September 2012, um 9.24 Uhr meldet die Deutsche Presse-Agentur, Steinbrück werde »aller Voraussicht nach SPD-Kanzlerkandidat«. Steinmeier verzichte. Parallel dazu berichtet die ›Bild‹-Zeitung, Gabriel werde dem SPD-Vorstand am Montag in einer Sondersitzung Steinbrück als Kandidaten vorschlagen. Gabriel hält sich in Bayern auf, rasch fliegt er nach Berlin. Der SPD-Vorsitzende kann Steinbrück zunächst nicht erreichen, da dieser gerade eine Besuchergruppe empfängt. Steinbrück wiederum versucht seine Ehefrau Gertrud zu sprechen, die an diesem Freitag an ihrer Schule in Bonn unterrichtet. Über die Sekretärin des Gymnasiums wird ein Kontakt hergestellt. »Ich ahnte nichts, wollte am nächsten Tag mit meinem Leistungskurs nach Kroatien fahren«, berichtet Gertrud Steinbrück einige Wochen später: »Dann erfuhr ich von der bevorstehenden Ausrufung meines Mannes zum Kanzlerkandidaten der SPD.« Sie habe »mit dieser Entscheidung nicht gerechnet«.

In der SPD werden Gremienberatungen angesetzt, teilweise telefonisch, mit nur symbolischem Charakter. Um 14 Uhr versammelt sich die Troika in Gabriels Büro im Willy-Brandt-Haus. Um 15.14 Uhr betreten die drei das Atrium der SPD-Zentrale. Sie wirken erkennbar ernst. Steinbrück verzichtet auf die üblichen Gesten. Seine Augen blitzen nicht, der ironische Blick fehlt, die bleckenden Zähne, das Haifischgrinsen. Als er mit Applaus begrüßt wird, zieht Steinbrück nur die Augenbrauen ein wenig hoch. Noch am besten gelaunt zeigt sich Gabriel. Es wirkt, als falle eine Last von ihm ab. »Vor etwa vier Wochen« habe Steinmeier seinen Verzicht erklärt, sagt Gabriel. Parallel dazu habe Steinbrück seine generelle Bereitschaft signalisiert. Alles sei wie immer in der SPD, »am Ende hat Helmut Schmidt immer recht«. Steinmeier kündigt an, er werde Steinbrück so unterstützen, als sei es sein eigener Wahlkampf. »Ich bin mir der Verantwortung bewusst«, leitet Steinbrück ziemlich typisch für sich ein. Wahlkampf könne »Spaß machen«, und da wolle er sich an Gerhard Schröder orientieren. Dann spricht er oft von »Gremien meiner Partei«. Da versucht ein Kandidat seine Partei, die er so oft gemaßregelt, belächelt, verspottet hat, zu umgarnen. Es ist ein Zugeständnis. Doch schon wenige Stunden später, am nächsten Vormittag verlangt er seiner Partei etwas ab. »Ihr müsst dem Kandidaten an der einen oder anderen Stelle auch Beinfreiheit lassen«, fordert Steinbrück auf dem Parteitag der NRW-SPD in Münster: »Meine Beinfreiheit ist 1,80 Meter, aber die würde ich gern haben.« Kanzlerkandidatur hin und her, Gertrud Steinbrück bricht am Tag nach der Bekanntgabe mit ihrem Leistungskurs Biologie wie geplant nach Istrien auf. »Die Busfahrt dauerte 17 Stunden, wir haben geforscht, meist im Bereich der Meeresbiologie, jeden Tag etwas anders«, berichtet sie später und schwärmt: »Die 22 Schüler sind eine hinreißende Truppe.«

Allerhand tat und tut Steinbrück, um die Kluft zu seiner Partei zu überwinden. Schon vor zwei Jahren plädierte er für einen höheren Spitzensteuersatz und nannte die von ihm eingeführte Abgeltungsteuer einen Fehler. Auf Spott über die SPD verzichtet er seit geraumer Zeit. Als die SPD die Rente mit 67 verwässert, übt Steinbrück keine öffentliche Kritik. In diesen Tagen kommt Steinbrück dem linken Flügel in der SPD merklich entgegen, und dieser fröhliche Pragmatismus zahlt sich schon bald aus: Ohne eine Gegenstimme nominiert der Parteivorstand Steinbrück zum Kandidaten. Kritischer geht es im Hause Steinbrück zu. Gertrud Steinbrück und die drei Kinder ahnen, welcher Einschnitt die Kanzlerkandidatur bedeutet. Wer Bundeskanzler werden will, ist eine öffentliche Person ersten Ranges, wird beobachtet, zuweilen belauert, und gewiss richtet sich allerlei Neugier auch auf die Familie des Kandidaten. Anfang Oktober tagt der Familienrat daheim in Bonn, doch einberufen wird er nicht etwa vom Vater, sondern von Katharina, der ältesten Tochter. »Alle Kinder kamen und wollten Auskunft«, berichtet Gertrud Steinbrück später: »Mein Mann musste aussagen. Das war ein Gerichtstermin für ihn. Es ging hoch her, aber der Wortlaut geht die Öffentlichkeit nichts an.«

HONORARE

Eine Anekdote erzählt Peer Steinbrück besonders gern, kaum dass er zu einem Vortrag ans Rednerpult getreten ist. Sie handelt von dem langatmigen Referat eines Politikers, der eine hohe »Affinität zum Mikrofon besitzt«. Nach 45 Minuten verschwinden die ersten Gäste aus dem Saal, nach einer weiteren Viertelstunde leert sich der Raum zusehends, bis irgendwann nur noch Einer zuhört. »Warum sitzen Sie da noch immer?«, fragt der Politiker den verbliebenen Mann im Auditorium, und dieser antwortet: »Ich bin derjenige, der nach Ihnen reden soll.«

Peer Steinbrück hat diese Posse in den vergangenen Jahren oft vorgetragen. Er hielt viele, viele Reden. Im Plenum des Bundestages indes sprach der einfache Abgeordnete Steinbrück in dieser Legislaturperiode bis zu seiner Ausrufung als Kandidat nur vier Mal. Umso öfter trat er auf

Einladung von Banken und Unternehmen auf, stets für ein erkleckliches Honorar. Ob vor der Alfred-Herrhausen-Gesellschaft, der Bausparkasse Schwäbisch Hall, der Deutschen Bank, der Dortmunder Volksbank oder bei den Union Investment Privatfonds – der Bundesminister der Finanzen a. D. war ein gefragter Redner. Allein im Jahr 2010 hielt Steinbrück nach eigenen Angaben 41 Vorträge, für die er jeweils über 7000 Euro erhielt. Für das Jahr 2011 verweist er auf 29 Nebentätigkeiten oberhalb dieser Summe. Noch 2012 hielt Steinbrück etliche bezahlte Vorträge – obwohl er hier längst die Kanzlerkandidatur anstrebte.

Als Kritik an den honorierten Auftritten laut wird, reagiert Steinbrück wochenlang mit Unvermögen und Ungeschick. Zunächst entscheidet er sich für die Methode Aussitzen. »In Wahrheit geht es einigen Kritikern darum, meine persönliche Glaubwürdigkeit zu beschädigen«, lautet seine erste Reaktion: »Das wird aber nicht gelingen. Denn die Menschen, die meine Reden mit viel Zustimmung begleiten, wissen, wofür ich stehe und dass ich nichts zu verbergen habe.« Wenig später kündigt Steinbrück an, alle Vorträge noch einmal zu prüfen. Er werde Auftraggeber, Ort und Thema jedes einzelnen Vortrages offenlegen und »das durchschnittliche Honorar der bezahlten Vorträge vor und nach Steuern in den Jahren 2009 bis 2012 veröffentlichen«. Eine durchdachte Strategie wird in dieser ersten Krise seiner noch jungen Kandidatur nicht sichtbar. Dabei fiel in der SPD stets das Stichwort »Vorträge«, wurde in den vergangenen Monaten über seine mögliche Kanzlerkandidatur gesprochen. Die Kritik, die nun laut wird, war also erwartbar. Eine Krisen-Kommunikation aber entwarfen Steinbrück und seine Berater nicht. Steinbrück hat das Thema dann auch noch unterschätzt. Er hat nicht verstanden, dass die meisten potenziellen SPD-Wähler opulente Vortragshonorare nicht goutieren. Er trägt dadurch entscheidend dazu bei, dass die eigene Popularität schwindet. Doch noch eines wird nun, zu Beginn seiner Kampagne, deutlich: Nach der Sturzgeburt seiner Kandidatur fehlt Peer Steinbrück ein professionelles Umfeld.

Während eines Interviews mit dem Deutschlandfunk redet sich der Herausforderer der Kanzlerin um Kopf und Kragen. Die Kritik an seinen bezahlten Vorträgen vor Bankern nennt er »absurd« und »dämlich«. In der eigenen Partei stößt Steinbrücks Krisenmanagement auf Verwunderung und Kritik, wenn auch nur hinter vorgehaltener Hand. Der

Kanzlerkandidat suggeriere, volle Transparenz schaffen zu wollen, heißt es, die Ankündigung aber, nur das Durchschnittshonorar zu nennen, werfe neue Fragen auf. »So hält er das Thema am Kochen, anstatt es ganz abzuräumen«, analysieren Strategen im Willy-Brandt-Haus. Steinbrück argumentiert, es sei »so gut wie unmöglich«, die einzelnen Honorare zu nennen, »denn dazu müsste jeder Vertragspartner einzeln um Erlaubnis gefragt werden«. Manchmal aber müssen Kanzlerkandidaten das Unmögliche möglich machen. Zumal Steinbrück selbst fordert, künftig sollten Abgeordnete ihre Nebeneinkünfte »auf Heller und Pfennig« angeben.

Auch Gabriel erwartet von Steinbrück jetzt vollständige Transparenz. Der Parteichef setzt Steinbrück indirekt unter Druck, wenn er tönt, er selbst veröffentliche sogar seine Einkommensteuererklärung. Genau das hat Steinbrück unter Verweis auf seine mit ihm veranlagte Ehefrau Gertrud erst kürzlich wieder klar abgelehnt. Von einem »Start mit Tücken« ist in der SPD zunächst die Rede. Wenige Wochen später ist die Einschätzung vom »Fehlstart« Konsens. Es fällt auf, dass nur wenige prominente Sozialdemokraten Steinbrück Rückendeckung gewähren. Hannelore Kraft und Olaf Scholz sind stellvertretende SPD-Vorsitzende. Beide haben sich Frank-Walter Steinmeier als Kandidaten gewünscht. Nun schweigen sie. Steinmeier selbst macht sich ebenfalls rar. Es wäre klug gewesen, hätte Steinbrück die Unterlagen zu seinen Vorträgen frühzeitig geprüft. Seit mindestens einem Jahr galt seine Kanzlerkandidatur als möglich; seit Anfang September war sie mehr oder weniger sicher.

Zum Wahlkampfleiter beruft Steinbrück seinen einstigen Büroleiter Heiko Geue, der zuletzt Staatssekretär im Finanzministerium in Sachsen-Anhalt war und ein Mann ohne jedwede Wahlkampferfahrung ist, ein Bürokrat, wie kritische Stimmen in der SPD meinen. Sprecher des Kandidaten wird Michael Donnermeyer, der Mitte der 1990er-Jahre schon einmal Sprecher der SPD gewesen war. Büroleiterin Sonja Stötzel wechselt vom Bundestag ins Willy-Brandt-Haus. Schon hier fällt auf: Nicht einer der Steinbrück-Getreuen kennt das Willy-Brandt-Haus – oder auch nur die Partei – aus dem Effeff und vermag sie somit einzuschätzen.

Als Steinbrück Ende Oktober 2012 die Übersicht seiner 89 bezahlten Vorträge veröffentlicht und dabei doch jedes einzelne Honorar nennt, stellen sich sogleich neue Fragen, die den Kandidaten in die Offensive drängen. Mindestens 1,25 Millionen Euro hat Steinbrück als Vortragsreisender erwirtschaftet. »Das größte und wichtigste Handwerkszeug eines Politikers ist die Rhetorik«, sagt er – und hält die Honorare für seine beiden Bücher weiter geheim. Auf der Liste der beliebtesten Politiker fällt Steinbrück von Rang drei auf Rang sechs zurück. Sein Einsatz für soziale Gerechtigkeit wird stärker als zuvor in Zweifel gezogen. Das überaus üppige Honorar der Stadtwerke Bochum von 25 000 Euro für eine Plauderstunde über Fußball und Politik bringt Steinbrück so in arg in Bedrängnis, dass er sich entscheidet, diese Summe an gemeinnützige Projekte zu spenden.

Seine opulenten »Nebeneinkünfte« bestätigen das im Volk präsente Klischee, »die da oben« stopften sich die Taschen voll. Wie so oft in der Politik wird die Sache erst durch den Umgang damit zum Problem. Steinbrück, der sich gern als knallhart konsequent inszeniert, bedient sich im Herbst 2012 einer Salamitaktik. In der SPD wundert man sich, dass er nicht schneller, entschiedener und konsequenter reagiert. »Hanebüchen« sei sein Vorgehen, heißt es in der Partei. »Höchst unerfreulich«, urteilt ein Steinbrück-Anhänger. Von »Dilettantismus« und einer »verheerenden Krisen-Kommunikation« ist die Rede. Die SPD aber gibt sich solidarisch und geschlossen wie selten. Besorgt hoffen führende Vertreter der Partei darauf, dass »da nicht noch etwas kommt«.

»Nicht nur mir weht der Wind ins Gesicht, auch der Partei weht der Wind ins Gesicht«, ruft Steinbrück den Jusos bei ihrem Bundeskongress Mitte November 2012 in Magdeburg zu. »Wirklich berührend« nennt der Kanzlerkandidat die Bereitschaft, gemeinsam an einem Strang zu ziehen. »Absolut motivierend« seien für ihn die Appelle der jungen Parteifreunde zum Engagement im Wahlkampf. »Das hat bei mir nicht nur den Kopf angesprochen, sondern auch den Bauch. In diesem Ausmaß habe ich nicht damit gerechnet«, bekennt Steinbrück.

Doch Steinbrück findet in den folgenden Wochen weitere Fettnäpfchen. Da ist Roman Maria Koidl, den er als Online-Berater mit eigenem Büro in die Parteizentrale holt. Der Unternehmer und Buchautor war für amerikanische Hedgefonds tätig. Die SPD aber wendet sich seit etlichen Jahren gegen Hedgefonds, Franz Müntefering titulierte diese einst als »Heuschrecken«. Dass Koidl für Hedgefonds arbeitete, ist kein Geheimnis und sogar auf dessen Homepage im Internet zu lesen. Wenige Stunden, nachdem die ›Welt‹ über den neuen Online-Berater Koidl berichtet, ist der schon wieder Geschichte. Koidl gibt seinen Job auf. Er muss gehen. Aufhebens macht eine Bemerkung Steinbrücks, er »kaufe keine Flasche Pinot Grigio unter fünf Euro«. Die Boulevardmedien greifen diesen Hinweis dankbar auf. Die SPD hat die einkommensschwachen Wählerschichten noch nicht aufgegeben, in ihrem Stamm-Milieu kommt die Einlassung des Millionärs Steinbrück nur bedingt gut an.

Steinbrücks inzwischen schwache Position und seine Pannen lassen ihn politisch flexibler werden. Der Kandidat gibt dem linken Flügel nach, deren Anführer über ihn im Gegenzug kein böses Wort verlieren. Dabei handelt es sich aber nicht etwa um eine innige Verbindung, um wechselseitiges Verständnis oder nur Sympathie, sondern um eine Geschäftsbedingung, die da lautet: Leistung für Gegenleistung. Steinbrück verteidigt seine Positionswechsel, indem er auf eine »Lernkurve« verweist. Solch eine »Lernkurve« durchläuft er bei den Themen Mindestlohn, Einkommen- und Abgeltungsteuer, Kinderbetreuung, Rentenpolitik – und nun auch noch in der bislang von ihm völlig vernachlässigten Wohnungsbaupolitik: Steinbrück will nun gegen hohe Mieten kämpfen.

In der Haushaltsdebatte des Bundestages berichtet er von seiner Suche im internen Recherchesystem des Bundestages: Nur eine »große leere Kiste« finde, wer nach Gesetzesinitiativen der Bundesregierung für Wachstum forsche. In puncto Mittelstand fänden sich »null« Treffer, »gar nichts«. Wer indes im Zeitungsarchiv oder dem Internet nach Peer Steinbrück und seinem neu entdeckten Thema sozialer Wohnungsbau recherchiert, findet wenigstens einen Treffer: Der stammt aus dem Jahr 2003 und bezieht sich auf die Initiative des damaligen NRW-Ministerpräsidenten Steinbrück mit seinem Verbündeten und hessischen Amtskollegen Roland Koch (CDU). Mit der Koch-Steinbrück-Liste wollten beide Männer Subventionen abbauen, pauschal, nach dem Rasenmäherprinzip. Steinbrück sagte damals: »Ich erwarte, dass auch in anderen Bereichen wie dem Schiffbau, dem Wohnungsbau, der Landwirtschaft und den Steuervergünstigungen der Abbau so ernsthaft betrieben wird, wie wir es bei uns mit der Steinkohle machen.«

NOMINIERUNG

Gerade hat Peer Steinbrück seine Rede auf dem Bundesparteitag der SPD begonnen, der ihn zum Kandidaten nominieren soll, da würdigt er einen Mann, der in der ersten Reihe sitzt: Helmut Schmidt. »Auf der Grundlage sittlicher Überzeugungen« habe der als Bundeskanzler Führung bewiesen, in Krisen wie im Alltag, in Deutschland wie Europa. »Und deshalb«, fügt Steinbrück an, »darf er auch im Fernsehen rauchen.« Sogleich bricht kräftiger Applaus auf, feiern begeistert hunderte Delegierte den 92-Jährigen. Fast jeder in der Halle 7 der Hannover Messe strahlt. Auch Schmidt lacht herzlich, und während ihn eine Kamera auf die Großleinwände bannt, nestelt er aus seiner linken Sakkotasche eine Zigarette heraus. Er steckt sie sich in den Mund, zündet sie an und pustet sogleich einige Rauchwolken aus. Noch lauter wird da der Beifall, die Sozialdemokraten erfreuen sich ihres Altvorderen.

Fast zwei Stunden steht Steinbrück an diesem zweiten Advent 2012 am Rednerpult – eine halbe Stunde länger als geplant. Lange hat Peer Steinbrück an seiner Rede gefeilt, die Debatten um seine Nebeneinkünfte haben ihn unter einen hohen Erwartungsdruck gesetzt. Die Rede muss ein großer Wurf sein – auch wenn die Delegierten ihm ohnehin ein fulminantes Wahlergebnis bescheren werden. Die SPD schart sich im Wahlkampf um ihren Kandidaten, selbst wenn weite Teile der Partei Unbehagen empfinden. Es ist ein Sammelsurium fast aller politischen Themen, das Steinbrück anspricht. Er attackiert die schwarz-gelbe Koalition, beklagt Investitionsstaus am Beispiel der gesperrten Autobahnbrücke am Leverkusener Kreuz. Vor allem aber wirbt Steinbrück um die Gunst seiner Partei, über die er sich oft genug mokiert hat. Um sein Ansehen bei den Frauen zu steigern, widmet er sich dem Paragrafen 218. Er rühmt die frühere brandenburgische Sozialministerin Regine Hildebrandt, poltert gegen das Betreuungsgeld, und kündigt an: »In meiner Kanzlerzeit wird eine Staatsministerin für Gleichstellung von Frauen im Kanzleramt zuständig sein.« Ob diese Initiative das Frauen-Defizit ausgleicht?

Die Angriffe auf Koalition und Kanzlerin gehören zum Standardteil der Rede. Die CDU sei »zu einer bloßen Machtmaschine geworden«. Machterhalt aber sei »nicht die zentrale Aufgabe von Politik«. Bei Angela Merkel bleibe »zu vieles im Ungefähren«. Selbstironisch fügt Steinbrück hinzu: »Das ist anders als bei manchen meiner Sätze und Bilder.« Verhaltener Beifall.

Natürlich geht er auf die wochenlange Debatte um seine Nebeneinkünfte und auf das parteiintern beklagte suboptimale Management ein. »Unser Weg nach Hannover war kein Spaziergang«, ruft er den Delegierten zu: »Meine Vortragshonorare waren Wackersteine, die ich in meinem Gepäck und leider auch euch auf die Schultern gelegt habe.« Für die Solidarität danke er, »das war mehr, als ich glaubte, erwarten zu dürfen«. Dann spricht Steinbrück zwei sehr unsteinbrückhafte Sätze aus: »Das hat mich berührt. Das werde ich nicht vergessen.« Erleichtert wirkt Steinbrück erst, als er seine Rede beendet hat und ihm die Partei bereits einige Minuten lang zujubelt. Die Nominierung mit 93,45 Prozent kommentiert er auf seine Weise: ironisch. Die Zahl könne eine Orientierung sein für das Ergebnis der Bundestagswahl im September.

Im Publikum, in Reihe eins, verfolgen Gertrud Steinbrück und ihre drei Kinder den Auftritt. »Das ist doch ein sehr spannendes und seltenes Ereignis und betrifft uns nachhaltig«, sagt Gertrud Steinbrück über die Nominierung ihres Mannes. Die Selbstverständlichkeit allerdings, mit der die Ehefrauen amerikanischer Politiker auftreten, stößt sie ab. »Wer auch nur etwas graue Substanz unter seiner Schädeldecke hat, weiß, dass die Fotos der Politiker-Familie bei Chips und Cola vor dem Fernseher gestellt sind. Sie sind ein großer Fake. Das ist geistiges Popcorn, das die Intelligenz eines jeden Bürgers beleidigt.« Lob wiederum findet Gertrud Steinbrück für einen Mann, der wie sie Naturwissenschaftler und ebenso alt ist: Joachim Sauer, Ehemann Angela Merkels. Gertrud Steinbrück bewundert, wie unprätentiös der Mann der Kanzlerin auftritt. »Herr Sauer macht es gut«, sagt sie: »Er hält sich zurück und sucht selten bis nie die öffentliche Bühne, dafür habe ich großen Respekt. Vielleicht hat er es einfacher, weil er in seinem Fach eine Kapazität ist, ein sehr kluger Kopf. Aber vor seiner generellen Zurückhaltung habe ich großen Respekt.«

KANZLERGEHALT

»Ein Bundeskanzler oder eine Bundeskanzlerin verdient in Deutschland zu wenig – gemessen an der Leistung, die sie oder er erbringen muss und im Verhältnis zu anderen Tätigkeiten mit weit weniger Verantwortung und viel größerem Gehalt.« Das sagt Peer Steinbrück in einem Gespräch mit der ›Frankfurter Allgemeinen Sonntagszeitung‹. Nahezu »jeder Sparkassendirektor in Nordrhein-Westfalen verdient mehr als die Kanzlerin«, fügt er hinzu.

Mit den Bezügen des deutschen Bundeskanzlers findet Peer Steinbrück ein Thema, mit dem ein Politiker noch niemals gepunktet hat. Der Mann, der in einem dreiviertel Jahr zum Kanzler gewählt werden will, besetzt dieses Thema in der nachrichtenarmen Zeit zwischen Weihnachten und Silvester 2012. Während seine Parteifreunde hoffen, die Debatte über die Vortragshonorare werde zwischen den Jahren in Vergessenheit geraten, eröffnet dieser ein neues, steiniges Spielfeld. Der Kandidat redet sich abermals für mehrere Wochen in die Defensive.

Die SPD reagiert fassungslos. Schon der Umstand, dass Steinbrück ein Interview über das Thema »Geld« gibt, verärgert die Parteiführung. Hatte Steinbrück nicht immer wieder angekündigt, sich nun den viel beschworenen »Sachthemen« zu widmen? Steinbrücks Interview wird am 29. Dezember 2012 bekannt und dominiert über Tage hinweg die Nachrichten. Parallel vertritt Altkanzler Schröder in der ›Bild am Sonntag‹ die Ansicht, Politiker in Deutschland würden »angemessen bezahlt«. Er habe von den Bezügen immer leben können, »und wem die Bezahlung als Politiker zu gering ist, der kann sich ja um einen anderen Beruf bemühen«. Kanzlerin Merkel lässt sogleich ausrichten, sie sei mit ihren Bezügen zufrieden. Mancher fragt sich nun, ob Steinbrück überhaupt Kanzler werden will. Der Vergleich mit den Bezügen eines Sparkassendirektors wirkt auch deshalb peinlich, weil Steinbrück sich doch 1998 selbst um den Präsidenten-Posten im schleswig-holsteinischen Sparkassenverband beworben hatte.

Der Kandidat und sein Sprecher Michael Donnermeyer haben die strittige Passage des Interviews – neben weiteren Fehlgriffen wie dem Hinweis auf einen »Frauen-Bonus« Angela Merkels – »autorisiert«. Bei Interviews in Printmedien ist es in Deutschland üblich, dass die Fragesteller den Wortlaut des Gespräches ihrem Interviewpartner zur Durchsicht zusenden. Oft wird dann manche Aussage entschärft. Steinbrück und Donnermeyer jedoch verzichten darauf. Später argumentieren sie, die Aussage zu dem Kanzler-Gehalt sei in der Sache nicht neu. Dass dem Landespolitiker Steinbrück etwas erlaubt ist, was dem Kanzlerkandidaten Steinbrück nicht erlaubt ist, diesen eher banalen Umstand blenden sie aus. »Grottenschlecht« und »erratisch« nennt Steinbrück es stets, wenn Parteifreunden ein Lapsus unterläuft. Seine Botschaften und sein Kommunikationsmanagement sind nun so schlecht wie selten zuvor im zurückliegenden Jahr – und das soll etwas heißen.

Anders als bei Steinbrücks vorherigen Fettnäpfchen reagiert die SPD aber nicht nur fassungslos. Mehrere ihrer Repräsentanten äußern öffentlich ihr Befremden über den Kandidaten. Ratlos blicken Sozialdemokraten auf den Umstand, dass Steinbrücks Mitarbeiter-Umfeld offenbar nicht funktioniert. Besorgt verweisen sie darauf, dass er immerhin schon drei Monate lang Kandidat ist, ohne dass die SPD in den Umfragen von der Stelle gekommen wäre. Als Zumutung empfinden vor allem die niedersächsischen Parteifreunde Steinbrücks Kanzlergehalt-Aussage; ihnen steht am 20. Januar 2013 eine Landtagswahl ins Haus. Sollte die rot-grüne Mehrheit, die Umfragen stets sahen, nun schmelzen?

Im Wahlkampf in Niedersachsen vertritt der dortige Spitzenkandidat Stephan Weil die These, Steinbrücks Intervention hinterlasse »keine Bremsspuren«. Die Debatte gehe am Land vorbei, »das finde ich gut«. Weil also ist klug genug, nicht einen Wahlkampf gegen Berlin zu beginnen, lässt aber mit seiner Formulierung erkennen, dass er Steinbrücks Fauxpas nicht ignoriert. Anfang Januar 2013 wirkt Steinbrück geknickt, sein Fehler ist ihm bewusst. Immer wieder sprechen ihn Reporter auf seine Worte zum Kanzler-Gehalt an, Steinbrück flieht vor Kameras, gibt sich wortkarg. So hat man ihn noch nicht erlebt. Es sei »alles gesagt«, lautet Steinbrücks Sprachregelung.

Der SPD-Kanzlerkandidat verspielt sein Ansehen im Volk. Auf der Rangliste der beliebtesten Politiker rangiert Steinbrück nur noch auf Platz elf, analysieren die Forscher von Infratest Dimap. Einst hatte Steinbrück hier den dritten Rang belegt, nun liegt er hinter Guido Westerwelle. Angela Merkel baut ihren Vorsprung derweil aus. Der SPD-Vorsitzende Gabriel ist vor der niedersächsischen Landtagswahl erkennbar nervös. Er fürchtet einen Erfolg der schwarz-gelben Koalition. Im Willy-Brandt-Haus wird erörtert, ob die SPD sich einen neuen Kanzlerkandidaten zu suchen hat. Zwischen Gabriel und Steinbrück herrscht politische Eiszeit. Beim Wahlkampfabschluss in Braunschweig zeigen sie sich mit versteinerten Gesichtern und auf Distanz zueinander. Nach der Kundgebung führen sie ein Krisengespräch.

Umso erleichterter zeigen sich die Genossen am frühen Abend des 20. Januar 2013. Die Niederlage in Niedersachsen bleibt aus. »Keinen Rückenwind« habe die Bundes-SPD gewährt, sagen Steinbrück und Gabriel unisono. »Ich habe dafür eine gewisse Mitverantwortung«, formuliert es der Kandidat zurückhaltend – und erfährt für dieses Eingeständnis Jubel im Willy-Brandt-Haus. Als gegen 23 Uhr die Hochrechnungen gar eine knappe rot-grüne Mehrheit im Landtag von Hannover sehen, atmen Steinbrück und die SPD-Spitze erst recht auf. Die SPD habe eben »Politik von unten« gemacht, sagt Gabriel und listet als Themen auf: die Lage junger Familien und Alleinerziehender, die Bildungspolitik, die Stärkung schwacher Regionen. Weder das Motto noch diese Themen lassen sich mit Steinbrück verbinden. Gabriel mauert den schwachen Kandidaten ein. Dessen Ruf nach »Beinfreiheit« ertönt ohnehin nicht mehr. Einen Seitenhieb hat der Parteichef für Steinbrück noch parat – es gelte, sagt Gabriel öffentlich, »mehr darauf zu achten, dass Fehler nicht passieren«.

DEFENSIVE

Gabriels Erwartung bleibt ein frommer Wunsch. Bald schon gibt Steinbrück grünes Licht für eine Internetseite, die für ihn werben soll. Jener »Peerblog«, initiiert von zwei Kumpeln aus alten nordrhein-westfälischen Zeiten, soll eine »Gegenöffentlichkeit« schaffen. Schon der Gedanke ist naiv. Anonyme Autoren umgarnen im »Peerblog« Steinbrück und attackieren die Kanzlerin. Vollends peinlich wird die Sache für Steinbrück, weil der »Peerblog« von Unternehmern finanziert wird, die anonym bleiben wollen. Steinbrück behauptet, diese Persönlichkeiten nicht zu kennen. Sein lang vertrautes »Umfeld« wiederum weiß, um wen es sich handelt. Die SPD ist entsetzt. Der Bundestagspräsident kündigt eine parteienrechtliche Prüfung an. Dass das Parteienrecht der Finanzierung von Wahlkampf- und Parteiarbeit strenge Vorgaben macht, scheint niemand in Steinbrücks Team bedacht zu haben. Vier Tage nach Inbetriebnahme wird der »Peerblog« abgeschaltet; als offizieller Grund wird, ziemlich fragwürdig, ein Hackerangriff angegeben. Wieder einmal haben seine Berater Steinbrück vor allem Probleme beschert. Und jeder der an sich banalen Fälle ruft die umfangreiche Serie vorheriger Pannen in Erinnerung.

Steinbrück verlängert diese Serie noch, nachdem ihm der frühere CSU-Vorsitzende Edmund Stoiber ein Fettnäpfchen aufstellt, und er sogleich hinein tritt. Es geht um die Fernsehduelle zur Bundestagswahl. Stoiber, Vorsitzender des Beirates der Fernsehsendergruppe »Pro Sieben Sat 1«, schlägt als Moderator des Kanzler-Duells den Entertainer Stefan Raab vor, der für »Pro Sieben Sat 1« tätig ist. Anders als Merkel lässt sich Steinbrück zu dem Thema öffentlich ein. Zunächst lehnt er Raab als Moderator ab, wenige Tage später beugt sich Steinbrück dem öffentlichen Druck und rudert zurück. »Wenn Angela Merkel dann auch mit Stefan Raab einverstanden ist, wird es so geschehen«, lässt sich Steinbrück von der ›Bild‹-Zeitung zitieren. In der SPD fragt man sich: Warum bloß positioniert sich Steinbrück zu dieser Sache überhaupt? Wollte er nicht über »Sachthemen« wahrgenommen werden? Warum distanziert er sich von einem populären Moderator? Und wieso revidiert er dann, öffentlich stark beachtet, die eben erst entwickelte Position?

»Klartext mit Peer Steinbrück« lautet das Motto einer Veranstaltungsserie der SPD, die Ende Februar 2013 in Potsdam beginnt. Der SPD-Kanzlerkandidat legt eine wuchtige Premiere hin, indem er die beiden Sieger der italienischen Parlamentswahl, Silvio Berlusconi und Beppe Grillo, als »Clowns« bezeichnet. Damit weckt Steinbrück Zweifel an seiner Trittsicherheit auf dem diplomatischen Parkett. Der Mann, der Regierungschef des größten und mächtigsten Staates in Europa werden will, beschimpft zwei Männer, denen er womöglich noch einmal die Hand geben muss. Frank-Walter Steinmeier schweigt zu diesem Vorgang, und Sigmar Gabriel wartet ein paar Tage, bis er Steinbrück pflichtgemäß verteidigt. Gewiss, Steinbrück spricht den meisten Deutschen damit aus der Seele. Doch er bedient auch nordeuropäische Ressentiments gegen das lustige, sonnenverwöhnte Leben im so genannten Club Mediterranee der Südeuropäer.

In Steinbrücks Umgebung heißt es, der Kandidat solle weiterhin deutlich »Wahrheiten« aussprechen – auf die Gefahr hin anzuecken. Damit könne er sich abheben von der wolkig formulierenden Kanzlerin, die bittere Erkenntnisse verklärt und verkleistert. Klartext-Peer gegen Schwurbel-Angela – bis zum Frühling 2013 geht diese Strategie nicht auf. Die Geschichte von Steinbrücks Kanzlerkandidatur ist die Geschichte eines großen Missmanagements.

VII. FASZINIERT UND FASSUNGSLOS

In wenigen Wochen wird sich klären, ob Peer Steinbrück mit 66 Jahren zum größten Sprung seiner Karriere ansetzt und Bundeskanzler wird oder ob er scheitert. Bei der Bundestagswahl am 22. September 2013 geht es für ihn um alles oder nichts. Bereits vor seiner Ausrufung zum Kanzlerkandidaten hatte er ja öffentlich verkündet, er werde »nie wieder in ein Kabinett Merkel eintreten«. Steinbrücks politischer Werdegang, den er vor fast vier Jahrzehnten als junger Referent in Bonner Bundesministerien begann, findet mit dieser Wahl also entweder seine Krönung – oder er endet jäh. Dann wird Steinbrück womöglich wieder ein Buch schreiben, als Publizist arbeiten oder eine Stiftung leiten, aber nicht mehr in der klassischen Politik tätig sein.

Schon jetzt lässt sich feststellen, dass Peer Steinbrück mit seiner Kanzlerkandidatur sowohl seiner Partei als auch sich selbst eine Menge zugemutet hat. Sollte er im Herbst 2013 nicht ins Kanzleramt einziehen, werden prominente und weniger prominente Parteifreunde ihrem lange angestauten Ärger über Steinbrücks Missmanagement Luft machen. Der Wortlaut von derlei Abrechnungen ließe sich heute schon niederschreiben. Im Fall einer Wahlniederlage wird sich beizeiten auch Steinbrück zu Wort melden – und seine Sicht der Dinge in dem von ihm geschätzten »Klartext« darlegen. Noch streitlustiger und aggressiver dürfte es allerdings in einem anderen Fall zugehen – wenn es nämlich tatsächlich zu einem Bundeskanzler Steinbrück kommt. Konflikte zwischen ihm und der SPD, ihrer Fraktion, der linken Mehrheit im Bundesrat, dem Koalitionspartner und ausländischen Politikern sind erwartbar. Selbst die linken Sozialdemokraten dürften sich dann nach Gerhard Schröder zurücksehnen.

Vermutlich waren für Peer Steinbrück die Jahre nach der letzten Wahl, als Abgeordneter und Kanzlerkandidat-Kandidat, die – nicht nur finanziell – schönste Periode seines politischen Schaffens. Nach dem Ende der großen Koalition 2009 war er als stellvertretender SPD-Vorsitzender zurückgetreten. Er hatte kein Parteiamt mehr inne, war nur einfacher Bundestagsabgeordneter. Abseits jedweder Kabinettsdisziplin und ohne die Notwendigkeit, täglich leidige Parteitermine zu absolvieren, konnte er sich ausleben. Auf seine Unabhängigkeit legt Peer Steinbrück schließlich großen Wert. Er fühlt sich wohl zwischen allen Stühlen. Das machte es ihm leicht, zwischen seinen disparaten Rollen zu changieren. Als freies Radikal der SPD entschied er selbst, wann er wo zu welchen Themen Stellung bezog, und war damit weitgehend souveräner Herr seiner medialen Inszenierung. Anders als heute, anders als der Fraktionsvorsitzende der SPD, musste er nicht zu jeder politischen Frage vor Kameras Stellung beziehen. Anders als der Parteivorsitzende wurde er in dieser Zeit nicht für jede Meinung, die irgendwo innerhalb der SPD geäußert wird, zur Rechenschaft gezogen.

Peer Steinbrück fasziniert. Er arbeitet effizienter, ist intelligenter, witziger und ehrlicher als die meisten anderen deutschen Politiker. Er besitzt Charisma und Strahlkraft, er wird bewundert und verehrt. Er wirkt wie ein großer knorriger Baum, der sich nicht verbiegt. Er ist zumeist kein Opportunist, jeglicher Bierzelt-Populismus ist ihm fremd. Ihm ist es im Prinzip zu simpel und zu billig, dem Volk nach dem Mund zu reden. Er agiert geradeheraus und mit hochgeklapptem Visier. Peer Steinbrück ist das, was man als »Type« bezeichnet, er ist kenntlich. Man kann sich an ihm reiben.

Seine Stärken sind zugleich seine Schwächen. Er redet schnell, er strahlt Überlegenheit aus. Er zügelt sein Selbstbewusstsein selten und tritt eigentlich nie bescheiden auf. Steinbrück kennt zwar die Ökonomie von Konflikten, aber er missachtet sie. Doch nach Antritt seiner Kandidatur, als er mit seinen früheren »Nebeneinkünften«, einem kommunikativen Missmanagement und etlichen, teilweise grotesken Pannen die SPD in die Verzweiflung trieb, musste er auf politische Zumutungen verzichten. Der Mann, der keine 24 Stunden nach seiner Ausrufung zum Kandidaten seiner Partei »Beinfreiheit« abverlangte, musste ihr wiederum kurz darauf so viel »Beinfreiheit« gewähren, dass seine politische Glaubwürdigkeit litt. Er warb plötzlich unter anderem für höhere Ost-Renten und ein staatliches Wohnungsbauprogramm. Das war die Gegenleistung für »Nebenjobs«, Kanzlergehalts-Debatte, einen dubiosen PR-Manager, eine Klage über italienische »Clowns« und und und. Er hatte stets davon gesprochen, er werde sich nicht »verbiegen«. Nun musste er sich sogar seine Ironie verbieten – und wies auf diese Selbstzensur sogar regelmäßig hin.

Obwohl sich sein ganzes Berufsleben im politischen Betrieb abgespielt hatte, arbeitete Steinbrück als einfacher Abgeordneter eifrig an seinem Image als »Anti-Politiker«. Erfunden hat er dieses Konzept nicht. Das gibt es in allen westlichen Demokratien, in denen Parteien Einfluss verlieren. Radikale Anti-Politiker treten auf, etwa die Aushängeschilder der rechtspopulistischen Parteien. Das ist nicht Steinbrücks Sache, dafür ist er zu wenig populistisch und zu sehr ironisch veranlagt. Er steht eher für den gemäßigten Typus des Anti-Politikers, wie zuvor schon etwa Horst Köhler und Karl-Theodor zu Guttenberg. Anti-Politiker leben davon, vermeintlich tabuisierte Wahrheiten auszusprechen; mancher kultiviert daneben eine Distanz zur eigenen Partei. In dieser Rolle fand Peer Steinbrück sich glänzend zurecht – bis er sich das Korsett der Kanzlerkandidatur zumutete.

Statt für Kompromisse und tagespolitisches Klein-Klein stehe er, so suggerierte Steinbrück, für eindeutige, notfalls auch schmerzhafte Entscheidungen. »Klare Kante«, heißt das in der Sprache markiger Polit-Machos, zu denen er zweifelsohne zählt. Bis heute wirbt er nicht etwa um Verständnis für den mühsamen Alltag in der Demokratie, will sich nicht mit Etappensiegen zufrieden geben. Er behauptet, Projekte sofort und »eins zu eins« umsetzen zu wollen. Damit bedient er die bei der Bevölkerung vorhandene Sehnsucht nach einfachen Lösungen und fördert die fatale Sucht vieler Bürger, Verantwortung loszuwerden. Er malt das Bild eines starken Staates, an den er selbst nicht glaubt, und weckt Erwartungen, die er in der politischen Praxis niemals erfüllen könnte.

Wenn er sich als »Ohne-wenn-und-aber-Mann« inszeniert, agiert er wie ein Wissenschaftler, der Recht haben will, nicht aber wie ein Politiker, der Recht bekommen will. In der Politik geht es niemals geradlinig zu, schon gar nicht im komplexen politischen System der Bundesrepublik Deutschland. In der Regel sind nur kleine Schritte möglich. Politik funktioniert selten logisch, sondern häufig chaotisch und unberechenbar. Politische Ziele kristallisieren sich oft erst mitten im Prozess heraus. Für Steinbrück jedoch ist immer alles logisch und klar.

Wenn Steinbrück von einer Sache überzeugt ist, setzt er sich mit großer Entschiedenheit, mit Humor und zuweilen mit Sarkasmus dafür ein.

Weder als Ministerpräsident, noch als Minister oder frei schwebender Abgeordneter fragte er sich, was er denjenigen, die er gewinnen muss, zumuten und anbieten kann. Er ging nicht auf sie ein, er kam ihnen nicht entgegen. Erst als Kanzlerkandidat und in der Defensive zeigte er Bemühungen, Verbündete zu gewinnen und Skeptiker zu überzeugen. Vorher wollte er stets ein Maximum dessen durchsetzen, was er für politisch richtig hielt, erreichte aber dadurch oft weniger, als eigentlich möglich gewesen wäre.

Doch auch Politiker geraten manchmal in Situationen, in denen es darauf ankommt, mit brachialer Entschlossenheit zu handeln. Es ist kein Zufall, dass Steinbrück seine politische Sternstunde zu Beginn der Finanzkrise hatte, als die Panik groß war und niemand wusste, was als Nächstes passieren würde. In solchen Momenten schlägt immer die Stunde der Exekutivpolitiker. In der Krise schrumpft die Rolle von Parlamenten und Parteien, sinkt die Zahl der Gegenspieler, können Verhinderungsbataillone nicht mobilisiert werden; die Zeit drängt schließlich, die Lage spitzt sich zu, es muss sofort entschieden werden. Wer in solchen Situationen regiert und selbstbewusst, nervenstark und psychisch und physisch belastbar ist, der kann historische Größe erlangen. Peer Steinbrück gelang das im Herbst 2008.

Die Finanz- und Wirtschaftskrise hat ihn gefordert und erfüllt. Zeiten, in denen sich politisch nichts bewegt, findet er langweilig. Steinbrück erlahmt dann. Ohnehin ist es nicht seine Sache, Programme zu schreiben oder Konzepte formulieren. Als die europäische Finanz- und Staatsschuldenkrise im Jahre 2012 an Brisanz zu verlieren schien, geriet er in die Defensive. Während Kanzlerin Merkel ihrem Konzept folgt und sich »auf Sicht fahrend« von Gipfel zu Gipfel rettet, verlangt Steinbrück eine Art »Urknall« (zeitweise mit Hilfe von Eurobonds), der alle Probleme in Europa erledigt. Während Merkel ihre Politik mehr verschleiert als erklärt, fordert Steinbrück »unangenehme Wahrheiten« ein. Die Deutschen finden Merkels Politik bislang vertrauenswürdiger.

Politiker müssen die Stimmung im Volk ergründen, die Interessen und Befindlichkeiten ihres Gegenübers kennen – oder wenigstens kennenlernen wollen. Sie müssen Parteifreunde zufriedenstellen, dem Koalitionspartner entgegenkommen und ihm etwas gönnen. Darauf konnte Peer Steinbrück als einfacher Abgeordneter verzichten. Konsens zu stiften widerstrebt ihm ohnehin. Das Grundgesetz verlangt allerdings, dass innerhalb und zwischen Regierungen, Parteien und Interessengruppen austariert wird. Politiker müssen Allianzen schließen und Mehrheiten schmieden. Sie müssen Bündnisse vereinbaren, auch mit Menschen, die ihnen unsympathisch sind oder die sie für uninteressant halten. Dazu konnte sich Steinbrück erst als Kanzlerkandidat und in größter Not durchringen.

Helmut Kohl und Gerhard Schröder gründeten ihren Erfolg auch auf der Begabung, Vertraute zu gewinnen und hinter sich zu scharen. Willy Brandt hatte sogenannte Enkel, Gerhard Schröder politische Kumpels. Peer Steinbrück hat zeit seines Lebens keine Gefolgsleute um sich gesammelt. Er war immer ein Einzelspieler. Er spielt Tennis und Schach, Fußball zu spielen käme ihm nicht in den Sinn. Er will alleine agieren, selbstständig und souverän, und nicht auf andere angewiesen sein. Dementsprechend schwer tut er sich, Vertraute zu gewinnen – mit teilweise katastrophalen Konsequenzen. Als seinen vielleicht wichtigsten Mitarbeiter, nämlich seinen Sprecher, verpflichtete er einen Mann, der ihm bis dato völlig unbekannt war. »Mehr wir, und weniger ich«, gab Steinbrück Ende 2012 als Parole aus. Das wirkt eher wie eine Farce.

In der großen Koalition und während der Finanzkrise hatte er mit seinem Stil Erfolg. Mit Partnern wie Merkel, Thomas de Maizière und Frank-Walter Steinmeier konnte er gut umgehen. Er schätzte ihre rationale Art und nahm sie ernst. Eine breite parlamentarische Mehrheit, wie sie die große Koalition bot, bewahrte Steinbrück davor, die eigene Politik erklären und rechtfertigen zu müssen. Er hatte keinen Hammelsprung im Bundestag zu fürchten, musste weder die eigene noch die Fraktion des Koalitionspartners übermäßig schonen. Er hatte nie in den eigenen Reihen um Vertrauen zu werben. Steinbrück konnte als Bundesfinanzminister weitaus bequemer regieren als zuvor Kanzler Gerhard Schröder und jeder Minister der rot-grünen Regierung. Zuweilen mutete Steinbrück den eigenen Leuten Dinge zu, die sie ihm mit einer knappen Mehrheit wohl niemals hätten durchgehen lassen. So kämpfte er etwa gegen die Bevölkerung und die eigene Partei für eine Privatisierung der Deutschen Bahn und verweigerte sich dabei jedem Kompromiss.

Obwohl er sich selbst so sieht und darstellt, agiert Steinbrück allerdings keineswegs immer rational oder auch nur pragmatisch. Als Kanzlerkandidat zeigte er fast Woche für Woche, wie er mit seiner zuweilen störrischen Art Konflikte auf die Spitze treiben kann. Bei solchen Auseinandersetzungen rüstet er nicht ab. Im Gegenteil, er sorgt für Eskalation und strapaziert so politische Verbündete. Der selbsternannte Pragmatiker entpuppt sich in solchen Momenten als Gesinnungsethiker, als politischer Missionar. Er agiert damit völlig anders als die Kanzlerin. Angela Merkel sediert ihre Gegner. Peer Steinbrück mobilisiert seine Gegner.

Dieses Handeln hat mit Steinbrücks Charakter, aber auch mit seiner Karriere zu tun. Die Arbeit in Regierungszentralen hat ihn geprägt. Er denkt hierarchisch und durchaus autoritär. Er konzipiert nichts Neues, er hilft mit, einen Laden am Laufen zu halten. Er setzte die Konzepte anderer um, möglichst schnell und effizient. »Ich bin kein Mann der Legislative« – diesen Satz sagte Steinbrück, als er bereits Abgeordneter geworden war. Der Parlamentarier Steinbrück distanzierte sich damit von den Parlamenten, seinen Kollegen und deren Arbeit.

Gewiss war Peer Steinbrück ein herausragender Beamter. Gewiss hätte er als Manager Erfolg gehabt. Seine politische Karriere verdankt er aber nicht nur sich selbst, sondern auch der SPD. Jahrelang – bis kurz vor seiner Ausrufung als Kanzlerkandidat – hat er die Schwächen der Sozialdemokratie analysiert, seine Partei als verstaubt, ideologisch, borniert und irrational bezeichnet. Auch noch zu einem Zeitpunkt, als dieses Bild längst überholt war. Die SPD ist längst nicht mehr so ideologisch wie in den 1970er-Jahren. Selbst ihr linker Flügel, organisatorisch und personell ohnehin schwächer denn je, agierte während und nach der Großen Koalition weit weniger sektiererisch, als Steinbrück behauptete. Und mancher SPD-Linke hat gewisse Fehlentwicklungen an den Finanzmärkten weitaus früher bemerkt als Steinbrück. Es war eine wohlfeile und berechnende Masche von ihm, die eigene Partei als antiquiert und überfordert zu beschreiben. Dadurch erhöhte er sich selbst, und beim parteienskeptischen Volk kam es gut an.

Seine Gardinenpredigten an die Adresse der Sozialdemokratie wirkten irrational und geradezu zwanghaft – als wolle er die Partei umerziehen. Selbst von Gefühlen getrieben, wollte er der SPD einreden, sie agiere zu »gefühlig«. Doch als stellvertretender Parteivorsitzender hatte Steinbrück nichts dafür getan, die SPD zu modernisieren. Der Anteil der »Idioten« sei in jeder Partei gleich groß, konnte man bis zum Herbst

2012 oft von ihm hören. Daraus muss man schließen, dass er den eigenen Betrieb offenbar keinen Deut besser findet als die Konkurrenz. Doch als er, kaum Kanzlerkandidat geworden, von Fettnapf zu Fettnapf stolperte, erlebte Steinbrück, wie solidarisch, diszipliniert, rational und geschlossen die SPD agierte. Ihn hat das mindestens so verwundert wie, um mit seinen Worten zu sprechen, »berührt«. Offenbar hatte der Kandidat seine eigene Partei jahrzehntelang eklatant falsch eingeschätzt.

Steinbrück ist ein untypischer Sozialdemokrat. Soziale Probleme hat er selbst nie erlebt, geschweige denn verinnerlicht. Er konnte sich immer alleine durchsetzen, er lernte die im sozialdemokratischen Milieu übliche Empathie nicht kennen. Peer Steinbrück kann nicht mit anderen leiden. Er spendet nicht die Wärme, die die SPD so sucht. Gerhard Schröder kommunizierte stets auch seine eigene Biografie, seinen Aufstieg aus einfachsten sozialen Verhältnissen. Wenn Schröder auf SPD-Kundgebungen ausrief, niemals dürfe Bildung vom Geldbeutel der Eltern abhängen, so war das authentisch. Mit Hilfe seines Lebenswegs konnte Schröder zum Parteivolk Brücken bauen. Steinbrück baut keine Brücken mit seiner frappierenden Fixierung auf das liebe Geld. In immer neuen Formen widmete er sich zum Entsetzen der eigenen Leute diesem Thema: bei der Debatte um seine millionenschweren »Nebeneinkünfte«, in der von ihm angestoßenen Diskussion über das Kanzler-Gehalt, bei dem Hinweis, er kaufe keine Flasche Wein unter fünf Euro etc. »Basta«, rief Schröder nur einmal, um deutlich zu machen, dass er die von Steinmeier und ihm entwickelten Reformen nicht aufzuweichen gedenke. Peer Steinbrück würde seinen Parteifreunden im Wochenrhythmus »Basta« zurufen. Es wäre ein »Basta« um des »Basta« willen.

Bei den Grünen hat Steinbrück ohnehin verbrannte Erde hinterlassen. Sein burschikoses und letztlich selbstzerstörerisches Vorgehen in Nordrhein-Westfalen haben sie bis heute nicht vergessen, ihr Misstrauen ist nur zu berechtigt. Anders als Gabriel und Steinmeier, die seit Jahren etwa mit Jürgen Trittin vertraut sind, hat Steinbrück zu keinem Vertreter dieser Partei einen Draht. Er kann mit den Grünen nichts anfangen. Sie sind ihm zu chaotisch, zu wenig hierarchisch, nicht straff genug organisiert. Zu einer Versöhnung von Ökonomie und Ökologie seien die Grünen nicht in der Lage, glaubt er. Im Grunde hält Peer Steinbrück die Grünen für überflüssig.

Steinbrücks Programm heißt vor allem Steinbrück. Als Abgeordneter war er ein Angebotspolitiker, der die Nachfrage dort bediente, wo er die politische »Mitte« vermutete. Als Kanzlerkandidat stellte er die Partei ruhig, indem er – mal mehr, mal weniger glaubwürdig – von ihm einst bekämpfte Positionen übernahm.

Steinbrück ist zwar kommunikativ, aber er ist kein diskursiver Mensch. In den vergangenen Jahren fehlten ihm Menschen, die ihm Input lieferten, die mit ihm auf Augenhöhe diskutierten. Und die ihm widersprachen. Dann, als Kanzlerkandidat, verzichtete er auf ein Umfeld, in dem Manöverkritik funktioniert. Je mehr er sich selbst um seine Wahlchancen brachte, desto weniger fand er exzellente, starke, widerspruchsfähige Mitarbeiter, die seine Schwächen ausgleichen konnten. Diese Defizite verstärken seine autoritäre Attitüde, vor allem aber seinen Mangel an Gespür und Rücksicht, mit dem er sich selbst oft am meisten schadet. Wer Peer Steinbrück kennenlernt, kann sich seiner Faszination kaum entziehen. Allzu oft aber lässt er nichts zurück als Fassungslosigkeit.

DANK

Dieses Buch wäre ohne die Hilfe von gut hundert Wegbegleitern und Widersachern Peer Steinbrücks nicht möglich gewesen. Für Gespräche danke ich unter anderem Torsten Albig, Hermann-Josef Arentz, Jörg Asmussen, Fritz Behrens, Karlheinz Bentele, Klaus Bölling, Hans Otto Bräutigam, Joachim Brandt, Johannes Bröcker, Jochen Dieckmann, Hans Eichel, Björn Engholm, Friedhelm Farthmann, Jürgen Fenske, Otto Fricke, Irene Fröhlich, Markus Gallander, Jean Pierre Gallembert, Werner Gatzer, Heiko Geue, Gert von der Groeben, Antje Hajduk, Volker Hauff, Hubertus Heil, Johannes Heisig, Barbara Hendricks, Berndt Heydemann, Albert Hittmeyer, Bärbel Höhn, Bodo Hombach, Inken Hose, Hans-Uwe Johannsmann, Thomas Kafitz, Steffen Kampeter, Werner Kindsmüller, Roland Koch, Jürgen Koppelin, Wolfgang Kubicki, Wolfram Kuschke, Helmut Linssen, Jochen Luhmann, Thomas Matussek, Inga Maurin, Thomas Mirow, Gilbert Modrok, Edgar Moron, Kai Mühlstädt, Christine von Müller, Franz Müntefering, Andrea Nahles, Axel Nawrath, Harald Noack, Michaela Noll, Thomas Oppermann, Karin Peschel, Joachim Poß, Uwe Reimer, Jürgen Rüttgers, Frithjof Schmidt, Ulla Schmidt, Wolfgang Schmidt, Nikolaus Schneider, Nikolaus Schrader, Gerhard Schröder, Oliver Schumacher, Helmut Stahl, Rainder Steenblock, Barbara Steffens, Thomas Steg, Ralf Stegner, Sonja Stötzel, Frank-Walter Steinmeier, Wolfgang Voges, Ekkehard Wienholtz, Ilka Wörbel und Brigitte Zypries. Etliche andere Gesprächspartner, ob einstige Mitschüler, Kollegen oder Mitarbeiter, wollten nicht namentlich genannt werden. Peer Steinbrück selbst hat mir zweimal gut eine Stunde lang Fragen beantwortet und mich mit einem exzellenten Gedächtnis beeindruckt. Gertrud Steinbrück und Birger Steinbrück standen für ein Gespräch nicht zur Verfügung. Gleiches gilt für einige Weggefährten, etwa die einstigen Ministerpräsidenten Wolfgang Clement und Heide Simonis.

Ganz besonders danke ich meinem Chefredakteur Jan-Eric Peters, der mir gestattet hat, dieses Buch neben meiner Arbeit als Korrespondent der

›Welt‹-Gruppe zu verfassen. Jan-Eric Peters und meine Kollegen haben das Buchprojekt, wo immer sie konnten, unterstützt. Ich weiß dies sehr zu schätzen. Mit zahlreichen Kollegen habe ich mich immer wieder über Peer Steinbrück und dessen Politik ausgetauscht. Stellvertretend für sie möchte ich Jan Dams, Richard Kiessler und Ulrich Schäfer danken. Die Arbeit am und mit dem Manuskript unterstützt haben Stephan Haselberger, Klaus und Dorothea Heienbrok, Jens Lindfeld, Wigbert Löer, Torben Lütjen und mein Vater Erdmann Sturm. Ihnen allen danke ich für Kritik und gute Ideen. Meinem alten Schülerzeitungsfreund Wigbert Löer sei Dank, er hat mir zudem seine Wahlheimat Hamburg nähergebracht. Torben Lütjen hat mir volkswirtschaftliche Fragen kundig beantwortet.

Heiko Sakurai danke ich für seine Bereitschaft, einige seiner wunderbaren Karikaturen zur Verfügung zu stellen. Für eine stets motivierende Zusammenarbeit danke ich Andrea Wörle, der Sachbuch-Cheflektorin des Deutschen Taschenbuch Verlages. Ohne ihr Interesse wäre dieses Buch nicht zustande gekommen. Außerdem danke ich Helga Jesberger und Rosemarie Mailänder aus dem Lektorat und Gesine Stürmer aus der Presseabteilung des Verlages. Joachim Jessen von der Literary Art Agency Thomas Schlück hat für diese Biografie einen geschätzten Verlag gefunden und das Projekt zielorientiert und doch fröhlich vorangetrieben.

Gewidmet ist dieses Buch Lotta, Fabian und Felix.

Berlin, im April 2013
Daniel Friedrich Sturm

INTERVIEWS MIT PEER STEINBRÜCK

5. Mai 1990, Kieler Nachrichten

5. Januar 1994, Flensburger Tageblatt

13. Juni 1997, Hamburger Abendblatt
8. Oktober 1997, Kieler Nachrichten

13. November 1998, Westdeutsche Allgemeine Zeitung
30. November 1998, Der Spiegel

19. Januar 1999, Bonner Rundschau
23. März 1999, Bild am Sonntag
11. April 1999, Welt am Sonntag
24. November 1999, Handelsblatt

16. Januar 2000, Welt am Sonntag
30. Januar 2000, Welt am Sonntag
10. Februar 2000, Wirtschaftswoche
13. Februar 2000, Welt am Sonntag
15. Februar 2000, Süddeutsche Zeitung
4. Mai 2000, Stern
23. Juli 2000, Welt am Sonntag
27. Juli 2000, Wirtschaftswoche
18. August 2000, Tagesspiegel

15. Februar 2001, Frankfurter Allgemeine Zeitung
22. März 2001, Berliner Zeitung
1. Juli 2001, Welt am Sonntag
3. September 2001, Focus
3. November 2001, Frankfurter Rundschau

11. Januar 2002, Handelsblatt
1. Februar 2002, Süddeutsche Zeitung
25. Februar 2002, Focus
14. März 2002, Westdeutsche Allgemeine Zeitung
22. März 2002, Frankfurter Allgemeine Zeitung
22. August 2002, Kölner Stadt-Anzeiger
18. November 2002, Focus
9. Dezember 2002, Handelsblatt

7. Februar 2003, Süddeutsche Zeitung
27. März 2003, Die Welt
2. Mai 2003, Berliner Zeitung
26. Juni 2003, Bunte
14. Juli 2003, Der Spiegel
31. Juli 2003, Rheinischer Merkur
7. September 2003, Bild am Sonntag
6. Oktober 2003, Focus

3. Januar 2004, Bild-Zeitung
14. Februar 2004, Frankfurter Rundschau
22. Februar 2004, Frankfurter Allgemeine Sonntagszeitung
4. März 2004, Wirtschaftswoche
16. März 2004, Die Welt
18. März 2004, Bunte
1. April 2004, Capital
26. April 2004, Der Spiegel
23. Mai 2004, Bild am Sonntag
26. Mai 2004, Westdeutsche Allgemeine Zeitung
22. Juni 2004, Handelsblatt
1. Juli 2004, Die Zeit

19. Juli 2004, Bild-Zeitung
30. August 2004, Süddeutsche Zeitung
13. September 2004, Die Welt
24. September 2004, Berliner Zeitung
8. November 2004, General-Anzeiger, Bonn
17. November 2004, Westdeutsche Allgemeine Zeitung
29. November 2004, Bild-Zeitung
12. Dezember 2004, Der Tagesspiegel, Berlin
20. Dezember 2004, Süddeutsche Zeitung

5. Januar 2005, Bunte
24. Januar 2005, Handelsblatt
4. Februar 2005, General-Anzeiger, Bonn
11. Februar 2005, Westdeutsche Allgemeine Zeitung, Essen
4. März 2005, Frankfurter Rundschau
6. März 2005, Bild am Sonntag
21. März 2005, Der Spiegel
26. März 2005, Bild-Zeitung
7. April 2005, Kölner Stadt-Anzeiger
11. April 2005, Focus
14. April 2005, Die Welt
17. April 2005, Frankfurter Allgemeine Sonntagszeitung
19. April 2005, General-Anzeiger, Bonn
30. April 2005, Süddeutsche Zeitung
19. Mai 2005, Bunte
8. Juli 2005, Handelsblatt
6. August 2005, Berliner Zeitung
15. August 2005, Westdeutsche Allgemeine Zeitung
3. September 2005, Süddeutsche Zeitung
19. September 2005, Der Spiegel
16. Oktober 2005, Bild am Sonntag
20. Oktober 2005, Die Zeit
31. Oktober 2005, Focus
16. November 2005, Bremer Nachrichten
16. November 2005, General-Anzeiger, Bonn
16. November 2005, Süddeutsche Zeitung
18. November 2005, Handelsblatt
24. November 2005, Stern
30. November 2005, Frankfurter Rundschau
4. Dezember 2005, Welt am Sonntag
16. Dezember 2005, Die Welt
20. Dezember 2005, Bild-Zeitung
21. Dezember 2005, Die Tageszeitung
22. Dezember 2005, Kölner Stadt-Anzeiger

2. Januar 2006, Der Spiegel
18. Januar 2006, Mannheimer Morgen
22. Januar 2006, Frankfurter Allgemeine Sonntagszeitung
1. Februar 2006, Kieler Nachrichten
8. Februar 2006, Frankfurter Allgemeine Zeitung
19. Februar 2006, Bild am Sonntag
20. Februar 2006, Stuttgarter Zeitung
25. Februar 2006, Focus
2. März 2006, Handelsblatt
1. April 2006, Hamburger Abendblatt
8. Mai 2006, Der Spiegel
12. Mai 2006, Bild-Zeitung
18. Juni 2006, Bild am Sonntag
7. Juli 2006, Süddeutsche Zeitung
13. Juli 2006, Stern
16. Juli 2006, Frankfurter Allgemeine Sonntagszeitung
12. August 2006, Ostsee-Zeitung
18. August 2006, Hörzu
14. September 2006, Frankfurter Allgemeine Zeitung
18. September 2006, Handelsblatt
23. Oktober 2006, Süddeutsche Zeitung
4. November 2006, Frankfurter Allgemeine Zeitung

13. November 2006, Der Tagesspiegel
19. November 2006, Welt am Sonntag
27. November 2006, Der Spiegel
2. Dezember 2006, Bild-Zeitung

29. Januar 2007, Handelsblatt
1. Februar 2007, Rheinischer Merkur
16. Februar 2007, Leipziger Volkszeitung
15. März 2007, Passauer Neue Presse
28. April 2007, Neue Osnabrücker Zeitung
6. Mai 2007, Welt am Sonntag
7. Mai 2007, Die Welt
12. Mai 2007, Saarbrücker Zeitung
24. Mai 2007, Die Zeit
30. Juni 2007, Berliner Zeitung
5. Juli 2007, Handelsblatt
9. Juli 2007, Focus
14. Juli 2007, Süddeutsche Zeitung
18. August 2007, Frankfurter Rundschau
2. September 2007, Der Tagesspiegel, Berlin
16. September 2007, Frankfurter Allgemeine Sonntagszeitung
12. Oktober 2007, Frankfurter Allgemeine Zeitung
15. Oktober 2007, Der Spiegel
21. Oktober 2007, Bild am Sonntag
29. Oktober 2007, Handelsblatt
18. November 2007, Der Tagesspiegel, Berlin
27. November 2007, Handelsblatt
29. November 2007, Neue Osnabrücker Zeitung
Dezember 2007, Cicero
8. Dezember 2007, Börsen-Zeitung
10. Dezember 2007, Focus
19. Dezember 2007, Süddeutsche Zeitung

11. Januar 2008, Handelsblatt
2. Februar 2008, Süddeutsche Zeitung
2. Februar 2008, Der Spiegel
4. Februar 2008, Die Welt
7. Februar 2008, Frankfurter Allgemeine Sonntagszeitung
13. Februar 2008, Die Welt
28. Februar 2008, Bremer Nachrichten
1. März 2008, Frankfurter Rundschau
3. April 2008, Bild-Zeitung
10. April 2008, Handelsblatt
24. April 2008, Die Zeit
24. Mai 2008, Kieler Nachrichten
4. Juli 2008, Handelsblatt
20. Juli 2008, Welt am Sonntag
28. August 2008, Stern
16. September 2008, Die Tageszeitung
17. September 2008, Bremer Nachrichten
29. September 2008, Der Spiegel
13. Oktober 2008, Bild-Zeitung
16. Oktober 2008, Die Zeit
26. Oktober 2008, Bild am Sonntag
29. Oktober 2008, Frankfurter Allgemeine Zeitung
3. November 2008, Hamburger Abendblatt
23. November 2008, Der Tagesspiegel
1. Dezember 2008, Der Spiegel
18. Dezember 2008, Bild-Zeitung
21. Dezember 2008, Welt am Sonntag
29. Dezember 2008, Passauer Neue Presse

18. Januar 2009, Frankfurter Allgemeine Sonntagzeitung
5. Februar 2009, Zeit-Magazin
8. Februar 2009, Bild am Sonntag
13. Februar 2009, Kieler Nachrichten
11. März 2009, General-Anzeiger, Bonn
19. März 2009, Süddeutsche Zeitung
2. April 2009, Stern
8. April 2009, Die Tageszeitung
26. April 2009, Welt am Sonntag
20. Mai 2009, Die Zeit

30. Mai 2009, Süddeutsche Zeitung
15. Juni 2009, Der Spiegel
24. Juni 2009, Frankfurter Allgemeine Zeitung
2. Juli 2009, Badische Zeitung, Freiburg
5. Juli 2009, Bild am Sonntag
10. Juli 2009, Frankfurter Rundschau
1. August 2009, Nürnberger Nachrichten
12. August 2009, Passauer Neue Presse
12. August 2009, Sächsische Zeitung
14. August 2009, Süddeutsche Zeitung
15. August 2009, Hamburger Abendblatt
3. September 2009, Die Welt
4. September 2009, Berliner Zeitung
11. September 2009, Bild-Zeitung
13. September 2009, Frankfurter Allgemeine Sonntagszeitung
15. September 2009, Die Tageszeitung
24. September 2009, Stern
15. November 2009, Frankfurter Allgemeine Sonntagszeitung
24. Dezember 2009, Die Welt
24. Dezember 2009, Rheinischer Merkur

9. Januar 2010, Süddeutsche Zeitung
28. Januar 2010, Berliner Morgenpost
13. September 2010, Der Spiegel
16. September 2010, Die Tageszeitung
16. September 2010, Die Zeit
19. September 2010, Welt am Sonntag
24. September 2010, Manager Magazin
4. Oktober 2010, Wirtschaftswoche
6. Oktober 2010, General-Anzeiger, Bonn
7. Oktober 2010, Handelsblatt
9. Oktober 2010, Thüringer Allgemeine, Erfurt
31. Oktober 2010, Welt am Sonntag
8. November 2010, Die Welt
15. November 2010, Bild-Zeitung
Dezember 2010, Cicero
8. Dezember 2010, Westdeutsche Allgemeine Zeitung

31. Januar 2011, Handelsblatt
31. Januar 2011, Der Spiegel
1. Februar 2011, Der Tagesspiegel, Berlin
11. März 2011, Süddeutsche Zeitung
1. Juni 2011, Märkische Oderzeitung, Frankfurt/Oder
Juli 2011, Cicero
7. Juli 2011, Stern
12. September 2011, Der Spiegel
29. Mai 2012, Bild-Zeitung
22. Juli 2012, Bild am Sonntag
5. Oktober 2012, Die Welt
8. Dezember 2012, Süddeutsche Zeitung
30. Dezember 2012, Frankfurter Allgemeine Sonntagszeitung
31. Januar 2013, Die Zeit
8. April 2013, Der Spiegel

LITERATUR

Lütjen, Torben: Frank-Walter Steinmeier. Die Biografie. Freiburg im Breisgau 2009.

Platzeck, Matthias; Steinmeier, Frank-Walter und Peer Steinbrück (Hrsg.): Auf der Höhe der Zeit. Soziale Demokratie und Fortschritt im 21. Jahrhundert. Berlin 2007.

Schmidt, Helmut und Peer Steinbrück: Zug um Zug. Hamburg 2011.

Schröder, Gerhard: Entscheidungen. Mein Leben in der Politik. Hamburg 2006.

Steinbrück, Peer: Bedachtsam, ohne Hektik, selbstsicher, direkt – und gelegentlich verletzend, in: Bentele, Karlheinz; Faerber-Husemann, Renate; Scharpf, Fritz W. und Peer Steinbrück: Metamorphosen. Annäherungen an einen vielseitigen Freund. Für Horst Ehmke zum Achtzigsten. Bonn 2007, S. 313–317.

Steinbrück, Peer: Etwas mehr Dynamik, bitte. Die Zeit, 13. November 2003.

Steinbrück, Peer: Gute sozialdemokratische Politik. Berliner Republik, Jg. 10 (2008), H. 5, S. 60–62.

Steinbrück, Peer: Im Schraubstock der Demografie. Die Zeit, 2. Februar 2012.

Steinbrück, Peer: Innovationspolitik und regionale Modernisierung, in: Machnig, Matthias und Frank-Walter Steinmeier (Hrsg.): Made in Germany '21. Hamburg 2004, S. 319–331.

Steinbrück, Peer: Perspektiven sozialdemokratischer Wirtschaftspolitik, in: Beck, Kurt und Hubertus Heil (Hrsg.): Soziale Demokratie im 21. Jahrhundert. Lesebuch zur Programmdebatte der SPD. Berlin 2007, S. 200–204.

Steinbrück, Peer: Unterm Strich. Hamburg 2010.

Struck, Peter: So läuft das. Politik mit Ecken und Kanten. Berlin 2010².

Sturm, Daniel Friedrich: Wohin geht die SPD? München 2009.

Vogel, Hans-Jochen: Nachsichten. Meine Bonner und Berliner Jahre. München 1996.

PERSONENREGISTER